エピソードで読む
世界の国243
2021▶2022

●各国の人口、面積などの各種データは『データブック オブ・ザ・ワールド2021年版』(二宮書店、2021年1月発行)を参照しています。また、各国地域の政府HP、アメリカ中央情報局のCIA WORLD FACTBOOKなども参照しています。
●本書における独立国の数については検定教科書等に倣い、日本が承認している国（195カ国。2015年5月にニウエをあらたに国家承認）に日本、朝鮮民主主義人民共和国（北朝鮮）を加えた197カ国としています。
●本書の記述は2021年3月現在のものです。

パラリンピックの楽しみ方

Paralympic Games

東京2020パラリンピックの全22競技のルールと見どころを解説

パラリンピックは障がいのあるトップアスリートが力と技をぶつけ合う世界最高峰の競技大会だ。主催は国際パラリンピック委員会。オリンピックと同じように夏季大会と冬季大会がある。障がいの治療の一環として競技大会が開催されたのが起源で、第1回は1960年のローマ大会だ。「東京2020パラリンピック競技大会」は新型コロナウイルスの世界的な感染拡大の影響で、オリンピックとともに2021年に延期。オリンピック終了後の8月24日から9月5日まで、22の競技が実施される予定だ。

「スリーアギトス」と呼ばれるパラリンピックのシンボルマーク。「アギト」とはラテン語で「私は動く」という意味だ。赤、青、緑の3色は世界の国旗で最も多く使用されている色から選ばれ、「心（スピリット）」「肉体（ボディ）」「魂（マインド）」を表している。

5人制サッカー》Football 5-a-side》

●競技会場：青海アーバンスポーツパーク（東京都江東区）

ルール　アイマスクをつけて音声を頼りにゴールを狙う

別名「ブラインドサッカー」。視覚障がいのある４人のフィールドプレーヤーと視覚障がいがないか弱視のゴールキーパーでチームをつくる。

フィールドプレーヤーはアイマスク（目隠し）を着用してプレーし、相手ゴールの裏に立ってゴールまでの距離や角度などの情報を声や音で伝える「ガイド」と呼ばれるメンバーとともにゴールを狙う。

40×20m のフットサルコートを使う。種目は男子のみ。

見どころ　静寂のなか選手たちの音声だけが響き得点とともに観客席は大歓声に包まれる

ボールは金属の粒が仕込まれていて、転がると「シャカシャカ」と音が鳴る。選手はその音でボールの位置やスピード、転がる方向を察知する。また、仲間や相手の声や息づかい、ガイドやゴールキーパー、監督の音声も選手たちの攻防にとても重要な情報なので、観客はプレー中に大きな声援を送らないことが求められる。とても見えていないとは思えない華麗なボールさばきや連携プレー、力強いシュートに驚かされるはずだ。得点が決まると競技場は一転、大歓声に包まれる。

絶対王者はブラジルだ。前回のリオパラリンピックには予選敗退で出場できなかった日本代表は、エースの落合啓士を中心に上位を目指す。

アーチェリー》Archery》

●競技会場：夢の島公園アーチェリー場（東京都江東区）

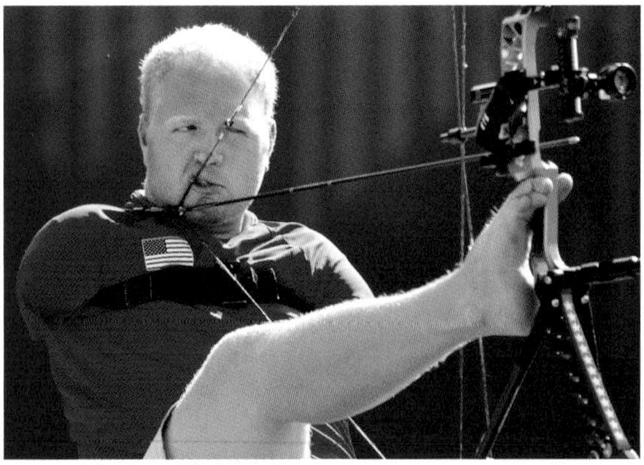

ルール　口や足、補助用具を駆使して的を狙う

弓の形が異なる「リカーブオープン」と「コンパウンドオープン」、そして四肢に障がいがあり、車いすを使用する「W1」の３部門で競技は実施される。リカーブは一般的な弓。コンパウンドは上下の先端に滑車が付いた弓だ。W1 はどちらの弓でも使える。全部門で男女別の個人戦と、男女各１名による混合戦がある。的までの距離と的のサイズは部門ごとに異なり、例えばリカーブオープンでは 70m 先にある直径 122cm の的の中心を狙う。

見どころ　障がいに応じて考案された個性豊かな競技スタイル

コンパウンドはオリンピックでは見られない弓だ。滑車の働きでリカーブの約半分の力で弦を引き、狙いを定めることができる。欧米ではポピュラーな弓で、映画『ランボー / 怒りの脱出』でランボーが使っている。

イギリスや中国が強い。注目選手の一人はイランのザハラ・ネマティだ。テコンドーの有段者だった彼女は、交通事故で脊髄を損傷し車いす生活になってからアーチェリーを始めた。2012 年、2016 年のパラリンピックで連覇している。日本勢ではリオデジャネイロ 2016 大会で７位に入賞した上山友裕や、2017 年世界選手権の W1 混合で銅メダルを獲得した仲喜嗣・平澤奈古ペアなどが期待される。

カヌー》Canoe》

●競技会場：海の森水上競技場（東京都江東区）

こんな競技　上半身の筋力とカヌーとの一体感が驚異のスピードを生む

1艇に1人が乗り、パドル（櫂）を使ってカヌーを漕ぎ、200mの速さを競う。8艇が一斉にスタートする。公平な競技を行うため下半身や体幹の障がいの程度によって3つのクラスに分けられる。種目はパドルを左右交互に漕いで前に進むカヤックと、アウトリガーと呼ばれる浮き具付きのカヌーを漕ぐヴァーがある。

日本代表選手では、リオデジャネイロ2016大会で8位に入賞した瀬立モニカ（女子カヤック）の活躍が期待される。

テコンドー》Taekwondo》

こんな競技　多彩な蹴り技を繰り出してポイントをゲットする

東京2020大会が初採用だ。テコンドーはキョルギ（組手）とプムセ（型）があるが、キョルギのみの実施。八角形のコートや試合時間（2分×3ラウンド）、ヘッドギア、電子防具、マウスピース、グローブといった装具はオリンピックと同じ。ただし頭部への蹴りは反則で、胴体への3種類の蹴り技でポイントを競う。有効な蹴りは1回2点で、180度の回転が加わった後ろ蹴りは3点、そこから軸足を入れ替えて体を360度回しながらの回転蹴りは4点だ。

●競技会場：幕張メッセホール（千葉県千葉市）

馬術》Equestrian》

●競技会場：馬事公苑（東京都世田谷区）

こんな競技　手綱を口でくわえたり足の指で握ったり、人馬一体の演技を競う

障がいによって5つのクラスに分かれて競う。基本技術の「常歩（なみあし）」から斜め横歩きなどの「二蹄跡運動（にていせきうんどう）」という高度な技術まで、クラスごとに求められる技術レベルが異なる。

鞭はオリンピックでは使用が認められていないが、下半身まひの選手などは馬の制御のため、1～2本の鞭を使用できる。障がいを補うための馬具の改造も認められている。視覚障がいや記憶障がいがある選手は、アシスタントが声でコースを伝えて競技をサポートする。

ゴールボール》Goalball》

●競技会場：幕張メッセホール（千葉県千葉市）

ルール　鈴の入ったボールで3人対3人の攻防

視覚障がい者の球技。コートは縦18m、横9mでバレーボールと同じ広さ。両端に横幅いっぱいの高さ1.3mのゴールが設置されている。光を通さないアイシェードを着用して3人対3人でゴム製のボールを転がし合って得点を競う。ボールの大きさはバスケットボールほどだが重さは約2倍（1.25kg）あり、あまり弾まない。中には鈴が2個入っている。ラインテープには紐が挟み込まれていて選手はこの紐の感触で自分の位置や方向を知る。種目は男子と女子がある。

見どころ　静寂の中、多彩な戦略で相手ディフェンスの隙を狙う

試合は静寂の中で行われる。鈴の音、味方や相手の声や息づかい、足音に全神経を集中させて相手ゴールを攻め、自陣のゴールを守る。受けたボールをすぐに相手ゴールに投げる速攻、音を消しての移動攻撃、味方の声を頼りにパスしてボールの場所を簡単には察知されない攻撃などに、相手は3人全員で体全体を使ってゴールを守る。審判から「Quiet Please!（お静かに!）」のコールがあったら選手に声援を送らずに、静かに観戦する。

日本は2012年のロンドン大会で女子が金メダルを獲得したが、2016年のリオデジャネイロ大会では5位に。金メダル奪還を目指す。

シッティングバレーボール》Sitting Volleyball》

●競技会場：幕張メッセホール（千葉県千葉市）

ルール　臀部を床につけたまま攻撃し防御する

障がい者を対象とした、臀部（お尻）を床につけたままプレーするバレーボール。オリンピックのバレーボールと同じく、1チーム6人で対戦する。コートはオリンピック（長さ18m×幅9m）より狭く、長さ10m×幅6m。ネットの高さは男子が1m15cm、女子が1m5cmでオリンピックのネットよりも1メートル以上低い。プレー中に臀部が床から離れると、「リフティング」というファウルになるのがシッティングバレーボールならではのルールだ。

見どころ　狭い守備範囲を補い合い全員がトスを上げ、スパイクを打つ

レシーブのときに短時間なら離床は許されているが、選手は腕の力などでお尻を滑らせるようにして移動する。そのため各自の守備範囲は狭く、チームで補い合う。また素早い移動は難しいので全員がトスを上げ、スパイクを打つなど幅広い技術を習得する必要がある。シッティングバレーボールでは相手のサーブを前衛が直接ブロックやアタックできるので、サーブの強さやコース、変化などの工夫も見どころだ。

男子はイランとボスニア・ヘルツェゴビナ、女子はアメリカと中国の2強がしのぎを削る。日本男子は2004年のアテネ大会、女子は2012年のロンドン大会のともに7位が最高位だ。

トライアスロン》Triathlon》

●競技会場：お台場海浜公園（東京都港区）

ルール　障がいによって男女各４クラスの実施 オリンピックの半分の距離で競う

レースの種目はオリンピックと同じだが距離は半分でスイム（水泳 750m）、バイク（自転車 20km）、ラン（長距離走 5km）の計 25.75km で競われる。東京大会では障がいによって男女４クラスに分けて実施される。座位クラス（座って競技）のバイクは手で漕ぐハンドサイクル、ランは競技用車いすを使う。立位クラス（立って競技）はバイク、ランでは障がいに応じて義足などの装具を使用でき、バイクの改造などもできる。視覚障がいクラスは同性の「ガイド」を伴って競技を行う。

見どころ　種目の切り替え時のスピードも重要なレース

スイムからバイク、バイクからランへと種目を切り替えるトランジションは「第４の種目」と呼ばれる重要なパートだ。ウェットスーツを脱いだり、シューズを履き替えたり、競技用車両などへ乗り移りする時間もタイムに合算されるので、トランジションの時間の短縮は順位に大きく影響する。車いすクラスの選手は「ハンドラー」がウエアの着脱や手で漕ぐハンドサイクルへの乗降をサポートする。ウエアや義足などの補装具を脱着しやすいよう改良・開発するのも表に出ない競技といえる。トランジションも大きな見どころなのだ。

男子はオランダやイタリア、女子はアメリカやイギリスの選手が強い。

バドミントン》Badminton》

●競技会場：国立代々木競技場（東京都渋谷区）

ルール　障がいによっては コート半分で試合が行われる

バドミントンはテコンドーと同じく、東京 2020 大会からパラリンピックの正式競技になる。障がいによって車いす２クラス、立位クラス４クラスの６つのクラスに分かれて競技する。パラリンピックならではのルールがあり、例えば車いす２クラスと立位１クラスのシングルスのコートは通常の半分を使い、サービスラインとネットとの間に落ちたシャトルはアウトになる。ネットの高さは全クラス共通で一般のものと同じだ。21 点３ゲーム制でラリーポイント方式で行われる。

見どころ　車いすは前後に揺さぶり、立位のダブルスは障がいをカバーし合って攻防

コートの半面を使う車いすのシングルスは、相手を前後に揺さぶる駆け引きや車いすを細かく操作するテクニックが勝敗の重要なポイントになる。上半身を大きく後ろに反らしてのショットは豪快だ。ダブルスの組み合わせは選手のクラスで決められている。通常は腕に障がいのある選手が後衛でコートの広範囲を守り、下肢に障がいのある選手が前衛でポイントを狙う。お互いをカバーし合うチームワークが見どころだ。種目は男女シングルスとダブルス、混合ダブルスが実施される。

マレーシアやインドネシア、タイ、韓国、中国などのアジア勢が強い。日本勢を含め、初代パラリンピック王者を目指して熾烈な戦いが繰り広げられる。

パワーリフティング》Powerlifting》

●競技会場：東京国際フォーラム（東京都千代田区）

こんな競技 **入場からバーベルを構えるまで2分 バーベルを胸まで下げて持ち上げるまで数秒**

パラリンピックでは、台に仰向けになってバーベルを持ち上げるベンチプレスが実施される。脚などに障がいのある選手が参加するが、障がいの程度に関係なく、体重別に男女各10階級に分かれてバーベルの重さを競う。3回の試技で最も重い重量が記録になる。

選手の入場から専用台にあがりバーベルを構えるまでの時間は2分以内と決められいる。そして、バーベルを胸まで下げて持ち上げるまでの時間はほんの数秒。この数秒間に選手は鍛錬してきた力と心を炸裂させる。

ボート》Rowing》

こんな競技 **障がいの程度によって4種目、2000mの直線コースをオールを漕いで競う**

男女のシングルスカル、男女混合ダブルスカル、男女混合舵手付きフォアの4種目ある。男女の1人乗りのシングルスカルは障がいが最も重いクラスで、下半身と体幹を使えない選手が出場する。男女2人で漕ぐ男女混合ダブルスカルは下半身に障がいがあるが、体幹を使える選手が出場する。比較的軽い運動機能障がいの選手と視覚障がいのある選手が出場できるのが男女混合舵手付きフォア。男女2人ずつの漕ぎ手とコックスと呼ばれる舵手の計5人がボートに乗る。

●競技会場：海の森水上競技場（東京都江東区）

射撃》Shooting》

●競技会場：陸上自衛隊朝霞訓練場（東京都練馬区）

こんな競技 **制限時間内に規定の弾数を撃ち ミリ単位の精度を競う**

選手自身が銃を腕や手で構えるクラスと支持スタンドを使うクラスに分けられている。補装具の使用や車いすでの出場もできる。銃はライフルとピストルの2種類。射撃姿勢はライフルが「伏射」「膝射」「立射」の3種類で、車いす使用の場合は両肘を台に触れる「伏射」、引き金を引かない方の肘を台や膝に触れる「膝射」、両肘を台に触れない「立射」で競う。ライフル3姿勢はそれぞれ40発、合計120発を2時間45分以内で撃って得点を競う。ピストルは「立射」のみ。中国が強い。

車いすテニス》Wheelchair Tennis》

●競技会場：有明テニスの森（東京都江東区）

ルール　車いすを操作しながらプレー　2バウンド以内の返球が認められている

下半身に障がいのある選手が車いすを操作しながらプレーする。2バウンド以内の返球が認められているほかは、テニスのルールと同じでコートの広さやネットの高さも同じ。男女のシングルスとダブルスのほか、下肢ばかりでなく手指や腕にも障がいがあって、電動車いすの使用やラケットをテーピングで手に固定することが認められているクアードシングルスとクアードダブルスが、男女の区別がない混合で実施される。3セットマッチで行われ、2セット先取した選手の勝利。

見どころ　スピーディーな車いすの操作から正確無比なショットが繰り出される

2バウンドまでの返球ができるだけに、選手は広範囲をカバーしなければならない。車いすの操作はプレーの大きな要素で、操作性を高めるために軽くしたり転倒を防ぐ補助輪を装着した車いすが使用される。障がいの程度でさまざまな車いすの改造が認められている。強いショットばかりでなく、正確なボールコントロールも見どころだ。ボールを打つときに車いすの座面から尻を離すのは反則なので相手の頭上を高く越すロブショットは有効な攻撃だ。前後左右に相手を揺さぶり、空いたスペースにボールを打ち込んで得点を狙う。

日本は史上初のパラリンピック連覇を成し遂げた国枝慎吾や上地結衣などの有力選手を擁する。

ボッチャ》Boccia》

●競技会場：有明体操競技場（東京都江東区）

ルール　ボールを投げたり転がしたり蹴ったり　的になる白球に近づけて得点を競う

ボッチャはイタリア語でボールの意味。脳性麻痺など比較的重い運動機能障がいのある人のために考案された球技だ。男女の区別はなく、障がいによって4クラスに分けられ、1対1の個人戦、2対2のペア戦、3対3の団体戦の3種類がある。ジャックボールと呼ばれる白いボールに向かって対戦者が各6個のボールを交互に投げたり転がしたり蹴ったりして、ジャックボールに近づけて得られる点数を競う。6個の試技を個人とペアは4回、団体は6回行い総得点を競う。

見どころ　「マイボール」を使い一発逆転も起こる戦略性の高い球技

カーリングに似ているがジャックボールの位置は毎回変わり、途中で弾いて動かすことができる。どちらに点が入るかは最後の1球までわからない。ボールを手で投げられない選手は蹴ったり、競技アシスタントのサポートで滑り台に似たランプという投球補助具を使って転がす。ボールは選手個人の「マイボール」。規定範囲内なら自由につくることができる。表面や中の素材を工夫してボールの硬さや転がりやすさを変えて、戦況に応じて使い分ける。柔らかいボールをほかのボールに積み上げる技もある。

最強国はタイ。日本の「火ノ玉JAPAN」は2016年のリオデジャネイロ大会で銀メダルを獲得している。

車いすフェンシング》Wheelchair Fencing》

●競技会場：幕張メッセホール（千葉県千葉市）

ルール　車いすを固定して上半身だけの動きで攻防する

オリンピックのフェンシングと同じ剣や防具を使用し、ルールもオリンピックに準じるが、ピストと呼ばれる台に固定された車いすに座って上半身だけで競技する点が大きく異なる。腹筋が使えて座った姿勢を維持できるクラスと腹筋を使えないか、剣を持つ腕に障がいがあるクラスに分かれて競技する。メタルジャケットを着た胴体だけを突く「フルーレ」、上半身を突く「エペ」、上半身の突きに斬る動作が加わった「サーブル」のオリンピック同様の３種目が実施される。

見どころ　ごく至近距離での駆け引きとスピード感

選手間の距離は腕の短い選手を基準にして決められる。ごく至近距離でフットワークが使えない固定された間合いでの攻防のため、剣さばきのテクニックやスピードが勝敗を分ける。剣で突いたり斬るために大きく前傾したり、相手の剣をかわすためにのけぞったり、ときには車いすがピストごと傾くほど激しい攻防が行われる。

剣を持たない側の腕はアームレストをしっかりつかみ、上半身の動きや剣さばきをサポートする。

ヨーロッパ諸国やロシア、中国、香港が強い。日本勢は 2017 年（ハンガリー）のワールドカップで櫻井杏理が女子エペ個人で初の銀メダルを獲得し、期待されている。

陸上競技》Athletics》

●競技会場：オリンピックスタジアム（東京都新宿区）

ルール　細かくクラス分けされて約170種目もの競技が行われる

競技はオリンピックと同じくトラック、フィールド、マラソンだが、対象となる障がいが視覚障がいや知的障がい、麻痺、四肢の欠損、低身長症などの多岐にわたるので種目は 167 にも分かれている。例えば 100m 走は男子 16 人、女子 14 人の金メダリストが誕生する。特別なルールもあり、目に障がいのある走り幅跳びや走り高跳びの選手には「ガイド」や「コーラー」が手拍子や声で選手に助走、踏切、ジャンプなどのタイミングを伝える。試技では観客に静粛が求められる。

見どころ　体を鍛え用具を工夫・開発して速く遠く高くを目指す

さまざまな障がいをもつ男女２人ずつ、計４人の選手がリレーする 400m ユニバーサルリレーが東京大会から正式種目として採用される。第１走者は目に障がいのある選手で、手や背中に触れる「タッチ」で次走者につなぐ。陸上競技の中で唯一の国別団体戦だ。障がいと性別が異なる４人が参加するリレーは、パラリンピックの象徴ともいえる種目だ。「こん棒投げ」もパラリンピック独特の種目。小さな野球のバットのような棒を投げてその距離を競う。握力がなくても参加できるように考案された競技で、投げ方は自由。独自に編み出した投法で勝負する。競技用車いすや義足、義手など、障がいに合わせた用具の使いこなしも見どころだ。

車いすラグビー》Wheelchair Rugby》

●競技会場：国立代々木競技場（東京都渋谷区）

ルール 前方へのパスができるので スピーディーな試合展開で得点が入る

四肢に障がいのある車いすの選手が1チーム4人で対戦する。コートはバスケットボールのコートと同じ大きさで、球形の専用ボールを使う。種目は男女の区別がない混合のみ。ラグビーと異なり、前方へのパスが認められているのでボールを持てば得点率は高い。ボールを膝の上に乗せたりパスをつないだりして、ボールといっしょに車いすの両輪がトライラインを越えると1点入る。ボールを持ってから12秒以内にセンターラインを越え、40秒以内にトライしなければいけない。

見どころ パラリンピックで唯一車いすの激しいぶつかり合いが認められている

なんといっても車いす同士の激しいぶつかり合いが見どころ。小回りの利くコンパクトな攻撃型の車いすと飛び出たバンパーで相手の車いすの進攻を食い止める守備型の車いすがある。選手には障がいの程度に応じて0.5点刻みで0.5（重）～3.5点（軽）の持ち点が与えられ、4人の合計は8点以内でなくてはならない。「ローポインター」と呼ばれる障がいの重い選手が守備型の車いすに乗ることが多い。障がいの程度が異なる選手たちのチームプレーも大きな見どころだ。

4年ごとに行われる車いすラグビー世界選手権の2018年大会で日本代表は初の金メダルを獲得。パラリンピックでも金メダルの期待がかかる。

車いすバスケットボール》Wheelchair Basketball》

●競技会場：武蔵野の森総合スポーツプラザ（東京都調布市）、有明アリーナ（東京都江東区）

ルール オリンピックと同じコートの広さ、ゴールの高さで、競技用車いすからシュートを放つ

世界的に人気の高いパラリンピック競技のひとつ。1チーム5人の選手が専用の車いすを使い、オリンピックのバスケットと同じボール、コート、ゴールの高さで試合を行う。車いすラグビーと同様に障がいの程度によって0.5点刻みで1.0（重）～4.5点（軽）まで持ち点が与えられ、コート上でプレーする5選手の合計は14点以内でなければならない。そのほか、ダブルドリブルがない、ボールを持ったまま車輪を3回以上回す（プッシュ）と反則になるなどのルールがある。

見どころ 持ち点を考慮したチーム編成や華麗な車いす操作など個々のハイテクニックに注目

持ち点の合計が14点以内のチーム編成は、さまざまな障がいをもった選手を起用する必要があり、重要な戦略だ。車いすにはブレーキがない。ダッシュ、ストップ、ターンなどの車いすの操作も大きな見どころだ。ジャンプは反則だが、シュートやリバウンド時に片輪を上げて高さを出す「ティルティング」というテクニックで空中戦に臨む。主に障がいの重い選手が車いすの幅を利用し、相手選手の壁になって自軍の攻撃をサポートする「スクリーンプレー」なども注目だ。

男女ともに欧米勢が圧倒的に強いが、女子はオーストラリア、中国も強い。日本男子は7位が最高位、日本女子は銅メダルを2度獲得している。

柔道》Judo》

●競技会場：日本武道館（東京都千代田区）

ルール　選手は視覚障がい者のみ 組み合ったところから試合開始

視覚障がい者のみが参加する。オリンピック同様、体重によって階級分けを行う。男子は60kg級から100kg超級まで７つの級、女子は48kg級から70kg超級まで６つの級があり、同級の選手が対戦する。全盲や弱視など障がいの程度が異なる選手同士も対戦する。なお、道着の袖部分に赤い丸印を付けているのは全盲の選手だ。試合は互いに組み合った状態で開始する。１試合は４分間、途中で身体が離れたら審判の指示で試合開始位置に戻り、また組み直して試合を再開する。

見どころ　一本勝ちの多いダイナミックな柔道で接近戦での崩し合いも激しい

パラリンピックの柔道は一本勝ちで決まる試合が多い。対戦相手同士が互いの道着を掴んで組み合った状態で試合を始めるため、オリンピックの柔道のように離れて牽制し合う時間帯がない。試合開始直後にかけた技が決まり、瞬時に勝負がつくことも少なくない。ダイナミックな柔道に観客も盛り上がる。

接近戦ならではの緊張感の中、少しでも先に相手を崩そうとする競り合いも迫力満点だ。試合の再開時も相手の襟と袖を掴んだ状態で始まるので、互いに強く引いて相手を揺さぶろうと激しく動き、自らも大きく揺さぶられる。体力の消耗はオリンピック柔道以上ともいわれる。日本は毎大会メダルを獲得している。

水泳》Swimming》

●競技会場：東京アクアティクスセンター（東京都江東区）

ルール　障がいに合わせたスタートやゴール きめ細かく柔軟なルール設定

オリンピックの水泳とほぼ同じルールだが、障がいによりクラスに分け、同クラス内で競う。クラスは障がいの重いほうから「肢体不自由」「視覚障がい」「知的障がい」「聴覚障がい」など。障がいに応じたルールには、下肢が不自由な選手に飛び込みは危険なので水中スタート、飛び込み時の立ち姿勢を保つため人が手を添えてよい、平泳ぎなどのゴール時は壁に両手タッチに代わり上半身でのタッチが認められているなど、個々の障がいを考慮した細かな規定がある。

見どころ　フォーム改良でひたすら速さを追求しコーチとの絶妙な呼吸も勝負のカギに

義手や義足などの補助具は一切使わない。障がいの特徴を捉えて改良した“速く泳ぐフォーム”は見どころのひとつだ。四肢欠損のある選手は左右のバランス差から生じる水の抵抗を抑える泳ぎを、全盲の選手はコースロープに腕を擦り付けてでもコースから逸れない泳ぎを目指す。コーチとの呼吸も重要で、グリップを握れない選手の背泳ぎのスタート時は口にくわえた紐などをコーチが持って選手の姿勢を保ち、全盲選手のターン時にはコーチが棒で身体に触れて合図をする。注目選手は2016年リオ大会でメダル量産したダニエル・ディアス（ブラジル）やジェシカ・ロング（アメリカ）など。日本勢では河合純一や成田真由美ほか、若手も期待大だ。

卓球》Table Tennis》

●競技会場：東京体育館（東京都渋谷区）

ルール　卓球台もラケットもオリンピック同様 障がいごとに11クラスに分かれて試合

オリンピックの卓球と同じ11点先取の5セット制。卓球台やラケット、球、ネットも同じ。ただ、車いすダブルスのペアは互いにセンター線を越えない、杖を使うクラスは杖を台に触れてはいけないなど独自ルールもある。障がいごとに11のクラスに分かれて対戦する。障がいの重いほうから1～5が肢体不自由者の「車いす」、6～10が義手や義足を使ったり腕にラケットを括り付ける肢体不自由者で「立位」、11が「知的障がい」だ。視聴覚障がい者の枠はない。

見どころ　相手の障がいは最大のウィークポイント。コースとスピードで容赦なく攻める

攻守にわたり、障がいの特徴を最大限生かしてプレーするのがこの競技の醍醐味だ。例えば「車いす」で台近くに陣取ることで移動を減らして上半身の動きだけで遠近や左右へと打ち分け相手を動かしたり、「立位」で義足の相手には踏み出すのが難しい位置に速い球を打ち込んだり。障がいの特徴を捉えた容赦のない攻防が展開される。

卓球王国の中国はパラリンピックでも強い。日本勢もベテランに加えて近年若手の活躍が目覚ましく、上位入賞が期待されている。また、卓球は知的障がい者が参加できる数少ないパラ種目のひとつで、このクラスも日本選手のレベルは高い。

自転車》Cycling》

●競技会場：トラック・伊豆ベロドローム（静岡県伊豆市）
ロード・富士スピードウェイ（静岡県駿東郡）

ルール　トラック競技とロード競技 走行距離も多種多様に50種目

障がいにより分けられた各クラスで約50種目が競われる。トラックとロードがあり、トラック種目は個別スタートで500mや1kmのタイムを競う「タイムトライアル」、3～4kmを同時スタートで競う「個人追い抜き（パーシュート）」、3人隊列で走行する「男女混合チームスプリント」など。ロード種目は100km超もある「ロードレース」、約8kmコースを規定の周数走る「タイムトライアル」、脚に障がいのある選手が手で漕ぐハンドサイクルで挑む「男女混合チームリレー」などだ。

見どころ　自転車と走法の個性際立つ個別種目 2人乗りやリレーはチームワークが魅力

障がいに合わせた自転車の形態、それを操る選手の技術に注目したい。数cmの差が勝負を分ける「タイムトライアル」は個別スタートなので各選手の工夫を堪能できる。チームワークで臨む種目は、性別や障がいの異なる3人が縦隊列を組み順位を競う「男女混合チームスプリント」、脚に障がいを持つ3人が手漕ぎ自転車で約8kmずつリレーする「男女混合チームリレー」、視覚障害がい者が後ろでペダルを漕ぎ、晴眼者（視覚障がいがない人）が前でハンドルを操作する2人乗り自転車「タンデム」など。前後2人の呼吸合わせが魅力の「タンデム」は多種目に登場する。強豪国は英など欧米や豪だが近年は日本選手もメダルを獲得している。

パラリンピック夏季大会データ

回	年	開催地（開催国）	対象となる障がい	実施競技の変遷（赤字は追加された競技、青字は廃止された競技）
1	1960	ローマ（イタリア）	脊髄損傷	アーチェリー、陸上競技、ダーチェリー、スヌーカー、水泳、卓球、車いすバスケットボール、車いすフェンシング
2	1964	東京（日本）	脊髄損傷	アーチェリー、陸上競技、ダーチェリー、スヌーカー、水泳、卓球、車いすバスケットボール、車いすフェンシング、パワーリフティング
3	1968	テルアビブ（イスラエル）	脊髄損傷	アーチェリー、陸上競技、ダーチェリー、ローンボウルス、スヌーカー、水泳、卓球、車いすバスケットボール、車いすフェンシング、パワーリフティング
4	1972	ハイデルベルク（西ドイツ）	脊髄損傷	アーチェリー、陸上競技、ダーチェリー、ローンボウルス、スヌーカー、水泳、卓球、車いすバスケットボール、車いすフェンシング、パワーリフティング
5	1976	トロント（カナダ）	脊髄損傷、切断患者、視覚障がいなど	アーチェリー、陸上競技、ダーチェリー、ゴールボール、ローンボウルス、射撃、スヌーカー、水泳、卓球、スタンディングバレーボール、車いすバスケットボール、車いすフェンシング、パワーリフティング
6	1980	アーネム（オランダ）	脊髄損傷、切断患者、視覚障がい、脳性麻痺など	アーチェリー、陸上競技、ダーチェリー、ゴールボール、ローンボウルス、射撃、水泳、卓球、スタンディングバレーボール、シッティングバレーボール、車いすバスケットボール、車いすフェンシング、レスリング、パワーリフティング
7	1984	ニューヨーク（米）、ストークマンデビル（英）	脊髄損傷、切断患者、視覚障がい、脳性麻痺など	アーチェリー、陸上競技、ボッチャ、自転車、馬術、7人制サッカー、ゴールボール、ローンボウルス、パワーリフティング、射撃、スヌーカー、水泳、卓球、スタンディングバレーボール、シッティングバレーボール、車いすバスケットボール、車いすフェンシング、レスリング
8	1988	ソウル（韓国）	脊髄損傷、切断患者、視覚障がい、脳性麻痺など	アーチェリー、陸上競技、ボッチャ、自転車、7人制サッカー、ゴールボール、柔道、ローンボウルス、パワーリフティング、射撃、スヌーカー、水泳、卓球、スタンディングバレーボール、シッティングバレーボール、車いすバスケットボール、車いすフェンシング、ウェイトリフティング、馬術、レスリング
9	1992	バルセロナ（スペイン）	脊髄損傷、切断患者、視覚障がい、脳性麻痺など	アーチェリー、陸上競技、ボッチャ、自転車、7人制サッカー、ゴールボール、柔道、ローンボウルス、パワーリフティング、射撃、水泳、卓球、スタンディングバレーボール、シッティングバレーボール、車いすバスケットボール、車いすフェンシング、ウェイトリフティング、車いすテニス、スヌーカー
10	1996	アトランタ（アメリカ）	脊髄損傷、切断患者、視覚障がい、脳性麻痺、知的障がいなど	アーチェリー、陸上競技、ボッチャ、自転車、馬術、7人制サッカー、ゴールボール、柔道、パワーリフティング、射撃、水泳、卓球、スタンディングバレーボール、シッティングバレーボール、車いすバスケットボール、車いすフェンシング、車いすラグビー、車いすテニス、パワーリフティング
11	2000	シドニー（オーストラリア）	脊髄損傷、切断患者、視覚障がい、脳性麻痺、知的障がいなど	アーチェリー、陸上競技、IDバスケットボール、ボッチャ、自転車、馬術、7人制サッカー、ゴールボール、柔道、パワーリフティング、セーリング、射撃、水泳、卓球、シッティングバレーボール、車いすバスケットボール、車いすフェンシング、車いすラグビー、車いすテニス、スタンディングバレーボール
12	2004	アテネ（ギリシャ）	脊髄損傷、切断患者、視覚障がい、脳性麻痺など	アーチェリー、陸上競技、ボッチャ、自転車、馬術、5人制サッカー、7人制サッカー、ゴールボール、柔道、パワーリフティング、セーリング、射撃、水泳、卓球、シッティングバレーボール、車いすバスケットボール、車いすフェンシング、車いすラグビー、車いすテニス、IDバスケットボール

回	年	開催地（開催国）	対象となる障がい	実施競技の変遷（赤字は追加された競技、青字は廃止された競技）
13	2008	北京 （中国）	脊髄損傷、切断患者、視覚障がい、脳性麻痺など	アーチェリー、陸上競技、ボッチャ、自転車、馬術、5人制サッカー、7人制サッカー、ゴールボール、柔道、パワーリフティング、ボート、セーリング、射撃、水泳、卓球、シッティングバレーボール、車いすバスケットボール、車いすフェンシング、車いすラグビー、車いすテニス
14	2012	ロンドン （イギリス）	脊髄損傷、切断患者、視覚障がい、脳性麻痺、知的障がいなど	アーチェリー、陸上競技、ボッチャ、自転車、馬術、5人制サッカー、7人制サッカー、ゴールボール、柔道、パワーリフティング、ボート、セーリング、射撃、水泳、卓球、シッティングバレーボール、車いすバスケットボール、車いすフェンシング、車いすラグビー、車いすテニス
15	2016	リオデジャネイロ （ブラジル）	脊髄損傷、切断患者、視覚障がい、脳性麻痺、知的障がいなど	アーチェリー、陸上競技、ボッチャ、カヌー、自転車、馬術、5人制サッカー、7人制サッカー、ゴールボール、柔道、パワーリフティング、ボート、セーリング、射撃、水泳、トライアスロン、卓球、シッティングバレーボール、車いすバスケットボール、車いすフェンシング、車いすラグビー、車いすテニス
16		東京（日本）	脊髄損傷、切断患者、視覚障がい、脳性麻痺、知的障がいなど	アーチェリー、陸上競技、バドミントン、ボッチャ、カヌー、自転車、馬術、5人制サッカー、ゴールボール、柔道、パワーリフティング、ボート、射撃、水泳、テコンドー、トライアスロン、卓球、シッティングバレーボール、車いすバスケットボール、車いすフェンシング、車いすラグビー、車いすテニス、7人制サッカー、セーリング

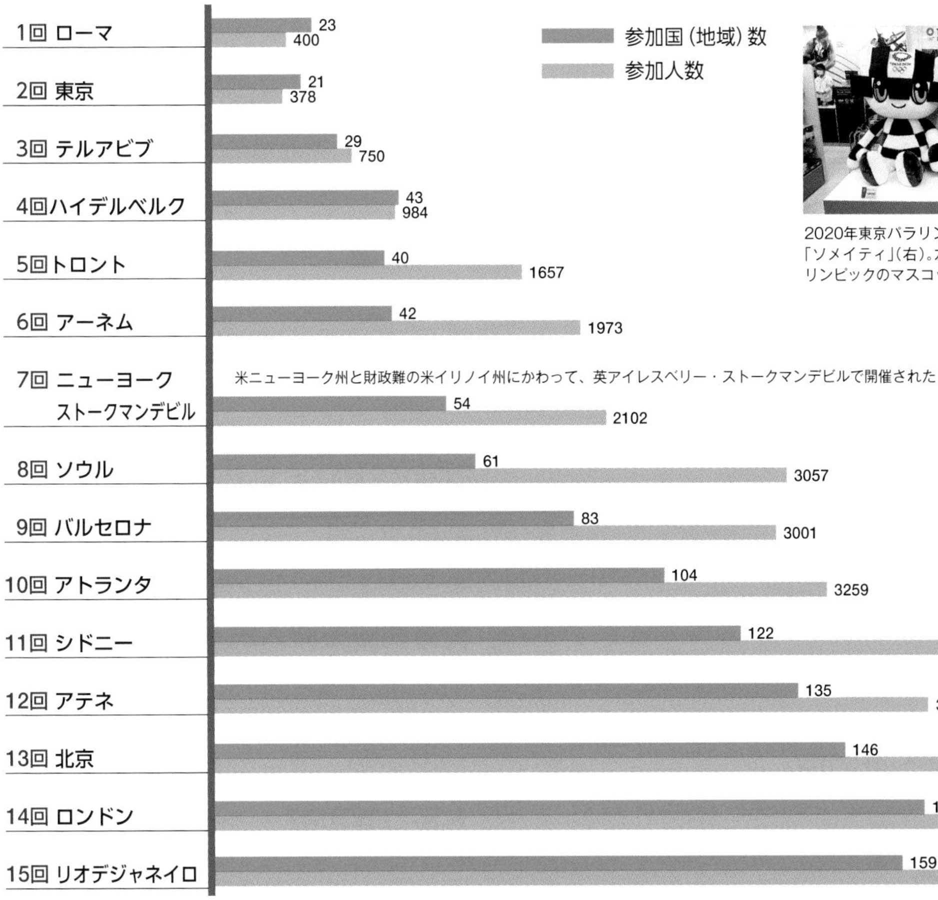

2020年東京パラリンピックのマスコット「ソメイティ」（右）。左は2020年東京オリンピックのマスコット「ミライトワ」。

※日本パラリンピック委員会の資料などより作成

INDEX

アメリカ

INDEX

ヨーロッパ

【国】

アフリカ

オセアニア

140° W
120°
100°
80°
60°
40°
20° W
0°
20° E
60° N
40° N
20° N
0°
20° S
40° S
60° S
80° S
ボーフォート海
バッフィン湾
グリーンランド
[デンマーク]
バレンツ海
北極圏
ノルウェー海
レイキャビク
アイスランド
スウェーデン
フィンランド
ノルウェー
オスロ
ヘルシンキ
ストックホルム
サンクト=ペテルブルク
モスクワ
カナダ
ハドソン湾
ニューファンドランド島
オタワ
アメリカ合衆国
ニューヨーク
ワシントン
セントルイス
サンフランシスコ
ロサンゼルス
ニューオーリンズ
黒海
トルコ
アンカラ
地
中
海
アゾレス諸島
ジブラルタル海峡
チュニス
アルジェ
ラバト
チュニジア
トリポリ
キプロス
ニコシア
レバノン
ダマスクス
イスラエル
イェルサレム
カイロ
アンマン
ヨルダン
バミューダ諸島
大西洋
カナリア諸島
[スペイン]
モロッコ
アルジェリア
リビア
エジプト
メキシコ湾
バハマ
ナッソー
北回帰線
西サハラ
ハバナ
キューバ
メキシコ
メキシコシティ
ドミニカ共和国
サントドミンゴ
セントクリストファー=ネイヴィス
アンチグア=バーブーダ
ドミニカ国
セントルシア
セントヴィンセント=グレナディーン諸島
バルバドス
グレナダ
ポートオブスペイン
トリニダード=トバゴ
ベリーズ
ベルモパン
キングストン
ジャマイカ
ハイチ
ポルトープランス
グアテマラ
ホンジュラス
テグシガルパ
サンサルバドル
エルサルバドル
ニカラグア
マナグア
サンホセ
コスタリカ
パナマ
カラカス
ベネズエラ
ジョージタウン
パラマリボ
ガイアナ
スリナム
ギアナ[仏]
太平洋
ボゴタ
コロンビア
キト
エクアドル
ガラパゴス諸島
[エクアドル]
赤道
モーリタニア
ヌアクショット
マリ
ニジェール
チャド
カーボヴェルデ
プライア
ダカール
セネガル
ガンビア
バンジュル
ビサウ
ギニアビサウ
ギニア
コナクリ
フリータウン
シエラレオネ
モンロヴィア
リベリア
バマコ
ブルキナファソ
ワガドゥグ
ニアメ
コートジボワール
ヤムスクロ
ガーナ
アクラ
トーゴ
ロメ
ベナン
ポルトノヴォ
ナイジェリア
アブジャ
ヌジャメナ
ハルツーム
スーダン
エリトリア
アスマラ
アジスアベバ
中央アフリカ
バンギ
南スーダン
ジュバ
カメルーン
ヤウンデ
マラボ
赤道ギニア
サントメ
サントメ=プリンシペ
リーブルヴィル
ガボン
コンゴ共和国
ブラザヴィル
キンシャサ
コンゴ民主共和国
ウガンダ
カンパラ
ケニア
ナイロビ
ルワンダ
キガリ
ブジュンブラ
ブルンジ
タンザニア
ドドマ
ペルー
リマ
ブラジル
ブラジリア
ラパス
ボリビア
アセンション島
[英]
ルアンダ
アンゴラ
マラウイ
リロングウェ
ザンビア
ルサカ
モザンビーク
ハラーレ
ジンバブエ
セントヘレナ島
[英]
パラグアイ
リオデジャネイロ
サンパウロ
アスンシオン
南回帰線
ナミビア
ウィントフック
ボツワナ
ハボローネ
プレトリア
マプート
ムババネ
エスワティニ
レソト
マセル
南アフリカ
サンチアゴ
ブエノスアイレス
チリ
ウルグアイ
モンテビデオ
アルゼンチン
フォークランド
(マルビナス)諸島
マゼラン海峡
フエゴ島
南極圏
ヨーロッパ
ノルウェー
スウェーデン
フィンランド
ヘルシンキ
タリン
エストニア
オスロ
ストックホルム
リガ
ラトヴィア
デンマーク
コペンハーゲン
リトアニア
ヴィリニュス
イギリス
ダブリン
アイルランド
オランダ
アムステルダム
ベルリン
ポーランド
ミンスク
ベラルーシ
ロンドン
ベルギー
ブリュッセル
ドイツ
ワルシャワ
キエフ
ウクライナ
ルクセンブルク
パリ
プラハ
チェコ
スロヴァキア
ブラチスラヴァ
ウィーン
オーストリア
ブダペスト
ハンガリー
モルドバ
キシニョフ
リヒテンシュタイン
ベルン
スイス
フランス
リュブリャナ
スロヴェニア
ザグレブ
クロアティア
ルーマニア
ブカレスト
ベオグラード
セルビア
イタリア
サンマリノ
サライェヴォ
モナコ
ソフィア
ブルガリア
黒海
アンドラ
モンテネグロ
ポドゴリツァ
スコピエ
北マケドニア
ローマ
ヴァチカン市国
イスタンブル
チラナ
アルバニア
アンカラ
ポルトガル
マドリード
スペイン
リスボン
ギリシア
アテネ
トルコ
ジブラルタル海峡
マルタ
バレッタ
地
中
海
1:55,000,000
0
1000
2000km
0
1000
2000
3000
4000
5000km
1:83,000,000

● 首都
北極海
カラ海
ラプテフ海
東シベリア海
ボーフォート海
ロシア
アラスカ
[米]
アラスカ湾
ベーリング海
カムチャツカ半島
オホーツク海
アリューシャン列島
千島列島
独立国家共同体
ヌルスルタン（旧アスタナ）
カザフスタン
ウランバートル
モンゴル
カスピ海
ウズベキスタン
ビシュケク
キルギス
タシケント
タジキスタン
ドゥシャンベ
トルクメニスタン
アシガバード
バクー
アゼルバイジャン
トビリシ
エレヴァン
アルメニア
テヘラン
イラン
バグダード
イラク
カーブル
アフガニスタン
イスラマバード
パキスタン
クウェート
バーレーン
マナマ
カタール
ドーハ
リヤド
アラブ首長国連邦
アブダビ
マスカット
サウジアラビア
オマーン
サナア
イエメン
ジブチ
エチオピア
ソマリア
モガジシオ
デリー
インド
ネパール
カトマンズ
ブータン
ティンプー
バングラデシュ
ダッカ
中華人民共和国
北京
ピョンヤン
朝鮮民主主義人民共和国
ソウル
大韓民国
日本海
日本
東京
上海
東シナ海
台北
台湾
小笠原諸島
マカオ
香港
ミャンマー
ネーピードー
ラオス
ヴィエンチャン
ハノイ
ベトナム
タイ
バンコク
カンボジア
プノンペン
南シナ海
マニラ
フィリピン
アラビア海
ベンガル湾
アンダマン諸島
[インド]
ラッカディヴ諸島
スリランカ
スリジャヤワルダナプラコッテ
モルディヴ
マレ
モルディヴ諸島
ブルネイ＝ダルサラーム
バンダルスリブガワン
マレーシア
クアラルンプール
シンガポール
インドネシア
ジャカルタ
ディリ
東ティモール
セーシェル
ビクトリア
チャゴス諸島
[英]
インド洋
コモロ
モロニ
モザンビーク海峡
マダガスカル
アンタナナリヴォ
モーリシャス
ポートルイス
レユニオン島
[仏]
北マリアナ諸島
グアム諸島
[米]
パラオ共和国
マルキョク
ミクロネシア連邦
パリキール
マーシャル諸島
マジュロ
太平洋
ホノルル
ハワイ諸島
[米]
キリバス
タラワ
ナウル
ナウル
パプアニューギニア
ポートモレスビー
ソロモン諸島
ホニアラ
ツヴァル
フナフチ
サモア
アピア
クック諸島
アバルア
珊瑚海
ヴァヌアツ
ポートビラ
フィジー
スバ
ヌクアロファ
トンガ
ニューカレドニア島
[仏]
オーストラリア
ケルマデック諸島
[ニュージーランド]
キャンベラ
タスマン海
タスマニア島
ウェリントン
ニュージーランド
60° 80° 100° 120° 140° 160° E 180° 160° W 140° W
80° N
60° N
40° N
20° N
0°
20° S
40° S
60° S
80° S

アゼルバイジャン共和国

Republic of Azerbaijan

面積 8.7万km²
人口 1013万人
首都 バクー
通貨 マナト
宗教 イスラム教（シーア派が主）

EVENT 出来事

カスピ海が「海」になった？

世界最大の湖であるカスピ海について2018年、沿岸を持つ5カ国によって画期的な合意が行われた。

かつてはソ連邦とイランの間の問題にとどまっていたものの、ソ連崩壊により沿岸国が一気に増えたことがカスピ海の領有権問題の始まりだった。これまでは「湖」だったので、慣習に従い6カ国で均等に湖を分割してきたが、天然ガスなどの海底資源の扱いが問題を複雑にさせてきた。

20年に及ぶ協議の末、沿岸から15カイリ(28km)を領海、25カイリまでを排他的漁業水域とした。領海を設定したことが、地理的には「湖」でも法的には「海」となるゆえんだが、一方で沿岸国以外の国がカスピ海で活動することを禁じ、また海底資源の分割は2国間で解決することとなった。

人工衛星からとらえたカスピ海（右）。左はカスピ海で石油を採掘する施設

HISTORY

カフカス山脈の南方にあり、東部はカスピ海に面している。

4世紀にこの地方も包含したカフカス・アルメニア国はキリスト教を受容したが、アゼルバイジャン地域では、7世紀、アラブ支配が進むとともにイスラム化が進んだ。13世紀にはモンゴル帝国領になったが、その後15世紀にかけてティムール帝国となってトルコ化が進んだ。16世紀、サファヴィー朝イランのもと、住民の大半がシーア派となった。19世紀はじめ、イランとロシアの戦争の結果、1828年北方がロシア領に、南方がイラン領となった。ロシア領のバクーでは油田が開発され、ノーベル兄弟などの国際石油資本に主導されて、バクーは世界的な産油地へと成長した。1918年アゼルバイジャン人民共和国が独立を宣言。1920年にアゼルバイジャン・ソビエト社会主義共和国が成立、のちにソ連邦の一員となる。89年に旧ソ連邦のなかでいち早く主権を宣言、91年に現国名へ変更し独立。原油や天然ガスの輸出が経済成長をけん引している。

アフガニスタン・イスラム共和国

Islamic Republic of Afghanistan

面積 65.3万 km²
人口 3892万人
首都 カブール
通貨 アフガニー
宗教 イスラム教（スンニ派が8割以上）

WORLD HERITAGE 世界遺産

再建できる？　破壊されたバーミヤーンの立仏

かつてはシルクロードの拠点として、様々な文明が出合い融合してきたアフガニスタン。なかでも標高2800mに位置する北西部のバーミヤーン渓谷には、華麗な仏教美術が花開いた。13世紀までに1000以上の石窟寺院がつくられ、5～6世紀には高さ55mと38mの「バーミヤーン立仏」に代表される数々の巨大石仏が彫られ、世界遺産にも登録された。

ところが2001年、イスラム原理主義を掲げるタリバン政権が2体のバーミヤーン立仏を、イスラム教が禁じる「偶像崇拝」だとして爆破してしまった。

同政権の崩壊後、遺跡の修復・保存に向けた国際的な動きが活発化した。焦点は破壊された大仏を再建するかどうか。ただ、再建できても世界遺産としての価値を損ねる可能性もある。議論の末、同国政府は再建を当分の間見送り、大仏以外の保存・修復を優先させることを決めた。

破壊される前のバーミヤーン立仏（左。55m）。右は破壊後の様子

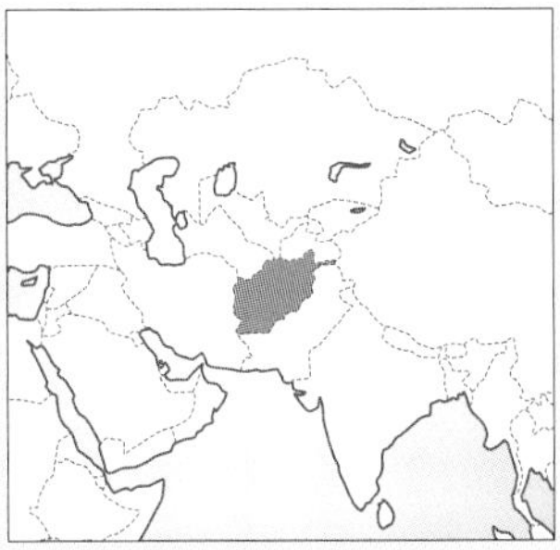

HISTORY

アフガニスタンではすでに12世紀半ばからイスラム化が進んだが、現在のアフガニスタンの基礎が築かれたのはアフガニスタン初の王朝ドゥッラーニ朝が建国された18世紀半ばである。19世紀に入ると英露のグレート・ゲームにより、次第に現在の国境が定められていった。そして、1880年イギリスの保護領となったが、第一次世界大戦後の1919年にアフガン戦争をへて独立した。第二次世界大戦の後、70年代には国王を追放して共和制に移ったが、クーデターによって人民民主主義政権が誕生、そこへソ連が介入してアミン議長を処刑、カルマル政権を樹立した。国内のイスラム勢力はゲリラ戦に移行し、79年ソ連軍が侵攻、10年にわたって戦闘が続き、ついに社会主義政権は崩壊、ソ連軍は89年に完全撤退した。その後、イスラム原理主義を掲げるタリバン勢力が急成長し、実権を握ったことから米英などが軍事介入を行って支配地域を奪還し、同国各派による和平プロセスに合意（2001年）。2004年に新憲法が制定され、14年には同国初となる民主的政権交替が実現し、国家統一政府が発足した。

アラブ首長国連邦

United Arab Emirates

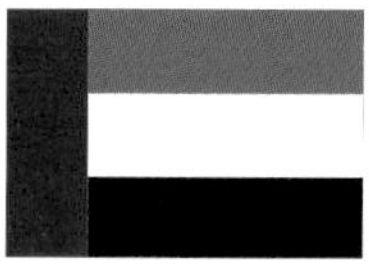

面積 7.1 万 km²
人口 989 万人
首都 アブダビ
通貨 ディルハム
宗教 イスラム教（大多数がスンニ派、シーア派 16%）

BEST IN THE WORLD 世界一

ドバイはなぜ世界一の建築をめざす？

中東で屈指の産油国だが、石油に頼らない国づくりを進めており、その柱となるのが観光業。「世界一」「世界初」の建物や施設を次々と誕生させ、積極的な目玉づくりで注目を集めるのがドバイだ。

映画『ミッション・インポッシブル』のロケ地にもなった世界一の超高層ビル「ブルジュ・ハリファ」（829 m）だけでなく、ヤシの木状に海を埋め立てた巨大リゾート施設「パーム・ジュメイラ」や中東随一のショッピングセンター群など、特に世界の富裕層を呼び込む戦略に余念がない。

現在も、開発が進む大規模な新都市ドバイ・クリーク・ハーバーの中心に、ブルジュ・ハリファを凌いで世界一となる高さのタワーが建設中だ。

世界の富裕層に別荘地として売り出した「パーム・ジュメイラ」（ドバイ）

現在世界一の超高層ビル「ブルジュ・ハリファ」

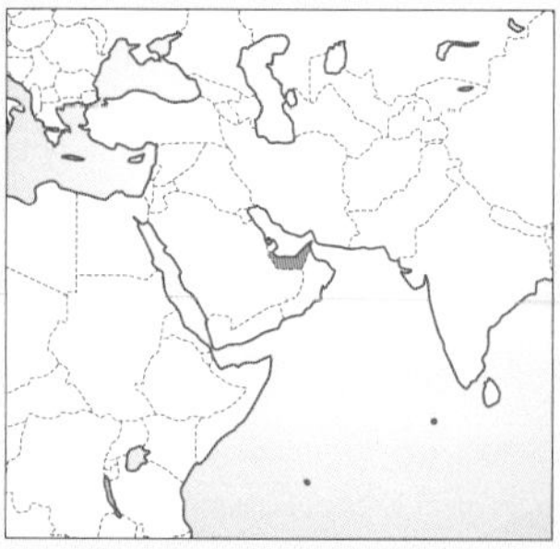

HISTORY

アラビア半島の東南部、ペルシャ湾の出口に位置する 7 つの首長国から構成される連邦国家で、国土の大半は砂漠。メソポタミアの史料によると、前 2500 年頃にマガンと呼ばれる国があり、メソポタミア文明とインダス文明の間の海上交易で栄えたとある。以後は政治的統一勢力の要所となった形跡はなく、辺境として存在するにとどまった。しかし、イスラム教が広まった 7 世紀になって、辺境ゆえにしばしばイスラム教の異端宗派の拠点となった。現在の連邦の基礎となる首長国は、17 ～ 18 世紀にアラビア半島南部から移住してきたアラブの部族によって形成され、北部勢力は海賊として鳴らした。1853 年、17 世紀以降インド支配を強めるイギリスがその拠点獲得のため海賊勢力と休戦協定を結んで進出し、92 年には一帯が保護領となった。1968 年のイギリスのスエズ以東からの撤退宣言を受けて、71 年アブダビ、ドバイを中心に 6 つの首長国が連邦を結成して独立、翌年ラスアルハイマの加盟により現在の連邦体制が完成した。石油輸出依存の経済からの脱却を図り、商業やサービス業に力を入れている。

アルメニア共和国

Republic of Armenia

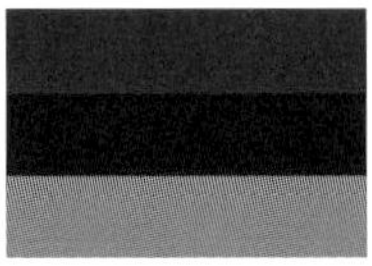

面積 3万km²
人口 296万人
首都 エレバン
通貨 ドラム
宗教 キリスト教
（東方諸教会系のアルメニア正教）

TABLE 食卓

6000年も前からワインをつくっていた!?

アルメニアでのワイン用ブドウづくり。右上はワイン醸造所

イランとの国境に近いアルメニア南部の洞窟で、約6100年前に使われたとみられる世界最古のワイン醸造施設跡を2011年、アメリカの研究チームが発見した。

見つかったのは足踏み式のブドウ圧搾機や発酵・貯蔵用の樽に加え、ブドウの種や赤ワイン特有の色素など。それまで最も古いとされたエジプトのワイン醸造所跡より1000年ほど古い。周りに墓地があることから、死者にささげられていた可能性もあるという。

国土の大半が高地で寒暖差が大きい。降水量が少なく日射量が多い環境は、ブドウ栽培の適地。隣国のジョージアと並び長いワインづくりの伝統があるが、オスマン帝国やソ連の支配下で、高品質なブドウづくりがすたれかけた。独立後にワイン業が復興され、世界的な評価を受ける高品質なワインを送り出すようになった。

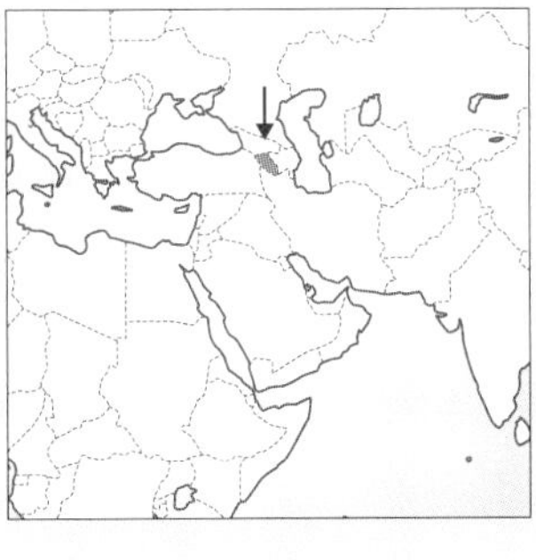

HISTORY

カフカス山脈の南側に位置する。アルメニア人は紀元前2世紀から1世紀にかけて小カフカスからパレスティナに達する大国を建設した歴史がある。301年世界で初めて国家としてキリスト教を受容した。4世紀以降はローマ帝国、イランの支配下に入り、7世紀から15世紀にはアラブ、ビザンツ帝国、セルジューク王朝、モンゴル帝国、ティムール王朝と、次々と支配者が代わった。こうして10世紀以降、多くのアルメニア人が故地を離れ離散していった。1939年、オスマン帝国とサファヴィー朝イランの支配下に入ったが、イラン領カラバフ地方のアルメニア人が半独立を保ったことが、今日に至るナゴルノ・カラバフ州の帰属をめぐってアゼルバイジャンとの紛争に続いている。10世紀ロシアが侵出し、1828年にイラン領アルメニアの大半がロシア領となった。19世紀民族意識が高揚しそれを抑えるため、第一次世界大戦中にオスマン帝国はアルメニア人を虐殺・追放し、その犠牲者は一説によると100万人以上におよぶという。その後ソ連邦構成国になるなどしたが、1991年アルメニア共和国の独立を宣言、今日に至っている。

イエメン共和国

Republic of Yemen

面積 52.8 万 km²
人口 2982 万人
首都 サヌア
通貨 イエメン・リアル
宗教 イスラム教（スンニ派 60%、シーア派 40%）

CULTURE 文化

オジサンたちは何をムシャムシャ噛んでいる!?

この国の街中を歩くと、あちこちで青い葉をちぎっては口に入れ、頬をふくらませながらムシャムシャやっているオジサンたちに出会うだろう。

彼らが口にしているのはアフリカチャノキという植物の葉で、現地ではカートと呼ばれる。特にその枝先にある若葉が好まれ、ガムのように噛んでいると、覚醒作用からお酒を飲んで酔っ払ったような状態になる。イエメンだけでなくソマリアや、ケニア、エチオピアといった東アフリカ一帯で見られる伝統的な嗜好品で、日本ではお酒を一緒に飲んで人と仲良くなるが、ここではカートを一緒に噛みながら世間話をするのだ。ちなみに日本などでは輸入の際に一定の条件が必要となる。

あっちでもこっちでもムシャムシャ。右上はカートの葉

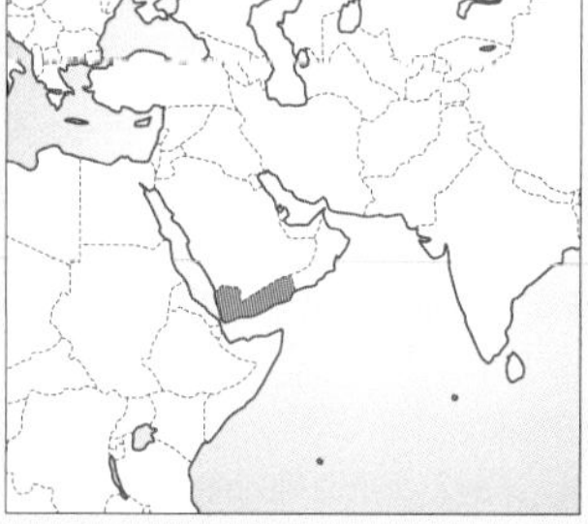

HISTORY

アラビア半島の南西端に位置し、サウジアラビア、オマーンと隣接。紅海、アラビア海に面し、アデン湾を挟んでアフリカのソマリアと対面している。温暖で肥沃な土地柄、古代には「幸福のアラビア」と称えられた。紀元前 7 ～ 8 世紀頃シバ王国が中継貿易によって栄え、紀元 1 世紀頃にはヒムヤル王国が勃興。後に、6 世紀にはエチオピアの支配、次いでササン朝の支配を受ける。9 世紀半ばにはイスラム教ザイド派イマームを祖とするラッシー王朝が成立し、盛衰を繰り返しながら 1000 年以上の長きにわたって存続した。16 世紀にはオスマン帝国の支配、19 世紀にはエジプトの支配をへて、1839 年にはイギリスが南イエメンを占領、49 年にはオスマン帝国が北イエメンを再占領した。1918 年、北部がイエメン王国として独立するが、62 年のクーデターにより崩壊し共和制に移行。69 年まではイエメン内戦が続いた。南部は 67 年に南イエメン人民共和国として独立。後に左派が台頭し国名をイエメン人民民主共和国に改めた。90 年、南北イエメンが合併してイエメン共和国が成立。2011 年のイエメン騒乱以降、内戦状態となり、現在も治安は回復していない。

イスラエル国

State of Israel

面積 2.2 万 km²（※1）
人口 865 万人
首都 エルサレム（※2）
通貨 新シェケル
宗教 ユダヤ教（75%）のほかにイスラム教、キリスト教など

※1　イスラエルが併合を宣言した東イスラエル、ゴラン高原を含む
※2　国際的には未承認

SCIENCE 科学

ノーベル賞受賞者を「ユダヤ系」でかぞえると!?

イスラエル国籍のノーベル賞受賞者はこれまでに 12 人と、日本の 25 人（受賞時に日本国籍だった人物）に比べると少ないように感じるが、さにあらず。ユダヤ人向けの新聞『ジューイッシュ・クロニクル』紙によれば、これまでのノーベル賞全受賞者のうち、ユダヤ人もしくはユダヤ人とのハーフという「ユダヤ系」でかぞえると約 190 人となり、その割合は全受賞者中 2 割以上になるのだという。

また、ユダヤ系としてはノーベル賞 6 部門のすべてで受賞者を出したことになるそうで、世界のユダヤ人人口がおよそ 1500 万人程度ということから考えるとすごい割合だ。

ちなみに IT 業界にもユダヤ系が多い。グーグル共同創業者のラリー・ページ氏（左）やフェイスブック創業者のマーク・ザッカーバーグ氏（右）もユダヤ系だ

1960 年代にイスラエルで発行された旧紙幣には相対性理論で知られる科学者アルベルト・アインシュタインの肖像画が描かれた。アインシュタインはドイツ生まれのユダヤ人

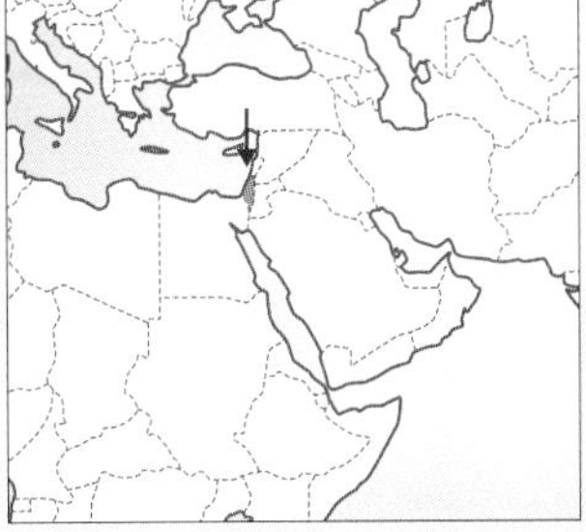

HISTORY

地中海の東岸パレスティナに 1948 年 5 月建国宣言されたユダヤ人国家。2 世紀後半に、この地を追われ、世界各地に分散したユダヤ人たちとそれを支持する勢力とでシオンの丘（パレスティナ）に帰還しようとするシオニズム運動が活発になったのは 19 世紀後半。1917 年、第一次世界大戦ではユダヤ人の協力と引き換えにパレスティナにユダヤ人の国家の建設を約束するバルフォア宣言が出されるが、第二次世界大戦では、ナチス・ドイツのホロコースト（中・東欧などで約 600 万人が殺害）も。戦後の 1947 年 11 月、国連総会は、パレスティナの地をユダヤ人とアラブ人に分割する決議を採択し、翌 48 年にイスラエルが建国される。それを認めないアラブ諸国が反発し、今日まで 4 度におよぶ中東戦争が勃発。イスラエルは領土を拡大した。その間、PLO（パレスチナ解放機構）と暫定自治協定（1993 年）を結び、領内にパレスティナ人自治区を設定するなど中東和平の道筋が見えたかに思えたが、その後もパレスティナとの軍事衝突が繰り返され、パレスティナ自治政府との和平交渉も進んでいない。

イラク共和国

Republic of Iraq

面積 43.5万 km^2
人口 4022万人
首都 バグダッド
通貨 イラク・ディナール
宗教 イスラム教（シーア派、スンニ派）、キリスト教他

BEST IN THE WORLD 世界一

世界最大の墓地はなぜできた？

この国のナジャフという地に、見渡す限りすべてお墓ばかりの広大な墓地がある。アラビア語でワディ・サラーム（「平和の谷」の意）と呼ばれ、その広さは6㎢を超え、世界最大の墓地とされている。

そもそもここはイスラム教シーア派にとって重要な聖地。イスラムを開いたムハンマドのいとこで娘婿であるアリーの霊廟があり、アリーはシーア派の初代イマーム（指導者）だからだ。

1400年もの間、ここにはイラク内外のシーア派信徒らの遺体が埋葬され続け、その数は数千万ともいわれる。2014年には拡大する過激組織IS（イスラム国）と戦ったシーア派民兵らの遺体が数多くここに埋葬されたという。

ワディ・サラームはユネスコの世界遺産暫定リストにも入れられており、条件が整えば世界遺産に登録される日がくるかもしれない。

見渡す限りお墓が続くワディ・サラーム。右上はアリーの霊廟

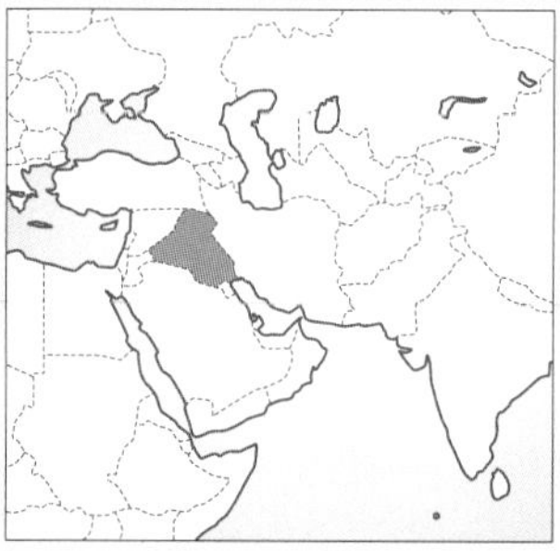

HISTORY

中央部がメソポタミア平原。北東部が山岳地帯、西南部が砂漠地帯で南東部のごく一部がペルシャ湾に面する。古代メソポタミア文化が花開いたように元来、この土地は、小麦、米、ナツメヤシなどの農作物に、石油、天然ガスなどの資源に恵まれたところ。バビロニア王国、アッバース朝などが続いたが、16世紀以降はオスマン帝国が支配。第一次世界大戦後イギリスの委任統治領となるが、1921年、ハーシム家のファイサルを国王に迎え、32年にイラク王国として独立。58年にクーデターが起こり、共和制に移行。68年にバアス党政権が誕生し、79年から2代目大統領サダム・フセインが国を支配、フセイン独裁体制が続いた。その間、イラン革命の影響を恐れ、イラクが仕掛けた80年のイラン・イラク戦争、90年のクウェート侵攻からの湾岸戦争などの戦争が続発。2003年、大量破壊兵器問題とテロ支援問題を理由にアメリカがイラクに侵攻し、フセイン政権を崩壊させた。06年に新政権が発足。14年よりISILなどの武装勢力に北・西部の都市が占拠されたが、米国主導の掃討作戦により17年12月に全土が解放された。

イラン・イスラム共和国

Islamic Republic of Iran

面積 162.9 万 km²
人口 8399 万人
首都 テヘラン
通貨 イラン・リヤル
宗教 イスラム教（主にシーア派）、ほかにキリスト教、ユダヤ教、ゾロアスター教など

WAR 戦争

「貧者の兵器」自爆ドローンの恐怖

紛争が続く中東地域で、軍事関係者の注目を集めるのが、イランの軍事用ドローン（無人航空機）だ。アフガニスタン内戦で墜落した米軍のドローンをイランが入手し、技術を模倣。その後のシリア内戦での実戦と改良により、無線操縦で長距離を飛べるまでに性能を高めたという。

世界に衝撃を与えたのが2019年、サウジアラビアの石油施設が軍事用ドローンの攻撃を受け、国内原油生産の半分が停止に追い込まれた事件。サウジに敵対するイエメンのフーシ派による犯行で、そのドローン技術はイランからもたらされたと米国などは分析する。その部品の多くが安価の民生品によるため製造コストが安く、防空レーダーでもみつけにくい。新たな「貧者の兵器」の登場が今後の戦争の形態を変化させるのではないかと考えられている。

2019 年 12 月、米国の無人攻撃機 MQ-9（右上）に殺害されたソレイマニ司令官の死に抗議するイランの女性。将来の戦争はドローン同士の戦いになるのか？

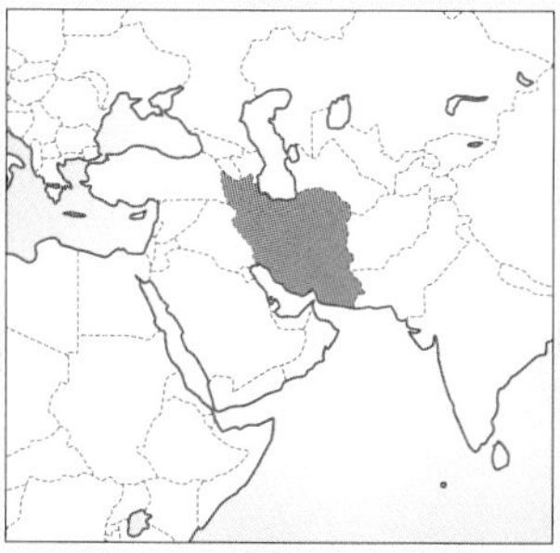

HISTORY

北部と南西部に山脈、中・東南部は夏季の気温が 60 度にもおよぶ砂漠地帯。ペルシャ湾岸地域は高温多湿。テヘランなど主要都市は、山脈と砂漠の周辺に位置する。紀元前2000年頃、インド･ヨーロッパ部族のイラン人が定住する。以降、アケメネス朝ペルシャ帝国時代、サーサン朝をへて 11 世紀にトルコ系諸王朝の支配下に。16 世紀に統一王朝サファビー朝成立。1925 年に軍人出身のレザー・シャーがパフラヴィー朝を創設し、35 年に国名をペルシャからイランに変更した。79 年、亡命先のパリから帰国したホメイニー師の指導のもとにイラン革命が起こり、イラン・イスラム共和国が成立。以降、アメリカ大使館人質事件、イラン・イラク戦争をへて、イスラム的価値観に立脚した国家体制を樹立。核開発などを巡って欧米諸国と対立してきたが、2015 年に米欧6カ国と核協議で合意。2018 年米国が核合意を離脱し、再び経済制裁を発動、イランも核合意の一部停止を表明した。

インド

India

面積	328.7万 km^2
人口	13億8000万人
首都	デリー
通貨	ルピー
宗教	ヒンドゥー教 80.5%、イスラム教 13.4%、ほかにキリスト教、シク教徒など

SPORT スポーツ

世界最大の「クリケット王国」

日本では盛んでないため、日本人にとってクリケットというスポーツはなじみがない。野球に似たスポーツで、イギリスで生まれ16世紀以来の長い歴史を持つが、主にイギリスの海外植民地で広まったという経緯があるためだ。

国際クリケット評議会の調査によると、世界の競技人口はおよそ3億人。英紙の推定でも、クリケット・ワールドカップの視聴は世界200カ国、20億人以上で、その規模はサッカー・ワールドカップ、夏季五輪につぐほどだという。世界2位の人口を誇るインドで大人気であることがその理由で、インドには世界最高峰のプロリーグがあり、日本円で3億円近い年俸をとる選手もいるという。

ムンバイの街中でクリケットに興じる若者(下)。左上は正式な試合の様子。右上は切手になった、史上最多得点記録を持つインドの元クリケット選手サチン・テンドルカール。W杯の最多得点記録も持ち、王貞治とペレを合わせたような、「クリケットの神様」

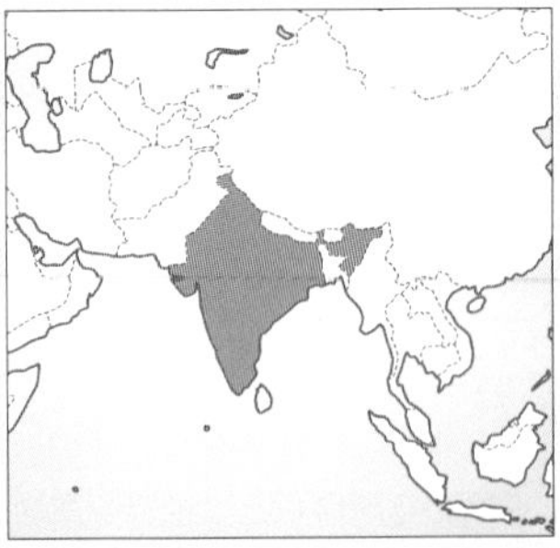

HISTORY

ヒマラヤ山岳地帯、ガンジス川流域平野、デカン高原の3地域に大別される。国の面積は、世界7位。紀元前よりインダス文明が栄えるなど古くから開けた地域。中世に入り、諸国家の群雄割拠が続いたが、西欧列強の進出が相次ぐなかイギリスが1600年に東インド会社を設立。セポイの反乱はあったが、イギリス領となり、1877年にイギリス女王がインド皇帝に即位した。第一次世界大戦後、非暴力平和主義のガンディーを中心にした民族独立運動がさかんとなり、1947年、東西パキスタンとの分離独立を果たす。60年代以降、中国との抗争や第2次、3次印パ戦争などを重ねたために経済は低迷したが、90年代に従来の社会主義型統制経済から経済自由化へ踏み切ったことで飛躍的に成長。BRICs（ブラジル、ロシア、インド、中国）の一角として世界から注目されている。独特の身分秩序の「カースト制度」を有する。

現在と未来ランキング——大陸別人口推移 2019-2100

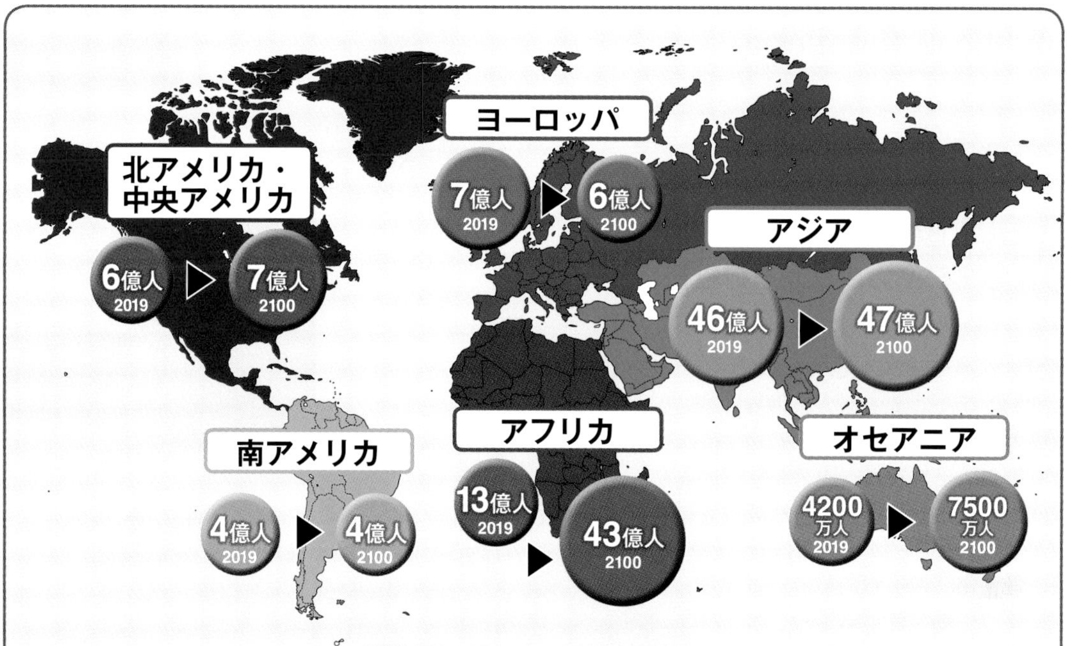

国際連合World Population Prospects2019

CULTURE 文化

映画の制作本数がやたら多い理由とは？

インドでは年間2000本近い映画が制作され、その数は映画の都「ハリウッド」を擁するアメリカ（年間700本前後）をはるかにしのいで世界一といわれる。制作本数が多い理由のひとつに、言語の多様性と識字率がある。

インドには200を優に超える言語があり、公用語のヒンディー語でも国民の40％程度でしか使われていない。しかも識字率が低いことから字幕がつけられず、言語ごとに映画が制作されているためだ。

アメリカのハリウッドをもじり、ムンバイが「ボリウッド」、タミル語圏ではチェンナイが「コリウッド」、テルグ語・ベンガル語圏のハイデラバードは「トリウッド」などと称される。

上の2点はハイデラバードにある世界最大の映画スタジオ「ラモジフィルムシティ」。様々なオープンセットなどを観光客も楽しめる。下はバンガロールの映画館

インドネシア共和国

Republic of Indonesia

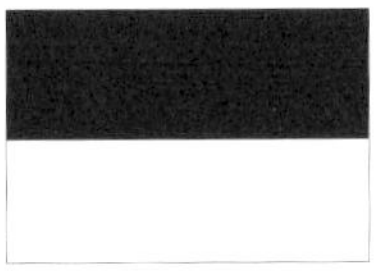

面積 191.1万km²
人口 2億7352万人
首都 ジャカルタ
通貨 ルピア
宗教 イスラム教88%、キリスト教9%、ヒンドゥー教2%、仏教など

CRISIS 危機

どうなる？ジャカルタからの首都移転

経済成長著しいインドネシアの首都ジャカルタは周辺人口を含めると3000万人にまで拡大、世界有数の大都市に発展したが、その弊害も大きい。鉄道などの大量輸送機関の整備が遅れたことで交通手段が自動車やバイクとなり交通渋滞が慢性化。地下水のくみ上げすぎによって地盤沈下も進み、水害の危機も増大する一方だ。

そこで大統領は2019年8月、大胆にも首都移転を発表した。移転先はジャカルタとは別の島となるカリマンタン島東部で、自然災害のリスクは少ない。国はすでに広大な用地を確保して2024年から政府機能を段階的に移す計画というが、莫大な費用などをめぐって世論も紛糾している。

通勤時間に道路が車とバイクであふれるジャカルタ（下）。洪水も毎年のように起こる（右上。写真は2015年）

HISTORY

大小1万7000の島々からなる世界最大の島嶼国家。高温多湿の熱帯性気候。紀元前後からインド文化の影響を受け、ジャワ、スマトラに王国が誕生。15世紀まではヒンドゥー教、以後はイスラム教の影響下でマタラム王国が勢力を拡大する。以後、香辛料を求めるヨーロッパ諸国がこの地へ。そのなかからオランダが1602年に、バタビア（ジャカルタ）に東インド会社を設立。以降、短期間のイギリス支配を経て、オランダが、1942年3月の日本占領まで植民地支配。戦後の45年8月に独立宣言したが、49年までオランダと激烈な独立戦争が発生。その後、反帝国主義や民族主義を柱とするスカルノ体制（初代大統領、1966年まで）から、軍部による支配体制を固めたスハルト体制（1998年まで）へと続いた。2005年以降の経済成長率はおおむね5〜6%台という高さで推移。中国、ロシア、インド、ブラジルに続く新興国グループの一員として評価をあげている。

ウズベキスタン共和国

Republic of Uzbekistan

面積 44.9 万 km²
人口 3346 万人
首都 タシケント
通貨 スム
宗教 主としてイスラム教スンニ派、ロシア正教会

TABLE 食卓

東西が融合するとラーメンもこうなる？

アジアとヨーロッパを結ぶ交易路シルクロードの中継地として栄え、サマルカンドやブハラといったオアシス都市では東西が融合した文化がはぐくまれてきた。

食文化でも、面白いのは麺料理がとても豊富なこと。この地で代表的なラグマンは、小麦粉の手延べ麺を、羊肉や野菜を煮込んだトマトベースのスープに入れて食べるものだ。まるでイタリア風のスパゲッティとラーメンが融合したかのような料理だ。

加えてマンティという、羊肉やタマネギのみじん切りを香辛料とあわせ、小麦粉の皮で包んでゆでた料理もあるが、これは中国の水餃子とルーツが一緒だ。名称もそれが中国ではマントウ（饅頭）となり、日本へ伝わってまんじゅうになったとされる。

下がラグマン、左上がマンティ、右上はピラフに似た国民食のプロフ

HISTORY

中央アジア南部の共和国。キジルクム砂漠が国土の大半を占め、北部のアラル海が乾燥化している。古くは紀元前からイラン系遊牧民ソグド人の領域で、ザラフシャン川の流域やオアシスの縁辺にサマルカンドやブラハの原型となる都市や村落、耕地が営まれた。また中国と結ぶシルクロードの中継地として東西を結んだ。6 世紀以降、北部草原の遊牧民チュルクが流入して混住、言語のチュルク化が進み、7 世紀末以降のアラブの侵入でイスラム化が進んだ。13 世紀にモンゴルが襲来、14 世紀後半にティムール朝が成立すると、サマルカンドは交易と文化の中心として繁栄した。1507 年、遊牧のウズベク族がティムール朝を滅ぼし、シャイバーニー朝に始まるブハラ・ハーン国を形成した。16 世紀初頭にヒバ・ハーン国、18 世紀初頭にコーカンド・ハーン国が建ち、3 国が鼎立したが、1867 年からの帝政ロシアの攻勢に屈し、ブハラとヒバ両ハーン国は保護領、コーカンドは併合された。ロシア革命後の 1924 年、ウズベク・ソビエト社会主義共和国となる。ソ連崩壊後、91 年に独立した。主要産業は綿花栽培と天然資源の輸出。

オマーン国

Sultanate of Oman

面積 31万km²
人口 510万人
首都 マスカット
通貨 オマーン・リアル
宗教 イスラム教

ECONOMY 経済

なぜここで中国vs米国・インドの駆け引きが？

開発が進むオマーンのドゥクム港。右上は修理のためドゥクム港に停泊するタンカー

米国、中国、インドという３大国が、総人口わずか500万人ほどのこの国をめぐり、駆け引きを繰り広げている。

きっかけは中国マネーの流入だ。近年の原油価格低迷で財政赤字が増大していたこの国に、中国が巨額な金を融資し、同国のドゥクム港開発計画へ投資を表明した。この動きを警戒したインドも計画に参入し、インド海軍が同港を利用できるようトップ会談。さらには米国もここへ原子力空母を送り込み、港の軍事利用に関する覚書を交わした。

中国は巨大経済圏構想「一帯一路」の要衝にオマーンを位置づけている。一方でこの国は、世界の石油の４割近くが通過するホルムズ海峡の入り口部分にあることから、海上輸送路を一国に押さえられまいとする大国間のつばぜり合いが続いているのだ。

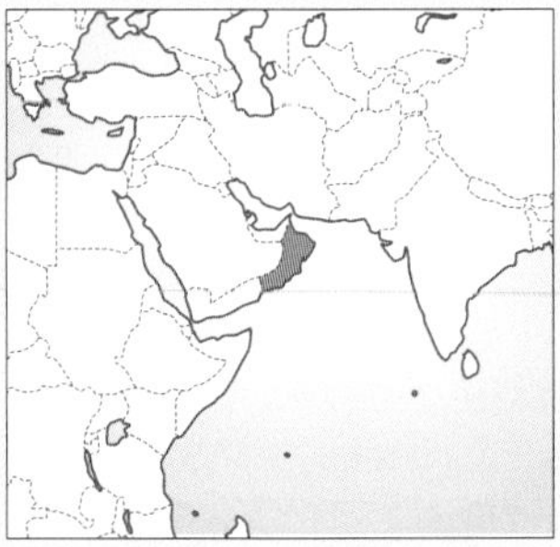

HISTORY

アラビア半島東端部にあり東北部はオマーン湾、南部はアラビア湾に面す。西はイエメン、北部はサウジアラビア、アラブ首長国連邦に接する。北部ムサンダム半島に飛び地があり、ホルムズ海峡に面している。ペルシャ湾がインド洋へ広がる、その出入り口にあり、紀元前より海洋交易の要衝として栄えた。１～２世紀頃アラブ人が南下、定住して７世紀頃イスラム教が広まった。16世紀初頭、ポルトガル人がマスカットなど沿岸部を占領。1650年ヤールビ王朝がポルトガル人を追放し全国統一。海上交易や海外遠征が活発化した。その後、1749年現首長のブーサイード朝となり、東アフリカからパキスタン南部までを支配する一大海洋国家を築き上げた。しかし、蒸気船の登場、スエズ運河の開通により帆船貿易が打撃を受け、衰退した。1891年以降、イギリスの保護領となった。70年カブース皇太子が父親の国王を宮廷クーデターで追放、鎖国主義から開国政策へ転換、国名をマスカット・オマーン土侯国からオマーン国に変え、71年国連に加盟した。経済面では製造業や商業など石油以外の産業創出に力を注ぐ。

カザフスタン共和国

Republic of Kazakhstan

面積 272.5 万 km²
人口 1877 万人
首都 ヌルスルタン（旧アスタナ）
通貨 テンゲ
宗教 イスラム教（70.2%）、ロシア正教（26.2%）など

CRISIS 危機

消えた世界第 4 位の湖「アラル海」

世界で一番大きい湖はカスピ海。2 位は北米のスペリオル湖、以下アフリカのヴィクトリア湖、ヒューロン湖、ミシガン湖（ともに北米 5 大湖の一つ）という順だ。ところが 1990 年代初頭まで世界第 4 位の面積を誇りながら、その後世界の湖沼面積トップ 10 からも消えてしまった湖がある。それはこの国と隣国ウズベキスタンにまたがるアラル海である。

塩湖のアラル海は世界 4 位だったころ、面積は日本の東北 6 県の合計に匹敵する 6 万 8000㎢もあり、水深は深いところで 60m もあった。だが現在では小アラル海など 4 つの湖となり、その面積は約 1 万 2000㎢。なんと全盛期の 2 割以下になってしまったのだ。

アラル海の縮小は、旧ソ連時代の 1940 年代から進められた綿花栽培のための灌漑事業を目的とする大規模な自然改造計画に起因する。アラル海の水源はアムダリヤ川とシルダリヤ川だったが、そこにダムを建造したことで、1960 年を境に湖沼面積は減少の一途を辿った。注ぎ込む真水が減ったことで塩分濃度が上昇し魚がいなくなった。干上がった湖底は砂漠化して塩分や塵を含んだ大規模な砂嵐を発生させ、地域の農業や生態系、人々の健康に大きな被害を与えるようになった。人間が招いたこの大規模な自然改造は、20 世紀最大の環境破壊とも呼ばれる。

湖水が干上がって砂漠となり、船が打ち捨てられたアラル海

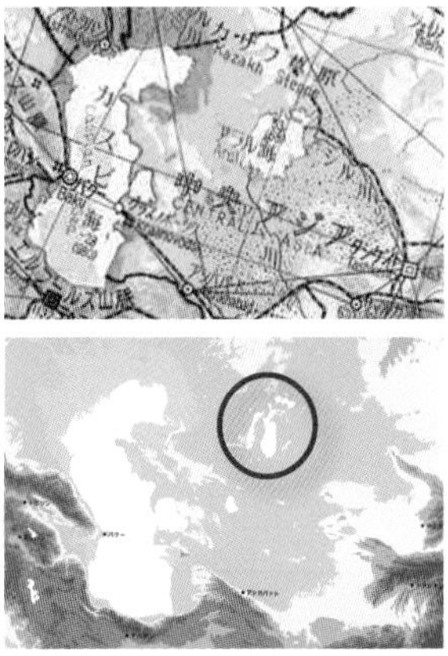

1967 年「高等地図帳」（二宮書店）のアラル海（上）。下は現在（グーグルマップより。○がアラル海）

HISTORY

ユーラシア大陸の中央部に位置。西部はカスピ海沿岸の低地、東部にはアルタイ山脈が走る。旧ソ連では第 2 の面積。紀元前からこの地には遊牧民が往来し、東西交易の“草原の道”として活用。15 世紀、カザフ（放浪者）と呼ばれた集団が、キプチャク草原に勢力を広げ、カザフ・ハーン国を起こす。ハーン国は後に分裂し、18 世紀半ばになると、その一部はロシア帝国下に。ロシア革命後は、ソビエト連邦の一部をなす自治共和国を経て、1936 年カザフ・ソビエト社会主義共和国となり、91 年ソ連崩壊後の 12 月、カザフスタン共和国として独立。石油や天然ガス、鉱物資源に恵まれ、外貨獲得の柱となっている。

カタール国

State of Qatar

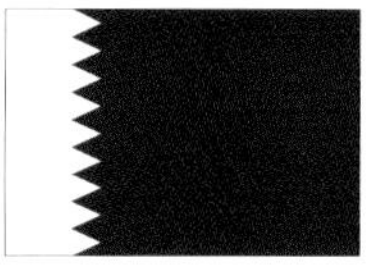

面積 1.2万km²
人口 288万人
首都 ドーハ
通貨 カタール・リヤル
宗教 イスラム教

ARCHITECTURE 建築

オイルマネーが生んだ東京ドーム85個分のメガリゾート

2004年にその計画が明らかになり、100億ドルを超える費用を投入して2018年の完成を目指し建設が続けられてきたのがカタールのメガリゾート「ザ・パール・カタール」である。

ペルシャ湾に浮かぶ人工島で、敷地面積は東京ドーム85個分に相当する400万㎡。複数のマリーナを取り囲むように居住棟や5つ星ホテルが林立し、世界中の高級レストランやブランドショップ、スパなどの娯楽施設が軒を連ねる。敷地内にはイタリアのヴェニスを真似た、運河と橋を多用した街が再現されてもいる。

空からみるとその大きさがわかるメガリゾート「ザ・パール・カタール」。2022年には中東で初、アジアでは日韓について2度目のサッカー・ワールドカップがカタールで開催される

カタール人だけでなく世界中のお金持ちに住んでもらおうというこのリゾートに「ザ・パール」(真珠)という名称がつけられたのには理由がある。そもそも油田が発見される以前、カタールを潤していたのは真珠産業だった。このリゾートが建設された海は昔、真珠採取のダイバーたちが集まる有名な真珠スポットの一つだったのだ。

アジア有数の真珠生産国だったカタールの地位を脅かしたのは、世界で初めて真珠の養殖に成功した日本から輸出される安価な大量の真珠であった。その後、カタールの真珠産業は衰退していったが、オイルマネーで巻き返したカタール人は、かつて栄華を誇った伝統産業「ザ・パール」の名をこのリゾートに冠したというわけだ。

HISTORY

アラビア半島の東岸、ペルシャ湾に突き出した小半島に位置する首長国。砂漠が国土の大半を占め、海抜は100m以下。18世紀から19世紀にかけてアラビア半島内陸部の部族が移住。1872年オスマン帝国領となるが、1916年イギリスと保護条約を結びその支配下に入った。40年代に石油が発見され、71年にイギリスから完全独立。サーニー家による世襲君主制の首長国で一族支配が続いている。豊富な石油資源で潤い国民の教育・医療は無料、社会保障は充実。対外的には対米関係を重視、湾岸戦争ではイラクと敵対、地上戦に軍隊を派遣した。国内的には、外国からの出稼ぎ労働力に依存。総人口の86.5%が外国人労働者である。2003年には女性参政権を盛り込んだ憲法が発効した。国家財政の90%以上が原油収入、21世紀前半にも石油枯渇が起きるとの危機感があり、現在、世界最大規模といわれる天然ガス資源の採掘への転換が準備されている。

カンボジア王国

Kingdom of Cambodia

面積 18.1 万 km^2
人口 1671 万人
首都 プノンペン
通貨 リエル
宗教 仏教

SIGHTSEEING 観光

訪れるべきはアンコールワットだけじゃない!?

東南アジアのビーチリゾートというとフィリピンやタイ、マレーシアなどが有名。でも旅行パンフレットでカンボジアを探すと、内陸のアンコールワット観光に限られてしまう。ではこの国にビーチリゾートがないのかというと、さにあらず。近年注目を集めるのが、首都プノンペンからバスで4時間、タイランド湾に面するシアヌークビルだ。

数 km にわたる白い砂浜とエメラルドグリーンの海は、かねてから欧米のツーリストの間で開発されすぎていない、異国情緒が楽しめる隠れ家的スポットとして愛されてきた。ちなみに町の名前は、シアヌーク前国王からきている。

世界遺産のアンコール・ワット

こんなに美しいビーチがカンボジアにも（シアヌークビル）

HISTORY

9 世紀初めにアンコール朝が成立し、11 世紀には海にも通じる交易路が完成するほど強大になった。14 世紀タイやベトナムからの侵略をうけて衰退した。1863 年フランスの保護領に、87 年には仏領インドシナに編入された。太平洋戦争中の 1945 年 3 月日本が占領し、名目上独立国家となった。第二次世界大戦後はフランス領に戻されたが、52 年シアヌーク国王が全権を掌握し、53 年独立を果たした。その後、人民社会主義勢力が伸張し、70 年シアヌーク元首を解任、クメール共和国（ロン・ノル政権）を成立させたが、75 年シアヌークとクメール・ルージュ（カンプチア共産党）がロン・ノル政権を倒した。これがポル・ポト政権で、私有財産制度の廃止、都市からの強制移住、農業の集団化を極端なまで推し進め、不服従の知識人や農民らを大量虐殺、その数は 200 万人近くに上った。その後、ベトナム軍が介入してヘン・サムリン政権が誕生、これに反対したポル・ポト派を含む勢力との内戦が続いた。91 年パリ和平協定が成立、その後ポル・ポト派の消滅（1999 年）で政局は落ち着いた。

キプロス共和国

Republic of Cyprus

面積 0.9 万 km^2
人口 120 万人
首都 ニコシア
通貨 ユーロ
宗教 ギリシャ正教、イスラム教、その他

SOCIAL PROBLEM 社会問題

あるものが見つかって分裂状態が悪化？

この島には事実上、2つの国家が共存している。キプロス共和国は島の南半分で、北半分は国際社会から未承認の北キプロス・トルコ共和国（トルコのみ国家承認）が実効支配しているのだ。

そこに新たな火種が生まれ緊張が高まっている。近海で有望な天然ガス田が相次いで発見されたからだ。

キプロスにはEU（欧州連合）、北キプロスにはトルコがそれぞれ後ろ盾となり、双方が乗り出した採掘作業に対し、互いに違法行為だと非難しあう状況になっている。

ギリシャ系住民とトルコ系住民の複雑に入り組んだ利害関係や、両住民の長年にわたる感情的なしこりに加え、トルコやEUといった関係国をめぐる環境の変化が再統合をさらに難しくしていると専門家は分析する。

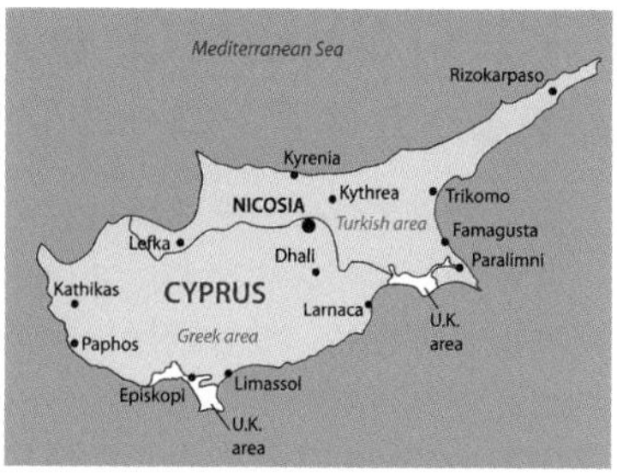

首都ニコシアは北キプロス・トルコ共和国との緩衝地帯（右上図参照。国連が管理）に位置し、街の中がバリケードによって分断されている

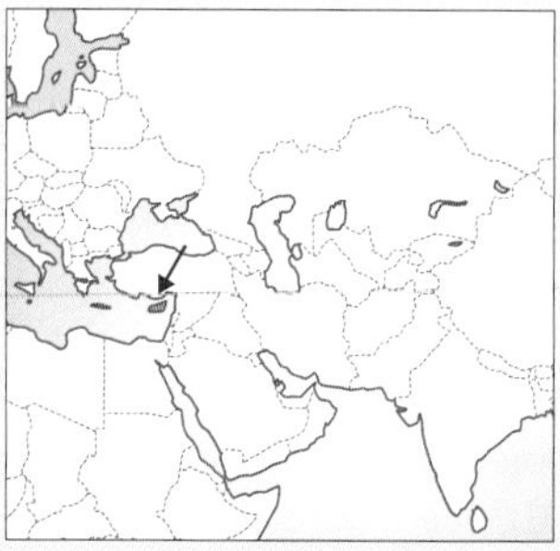

HISTORY

アナトリア半島南方の東地中海の小島。シチリア、サルディーニャ島に次いで大きい。紀元前から東地中海の要衝として、エジプト、ギリシャ、ペルシャ、ローマ帝国の支配の後、16 世紀オスマン帝国領となる。19 世紀後半イギリスがトルコから行政権を奪い、1914 年植民地とする。1960 年独立したが、トルコ系とギリシャ系住民の対立が激しくなり内戦状態。64 年国連キプロス平和維持軍が駐留した。74 年ギリシャ軍事政権によるクーデターが発生、トルコ系住民保護のためトルコ軍が侵攻、北部で 36%の国土を占領。こちらは「北キプロス・トルコ連邦国」と称し、83 年に独立を宣言。事実上 2 つの国家が共存している。2004 年アナン国連事務総長の再統合案が提示されたが否決された。同年 EU にキプロス共和国のみ加盟。「2 地域 2 共同体による連邦国家」が政府の基本姿勢である。

キルギス共和国

Kyrgyz Republic

面積 20万 km²
人口 652万人
首都 ビシュケク
通貨 ソム
宗教 イスラム教 75%、ロシア正教 20%、その他 5%

MYSTERY ミステリー

凍らない不思議な湖

「西遊記」のモデルとされる唐の僧・玄奘が実際に経典を求めてインドを目指す途中、天山山脈を越えて立ち寄ったのが、キルギスのイシク・クル湖（塩湖）である。玄奘が著した『大唐西域記』には、「清地」と記されている。

面積は琵琶湖の9倍ほどで、塩湖としては世界有数の大きさを誇る。不思議なのは、この地は冬にマイナス20度近い最低気温が続くにもかかわらず、凍らないこと。塩分濃度は低く、湖底に温泉が湧きだしているからではともいわれるが、はっきりした理由は不明なのだという。そもそも名前の「イシク・クル」が、「暖かい湖」という意味なのだ。

幻想的な冬のイシク・クル湖。夏は泳ぐこともできる

HISTORY

中央アジア東部、天山山脈北側に位置し、国土の3分の2以上が3000mを超える高地。残りも砂漠と乾燥地帯と自然環境は厳しい。17、18世紀までに、チュルク系、モンゴル系、古代イラン系住民によりキルギス人が構成される。19世紀半ば、ロシア帝国の併合によりスラブ系農民が入植するようになり、放牧地が農地として接収されたため、先住遊牧民との対立が生まれる。旧ソ連時代はトルキスタン自治ソビエト社会主義共和国の一部となる。1936年にキルギス・ソビエト社会主義共和国。91年のソ連邦崩壊とともにキルギス共和国として独立し、アカエフ大統領のもとにスタート。経済は金の生産、海外出稼ぎ労働者からの送金に依存している。2015年、ロシア主導のユーラシア経済同盟に加盟。

クウェート国

State of Kuwait

面積 1.8 万 km²
人口 427 万人
首都 クウェート
通貨 クウェート・ディナール
宗教 イスラム教

ECONOMY 経済

産油国を脱却して金融・商業国家へ？

国内総生産（GDP）のおよそ半分、政府歳入の8割ほどを石油関連収入が占めるが、将来的な石油需要の減少や枯渇する可能性をにらみ、石油依存からの脱却もしっかり考えている。

新たな産業を創出するべくクウェート政府は大型の開発プロジェクトを掲げ、2035年までに世界に冠たる金融・商業センターをめざす計画だ。

その目玉になるのが、「シルクシティ」と名づけた新都市建設。14兆円以上を投資して河口の島を埋め立て、各種商業施設やマンション群を建てる。その中心には現在世界一の高さのブルジュ・ハリファ（アラブ首都国連邦）を超える、「千夜一夜物語」にちなんだ1001 mの超高層ビル「ブルジュ・ムバラク・アル・カビール」が建つ予定だという。

近未来の都市のようなクウェートの夜景

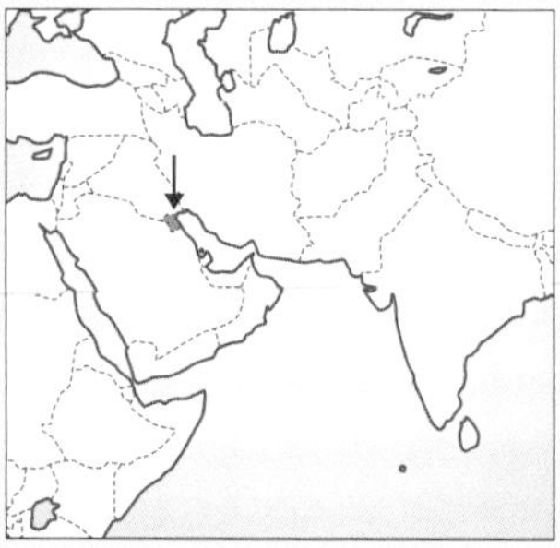

HISTORY

日本の四国ほどの広さだが、その大半が砂漠。国名はアラビア語で「小さな砦」を意味する。サバハ家によるこの土地の支配が始まったのが 1756 年。以後、オスマン帝国支配、イギリスの自治保護領などをへて 1961 年独立。その後、イラクが領有権を主張したためイギリス軍が一時駐留するが、73 年にはイラクが国境地帯を一時占領する事態も。さらに 90 年 8 月 2 日、イラク軍がクウェートに侵攻し、併合を宣言。クウェートは元来イラクのバスラに属する行政単位であったのに、勝手に独立したというのがイラクの主張で、クウェートは 7 カ月の間占領された。翌 91 年 1 月、国連安保理による再三の撤退要求を拒否するイラクに対して多国籍軍による戦争（いわゆる湾岸戦争）が開始された。2 月、イラク軍は撤退し、クウェートは解放された。首長（2006 年即位サバハ）に政治の主権が集中する立憲君主制。国民の 9 割が国家公務員または国営企業に従事しており、豊富なオイル・マネーを海外への投資にふりわけ金融立国を目指す。

サウジアラビア王国

Kingdom of Saudi Arabia

面積 220.7 万 km^2
人口 3481 万人
首都 リヤド
通貨 サウジアラビア・リヤル
宗教 イスラム教（スンニ派 85%、シーア派 15%。スンニ派のなかでも戒律が最も厳しいワッハーブ派が支配的である）

CULTURE 文化

伝統か、国際化かで揺れる「女性の権利」

イスラム教に基づく厳格な慣習により、この国の女性は外出時、写真のような服装をしなくてはいけない。ボディラインを隠すため衣服の上にアバヤというマントのようなローブをまとい、ブルカという布で顔や髪の毛まで隠さなくてはならないのだ。

服装だけでなく、この国では宗教的に女性の社会進出が難しかった。だが国際社会からの圧力や国内状況の変化から、それも少しずつ変わりつつある。

2012 年のロンドン五輪では史上初めて女性選手の参加を認めた。また 2018 年には女性の自動車運転が許可され、2019 年にはそれまで許可制だった女性の海外旅行も自由化。入国した外国人女性にもアバヤ着用の義務があったが、それも廃止されている。

買い物をするサウジの女性。一方でヨーロッパでは公共の場でブルカの着用を禁止する国も。右上はデンマークでのブルカ着用禁止法制定に対する反対デモ

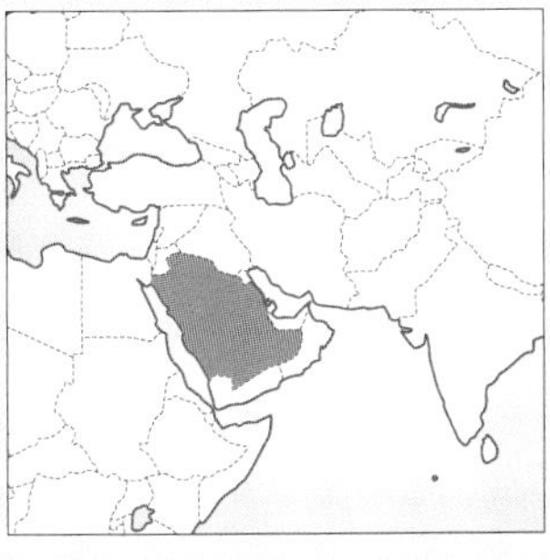

HISTORY

アラビア半島の 8 割を占め、イスラム教発祥の地。国土の 3 分の 1 は砂漠。イスラム教の預言者ムハンマド（マホメット）が 630 年に出生地のメッカを聖地とし、661 年にウマイヤ朝成立。16 世紀にオスマン帝国の支配を受けるが、サウード家が勢力を拡大、1932 年にサウジアラビア王国が誕生する。38 年、アメリカの石油会社が大規模油田を発見。莫大な原油資源（世界の原油 20%という最大の確認埋蔵量のほか天然ガス確認埋蔵量も世界 2 位）をもとに経済発展を遂げ、今日に至っている。政教一致の専制君主制をとり、海外のイスラム教徒活動への支援を行っている。さらに、イスラム諸国会議や湾岸諸国協力外交会議のリーダーシップをとるなど、豊富な資金をバックに活躍。その反面、湾岸戦争後のアメリカ軍の駐留、イスラム過激派の温床となるなど混乱もある。日本にとってサウジアラビアは最大の原油輸入先（2016 年で総輸入量の 35%）である。

ジョージア

Georgia

面積 7万km²
人口 398万人
首都 トビリシ
通貨 ラリ
宗教 主にジョージア正教

TABLE 食卓

姿はニンジン？　フシギな伝統的スイーツ

この国の街中で、写真のようなカラフルな色の細長いものが店の軒先にぶら下げられて売られている。その姿はニンジンのようでも、ローソクのようでもある。

これはチュルチヘラと呼ばれる伝統的なお菓子。ジョージアのほか、コーカサス地方で広く食べられているものだ。

クルミやアーモンド、ヘーゼルナッツなどのナッツ類を砕いて、小麦粉を加えて煮詰めたブドウジュースに浸して固める。ときにはレーズンやチョコレートも加えられる、一種のキャンディーバーだ。

栄養価がとても高いため、かつては戦士たちも非常食として持参したとされ、特に伝統的な製法が守られる同国カヘティ地方のチュルチヘラは無形文化遺産に登録されている。

お店に色とりどりのチュルチヘラがぶら下がっている。右上は食べやすくカットしたもの。中にナッツがぎっしり

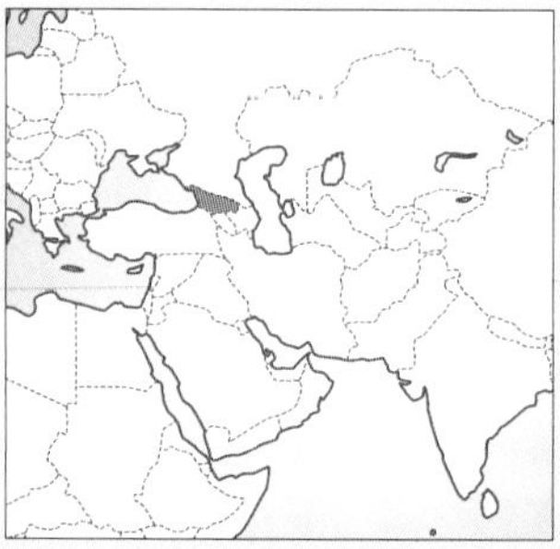

HISTORY

カフカス地方の南西部に位置する。古代から東西交通の要衝として栄え、紀元前6世紀に統一国家を成し遂げた。4世紀にはキリスト教を受け入れ国教としたが、以後はトルコ、イスラム、イルハン国、チムール、オスマン帝国などの支配を受け、激しく興亡した。1804年、全域が帝政ロシアの傘下に。20世紀に入りロシア帝政崩壊後、1921年、グルジア・ソヴィエト社会主義共和国を宣言。アルメニア、アゼルバイジャンとともにザカフカス社会主義連邦ソヴィエト共和国を形成しソ連邦に加盟。36年、単独のグルジア・ソヴィエト社会主義共和国となる。50年以降民族の権利を擁護する民衆運動が高まり、91年ソ連崩壊とともに独立を果たした。92～94年民族紛争から内戦になり、地域をめぐって不安定な要素は消えてはいない。2003年「バラ革命」で独裁政治を排したが、民族対立が続き、08年南オセチアでロシア軍と衝突、両地域が独立。グルジアはロシアの独立国家共同体（CIS）から脱退。15年4月日本は国名表記を「グルジア」から「ジョージア」に変更した。

シリア・アラブ共和国

Syrian Arab Republic

面積 18.5 万 km²
人口 1750 万人
首都 ダマスカス
通貨 シリア・ポンド
宗教 イスラム教 90%（スンニ派 74%、アラウィ派、ドルーズ派など 16%）、ほかにキリスト教など

CRISIS 危機

世界最大の難民発生国に？

「アラブの春」を契機に2011年から反政府勢力との内戦に突入したシリア。イスラム国は壊滅させたものの、今なお反政府勢力や過激派組織が入り乱れた内戦状態が続いている。

UNHCR（国連難民高等弁務官事務所）の2018年のレポートによると、難民発生国で最もその数が多いのがシリアの670万人。2位のアフガニスタン（270万人）の2倍以上だ。その多くを隣国のトルコが受け入れており、難民受け入れ国のなかでトルコは370万人と最大だ。

2018年は世界の国内・国外難民の数が7080万人に達した。その数は日本の人口の半分を超え、第二次世界大戦後にUNHCRが創設されて70年間のなかで最高レベルの数値だという。

シリア・イドリブ県の仮設テントで勉強するシリアの子どもたち。右上はトルコにあるシリア難民らのキャンプ

HISTORY

地中海東岸に位置し、トルコ、イラク、ヨルダン、イスラエル、レバノンと接する。「肥沃な三日月地帯」の一部で、古くから東西交流の要衝として栄えた。前312年頃セレウコス朝が誕生、エジプトやギリシャ、あるいはペルシャとオリエントの覇権を争ったが、その後はローマ帝国、ビザンツ帝国が支配。661年にアラブのウマイヤ朝がダマスカスを首都と定め、以後政治、経済の中心として発展した。11世紀末からは十字軍戦争の主戦場となり、1517年にオスマン朝の支配下に入った。第一次世界大戦後のフランス委任統治領をへて、1946年4月17日に独立。58年にはエジプトと連合し、アラブ連合共和国となるが、61年に離脱した。63年にバース党が政権を掌握。70年11月、アラブ諸国との協力とイスラエルとの闘争を掲げるハーフェズ・アサド国防相がクーデターを起こし、71年に大統領に就任、国内外で軍事的成功を収め、政権の安定化に努めた。2011年、「アラブの春」を契機にアサド政権と反政府勢力、ISILとの間で内戦となった。25万人の死者を出し、内戦終結のめどはたっていない。

アジア
アメリカ
ヨーロッパ
アフリカ
オセアニア

シンガポール共和国

Republic of Singapore

面積 723 km²
人口 585 万人
首都 シンガポール
通貨 シンガポール・ドル
宗教 仏教、イスラム教、ヒンドゥー教、キリスト教

WORLD HERITAGE 世界遺産

江戸時代から続く広大な植物園

国土面積が東京23区ほどしかない小さな都市国家シンガポールにも、世界遺産がある。2015年に登録された「シンガポール植物園」だ。

その施設面積は広大で、東京ドーム13個分の63.7ha。歴史は古く、日本はまだ幕末で黒船来航の6年後という、英領植民地下の1859年に開設された。東南アジアを世界的産地にしたプランテーションでの天然ゴム栽培もここから始まり、英国の熱帯植物園のなかでも傑出した存在として評価された。

一番の見どころが国立ラン園。ランはシンガポールの国花でもあり、原種や交配種など6万株が眺められ、世界最大規模のラン展示といわれる。故ダイアナ妃やジャッキー・チェンなど世界的著名人の名がつけられたランを鑑賞できる「VIP オーキッドガーデン」も大人気だ。

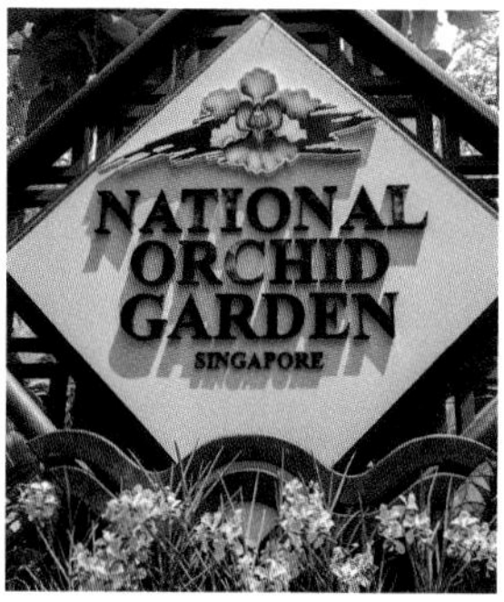

1日ではとても回りきれない広さだ。右上は植物園内の国立ラン庭園入り口

HISTORY

マレー半島の突端、ジョホール水道を隔てたシンガポール島と付属諸島からなる都市国家。14世紀末、スマトラ出身のサン・ニラ・ウタマによって町が建設され、「ライオンの町」を意味するシンガプラと名付けられたとされる。15世紀中はマラッカ王国の支配下にあったが、王国は1511年にポルトガルの侵略を受けて滅亡。シンガプラも多くの住民が虐殺されて壊滅した。1819年にイギリス東インド会社のラッフルズが島を支配していたジョホール王国から商館建築の許可を取り付け、都市化を進めた。24年には正式に割譲を受け、ペナン、マラッカとともにイギリスの植民地となった。以後、交易の中継地として栄え、マレーシア、中国、インド、インドネシアから多くの移民労働者が渡来した。第二次世界大戦では開戦直後に日本軍が占領。戦後はイギリス支配に戻り、1963年のマレーシア加入をへて、65年8月9日に分離独立した。初代首相のリー・クアンユーが強力な指導力で経済発展を成し遂げた。

スリランカ民主社会主義共和国

Democratic Socialist Republic of Sri Lanka

面積 6.6 万 km^2
人口 2141 万人
首都 スリ・ジャヤワルダナプラ・コッテ
通貨 スリランカ・ルピー
宗教 仏教 70%、キリスト教 11.3%、ヒンドゥー教 10%、イスラム教 8.5%

TREASURE 至宝

1400 年間、密林に埋もれていた天空の宮殿

スリランカの中部、前３世紀に築かれた都アヌラーダプラ、前１世紀に開かれた仏都ポロンナルワ、16 世紀に建設されたシンハラ王朝最後の都キャンディを三角に結ぶ一帯は、仏教とともに歩んだ歴代王朝の面影を今に残す文化の三角地帯といわれ、スリランカにある８つの世界遺産のうち５つを擁している。

そのいくつかを挙げると、アヌラーダプラはスリランカ最古の王朝都市で、インドから仏教が伝わったことで仏教寺院が次々に建立され、ピラミッド風のジェータワナラーマヤの仏塔をはじめ数多くの遺跡が残っている。涅槃仏があるイスルムニヤ精舎、白い屋根色が鮮やかなルワンウェリサーヤ大塔、釈迦がその下で悟りを開いた菩提樹の分け木と信じられている樹齢 2000 年のスリーマハー菩提樹など、いまも悠久の祈りの歴史をしのばせる。

５世紀後半、アヌラーダプラで父王を生きたまま壁に塗り込めて殺害、王座を奪った王子がいた。その王子カーシャパは弟モッガラーナの仇討ちを恐れ、ジャングルから天に向かって突き出た高さ 200m の岩山の頂上に王宮を築いた。十数年後、カーシャパは弟に追いつめられ喉を掻き切って果て、彼の天空の宮殿「シーギリヤ」もジャングルに埋もれて忘れ去られた。その狂気と独創の建造物がふたたび姿を現したのは 1400 年後、100 年前のことである。優美な噴水庭園、巨大なライオン像の跡、美女たちを描いたフレスコ画、そして頂上からの 360 度の絶景、それはえもいわれぬ光景であった。

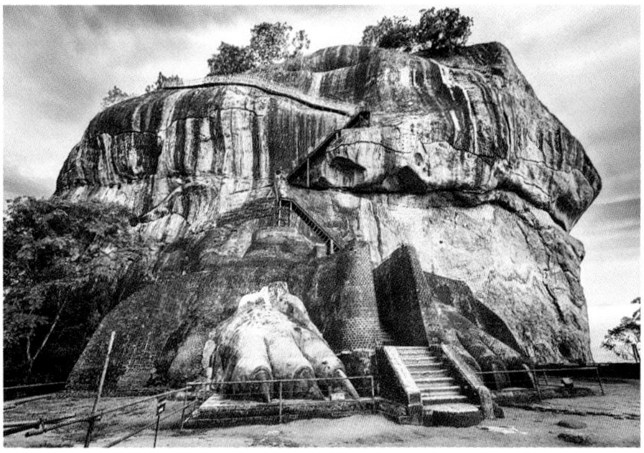

巨大な岩の上に王宮跡が残るシーギリアの遺跡

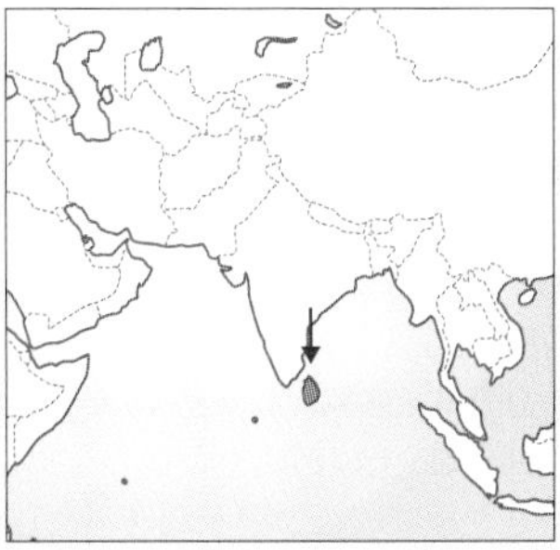

HISTORY

インド亜大陸南端の沖、インド洋に浮かぶ島国。前５世紀、インドの西海岸から上陸した一団が先住民を征服してシンハラ王朝を建てたとされる。前３世紀半ばに仏教が伝えられると王をはじめ有力者が帰依、東南アジアでの上座部仏教の源流となった。１世紀頃王都アヌラーダプラを中心に巨大な貯水池群が建設され、灌漑農業文明を 1000 年にわたって開花させた。しかし 13 世紀にすたれ、北部ジャフナにはタミル王国が出現。1505 年にポルトガルの艦隊が漂着したときには３つの小国に分かれていた。以来、16 ～ 17 世紀半ばにはポルトガル、17 世紀半ば～ 18 世紀はオランダの植民地とされ、19 世紀からは最後に残ったシンハラ人のキャンディ王朝も併合されてイギリスの植民地となった。第一次世界大戦後、民族自決と仏教復興をめざす運動が高まりをみせ、1931 年に自治が一部認められ、第二次世界大戦後の 48 年２月、イギリス連邦内の自治州セイロンとして独立した。独立後は多数派のシンハラ人と少数派のタミル人の間で民族対立・抗争が拡大し、2006 年からは戦闘が激化、09 年にタミル人側の拠点キリノッチが制圧されてようやく収束した。

タイ王国

Kingdom of Thailand

面積 51.3 万 km²
人口 6980 万人
首都 バンコク
通貨 バーツ
宗教 仏教 94%、イスラム教 5%

EVENT 出来事

少年ら救出の洞窟が観光地に !?

2018 年、タイ北部チェンライ県にあるタムルアン洞窟に入った地元サッカーチームの少年・コーチらが増水で出られなくなり、2 週間以上の国際的な救助活動が展開され、無事救助されたニュースは世界も見守った。

その際、タイ海軍特殊部隊員サマン・グナン氏が潜水中に命を落とした。仏教の盛んな国らしく、救助された少年・コーチらは追悼のため、地元の寺院で 9 日間の出家修行に励んだ。

それまでほとんど人の来ることがなかったタムルアン洞窟も、年間数百万人が押しかける観光名所となり、土産物の露店がずらり。救出活動の記念施設もでき、そこには英雄であるサマン・グナン氏の銅像も建てられた。

左が救出された少年たち（2018 年）。右上がサマン・グナン隊員の銅像、右下はタムルアン洞窟の入り口

HISTORY

インドシナ半島のふところ部分を占め、北部・西部の高地と北東部の高原地帯、チャオプラヤ川が南北に貫通する中部平原、南部のマレー半島部に大別できる。中国南部からインドシナ半島に南下したタイ族が、初めはいくつかの統率された自律的集団として居住していた。チャオプラヤ川流域は 11 世紀以来アンコール朝のクメール族が支配したが、13 世紀前半、2 つのタイ族集団の連合軍が奪取、タイ族最初の王朝・スコタイ朝を建設した。この時代に上座部仏教が伝わった。1351 年にはラーマティボディ 1 世がアユタヤ朝を建て、スコタイ朝を併合して勢力を伸長させた。1432 年にアンコール朝を滅ぼすと、その勢いはマラッカまでおよぶ大国に発展したが、1767 年ビルマの侵攻を受けて滅んだ。代わってタークシンがトンブリー朝を開くが部下に殺され、82 年、チャクリが首都をバンコクに遷都して現在のラタナコーシン朝を開いた。19 世紀、欧米列強が進出してきたが東南アジアでは唯一独立を維持。1932 年に立憲君主制に移行した。第二次世界大戦後は民政とクーデターによる軍政が交互に繰り返されてきた。

大韓民国

Republic of Korea

面積 10万km²
人口 5126万人
首都 ソウル
通貨 ウォン
宗教 仏教、プロテスタント、カトリックなど

TABLE 食卓

どっちが強烈!? ホンオフェ vs. ハカール

どこの文化でも、くさい発酵食品は愛されている。日本の納豆やくさやだって、初めて食べる外国人には強烈だ。

韓国を代表するのが、プサンなど南部で食べられるホンオフェ。エイを壷の中で発酵させたもので、昔から結婚式などに供されてきた名物料理である。一見すると白身の刺身（写真）だが、口に入れると強烈なアンモニア刺激臭に襲われ涙がとまらなくなるほどだ。キムチやマッコリと一緒に食べると刺激がやわらぐという。

このホンオフェにそっくりなのが、アイスランドの伝統食ハカール。オンデンザメというサメの肉を塩水につけてから発酵させたもので、サメやエイは尿素を含むため、こちらも強烈なアンモニア臭が特徴だ。

地元の人は強い蒸留酒で胃に流し込んでしまうそうだ。

韓国のホンオフェ（下写真の中央）とアイスランドのハカール（右上）

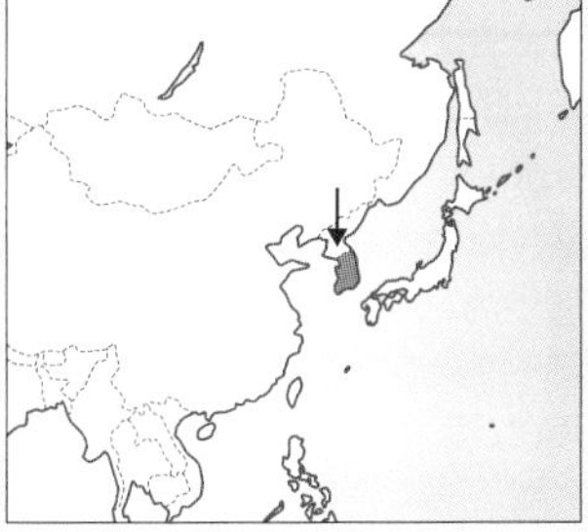

HISTORY

朝鮮半島の南部を占め、東は日本海（韓国では東海）、西は黄海（韓国では近年西海とすることが多い）に面する共和制国家。7世紀に仏教国家から新羅に統一されるが、まもなく分裂。高麗によって統一されるが、13世紀にはモンゴル帝国の侵入、明朝（中国）の影響、日本の豊臣秀吉の出兵、清朝の侵入などを受け、国としての発展を妨げられた。その後、日清両国の介入がエスカレートし、日清戦争の戦場となる。日本が勝利して1897年、大韓帝国と国名を改める。これは宗主国だった中国・清からの独立を意味した。そして1910年、日本の韓国併合に至った。45年の日本の敗戦により朝鮮半島は二分される。北緯38度線以南をアメリカが管理。48年、大韓民国が成立したが、50年に朝鮮戦争が勃発。53年に休戦となるも、現在でもこの休戦状態が続いている。その間、李承晩、朴正熙ら大統領による軍事独裁が続いた。一方で「漢江の奇跡」と呼ばれた驚異的な経済成長を達成した。民主化運動の高まりから87年に憲法改正。アジア通貨危機の97年にはIMFによる管理下に入ったが、その後経済は回復し、自動車、家電、半導体産業などが、盛んに。

タジキスタン共和国

Republic of Tajikistan

面積 14.3 万 km²
人口 953 万人
首都 ドゥシャンベ
通貨 ソモニ
宗教 イスラム教スンニ派

NATURE 自然

世界最長の氷河が見られる !?

タジキスタン東部に広がるパミール高原は、ヒンズークシ山脈、ヒマラヤ山脈、カラコルム山脈や天山山脈などが交差する「世界の屋根」とも呼ばれ、2013 年には「タジク国立公園」として世界遺産に登録された。

1000 を超える氷河が走り、中でもフェドチェンコ氷河は全長およそ 77km、氷の厚さは 500m 以上、面積はおよそ 1000㎢（東京都の約半分）と、極地を除けば世界最長の氷河といわれる。

標高によって氷河の見え方が異なり、上流地域は雪や氷におおわれ太陽光を反射し白く、下流に行くほど反射が弱くなり紫っぽくなるという。

標高 6200m から下へと続く、雄大なフェドチェンコ氷河の眺め

HISTORY

中央アジア南東部の共和国。国土の 9 割はパミール高原で、7000m 級の山々がそびえる。主要住民のタジク人は前 2000 年末から前 1000 年初頭にかけユーラシア草原から中央アジアに移住したペルシャ系民族で、中央アジア南部のオアシス地方に独自の文化を築いた。前 5 世紀のアケメネス朝ペルシャの時代以来、文明の十字路としてあった 9 世紀に、ブラハを首都とするタジク系最後の王朝サーマーン朝が建国されたが、同世紀に遊牧民テュルクが定住して言語のテュルク化が進み、16 世紀にはウズベク人が侵入、ウズベク人が建てたブハラ・ハーン国の支配下に入った。1868 年、現領土の北部がロシア帝国領、南部は保護領となった。ロシア革命後の 1924 年、ウズベク・ソビエト社会主義共和国内の自治共和国として扱われることになった。しかしタジク人が多数居住するフェルガナ盆地などがウズベク領とされたため不満が噴出、29 年に改めて独自の共和国と認められ、フェルガナの一部を編入した。91 年、ソ連崩壊で独立。92 年以後、党派対立と地域対立が重なり内戦に至ったが、97 年に最終和平が合意された。

中華人民共和国

People's Republic of China

面積 960 万 km²
人口 14 億 3932 万人
首都 北京
通貨 人民元
宗教 仏教、イスラム教、キリスト教、チベット仏教など

SPORT スポーツ

eスポーツ大国をめざす !?

対戦型のコンピューターゲームで技を競い合う「eスポーツ」(eはエレクトリックの略)が世界に広がっている。日本でも 2019 年の茨城国体の特別競技に採用されるなど、水泳や陸上などと同じスポーツとして認められつつある。アジアでeスポーツの発展著しいのが中国。すでに競技人口は数億人ともいわれ、人気ゲームのプロ化が進み、選手育成のための専門学校まである。大会には万単位の観衆が集まり、10 億円単位の賞金を競い合う。

中国政府は世界的な市場拡大をにらみ、すでにeスポーツを正式なスポーツ種目として認定し、2019 年にその選手や運営者を職業として公認している。

すでに賞金総額が数十億円という大会も。下はロシアでの大会の様子。右上は参加チームのイメージ写真

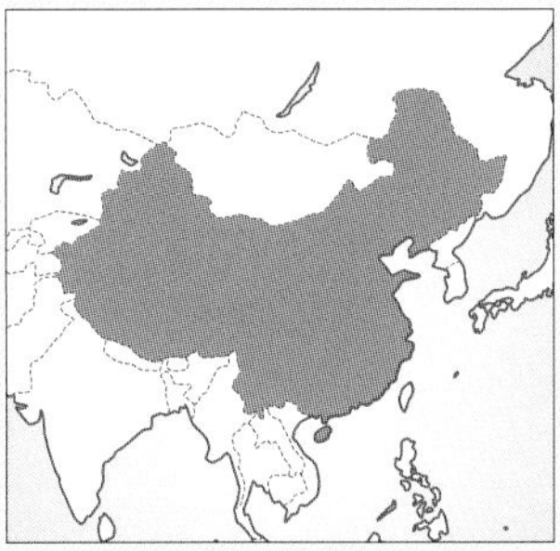

HISTORY

多くの王朝が興亡を繰り返してきた中国だが、現在の領土は最後の王朝・清王朝が版図とした領域をほぼ継承している。清朝は 19 世紀には太平天国など大規模な反乱が頻発した。1840 ～ 42 年のアヘン戦争以後、西欧列強の蚕食が始まり、19 世紀末からは新興国日本も加わって列強の利権獲得が激化した。1911 年辛亥革命で清朝が倒れ、孫文が臨時大総統になったが、革命を成就させるため袁世凱にそのポストを譲った。袁世凱は皇帝こそ退位させたが、その後の裏切りで北京政府（反革命派）と広東政府（革命派。名称は最後には南京政府）が並立、最後は蒋介石が北京を攻略し、東北を除いて全国を統一。その後日本の満州国建国、さらには盧溝橋事件に端を発した日中戦争では、国共合作で抗日戦を戦った。日本敗北後、国共内戦の結果、49 年毛沢東が中華人民共和国を宣言。その後大躍進の失敗、文化大革命の大混乱をへて、鄧小平主導の開放政策が定着、2010 年には国内総生産（GDP）が日本を抜き、世界第 2 位に躍り出た。

あの頃と今ランキング――海外から日本への国籍別訪問者数

1990年

（単位：人）

1位	韓国	978,984
2位	台湾	610,652
3位	アメリカ	564,958
4位	イギリス	212,043
5位	中国	117,814
6位	フィリピン	108,292
7位	タイ	69,477
8位	ブラジル	67,303
9位	ドイツ	66,827
10位	カナダ	64,791
入国外国人総数		3,504,470

2019年

（単位：人）

1位	中国	8,481,216
2位	韓国	5,878,280
3位	台湾	4,667,445
4位	香港	2,177,962
5位	アメリカ	1,746,614
6位	タイ	1,350,160
7位	フィリピン	774,026
8位	オーストラリア	620,397
9位	ベトナム	517,234
10位	マレーシア	504,310
入国外国人総数		31,187,179

※法務省「出入国管理統計」より作成

ARCHITECTURE 建築

将来は利用者数世界一!?　巨大空港が完成

アメリカと覇権を争う中国は「世界の工場」の地位もアメリカから奪いつつ、自動車生産台数でも世界一となった。次に挑戦するのは、空かもしれない。

空港の利用者数（国際空港評議会調べ）で20年以上、世界一なのは米国アトランタ国際空港で、2018年で1億700万人だった。2位に追い上げてきたのが北京首都国際空港だったが、これ以上の拡大ができないため、新たに建設したのが北京大興国際空港だ。

単体の建築物としては世界一という103万㎡を超えるターミナルビルが2019年に完成。将来は8本の滑走路を備え、1億2000万人を超える処理能力を有してアトランタ国際空港をしのぐ可能性もある。

巨大なヒトデのようなかたちの北京大興国際空港ビル。右上は内部の様子

朝鮮民主主義人民共和国

Democratic People's Republic of Korea

面積 12万 km^2
人口 2577万人
首都 ピョンヤン
通貨 ウォン
宗教 仏教、キリスト教（実態は不明）

MYSTERY ミステリー

地下150m!?　ピョンヤン地下鉄のナゾ

首都ピョンヤンの地下鉄が開通したのは1973年で、お隣の韓国より早かった。「革新」駅や「紅星」駅、「勝利」駅など、共産主義国ならではの駅名がつけられ、2路線が運行されている。

ピョンヤン地下鉄の特徴はその深さ。平均して地下90m、最も深いところでは150mを走る。地上の駅からホームまでは、上下1本ずつのやたら長いエスカレーターで結ばれている。

実はこれに似たつくりの地下鉄は、ロシアや旧東ドイツにもある。旧ソ連時代、地下鉄を有事の際は核シェルターに転用できるよう、このような深さで建設され、そのノウハウを北朝鮮でも取り入れたのだそうだ。

秘密の地下基地に続いているようなピョンヤン地下鉄のエスカレーター。右上はホームに描かれた金日成初代国家主席の絵

HISTORY

朝鮮半島の北半分と518の島からなる。北は鴨緑江、豆満江を境に中国と接し、豆満江河口付近でロシアと接する。南は休戦ラインを挟み韓国と対峙。国土の多くは山地で、中国との国境に白頭山（2744m）がある。夏の高温と比べ冬は厳寒の地。3世紀末に氏族国家成立。4世紀の高句麗、百済、新羅の三国時代をへて、676年、新羅が朝鮮半島統一。935年高麗が新羅を滅ぼす。1392年国号を朝鮮と改めて李朝を興す。1910年日本による韓国併合。45年日本の敗北により米ソが分割進駐。北緯38度以北をソ連が占領、その後、半島北半分が48年9月に朝鮮民主主義人民共和国として成立。初代首相は金日成。50年からの朝鮮戦争を経て、金日成体制が確立。72年チュチェ（主体）思想を基軸にした社会主義憲法を採択した。対韓国との緊張造成のためラングーン爆弾テロ事件（83年）、大韓航空機爆破事件（87年）を起こす。94年金主席死去。息子の金正日が跡を継ぎ、金独裁体制を確立。2002年日本の小泉首相が訪朝、金正日総書記が日本人拉致を認め、初めて謝罪するもその後、拉致被害者問題は進展せず。12年金正日総書記死去。後継に3男の金正恩が選ばれ、3代にわたる独裁体制。

トルクメニスタン

Turkmenistan

面積 48.8 万 km²
人口 603 万人
首都 アシガバット
通貨 マナト
宗教 イスラム教スンニ派、ロシア正教

PEOPLE 人々

大統領は英雄？

「国境なき記者団」が 2019 年発表した報道の自由度ランキングによれば、対象の 180 の国・地域のうち、179 位の北朝鮮を下回って最下位になったのがこの国。

政府や軍の施設、警察官を撮影するとカメラを没収され、情報統制でインターネットも制限されている。

1991 年に旧ソ連から独立して以降、大統領への個人崇拝が顕著になってきた。初代大統領はメロン好きで、「メロンの日」を制定。第２代大統領は大統領宮殿や政府庁舎を白で統一し、自身の黄金のモニュメントが建てられた。

日本で総理大臣がこんな像を建てたら、国民は何という？

現ベルディムハメドフ大統領のモニュメント（左上）。右上は現大統領。左下は前大統領の肖像が入った紙幣、右下は前大統領のモニュメント

HISTORY

中央アジア西部に位置し、カスピ海東部に面する共和国。カラクム砂漠が国土の 80％を占める。地域としてみれば、漢名安息国、パロティア王国発祥地とされるニサ遺跡がある。6 世紀にトルコ系民族が定住、以後は 7 世紀のウナイア朝をはじめ 13 世紀のモンゴル、14 世紀のティモール帝国などの王朝が盛衰を繰り返した。16 世紀には近隣のブハラ・ハーン国、ヒバ・ハーン国、サファヴィー朝に侵略された。19 世紀半ば過ぎに諸部族が連合、ヒバ・ハーン、カージャール朝イランの部隊を撃破、領土を確保した。しかし 1869 年にカスピ海東岸に侵攻、中央アジア進出を目指す帝政ロシアに併合された。ロシア革命後の 1924 年、トルクメン・ソビエト社会主義共和国。ソ連崩壊で 91 年に独立。豊富な天然ガス資源と綿花栽培を経済基盤とする。

トルコ共和国

Republic of Turkey

面積 78万km^2
人口 8433万人
首都 アンカラ
通貨 トルコ・リラ
宗教 イスラム教（スンニ派、アレヴィー派）、キリスト教、ユダヤ教

TABLE 食卓

絶品「ヒツジの脳みそ」をお試しあれ

　焼き肉店で出てくるハツ（心臓）やミノ（牛胃）、タン（舌）などのホルモン焼きやモツ鍋……。私たち日本人も臓物料理をよく食べるようになったが、長い肉食文化がある国々ではそれ以上にレパートリーが豊富だ。

　日本であまりお目にかかれないものに、脳みその料理がある。トルコでは一般的で、冷菜としてヒツジの脳みそがそのままのかたちで出てくるものや、頭蓋骨ごと丸焼きにされたものも。特に脳みそのスープは絶品で、地元のオジサンたちは地酒のラク（ブドウが原料の蒸留酒）で臓物料理を楽しんだ後、これを飲む。ちなみに脳みそは魚の白子のような味わいだという。

ちょっとグロテスクだが（茹でた子羊の頭。右上は市場で売られているヒツジの脳）

HISTORY

　アナトリア半島全域とバルカン半島南東の一部にまたがる共和国。前17世紀、アナトリア高原にヒッタイトが侵入して建国。滅びる前1200年頃までエジプトやメソポタミアの諸勢力と覇権を争った。前9世紀にフリュギア王国、前7世紀にリュディア王国、前6世紀にはアケメネス朝ペルシャが支配。前4世紀にはマケドニアのアレクサンドロス大王に征服された。前2世紀にローマ帝国に帰属。11世紀にはセルジューク朝の侵略を受けたが、1299年建国のオスマン朝が勢力を拡大。1453年にビザンツ帝国の首都コンスタンティノープルを陥落させ、20世紀初頭まで繁栄。しかし第一次世界大戦に敗北、1920年のセーブル講和条約で領土が西欧に分割されて縮小した。そうしたなかムスタファ・ケマル将軍が祖国回復運動を展開、22年にスルタン制を廃止、翌年ローザンヌ条約により国境を画定、共和国宣言をした。初代大統領ケマルは政教分離や文字改革など近代化を推し進めた。46年に複数政党制が導入されたが、軍部のクーデターによる圧力で政権交代がしばしば起きている。

日本国

Japan

面積 37.8 万 km²
人口 1 億 2427 万人
首都 東京
通貨 円
宗教 仏教、神道、キリスト教など

SPORT スポーツ

是か非か？遭難相次ぐバックカントリー

近年、スキー場のある日本の冬山で遭難する外国人が増えている。その大半は、スキー場が管理していない山野でのスキーやスノーボードを楽しむ、バックカントリー（ゲレンデ外の天然斜面で滑走すること）によるものだった。北海道で2020年までの過去10年間に発生した雪山事故のうち、8割ほどがバックカントリーだという。

このためバックカントリーの遭難者には救助費用を自己負担させる条例をつくる動きが出てきた。ただ一方では規制するだけでいいのかという意見もある。欧米ではそれなりの装備やトレーニングの下でバックカントリーを楽しむ文化があり、日本の新雪のすばらしさを評価し、わざわざやってくるからだ。

ルールを決め、遭難者を出さないための対応をしつつ、バックカントリーを楽しんでもらう試みも進められている。

オキテ破りのメーワクな連中か、おもてなしすべき観光客か。北海道でバックカントリーを楽しむ外国人。右上はバックカントリースキーヤーが雪山を登っていくところ

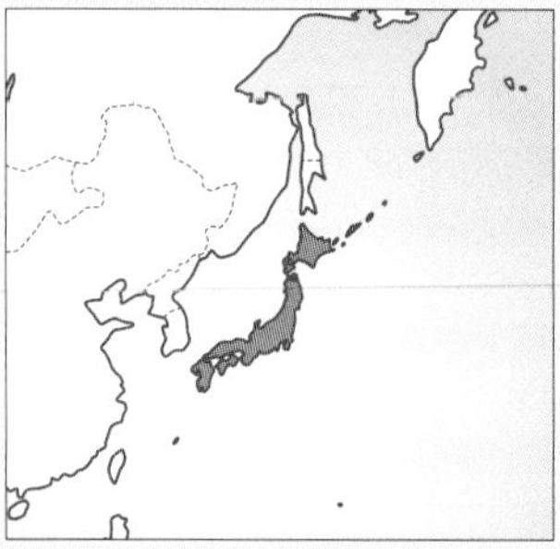

HISTORY

ユーラシア大陸東部の島国で、立憲君主制国家。畿内を中心に 7 世紀後半、中国の律令制を導入した国家制度をつくり「日本」と名のる。12 世紀には台頭してきた武士が中央の実権を握る。鎌倉幕府時代に西日本で商品経済が発達。室町幕府をへて各地の有力大名の間で激しい武力抗争が起こり、戦国時代となるが、16 世紀後半に織田信長、豊臣秀吉によって統一を果たす。17 世紀に江戸幕府が成立し、海禁政策で国内完結型の経済構造をとりながら政情の安定した時代が長く続いた。19 世紀後半、アメリカなどから開港を迫られ、諸外国と条約を結んで近代国民国家を目指す（明治維新）。明治政府は富国強兵の掛け声のもと日清、日露戦争をへて台湾や朝鮮を領有。中国にも進出し、満州国建設や日中戦争が拡大するとアメリカなど欧米諸国との利権をめぐって対立。ドイツ、イタリアと同盟を結び 1941 年 12 月、太平洋戦争に突入。45 年 8 月、連合国に降伏し、アメリカの占領下におかれた。47 年、戦争放棄を含めた民主主義の新憲法を施行。東西冷戦下で高度経済成長を達成し、有数の経済大国となる。

ネパール連邦民主共和国

Federal Democratic Republic of Nepal

面積 14.7万 km²
人口 2913万人
首都 カトマンズ
通貨 ネパール・ルピー
宗教 ヒンドゥー教が多数

NATURE 自然

世界一高い山が「渋滞」!?

近年、チョモランマ（チベット語。英語名エヴェレスト）の登山者の多さを批判する声が、専門家の間から上がっている。登山シーズンの2019年5月、中国・チベット側から登頂した人は前年より3人少ない241人だったが、ネパール側からは前年より81人多い644人となり、登頂者は史上最多の885人を記録した。

山頂付近では登山者が数珠つなぎに「渋滞」することも。登山ルートが狭く、数少ない好天日に集中したからだ。しかも渋滞による滞在時間オーバーが原因とみられる死者も出ている。またネパールでは高額な入山料など登山者が落とす金がビジネスになっており、経験や技術の足りない登山客やガイドが増えている点も指摘されている。

この美しい山の頂上も人で混雑するとは（写真はチョモランマ）

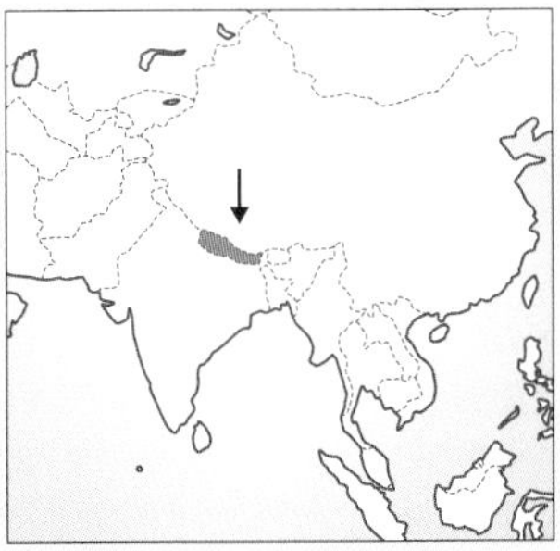

HISTORY

ヒマラヤ山脈の南斜面とヒンドゥスタン平原からなり、世界の高峰サガルマタ（エヴェレスト8848m）を筆頭にカンチェンジュンガ、ダウラギリ、マナスルなどがそびえている。1769年グルカ族のシャー王朝が全土を統一したが、19世紀初頭アジアへ触手をのばすイギリスとのグルカ戦争に敗れ、領土割譲を余儀なくされる。1951年インドの支援で立憲君主制を敷き王政が復活。59年初の総選挙でネパール会議派内閣が成立した。90年国王は複数政党制を導入し、主権在民と立憲君主制を柱とする新憲法を公布。しかし、山岳部でネパール共産党毛沢東主義派が蜂起、政府軍との武装闘争で死者7000人を数え混迷を極めた。2007年に毛派が国政に参加、08年の選挙で毛派が第1党となり、王制廃止、連邦共和制へ移行した。11年統一共産党カナル議長を首相とする毛派との連立政権が発足した。外交的には非同盟中立、インド、中国とも良好な関係を保つ。内政では、観光業が外貨獲得の主要な手段だが、インドへの経済依存度が今なお強く、最貧国を脱することを重要課題としている。

バーレーン王国

Kingdom of Bahrain

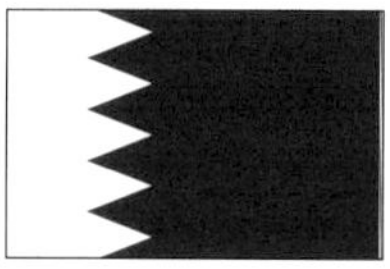

面積 778 万 km²
人口 170 万人
首都 マナマ
通貨 バーレーン・ディナール
宗教 イスラム教（シーア派 70%、スンニ派 30%）

ARCHITECTURE 建築

SDGs な世界初の高層ビル !?

中東地域でいち早く 1932 年に石油の生産を開始し、産油国として発展したのがこの国。だが小さな島国で埋蔵量は限られ、早くから産業の多角化に力を注いできた。

その一環というべきか。首都マナマに 2008 年、完成した高さ 240m のツインタワー「バーレーン世界貿易センタービル」がユニークだ。なぜなら、2 つのビルをつなぐ 3 つの通路に、巨大なブレード（羽根）を備えた風力発電機を設置。ビル風が加速するよう設計され、ビルの総電力消費量の 15%（最大）を風力でまかなえる、世界で初めてのビルなのだ。石油に頼らない、SDGs（持続可能な開発目標）的試みともいえるかも。

マナマにあるバーレーン世界貿易センター

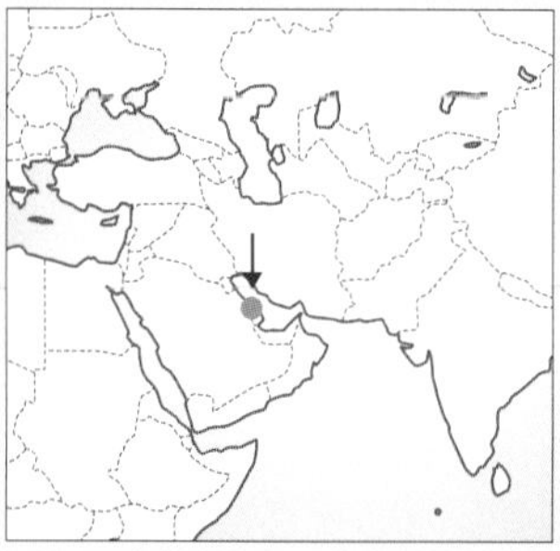

HISTORY

ペルシャ湾南岸にあるバーレーン島を主島とする。ここは紀元前 2500 年頃から古代メソポタミアのペルシャ湾貿易の中継基地であったらしい。9 世紀末、イスラム教シーア派系のカルマト派の一大拠点となったが、988 年ウカイル人の攻撃を受けカルマト派は衰微した。しかし住民のシーア派信仰は底流となって保たれた。当時の住民はナツメヤシ栽培や漁業を生業としていたが、真珠採取も始まっていたという。11 世紀以降、サファービー朝ペルシャ、オスマン朝に支配され、次いでポルトガルの勢力が入ってきた。18 世紀末、アラビア半島のスンニ派一派であるハリファ家の軍勢が上陸し、征服した。これが今に続く王室で、現在の王の名前はハマド・ビン・イサ・ハリファである。1867 年イギリスの保護下に入ったが、独立したのは第二次世界大戦後の 1971 年である。2002 年に憲法を改正し、首長制から王制となり国名も「バーレーン王国」に変更された。

パキスタン・イスラム共和国

Islamic Republic of Pakistan

面積 79.6万km²
人口 2億2089万人
首都 イスラマバード
通貨 パキスタン・ルピー
宗教 イスラム教（国教）

CULTURE 文化

デコトラ・デコバスの聖地!?

この国の街中では、写真のような派手に車体を装飾したバスやトラックが走っている。日本のデコトラにも通じる、これらの独特な姿はなぜ始まったのか。

そもそも1920年代、イギリスから初めて輸入されたトラックの前部に、船の船首のような飾りをつけはじめたのが始まりとか。次第にデコレーションが派手なほうがお客も喜び、儲かるということでどんどんエスカレートしていった。車を買ったら、最初の装飾に2年分の収入に相当するお金をつぎ込み、数年おきにはお色直しも必要。大都市のカラチだけでなんと5万人が車体の装飾で生計を立てているほど、パキスタンで特異に発達した文化なのだ。

往年の名作『トラック野郎』もビックリなパキスタンのバスとトラック。バスの中もすごいことに（右下）

HISTORY

西はイランとアフガニスタン、東はインドに接し、カシミール地方の領有をめぐり国境紛争が絶えない。南はアラビア海。国土中央のインダス川流域平野で、前25～前18世紀に世界三大文明の一つインダス文明が誕生。その後幾多の王朝が支配、衰亡を繰り返すが、1858年ムガール王朝の滅亡後、イギリスの植民地に。1947年東西パキスタンがインドとともにイギリスから独立。しかし、インドとはカシミール帰属問題で印パ戦争を戦い、その火種は今も続く。独立後、3次にわたるインド・パキスタン戦争やバングラデシュの独立、国内でも民族問題などをかかえ、4度のクーデターによる軍事政権と民政を繰り返しながら政治的にも不安定な状況が続いた。ナワズ・シャリフ政権下の98年にはインドに続いて核実験に踏み切り、成功させて核保有国となった。

バングラデシュ人民共和国

People's Republic of Bangladesh

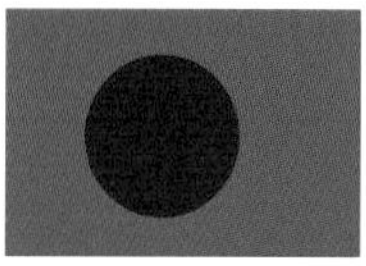

面積 14.8万km²
人口 1億6468万人
首都 ダッカ
通貨 タカ
宗教 イスラム教（国教）89.7%、ヒンドゥー教9.2%、仏教0.7%、キリスト教0.3%

CRISIS 危機

洪水にさらされる子どもたち

日本の4割ほどの国土に、日本の人口を上回る人々が暮らすこの国は、気候変動で最も大きな影響を受ける国の一つ。国土の大半が海抜数mしかない低地のデルタ地帯だからだ。近年、サイクロンなどにより多くの被災者を生む洪水や高潮が頻発するようになっている。

ユニセフ（国連児童基金）の報告（2019年）によれば、この国で1900万人を超える子どもたちが、自然災害によって命の危険にさらされ、必要な教育や医療などを受けられない状態に置かれているという。

うち1200万人が氾濫する河川近くに暮らし、沿岸部には400万人以上が竹やビニールでつくられた、もろい仮設住宅に住む。家を失った人々は600万人に上り、2050年までにその数は2倍以上になると予測される。

2017年の洪水で助けを求めるダッカの住民。右上は支援物資を受け取る様子

HISTORY

インド東部の東ベンガル地方の国で、国土の大半はガンジス川・ブラフマトラ川の沖積平野で、国土の約6割が耕作地である。この地域では古来からさまざまな王朝が興亡したが、12世紀前半からのセーナ朝期にムスリム勢力が浸透した。1576年ムガル帝国に征服され、17世紀にダッカがベンガル州の州都となった。18世紀後半にはイギリス領植民地になり、開墾が進んでムスリム勢力が急増した。20世紀初頭、ベンガル分割をきっかけに反英独立運動が盛んとなり、その過程でヒンドゥーとムスリムの対立も先鋭化した。1947年インド独立にあたりムスリム多数地域の東ベンガルは西パキスタンに組み込まれ東パキスタンとなり、西ベンガルはインドの1州となった。やがて、西パキスタンの政治経済支配に不満がつのり、71年3月独立宣言を発し、インドの介入などもあって同年12月バングラデシュが成立した。その後も国内の内紛は続いたが、2008年の総選挙でアワミ連盟（AL）が勝利、現在は安定している。非同盟を採用しているが、PKOでは常に派遣数で3位以内に入っている。

東ティモール民主共和国

The Democratic Republic of Timor-Leste

面積 1.5万 km^2
人口 131万人
首都 ディリ
通貨 米ドル
宗教 カトリック98%、イスラム教1%、プロテスタント1%

NATURE 自然

世界トップクラスの生物多様性を誇る島

美しいサンゴ礁が多くダイバーにも人気の東ティモールで、科学者を驚かせた場所がある。首都ディリから北へ25kmの海に浮かぶ小島、アタウロ島だ。

これまでに数多くサンゴ礁の生態系を調べてきた米国の環境保護団体に所属する生物学研究チームが同島周辺を調査したところ、これまでにない数の魚種（調査海域平均253種）を確認。そのうち1割が未発見の新種で、ここのサンゴ礁が世界でもトップクラスの生物多様性を有することがわかったのだ。

現在のところ環境は良好だが、早く海洋保護区に指定するなどして手を打たないと、貴重な自然が失われてしまうと研究者らは主張している。

アタウロ島のサンゴ礁。右上は上空から見たアタウロ島の海

HISTORY

オーストラリアの北、ティモール島の東半分とアタウロ島、ジャコ島、飛び地のオイクシが国土。16世紀初頭、メラネシア系部族の小王国が分立していたティモール島にポルトガル人が渡来、活動拠点とし、18世紀初頭にポルトガルが最初の提督を派遣して正式な植民地とした。1859年、近隣で植民地の覇権を争っていたオランダに西ティモールを割譲、島は東西に分断された。第二次世界大戦後の1975年11月28日、内戦に勝利した東ティモール独立革命戦線（フレティリン）が独立宣言。しかし共産国化を恐れるアメリカとオーストラリアの後押しを受けたインドネシアが武力占領して併合した。独立派はゲリラ活動を続け、海外で抵抗を訴えたラモス・ホルタとベロ司教の96年度ノーベル平和賞受賞で注目を集め、99年、独立かインドネシア残留かを決める住民投票にこぎつけた。結果は独立派が8割近くを占めたが、反対派民兵が武力で破壊と殺戮に走った。多国籍軍が派遣され、2001年に制憲議会選挙、02年に大統領選挙を実施、5月に正式に独立した。主な産業は石油・ガスやコーヒーの輸出。

フィリピン共和国

Republic of the Philippines

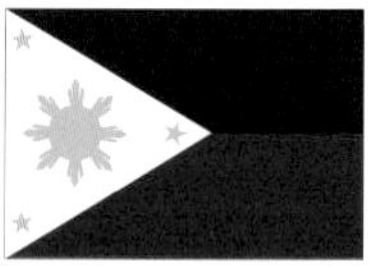

面積 30万km²
人口 1億958万人
首都 マニラ
通貨 フィリピン・ペソ
宗教 カトリックが多数

ECONOMY 経済

出稼ぎで3兆円の収入!?

フィリピンは人口の1割にあたるおよそ1000万人が海外で働く「出稼ぎ」大国。国内に十分な就労機会がなく、あってもその収入で家族を養えないからだ。

海外で就労し、国内に住む家族へ送金する、その総額が2018年、日本円で3兆2000億円に達して史上最高額を記録した。この額はGDP（国内総生産）の1割を占め、フィリピン経済を支える柱のひとつになっている。

就労先としてはアメリカや中東地域が人気で、男性は建設現場、女性はメイド（家事手伝い）といった仕事が主。2018年、クウェートでメイドとして働いていたフィリピン人女性が現地雇用主に殺害される事件が発生し、現地雇用主によるメイドへの虐待問題がクローズアップされ、一時はフィリピン・クウェート間の外交問題にまで発展した。

メイドとして働きながらつかの間の休日を楽しむ出稼ぎフィリピン人女性たち（シンガポール）

HISTORY

マレー諸島の北に位置する7107の島々からなる。最大の島がルソン島、ミンダナオ島が次ぐ。中央部は山岳地帯、海岸部に平野が広がる火山島。マレー系民族が先住、16世紀頃には中国や東南アジアとの交易で栄えた。1521年マゼランの上陸以降、スペインが遠征隊を送り、1571年にマニラを根拠地に植民を開始。以降300年にわたってスペイン植民地。19世紀末ホセ・リサールを中心に民族革命運動が起こり、1898年アギナルド将軍による独立戦争の結果、独立を勝ち取ったが、太平洋進出を図るアメリカとの間に米西戦争が起き敗北、40年間アメリカの統治下におかれる。1942年から45年、日本軍が占領。第二次世界大戦後、46年ロハス初代大統領のもと独立。65年からマルコス大統領の独裁政治が続き、83年、反マルコスを掲げるアキノ氏暗殺から反政府運動が激化。86年エンリレ国防相、ラモス参謀総長代理が反乱を起こし、アキノ氏未亡人コラソン・アキノが合流し、大統領就任を宣言した。アキノ新体制以来、新憲法を制定して民主化が進められてきたが、貧富の差やミンダナオ島の反政府勢力（共産ゲリラ）など、国内的な課題は多い。

ブータン王国

Kingdom of Bhutan

面積 3.8 万 km²
人口 77 万人
首都 ティンプー
通貨 ニュルタム
宗教 チベット仏教 75%、ヒンドゥー教 25%

CULTURE 文化

変化を迫られる「幸福の国」

物質的豊かさよりも、いかに幸福に暮らせるか、という「国民総幸福量（GNH）」を追求することでブータン王国は知られるが、伝統を守る素朴な国も次第に変わりつつあるようだ。

2000 年頃から情報通信に関する開放政策が進められ、テレビやインターネットが解禁された。国内では自動車ブームが起こり、過去 20 年間で車両の数は 5 倍以上に増えた。ティンプーは都市化が進んで人口が 10 万を超え、「信号機のない首都」は交通渋滞が起きるように。

深刻なのは若者の動向。スマホなど文明の利器になじみ農村から都市へ向かうが、働き先が少ない。失業率も高く、違法な薬物に手を出すケースも増えているという。

ティンプーの中心街ですら信号はなく、警察官が交通整理している。右上は民族衣装で通学する子どもたち

HISTORY

ヒマラヤ高山域の冷涼少雨の北部にある。8 世紀以前の歴史は不明だが、8 世紀中期には仏教が伝わり、9 世紀頃チベット軍に征服された。17 世紀、チベットの高僧ガワン・ナムギェルが全土を征服、初代法王となった。18 世紀は清朝の影響が強まり、後半からベンガルに進出したイギリスとの衝突が繰り返された。1772 年と 1864 年に英国と戦い、1865 年シンチュウ条約によって英国から和解金を得る代償として不可侵を約束し、ドゥアール地方を割譲した。19 世紀末、東部トンサ郡領主ウゲン・ワンチュクが全土を統一し、1907 年ワンチュク王朝を創始した。この10 年後にはインドによる外交面の指導を受け入れた。1952 年に即位した第 3 代国王は農奴解放、教育普及など近代化に着手。70 年代には第 4 代国王が国民総幸福量（GNH）による近代化政策を推進した。80 年代、90 年代にかけてブータン文化強化政策にネパール系国民が反発、争乱に発展した。2006 年現国王が即位、2007 年本格的な議会制民主主義への移行を開始した。

ブルネイ・ダルサラーム国

Brunei Darussalam

面積 5765 km²
人口 43 万人
首都 バンダル・スリ・ブガワン
通貨 ブルネイ・ドル
宗教 イスラム教（国教）67%、ほかにキリスト教 10%、仏教 13%など

この国と日本

タッグを組む「水素サプライチェーン」って？

石油や天然ガスなどの豊富な天然資源を有し、１人当たりの名目国民総生産（ＧＤＰ）は３万ドルを超え、東南アジアではシンガポールに次ぐ高所得国のブルネイ。現在、この国と日本との間で世界初の試みが行われている。

それは水素のサプライチェーン構築。水素は高圧化や液化（マイナス 253 度）することで運搬されてきたが、途中でその一部が気化してしまいロスが出るなど課題があった。

そこで日・ブルネイ間で試みるのはブルネイで天然ガスから分離した水素を化合物化し、ロスのない常温の液体として運搬、日本で再び水素を取り出すという仕組みだ。

実証実験を経て、クリーンな水素を火力発電の燃料や、水素燃料電池車の実用化につなげる狙いだ。

ブルネイ沖に建設される海底油田施設。右上はトヨタの水素燃料電池自動車

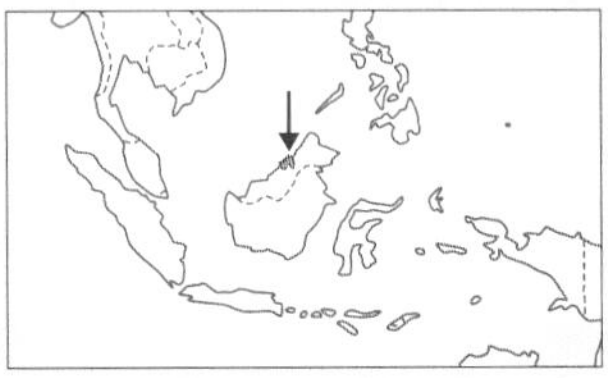

HISTORY

ボルネオ島（カリマンタン島）北西部にあり、マレーシアのサラワク州リンバン地区によって国土が二分されている。10 世紀頃には王国として歴史に登場、南シナ海の交易ネットワークの拠点となっていた。16 世紀頃からイスラム化が始まり、その影響は今日でも国教がイスラム教であることに影響をとどめている。17 世紀以降、フィリピン南部のスールー王国がボルネオ北部に進出して支配的な影響を受け、19 世紀半ばイギリスがマレー半島に進出したが、イギリス人ブルックがサラワクの支配権を握るに至って、現在の領域がほぼ固まった。1888 年イギリスの保護領となり、1906 年には内政を完全に掌握された。太平洋戦争では日本のボルネオ占領に伴い、その占領下に入った。日本敗退後、再びイギリスの保護領に戻った。マレーシア連邦の結成に伴い連邦参加を呼びかけられたが拒否、84 年 1 月 1 日ブルネイ・ダルサラーム国として独立した。独立後は国王が絶対権力を握り続けているが、石油や天然ガスの輸出による利益を国民に還元しているので、政情は安定している。

ベトナム社会主義共和国

Socialist Republic of Viet Nam

面積 33.1 万 km^2
人口 9733 万人
首都 ハノイ
通貨 ドン
宗教 仏教、道教、カトリック、カオダイ教

TRAFFIC 交通

道路がバイクであふれている!?

　街中で驚くのは、走っているバイクの数がとにかく多いこと。出勤や帰宅時間ともなれば道路が無数のバイクで大渋滞になる。

　それはそのはず、ベトナムでのバイク保有台数は 4600 万台、国民 2 人に 1 人がバイクを持っていることになる、世界でも有数のバイク天国なのだ。

　ちなみに 2019 年の新車二輪販売台数は 325 万台で、新車市場としては世界第 4 位。シェアは日本メーカーのホンダが圧倒的で 8 割近くを占め、スズキやヤマハなどがそれに続く。ベトナムでは自動車が割高で普及が遅れており、また道路の狭さや、大都市圏での鉄道や地下鉄といった大量輸送機関が未整備な状況が、このような状況を生んでいる。

まるでバイクのレース会場のような光景だ（2 点ともホーチミン）

HISTORY

　紀元前 5 世紀頃、中国の故事「呉越同舟」で知られる越の国が滅亡し、紀元前 3 世紀末頃、越人が南下してベトナムを建国したといわれる。しかし、その後 10 世紀以上にわたって中国の支配を受け、938 年に初めて独立国家を形成した。越の南であることから「南越（ナムベト）」と呼ばれていたが、18 世紀末に「越南（ベトナム）」と改称。1802 年、最後の王朝となる阮王朝が越南国を建国したが、84 年までにフランス領インドシナ連邦に編入された。第二次世界大戦中に進駐した日本軍に抵抗した共産党の運動が活発となり、1945 年、ホー・チ・ミンが北部のハノイでベトナム民主共和国の独立を宣言。翌年から南部を支配するフランスとの間で第 1 次インドシナ戦争が始まった。49 年、バオダイ阮皇帝によりベトナム国が南部に成立し国家は二分。54 年、ジュネーブ協定でフランスは支配権を放棄し、アメリカ支援によるベトナム共和国が 55 年、南部に成立。このときから、共産党によるベトナム民主共和国とアメリカ支援のベトナム共和国は 18 年におよぶ南北のベトナム戦争へ突入。76 年に南北ベトナムが再統合されて統一国家となった。86 年の経済改革路線（ドイモイ）以来、経済は高成長を続ける。

マレーシア

Malaysia

面積 33万km²
人口 3236万人
首都 クアラルンプール
通貨 リンギット
宗教 イスラム教（国教）、仏教、儒教、ヒンドゥー教など

SOCIAL PROBLEM 社会問題

プラごみはもういらない！

この国は2018年、プラスチックごみ（プラごみ）輸入量で世界一に浮上した。世界全体のプラごみ輸入でマレーシアが占める比率（数量ベース）は2016年まで1％余りだったが、2017年に3.8％、2018年に10.2％と急上昇。理由は、それまで世界全体の4割以上を占めていた中国が輸入を禁止したため、規制のゆるいマレーシアに集まるようになったからだ。

金になることから闇業者がはびこり、彼らの不法な投棄・焼却が環境を汚染する事態に。また輸出する側も書類上はリサイクル用プラスチックとしながら、実際はそうではなかったりと、輸入・輸出側双方で問題だらけだったことがわかった。

ついにマレーシア政府が日本を含む輸出国に対し、プラごみをすべて送り返すと宣言するにいたったのだ。

ボルネオ島のコタキナバルにある広大なゴミ処分場

HISTORY

マレー半島の南部、西マレーシアとボルネオ島北部の東マレーシアから成立する。国土の70％は熱帯林。15世紀初めに成立したマラッカ王朝は、貿易の中継地として栄えるが、16世紀以降進出してきたポルトガル、オランダに占領される。さらにイギリスも加わり、1896年、イギリスはマラヤ連邦を構成。戦争中の日本占領、戦後のイギリス支配下をへて、1957年にマラヤ連邦が成立。63年にシンガポール、英領サラワク、サバを合わせた連邦国マレーシアが成立したが、65年にシンガポールが分離独立する。81年、マハティールが首相に就任し、22年間におよぶマハティール体制が続いた。その間豊富な資源を活用する重工業の育成を進め、同国をNIESと呼ばれる新興工業経済地域にまで押し上げた一方で、マレー系を優遇する政策を打ち出し、中国系、インド系の反発を招いた。以後、順調に経済発展を進めている。

ミャンマー連邦共和国

Republic of the Union of Myanmar

面積 67.7 万 km²
人口 5441 万人
首都 ネーピードー
通貨 チャット
宗教 仏教 90%、キリスト教、回教など

SPORT スポーツ

世界一過激な格闘技がある!?

この国の国技で、1000 年以上の伝統がある格闘技「ラウェイ」が日本などでも注目されている。

キックボクシングに似て立ち技を中心とするが、グローブは使わず､バンデージ(手を保護する包帯)のみを巻いた拳で殴り合う。あらゆるパンチとキック、ヒジやヒザによる攻撃が可能で、加えて頭突きや投げ技も OK。

5 ラウンド（1 ラウンド 3 分間）を戦い、途中で気絶しても目を覚ませば再び試合は続行される。ボクシングのような判定はなく、KO か TKO のみで勝敗が決まる。「世界一過激な格闘技」と称されるゆえんだ。

近年はラウェイの魅力にひかれて外国人選手も参戦するようになり、日本人やカナダ人の王者も誕生し、日本での興行試合も行われるようになった。

これは痛そうだ……（ミャンマーの村で行われるラウェイの試合で、負傷した選手）

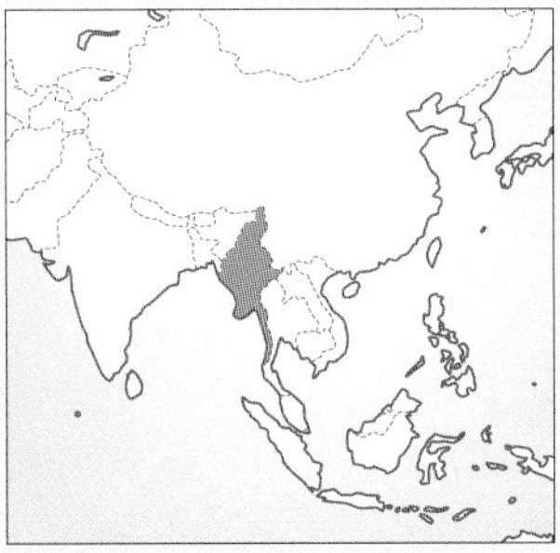

HISTORY

インドシナ半島の西部を占める。南部は熱帯気候で高温多雨､特に南西モンスーンが吹く 5 ～ 9 月にかけては多量の雨が降る。11 世紀中頃、ビルマ族が最初の統一国家パガン王朝を建てた。その後タウングー王朝、コンバウン王朝と転変、1886 年 3 度にわたる英国とのビルマ戦争に敗れ英領インドの一部となり王朝は滅亡した。第二次世界大戦後の 1948 年英連邦から離脱、ビルマ連邦として独立。62 年ネ・ウイン軍事政権が成立「ビルマ型社会主義」路線を進めた。89 年国名をミャンマー連邦、首都ラングーンをヤンゴンと改称。90 年の総選挙で民主化運動指導者アウンサンスーチー率いる国民民主同盟（NLD）が圧勝するも、軍は政権委譲せずスーチーを軟禁するなどした。軍部は 2005 年首都機能をヤンゴンからピンナマ近郊ネーピードーへ移転すると表明。11 年新政権発足に伴い国名を「連邦」から「連邦共和国」へと変えた。12 年の連邦議会補欠選挙でアウンサンスーチーが国政に復帰、ノーベル平和賞も授与された。

モルディブ共和国

Republic of Maldives

面積 300 km²
人口 54万人
首都 マレ
通貨 ルフィア
宗教 イスラム教スンニ派

ARCHITECTURE 建築

中国の援助で橋が！ でも国内大モメ？

中国の一帯一路構想の「一路」とは、21世紀海上シルクロード。インド洋に浮かぶこの島国は、まさにその要衝という位置にある。歴史・地理的にインドとの関係が強かったが、2013年にヤミーン政権が誕生すると中国へ傾斜。国際空港島と首都のあるマレ島を結ぶ全長2㎞の「中国モルディブ友好大橋」をはじめ、数々のインフラ整備を中国からの融資で進めた。軍事的にも、インド軍との合同演習への参加を取りやめ、国内に駐留するインド軍に退去を要求。さらにインド軍が使用している島を中国に譲渡する計画だった。

ところが2018年9月の大統領選で、従来の親中路線を批判する野党勢力が政権の座に。新政権はインド重視で、中国の投資に絡む前政権の汚職を追及しはじめた。中国への債務は年間税収の3倍にあたる3240億円以上に達し、自力返済は不可能だとか。

モルディブでは島と島を結ぶ初めての橋となったが……（中国モルディブ友好大橋）。右上は橋の入り口にたつモニュメント

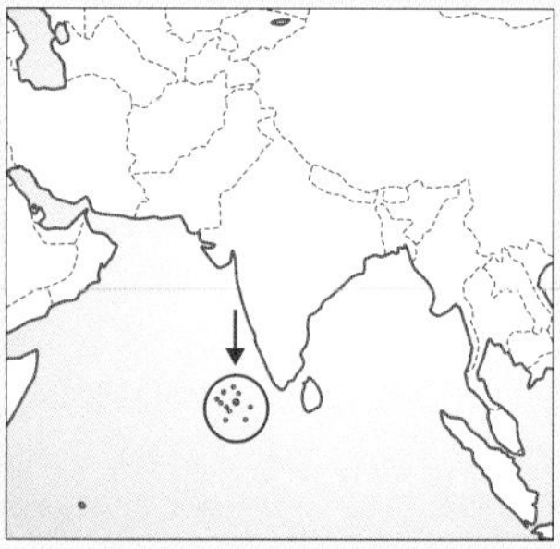

HISTORY

紀元947年、アラブ人が上陸以来、船団寄港地として繁栄。初代コイマラ王が1153年に既に伝来していた仏教からイスラム教に改宗、スルタンとなり、マーレ朝を興した。1558年、ポルトガル軍が侵攻、支配下に。17世紀以降オランダ、次いで1887年、英国の保護国に。1956年英国は南部のアドゥ環礁ガン島に戦時中の空軍基地を再建し、島民の再定住を図ったが、モルディブは撤退を要求。59年アドゥ環礁住民が「アドゥアン人民共和国」として独立宣言。その後、65年に英国から完全独立、同年国連加盟。68年首長国から共和国に移行。85年英連邦、南アジア地域協力連合加盟。外交姿勢は、非同盟中立。南アジア諸国との善隣外交重視、特にインドとの関係は緊密。中東諸国との関係も良好。78年就任したガユーム大統領が30年の長きにわたって政権を独占したが、批判の高まりから2008年に複数政党制などを定めた民主的な新憲法が制定された。

モンゴル国

Mongolia

面積 156.4 万 km^2
人口 327 万人
首都 ウランバートル
通貨 トグログ
宗教 チベット仏教

SPORT スポーツ

全国最強の男を決める祭り

2010 年にユネスコの無形文化遺産に登録されたのが、毎年 7 月の革命記念日に開催されるこの国の伝統的な祭り「ナーダム」だ。

全土で盛り上がるが、なかでも最大なのは首都ウランバートルの国立運動場で 3 日間行われるナショナル・ナーダム。そこでは遊牧民文化に根ざしたモンゴル相撲「ブフ」と弓技、馬術の 3 種目で技を競う。

ブフは足や手以外の体の一部が地面に触れたほうが負け。国中から選りすぐられた 1000 人近い男たちがここでトップの座を争う。このトップの座を 2 度とるとアヴァルガ、日本の大相撲における横綱のような存在となる。ちなみに 2018 年に亡くなった横綱白鵬の父はブフで 6 回も優勝した伝説的アヴァルガで、メキシコ五輪のレスリングで同国初の銀メダルを獲得した。

ウランバートルでのナショナル・ナーダムのブフの試合。右は弓技と馬術

HISTORY

アジア大陸の中央部にあって、北はロシア、南・東・西部は中国に接する。国土の多くはモンゴル高原といわれるステップの草原。南部にはゴビ砂漠、北部には森林地帯、西のアルタイ山脈には最高峰フィテン山（4374m）がある。モンゴル高原には紀元前以来遊牧民族が割拠していたが、12 世紀末、一部族の族長テムジンが諸部族を征し、1206 年「部族長会議」クリルタイにおいてチンギス・ハンの地位を得てモンゴル帝国を興した。西は東欧、トルコ、シリア、南はアフガニスタン、チベット、東は中国、朝鮮半島までユーラシア大陸の全域にまたがる史上最大の帝国を築き上げた。しかし、チンギス・ハンの死後、分裂・解体。17 世紀、清朝に制圧され、外モンゴルと呼ばれた。1911 年の辛亥革命を機に中国からの独立を宣言したが、紆余曲折をへたのち 24 年、ソ連の援助のもと社会主義国モンゴル人民共和国に移行。第二次世界大戦後の中ソ対立期には「ソ連の衛星国」といわれた。80 年代末、東欧情勢の影響を受け民主化運動が活発化、92 年新憲法を発効、社会主義を放棄、国名を「モンゴル国」と改めた。

ヨルダン・ハシェミット王国

Hashemite Kingdom of Jordan

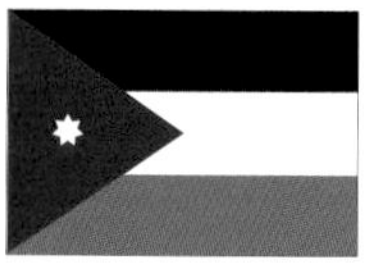

面積 8.9万km²
人口 1020万人
首都 アンマン
通貨 ヨルダン・ディナール
宗教 イスラム教、キリスト教

NATURE 自然

「死海」は美容の聖地？

ヨルダンとイスラエルの国境にある死海は海面から430mも低い場所で、そそぎ込む河川からの水量より蒸発する水分のほうが多く、海水より10倍も塩分の濃い湖になった。

ここに来る観光客の目当ては、湖に浮かんで読書をするためだけではない。死海の水には大量の塩化マグネシウム、つまり豆腐をつくる際に用いるにがりが含まれる。マグネシウムには乾燥肌を防ぐ効果があるそうで、肌にとてもよい水なのだ。

さらに女性客に大人気なのが死海の湖底の泥。豊富な天然ミネラルが含まれていて美容によいとされるため、全身「死海」泥パックの姿で読書をする。

肌に塗りこむための死海の泥はビン詰めにされて販売されており、日本でも買うことができる。

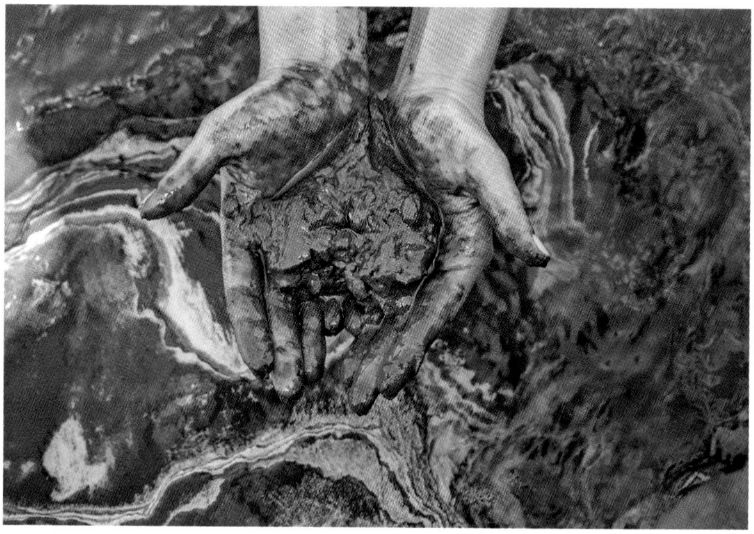

魚もすめない「死の海」なのに、死海の泥にこんな利用価値が

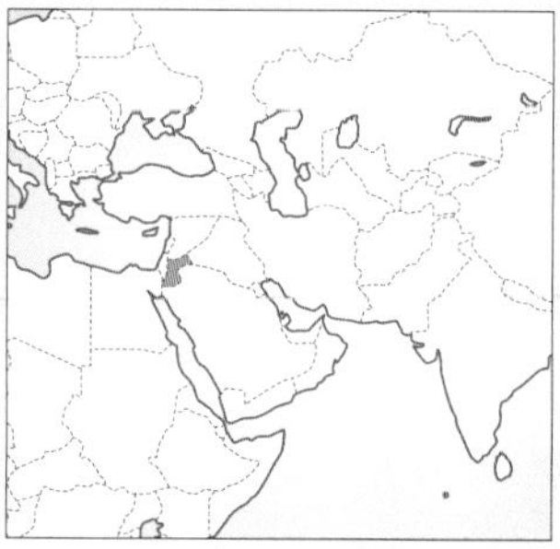

HISTORY

ハシム家のヨルダンという国名の通り、立憲君主制の国である。国土の大半が砂漠。ヨルダン渓谷に沿って岩山が連なり、南北に都市が存在する。紀元前のナバテア王国、紀元後のローマ帝国、ビザンツ帝国の支配をへて、アラブの大征服によりイスラム教が広がる。第一次世界大戦後、イギリスの委任統治領に。ハシム家は独立を宣言するがサウム家に追われ、イギリスを頼った。1923年、イギリスはハシム家のアブドラを首長とするトランスヨルダン王国を成立させた。46年に独立。49年に現在の国名に改称。その前年に始まった第1次中東戦争でヨルダン川西岸を併合するが、88年に領有権を放棄している。94年、アラブ諸国ではエジプトについでイスラエルとの和平条約に調印し、同国との外交関係を樹立した。親欧米のアラブ穏健派。イスラエル・パレスチナとイラクに挟まれ、中東やイラク情勢を見守りながら自国の安定を図る。非産油国だが、リン、鉱石以外ではめぼしい外貨獲得手段に欠け、経済基盤は弱い。

ラオス人民民主共和国

Lao People's Democratic Republic

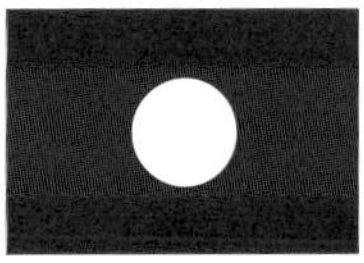

面積 23.7 万 km²
人口 727 万人
首都 ビエンチャン
通貨 キープ
宗教 仏教

RESOURCE 資源

メコン川の記録的水量低下の原因は？

この国は再生可能エネルギーである水力発電により電力国内需要を 100％満たしている。それだけでなく、水力発電で得た余剰電力を隣国タイなどへ輸出しているため、電力はその額が総輸出額の 3 割近くを占める主力輸出品でもあるのだ。

水力発電というと地球にやさしいイメージだが、一方では問題も。2019 年からメコン川は過去 50 年で水量が最低という異変に悩まされている。干ばつが主な理由だが、一方ではメコン川上流のラオス、中国流域に続々と建設されるダム群にも原因があるのではという批判も強い。

ラオスは 2030 年までに 200 カ所の水力発電所をさらに建設する計画だが、ダム建設は自然の生態系への負荷も大きく、メコン川に依存する 6000 万人以上の農業・漁業関係者たちにとっても大問題となっているのだ。

下流のほうは大変なことに。タイのナコンパノムでは水量が減って中洲が出現。右上はメコン川の水位低下で干上がったベトナムの水田

HISTORY

インドシナ半島中央部。南北に細長い内陸国。国土の４分の３が高地と森林でメコン川周辺が数少ない平地。14 世紀半ばに中部地帯にラーンサン王国が建国されるが、18 世紀に３つの王国に分裂し、３王国ともに当時のシャム（タイ）の支配下に。1899 年、シャムと条約を結んだフランスがラオスに対する保護権を獲得し、フランス領インドシナに編入された。1945 年、日本軍の支配下で名目上の独立宣言。だが、日本軍の敗戦とフランスの復帰により、タイに臨時政府を樹立。49 年、フランス連合の協同国として独立を果たすも、政治路線をめぐって左派と右派が対立。長年内戦状態が続いた。ベトナム戦争などをへて、75 年 12 月、左派によるラオス人民民主共和国が成立。人民革命党の一党独裁による社会主義体制を堅持しながら、86 年以降は、開放・改革路線に基づく市場経済化を進めている。アジア通貨危機、反政府勢力とみられる爆破事件、タイとの軍事衝突など不安定な要因も抱える。１人当たりの年間国民所得は、880 ドル（2009 年）。

レバノン共和国

Lebanese Republic

面積 1万 km²
人口 682万人
首都 ベイルート
通貨 レバノン・ポンド
宗教 イスラム教、キリスト教、ユダヤ教など18宗派が公式に認められている

NATURE 自然

スキーの後、ありえないことができる？

2019年の暮れ、金融商品取引法違反で逮捕され保釈中だったカルロス・ゴーン元日産自動車会長が、プライベート機で日本から密出国。世界を驚かせた世紀の逃亡劇の後、ゴーン氏が家族とレバノンのスキー場で、自由を満喫する姿が報じられた。

レバノンは「東のスイス」と形容されるほど山がちで、地中海に面するベイルートから車で数時間程度のところに、いくつも大きなスキーリゾートがある。

面白いのは4月。この時期はまだスキーが楽しめ、山を下りて海岸に出れば、なんと海水浴を楽しむことができるのだ。

低地は高温夏季地中海性気候に属するため、真冬の時期でも日中は25℃以上に達するほど。バナナが栽培できるほど一年中温暖なところなのだ。

ベイルートから車で1時間ほどのところにあるファラヤのスキーリゾート。右上はカルロス・ゴーン元日産会長

HISTORY

地中海東岸の山岳地帯に位置する。その歴史、地形上から各宗派勢力が入り組んだモザイク国家となっている。古代より地中海貿易の拠点として栄え、フェニキア、アッシリア、バビロニア、ローマ、ビザンツなどの支配、影響下に。イスラム教が浸透したのちレバノン山地は、当時の少数派であるキリスト教の避難地となった。1920年、シリアの一部としてフランスの委任統治領となり、43年に完全独立。当初から大統領をロマン派（キリスト教）から、首相をスンニ派（イスラム教）、国会議長をシーア派（同）から選ぶという宗教間の協調を図った。観光・金融などにより国は発展したが、勢力争いなどから75年に内戦へ。90年に終結するが、2006年にイスラエルの侵攻を受け、ベイルートが空爆された。その前年には長年駐留していたシリア軍が撤退し、08年に両国は国交樹立した。

カシミール

Kashmir

面積 22.3 万 km^2
人口 1000 万人
州都 インド側はスリナガル、ジャンムー、パキスタン側はムザッファラバード
宗教 ヒンドゥー教、イスラム教、チベット仏教

BEST IN THE WORLD 世界一

「世界一標高の高い自動車道路」はホントか？

「世界一標高の高い自動車道路」と書かれた看板が、ラダック地方のカルドゥン峠に立っている。ラダック最大の山岳都市レーから北部のラダック山地へ39km上ったところにある峠で、かつてはカシュガル（中国の新疆ウイグル自治区）へと続くシルクロードの、キャラバンルートの途上だった。

すでにレーが3500mという富士山並みの標高にあり、そのさらに上のカルドゥン峠の最高地点にある看板には「18380ft」(5602m) というとてつもない数字が刻まれている。だが多くの研究者などがGPSで計測したところ実際は5359mで、看板の数字はかなりサバを読んだものらしい。

車で行くにしても、ルート上には医療施設がないので、高山病対策は必須だ。また10月～5月までは雪のため道路が閉鎖されるから要注意。

ツーリング好きにはたまらないコース。レーからカルドゥン峠へ続く道路。右上は最高地点にある看板

HISTORY

インド亜大陸西北部、ヒマラヤ山脈とカラコルム山脈とに挟まれた地域を主とする旧カシミール藩国の勢力地域。現在、中印パの３国によって分割的に実効支配が行われているが、それぞれの主張を国際社会が認めているわけではなく、たとえば日本の学校教育用地図帳では、国境は引かれず、実効支配線（停戦ライン）だけが引かれている。３国が主張する実効支配線をもとにすると、それぞれの面積は、インドが約10万1000km^2でいちばん広く、次いでパキスタンが約7万9000km^2、そして中国が約4万3000km^2である。印パ分離独立となった1947年、それぞれの藩国は、それぞれの事情でインドとパキスタンに帰属することになった。ヒンドゥー教の藩国はインドに、イスラム教の藩国はパキスタンに帰属したが、カシミールはイスラム教徒が多数派だったにもかかわらず、藩王はヒンドゥー教徒だった。そのためパキスタン義勇軍の侵入に際し、藩王はインドに軍事支援を求めた。ここに第１次印パ戦争に発展する紛争が起こり、その後中国も加わって三つ巴の紛争地帯になった。

台湾

Taiwan

面積 3.6 万 km^2
人口 2381 万人
政府所在地 台北
通貨 新台湾ドル
宗教 道教、仏教、キリスト教

FESTIVAL 祭り

インスタ映え間違いなし？　なお祭りが

フォトジェニックなお祭りとして世界的にも注目されるのが、台北市の平渓（ピンシー）で毎年一度開催される「平渓天灯祭」だ。

天灯とはいわゆるスカイランタン。紙と竹でつくったミニチュアの気球のようなもので、それを大勢の参加者が持ち寄って、一斉に夜空へ飛ばすのだ。天灯には思い思いの願い事を書き添え、空高く上がれば願いがかなうという言い伝えも。夜、無数の天灯が放たれて空へ飛んでいく光景はなんとも幻想的だ。

開催は旧暦の1月15日で、毎年の2月上旬。平渓の町ではこの時期になるとあちこちで天灯が売られる。色も願い事によって健康なら赤、金運なら青という具合にさまざまだ。

ちなみに祭り会場で天灯を上げるには整理券を手に入れる必要があり、早朝から並ばないとゲットできないというから要注意。

火事にはならないのだろうか？ 平渓天灯祭の様子。 右上は願い事を書き込んだ準備中の天灯。けっこう大きい

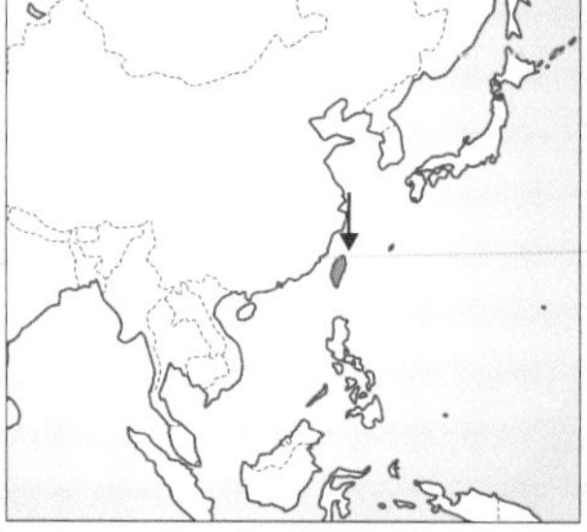

HISTORY

中国大陸の東南海上160kmに位置し、台湾本島と澎湖諸島など周辺の島々からなる。正式名称は「中華民国」だが、中華人民共和国は領土の一部として「台湾省」と呼ぶ。元来はインドネシア系あるいは原マレー系の先住民族が居住していた。1624年、オランダ東インド会社が中国、日本との通商基地として台南一帯を占領し、その後ライバルのスペインを一掃して、積極的に植民地経営に乗り出した。1662年、鄭成功が2万5000の兵を率いて上陸、翌年オランダ人を追放した。83年に清の版図に入り、清朝下、福建省と広東省から漢人の移民が増大、先住民は山間部へ追いやられた。1895年、日清戦争の結果、日本に割譲された。日本はインフラ整備などに努める一方、皇民化教育や創氏改名を強要した。1945年、日本敗戦で中華民国が接収、しかし外省人の横暴な支配に47年、本省人が蜂起、武力弾圧で2万人前後が殺害された（2・28事件）。49年に蒋介石の国民党政府が南京から台北に移ってきて、大陸政府と対立を続けた。87年の戒厳令解除、翌年の李登輝総統就任以降、民主化・自由化が進み、経済発展を遂げた。

パレスティナ

Palestine (Palestinian Authority)

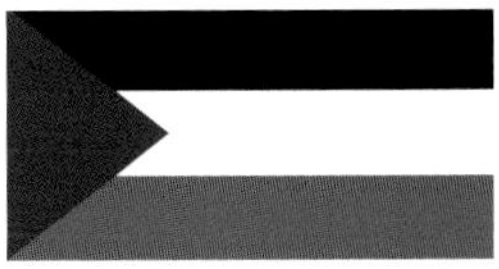

面積 6220 km²
人口 464 万人
本部 ラマッラ
通貨 新シュケル
宗教 イスラム教

CAPITAL 首都

エルサレムはどこのものか？

2018 年、トランプ政権下の米国が大使館をエルサレムに移転、世界に衝撃が走った。イスラエル政府がエルサレムを首都とする主張を、一方的に追認したからだ。

さかのぼれば第 1 次中東戦争の休戦協定（1949 年）でエルサレムは東西に分割され、東エルサレムはヨルダンの統治下に。ところが 1967 年の第 3 次中東戦争でイスラエルが東エルサレムを併合し、エルサレムを首都と宣言して実効支配してきた。こうした経緯から国連や国際社会はエルサレムをイスラエルの首都と認めておらず、テルアビブに大使館を置いてきたのだ。

東エルサレムにはキリスト教、イスラム教、ユダヤ教の聖地が集まる旧市街もあり、パレスティナ自治政府もこの地を将来の首都とする。専門家らはアメリカの措置を、これまでの和平交渉を根底から崩すものだとしている。

エルサレム旧市街にあるユダヤ教の嘆きの壁（右上）、キリスト教の聖墳墓教会（右下）、ムスリムの聖地・岩のドーム（左下）。左上はイスラエルが設置した分離壁

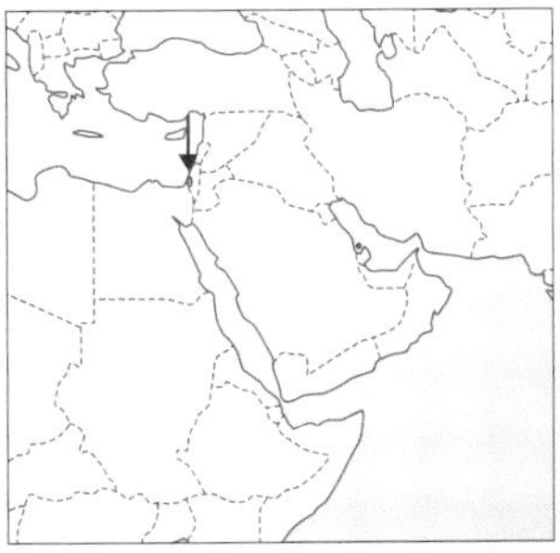

HISTORY

地中海の東岸にあり、レバノン、シリア、ヨルダン、エジプトのシナイ半島に囲まれた地域。パレスティナ暫定自治政府による自治地域は、西岸地区とガザ地区からなる。紀元前 13 世紀頃ペリシテ人が定住。ペリシテ人の土地という意味が「パレスティナ」の由来。イスラエル人も同時期に進出。その後、古代オリエントやヘレニズム諸王朝、ローマの支配を受けた。638 年ウマイヤ朝ウマル 1 世がエルサレムを征服。16 世紀オスマン帝国の統治下に入る。1897 年第 1 回シオニスト大会以降、ユダヤ人が入植。中東への利権確保に乗り出したイギリスが、1917 年のバルフォア宣言でユダヤ人国家建設支援を約束。ところが、イギリスは一方でフランスとの間にシリア・パレスティナの分割という密約を交わしていた。この相反するイギリスの外交政策が、今日のパレスティナ問題の根底にある。47 年国連は、パレスティナ分割決議可決。その内容は、ユダヤ国家とアラブ国家に分割し、エルサレムは国際管理とするものだった。64 年に創設されたパレスティナ解放機構（PLO）とイスラエルが 93 年「オスロ合意」に調印し、94 年に暫定自治政府が発足。

香港 特別行政区

Hong Kong Special Administrative Region

地域旗

面積 1106km²
人口 744万人
通貨 香港ドル
宗教 仏教、道教、キリスト教、イスラム教など多数

WORLD HERITAGE 世界遺産

世界一のエスカレーターはなぜつくられた？

香港島には、屋外のものとしては世界最長といわれる全長およそ800m、高低差140mのエスカレーターがある。高層ビルが林立する中環（セントラル）区から、ヴィクトリア・ピークの途中にある半山（ミッドレヴェル）区を結び、乗りながらのんびり香港の景色が眺められるので観光客の間でも人気だが、なぜこんなものがつくられたのか。

山の上（半山区）に多くの人が住むようになった1980年代、ある問題が浮上した。半山区と中環区をまっすぐ上下に結ぶ道路がほとんど存在せず、アミダクジ状に行き来しなくてはならなかったのだ。こうした半山区住民の買い物や通勤の不便を考慮して、1990年代にこのエスカレーターがつくられた。

そのため設置されたのは1本だけで、午前中は下り、午後は上り専用という運用になっているのだ。

ビルの谷間を進む不思議なエスカレーター。修理中の場合は隣の階段でどうぞ

HISTORY

香港島と中国大陸につながる九龍半島とその周辺235の島からなる。1840～42年のアヘン戦争後の南京条約で、中国がイギリスに香港を割譲。その後、貿易港として発展。1941～45年、日本の占領下におかれる。日本の敗戦後、中国の国共内戦を避けて香港に渡る中国人たちが相次ぎ、香港の人口が急増。加工および中継貿易都市としても栄えるようになる。加えて、ホテル、各種飲食業も増え、高層ビルも立ち並び、観光地としても発展。さらに国際金融業も盛んになった。84年、中英両国は、97年7月1日に香港を中国に返還するとの共同宣言を発表。その宣言通り、香港は中国に返還された。20年間「一国二制度」のまま特別行政区として現状の資本主義体制で香港を維持するとの確約のもと、新生香港がスタートした。正式名称は中華人民共和国香港特別行政区。

マカオ 特別行政区

Macau Special Administrative Region

地域旗

面積 30km²
人口 64万人
通貨 マカオ・パタカ
宗教 仏教、キリスト教、道教

INDUSTRY 産業

日本もお手本に？　巨大すぎるリゾート

2002年にカジノを外国資本に開放して以来、時代の最先端をいくカジノ・リゾートへと変貌。中国本土の富裕層が大挙して押し寄せるようになり、世界最大級のカジノ都市に急成長した。

なかでも2007年にオープンした「ザ・ヴェネチアン・マカオ」はその規模で群を抜く。カジノ面積は東京ドームの建築面積を超える5万㎡で世界一とされ、6000台のスロットマシン、ポーカーなどのテーブルも800以上。3000室もあるホテルの部屋はすべてスイートルームだ。

日本でも導入が検討される統合型リゾート（IR）のお手本のような施設で、敷地内にはヴェネチアの運河を再現したコンセプト、国際会議場や劇場、スポーツ大会も開催できるアリーナなど、世界の企業や団体を呼び込む工夫が詰め込まれている。

ザ・ヴェネチアン・マカオの外観（右上）とカジノ

HISTORY

中華人民共和国マカオ特別行政区は、中国広東省南部の珠江河口西南岸に位置し、マカオ半島、タイパ島、コロネア島より構成されている。1513年にポルトガル人が中国に渡来して57年にマカオでの居住権を獲得。中国、日本、ヨーロッパとの中継貿易港、キリスト教布教活動の拠点として発展した。1848年、中国人による総督殺害事件を機にポルトガルは地租の支払いを停止し、マカオの行政権を取得した。88年、阿片密輸防止に協力する見返りにポルトガルは清朝と友好通商条約を締結し、マカオでの行政権が法的に確立した。1951年にマカオがポルトガルの海外県となる。66年、ポルトガルは中国文化大革命の影響による中国系住民の反ポルトガルデモを鎮圧できず、中国政府の協力のもと事態を収拾。これ以後、マカオにおける中国の影響力が拡大した。79年、中ポ外交関係樹立。86年より返還交渉開始。87年、中ポ両国はマカオ返還の「中ポ共同声明」に調印し、99年12月20日、マカオは中国に返還された。現行の社会制度、生活様式は返還後50年間維持することとされた。

アメリカ合衆国

United States of America

面積 983万km²　通貨 ドル
人口 3億3100万人　宗教 主にキリスト教
首都 ワシントンD.C.

ECONOMY 経済

巨大IT企業5社の時価総額が東証1部全社を超えた!?

グーグル（親会社はアルファベット）、アマゾン、フェイスブックにアップル。米国で誕生し、今や米経済を牽引するまでになった巨大IT企業の頭文字を総称したGAFA（ガーファ）という言葉が定着して久しい。

2020年4月、上記4社に米ITの巨人マイクロソフト社を加えた計5社の発行済み株式の時価総額が日本円で560兆円に達し、なんと史上初めて、トヨタ自動車など名だたる日本の大企業が顔をそろえる東京証券取引所1部上場企業（2170社）すべての株式時価総額を超えてしまったのだ。

ちなみにこの5社は世界中で新型コロナウイルスが猛威をふるうなかの2020年10月～12月期決算で、いずれも過去最高の売上高を記録している。この560兆円という数字は、2019年の日本の名目GDP（国民総生産）約559兆円（世界第3位）に匹敵するほどのものだ。

カリフォルニア州クパチーノにあるUFOのようなアップル本社ビル。同社は1976年にスティーヴ・ジョブズ（右上）らが創業、今や世界的IT企業に

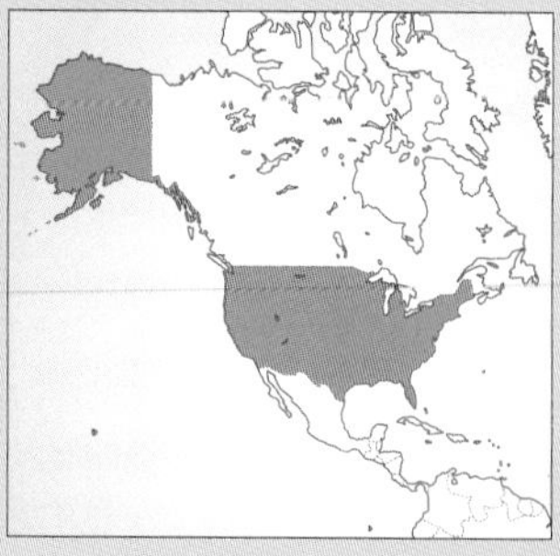

HISTORY

50州1特別区と米領バージン諸島、グアム、米領サモアなどの外領からなる連邦共和国。自治領にプエルト・リコなどがある。元来はモンゴロイド系人種のナバホ族、チェロキー族、スー族、アパッチ族といった先住民が暮らしていた。1492年にコロンブスがアメリカ大陸に到達して以来、スペインやフランスが植民、イギリスは18世紀までに大陸東部沿岸の先住民を殲滅して13州の植民地を建設した。イギリス本国が植民地に対する課税を強化すると、13植民地が反発、1776年に独立宣言して、87年に合衆国憲法を制定した。合衆国は西部開拓を推し進めてゆき、1803年にルイジアナをフランスから購入、19世紀半ばにテキサス、カリフォルニア、アラスカを組み入れた。1861～65年、奴隷制度と関税政策をめぐって南北戦争。19世紀後半、工業化を成し遂げて多数の労働力移民を受け入れた。第一次・第二次世界大戦では戦勝国となり、戦後は軍事と経済での西側諸国の中心的存在となった。

CRISIS 危機

アラスカの永久凍土がとけはじめた？

2019年7月、アラスカ州のアンカレッジで史上最高気温32度を記録した。この年だけで過去の最高気温を3度も上回り、6月の平均気温は平年より5.3度も高かった。同時に記録的な乾燥にも見舞われ、州内では火災が相次いで発生した。

研究によれば、凍ったまま安定していたアラスカ北部の永久凍土が2000年以降、毎年0.1度のペースで温度が上昇している。すでに一部では凍土の溶解が始まり、樹木が倒れたり、道路に歪みや陥没が生じるなどし、移住を迫られる先住民の村も出ている。

北極圏の永久凍土には大量のメタンガスが閉じ込められており、その量は大気中に存在する炭素の2倍以上に相当すると推計される。凍土の溶解が進むと、メタンが大気中に放出され、地球温暖化はいっそう加速するとみられる。

アラスカ南部のグレーシャーベイ国立公園の氷河。近年、氷河の大きさが縮小している

LEGEND 伝説

水に浮かぶ巨大博物「艦」？

退役した艦船が記念物として展示されるケースは多く、日本では日露戦争で活躍した戦艦三笠（横須賀市）、戦前に建造され唯一現存する客船氷川丸（横浜市）などがそう。アメリカは海軍国らしく、様々な退役艦が博物館として保存、展示されている。

ニューヨーク市マンハッタンの桟橋に係留されているのが「イントレピッド海上航空宇宙博物館」。甲板上や艦内にスペースシャトルやコンコルドなど様々な航空機が展示されている。ちなみにこの空母イントレピッド（1943年進水）は太平洋戦争でレイテ沖海戦や戦艦大和撃沈に参加。その後ベトナム戦争でも運用された、20世紀の「生き証人」だ。

他にもオアフ島（ハワイ）には戦艦ミズーリ、カリフォルニア州サンディエゴでは全長296mもの空母ミッドウェイが博物「艦」として保存されている。

ニューヨークのイントレピッド会場航空宇宙博物館。（上）艦上には過去の名機がズラリ

アルゼンチン共和国

Argentine Republic

面積 279.6万km²
人口 4519万人
首都 ブエノスアイレス
通貨 ペソ
宗教 カトリック（90%以上）、プロテスタント

CRISIS 危機

デフォルトの悪夢が再び……

過去にデフォルト（債務不履行）を何度も起こしたアルゼンチンは、国際金融界から問題児とみなされてきた。そこへきて2019年、また経済危機が深刻化し、ついには経済大臣が「事実上のデフォルト状態」を認めるに至った。

引き金になったのは、米国が金融緩和の政策を転換し、金利が上昇したこと。米国の金利が高くなると、投資家たちはリスクの大きい途上国や新興国から一斉に資金を引きあげ、米国へ移し始めた。アルゼンチンからも大量のドル資金が流出し、通貨ペソが売られて急落する事態に。

首都ブエノスアイレスはかつて「南米のパリ」と呼ばれ、1960年代半ばまで、この国の一人当たりの名目所得は日本を上回っていた。しかし、その後長らく政治的な混乱が続き、経済も伸び悩んできた。

2019年10月の大統領選では、実質賃金や年金の引き上げを公約に掲げ「大きな政府」復活を暗示する左派のフェルナンデス氏が勝ったが、国際金融関係者は財政規律が緩むことを警戒している。

新大統領の手腕やいかに？。写真は2019年に就任したフェルナンデス大統領

HISTORY

1516年、スペイン人がラプラタ川河口に達した。16世紀後半にはスペインの支配が確立し、ラプラタ副王領となった。1806年イギリス軍が侵攻し、市民軍が撃退したことをきっかけに独立論が高まり、10年5月25日副王を廃位して自治制に移行した（今に続く革命記念日となる）。さらに16年7月9日ラプラタ連合が独立宣言した（今に続く独立記念日となる）。62年対立する各派を統合して国内が統合され、アルゼンチン共和国が誕生した。新政権は西欧型近代化路線を採用、移民や外資導入でパンパにおける農牧畜生産が飛躍的に増大した。しかし、第一次世界大戦後の世界恐慌を乗り切ることができず一時的に衰退、1930年代から軍部が実権を握った。46年ペロンが大統領となり労働者保護と工業化・主要産業の国有化を推進した。しかし55年軍事クーデターで倒され、ペロン派と反ペロン派が激しく抗争した。基本的には66年から83年にかけて軍政が続いた。民政移管後は経済政策に失敗して、2001年デフォルトを宣言するも、その後克服した。

アンティグア・バーブーダ

Antigua and Barbuda

面積 442 km²
人口 9.8 万人
首都 セントジョンズ
通貨 東カリブドル
宗教 イギリス国教会やプロテスタント諸派、カトリック

SIGHTSEEING 観光

2つの有名なビーチ

日本人にはあまりなじみがないが、欧米ではバカンスのための静かなリゾート地として知られる。特にバーブーダ島には多くのビーチやホテルがあり、カリブ海クルーズの寄港地にもなっている。

なかでも有名なビーチが2つある。ひとつが「プリンセスダイアナ・ビーチ」、その名の通りイギリスの故ダイアナ妃の名にちなんでいる。なぜならダイアナ妃が生前このビーチを気に入っており、1997年にもウイリアム、ヘンリー両王子とここで休暇を楽しんだ。自動車事故で亡くなる4か月前のことだった。

もうひとつが「ピンクサンド・ビーチ」。これも文字通り、とても珍しいピンク色の砂浜だ。この海に多く生息するピンク色の貝の貝殻が細かく砕けて堆積したものだ。2017年、最大風速80mという超大型のハリケーン「イルマ」にこの島も襲われ、一時期は全島が居住不可能な状態になったが、復興も進んでいる。

バーブーダ島の美しいプリンセスダイアナ・ビーチ。右上はピンクサンド・ビーチ

HISTORY

カリブ海北東部、小アンティル諸島内のリーワード諸島に属し、アンティグア島、バーブーダ島、レドンダ島からなる。イギリス女王を元首に戴く立憲君主国。コロンブスがアンティグア島に上陸したのは1493年だったが、先住民の抵抗が激しくイギリス人も長い間近づけなかった。最初の入植は1632年で、66年には正式に英植民地となった。17世紀後半、サトウキビ栽培が導入され、18世紀には黒人を奴隷として連行し、砂糖プランテーションが本格化した。バーブーダ島はその食糧基地として使われた。1834年イギリスは奴隷制度を廃止し、砂糖プランテーションも衰退した。第二次世界大戦の後、3島は西インド諸島連合州の1州となり（1967年）内政自治権を獲得、81年にイギリス連邦内の立憲君主国として独立を果たした。

ウルグアイ東方共和国

Oriental Republic of Uruguay

面積 17.4万km²
人口 347万人
首都 モンテビデオ
通貨 ペソ
宗教 カトリックが多数

SOCIAL PROBLEM 社会問題

「世界一貧しい大統領」の置き土産は成功するか？

2013年、世界で初めて国家として、嗜好用の大麻を生産・販売から使用まで、完全に合法化したのがウルグアイだ。

「世界一貧しい大統領」として知られたホセ・ムヒカ氏が、大統領在任中に法案成立を後押ししたものだ。政府が大麻の流通を管理することで、大きな社会問題となっていた麻薬組織による密売をなくし、その資金源を断つことが狙いだった。

だが課題は山積みだ。大麻は政府が認可した薬局で販売することになったが、その数が少ないため供給が需要に追いつかない。薬局側が闇組織による大麻を狙った強盗などを恐れ、販売にしり込みしているからだ。

そのため麻薬組織による密売はいまだに減っておらず、世界に先駆けた社会実験の行方が注目される。

ホセ・ムヒカ前大統領（右上）の革新的な試みは成功するか。写真は首都モンテビデオにある大麻販売店

HISTORY

南米大陸東部、ラプラタ川左岸に位置する共和国。1516年にスペイン人が初めて上陸、しかしチャルーア人、グアラニー人などの先住部族の抵抗もあって入植ははかばかしくなかった。17世紀初頭スペイン人が牛を放牧すると野生化して爆発的に増え、捕獲をめぐってポルトガルとの争いが始まった。1680年にポルトガルがコロニア・デル・サクラメント、スペインも1726年にモンテビデオを建設して対峙したが、最終的に77年、スペインへの帰属が決まった。1811年にアルティガスがラプラタ地方一帯の独立を目指して蜂起、新行政区・東方州の設置、農地改革などを行ったが、20年にポルトガル・ブラジル連合軍に敗れて失脚、東方州はポルトガルの支配となった。しかしアルゼンチンの支援のもとに独立運動が再燃、イギリスの調停で28年8月、ブラジルとアルゼンチンの緩衝地として独立した。独立後は周辺国家を巻き込んだ内戦状態と軍政が長く続いたが、1903年に大統領に就いたホセ・バッイェが民主的国家に改革した。73年の軍事クーデターをへて85年に民政が復活した。

エクアドル共和国

Republic of Ecuador

面積 25.7 万 km²
人口 1737 万人
首都 キト
通貨 米ドル
宗教 カトリック

POLITICS 政治

自国通貨は「米ドル」なのに政府は「反米」?

南米ではベネズエラの故チャベス氏と並び強烈な反米左派のコレア氏が2007 年から 2016 年まで大統領の座にあった。2017 年に誕生したモレノ政権も左派の流れをくみ、政治的には明らかに欧米とは一線を画す。

米政府の個人情報収集プログラムについて暴露し、スパイ行為などの罪で訴追された米中央情報局元職員のエドワード・スノーデン氏が 2013 年、同国へ亡命申請したのも、米国からの身柄引き渡し要請も拒めるとみたからだろう。英警察に追われ同国の在英大使館に身を潜めた内部告発サイト「ウィキリークス」創設者ジュリアン・アサンジ氏に対し、2018 年に同国の国籍を与えたことでも知られる。

一方、経済面では米国依存が強い。1990 年代末、主要輸出品の原油価格が落ち込んだ上、アジア通貨危機の影響もありハーパーインフレに襲われると、2000 年に自国通貨スクレを廃止、米ドルを法定通貨に変更した。この政策はコレア政権時代も変わらず続く。同じ反米政権のベネズエラでは経済の混乱が激しいのに対して、同国の経済が比較的安定しているのもドル化のおかげといわれる。

しかし、自国通貨でないため、独自の金融政策をとれない上、常に国内に十分なドルを流通させる必要がある。国際収支の悪化などによってドルの国外流出が危険水域に達すれば、輸入制限や資本移動の規制に踏み切らざるを得ず、健全な産業育成の阻害要因となる。

主要輸出品である原油の価格が安定している間は弊害が表面化しないが、近年、原油価格が低迷しているため、政府財政の悪化が進んで公共事業が減少し、国民の不満がくすぶる。自国産業への保護や手厚い福祉政策によって政府債務も拡大し、現状のままドルを自国通貨に切り替えればハイパーインフレに陥る危険があり、経済政策の手詰まり感は強い。

首都として世界第 2 位の高地 (2800m) にあるキト。奥に聳えるのは富士山に似たコトパクシ山 (5911m)

HISTORY

南米大陸の北西部の太平洋に臨む赤道上に位置する。ガラパゴス諸島も領有している。国土の中央をアンデス山脈が南北に走り、東部にはアマゾン川上流域の低湿地が広がっている。国名は赤道の意味。15 世紀後半からインカ帝国の支配下にあったが、1532 年スペイン領となる。19 世紀に入ってからは独立の機運が出て、1822 年ボリバルらによって解放され、グラン・コロンビア共和国への併合をへて 30 年独立。地主や教会を基盤とするキトの保守派とグアヤキルの自由派が対立、自由派のアルファーノ大統領の時代に近代化を実現した。20 世紀に入っても両派の間で政権争いとクーデターが繰り返され、1950 年代に入って、アメリカの進出でバナナの栽培が拡大し、経済は安定したが、2000 年自国通貨スクレが大暴落し、国内通貨を米ドルに移行させた。06 年左派のコレアが大統領選に当選して、南米の反米政権との関係が深い。かつてのバナナ王国の面影はなく輸出の5割を原油が占めている。なお、07 年に設置された南米の EU ともいえる南米諸国連合 (UNASUR) の事務局がキトにある。

エルサルバドル共和国

Republic of El Salvador

面積 2.1 万 km²
人口 648 万人
首都 サンサルバドル
通貨 米ドル
宗教 カトリック

SOCIAL PROBLEM 社会問題

世界最悪の殺人件数の理由とは？

近年、この国の殺人事件の発生率は世界最悪レベルとされ、2017 年の統計では、10 万人当たりの発生件数が 62 で、その数値は米国の 10 倍以上。特に数万人の構成員を持つギャング「マラス」（マラ・サルバトルチャなどとも）は一般住民をも見せしめや脅しで平気で殺害するほど凶悪で、敵対グループや警察との報復合戦を繰り返してきた。

その源流は 1980 年代の内戦時に米国へ移住した難民たちで、米国内でギャング化。内戦終結後に米国から送り返された犯罪者たちが、祖国で再び組織化したのだという。

この国は南米から北米へのコカイン密輸ルートの途上にあり、それに介在してギャングは強大化。仕事のない貧困層の若者をリクルートしてさらに巨大化するという悪循環に陥り、その暴力から多くの国民が米国などを目指して難民化する事態になっている。

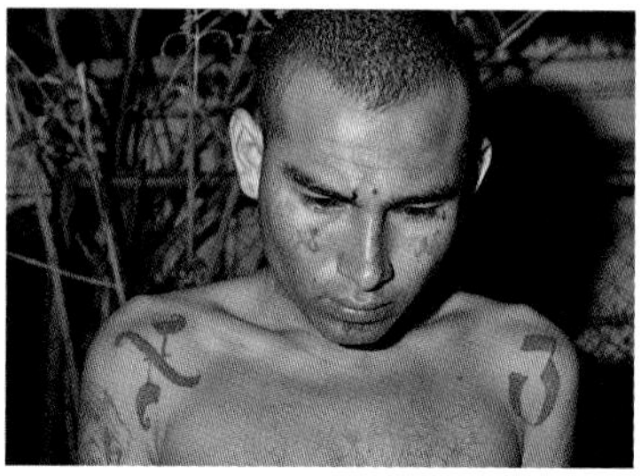

メキシコから米国を目指し、トラックに乗り込むエルサルバドル難民たち。右上は逮捕されたマラスのメンバー

HISTORY

中央アメリカ中部の太平洋に面し、面積は中央アメリカ諸国のなかでも最も小さい。西はグアテマラ、北東部はホンジュラスに接する火山地形で地震も頻繁に起こる。かつてはマヤ系先住民や、ナワ系先住民が部族国家を築いていた。1525 年スペイン領となり、首都が建設された。19 世紀半ばには中米諸国と連邦共和国を結成した後、56 年独立したものの政情は不安定で隣国グアテマラに武力侵攻される。20 世紀に入って“14 家族”といわれる富裕層が支配し、烈しい弾圧が続いた。1931 年クーデターによりエルナンデス・マルチネスが大統領に就任、独裁政治を行ったが 44 年失脚。62 年からは右派政権、70 年代は左翼ゲリラ、80 年代は内戦と目まぐるしく政権交代を繰り返してきた。19 世紀以降で 110 余の政変は“中米の台風の目”といわれているほどである。92 年和平協定に調印。ゲリラ組織、ファラブンド＝マルチ民族解放戦線（FMLN）を政党として承認し、武装解除した。

ガイアナ共和国

Republic of Guyana

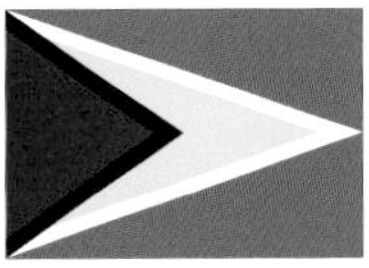

面積 21.5万km^2
人口 78万人
首都 ジョージタウン
通貨 ガイアナ・ドル
宗教 キリスト教、ヒンドゥー教、イスラム教など

LEGEND 伝説

ある古切手の数奇な運命

植民地時代の1856年、現地郵便局は本国から船で運ばれてくるはずの切手が届かず、困っていた。仕方なく額面の違う3種の切手を少数だけ急造し、偽造防止のため局員が表面にサインをして間に合わせることにした。

しばらくしてある少年がその1枚を叔父の手紙から発見。売買を経て一旦はドイツのベルリン博物館に収蔵されたが、第一次世界大戦で敗北したドイツの戦後賠償として放出され、フランスへ。一時、米デュポン財閥の一員で切手収集家として知られたジョン・デュポンも所有した。

そして2014年、ニューヨークのサザビーズに出品された世界でたった1枚の「英領ギアナ1セント・マゼンタ」は、2分たらずで948万ドル（約10億円）という史上最高額により、落札された。英BBCによれば、オークションで落札された1つの切手の過去最高額はスウェーデンの古切手で、1996年に230万ドルだった。

植民地時代の建築物が多く残る首都ジョージタウン。右上は英領ギアナ1セント・マゼンタ切手

HISTORY

南米大陸の北部沿岸に位置、国土の80%が熱帯雨林。中央部を水源とする数多くの河川が、大西洋岸の低地に向かって流れこむ。スペイン人に次いでイギリス人、オランダ人がこの地へ入植し、1621年オランダ西インド会社が管理。18世紀には砂糖プランテーションが発展した。ナポレオン戦争後にイギリスの領有となり、1831年、イギリス領ギアナが成立。その3年後に奴隷制廃止となったため、代替労働力としてインドからの契約移民を受け入れた。インド系の人民進歩党（PPP）とアフリカ系の人民国民会議（PNC）が対立関係にあり、しばしば人種抗争が引き起こされてきた。1966年にイギリス連邦内で独立し、PNCのバーナム首相の下で社会主義的政策が進められる。85年にバーナムが死去してから自由主義経済へと路線を転換したが、経済は低迷を続けている。ボーキサイトや砂糖、米が輸出額の半分を占める。

カナダ

Canada

面積 998.5 万 km²
（内水面を除く面積は 909 万 4000 km²）
人口 3774 万人
首都 オタワ
通貨 カナダ・ドル
宗教 カトリック（43%）

PEOPLE 人々

日本の 5 倍の面積に 4 万人しか住んでいない州が？

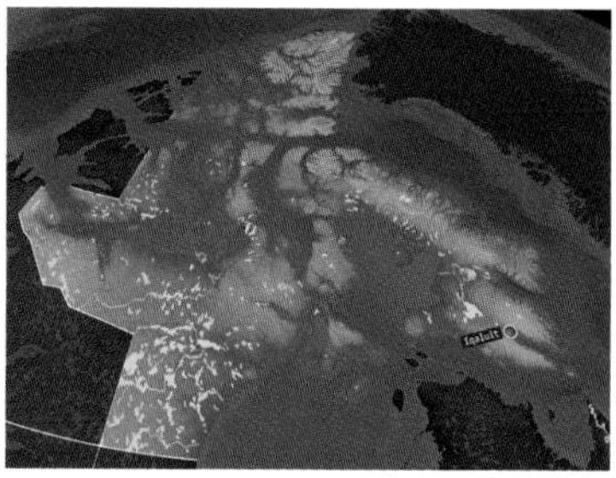

国土面積が世界 2 位のカナダは、10 の州と 3 の準州に分かれる。なかで最も面積が広いのが、ハドソン湾西部から北のグリーンランドへと島々がつらなる、ヌナブト準州だ。

その面積は国面積のおよそ 2 割を占める 187.8 万㎢で、なんとヌナブト準州だけで日本の面積の 5 倍に相当する。ヌナブトを国だとすると、世界 14 位の国面積を有するインドネシアに次ぐ広さとなる。

もっと驚くのは、それほど広大な土地に暮らす人々の数が、たったの 4 万人足らずということ。人口密度は 1 ㎢あたり 0.02 人という小ささだ。

住民の多くは先住民族であるイヌイットだが、ヌナブト準州全体が永久凍土に覆われるツンドラ気候に属しており、冬季は平均気温がマイナス 27℃という寒さだ。

州都イカルイトのあるバフィン島西部のサーミリク国立公園。右上はヌナブト準州

HISTORY

元首はオーストラリアと同様、イギリスの国王エリザベス 2 世。カナダが完全に独立を果たしたのは、1982 年のことである。15 世紀末から 16 世紀前半にかけてイタリアのカボットやフランス人のカルティエがカナダを探検したのが、ヨーロッパ人が足を踏み入れた最初である。だが、17 世紀初めに植民地としたのはフランスだった。18 世紀初めフランスはニューファンドランドをイギリスに割譲したが、1783 年のパリ条約では、カナダはすべてイギリスの植民地となった。その後、仏系植民地と英系植民地は連合カナダ植民地を結成し、1867 年カナダ自治領を成立させた。これが大きな節目となり、19 世紀末から 20 世紀初頭にヨーロッパ諸国から数百万の移民が押し寄せた。多民族国家カナダの始まりだった。第一次世界大戦後に主権国家として認められ、第二次世界大戦後には英国王の大権がすべて総督に委譲されて独立へ近づいた。1949 年ニューファンドランド州もカナダに加盟。そして 82 年カナダ憲法が成立し、完全独立を果たした。

キューバ共和国

Republic of Cuba

面積 11万km²
人口 1132万人
首都 ハバナ
通貨 キューバ兌換ペソ
宗教 カトリック、サンテリーア（カトリックとアフリカ系伝統信仰の融合）、プロテスタント諸派など

SIGHTSEEING 観光

どうなる？　ビンテージ・カーの天国

キューバ革命を率いたカストロをはじめ革命世代が引退したこともあり、政府は低迷する経済を立て直すため、近年は自由化・開放政策に舵を切ってきた。

キューバで有名だったのが、昔の米国映画に出てくる1950年代の米国車が街中を現役で走り回っていたこと。1959年のキューバ革命以降、自動車の輸入・販売が禁止されたことでそれ以前に輸入された車を修理して乗り続けるしかなかったためだが、その結果「動くビンテージ・カー」の天国となり、わざわざそれに乗るためのマニア向け観光ツアーまであるほどだ。

2014年に自動車の輸入制限が撤廃されたことで、皆が新車に乗り換えてビンテージ・カーも見納めかと思われたが、そうはならなかった。

輸入車の販売価格があまりにも高額なため、普及がなかなか進んでいないのだという。

コロニアルな街には古いアメ車がよく似合う。運転席のメーター類（右上）も昔のままだ

HISTORY

西インド諸島西部、フロリダ半島南方のメキシコ湾入り口に位置する。海域最大のキューバ島とラフベントゥッド島、約1500の小島からなる。キューバ島東部のグアンタナモ湾周辺一帯はアメリカが租借し、グアンタナモ米軍基地となっている。

1492年コロンブスの到着以後、スペインに征服され19世紀後半は独立戦争を繰り返すがアメリカの軍政下に入り1902年共和国として独立。アメリカ支配の影響が強いまま33年バチスタ独裁政権が続いたが、59年フィデル・カストロらによるキューバ革命が成功。中南米初の社会主義国となり、アメリカと断交。1962年ソ連のミサイル持ち込みに端を発した「キューバ危機」で地域の緊張が一気に高まった。76年ソ連憲法に基づく憲法を制定。しかし、91年のソ連崩壊によって大きなダメージを受け、現在は非同盟諸国会議の一員。中国、ベトナムなどのほか中南米諸国とも積極外交を展開。2006年カストロ議長が病気療養のため実弟ラウルが後任となり、11年正式に第一書記。経済はほぼ国有化したため、不振に喘いでいるが、かつて「カリブの真珠」といわれた景観を取り戻そうと観光にも活路を見出だそうとしている。15年7月、米国と54年ぶりに国交を回復した。

グアテマラ共和国

Republic of Guatemala

面積 10.9 万 km²
人口 1791 万人
首都 グアテマラシティ
通貨 ケツァル
宗教 カトリック、プロテスタントなど

WORLD HERITAGE 世界遺産

中米最大規模の古代マヤ文明ピラビッド群

古代マヤ文明の中心地であり、その独自の営みが刻まれた遺跡群は世界遺産にも登録されている。このうち、「ティカル国立公園」（世界遺産）は、マヤ文明における最大の都市遺跡といわれる。

紀元前から人が住み、3～8世紀には政治・経済・宗教の中心として栄えた。メキシコのテオティワカン文化の影響を受け、「大ジャガー」「仮面」「双頭の蛇」などと名付けられたピラミッド状の巨大神殿が密林の中にそびえ、周辺部を含めると 3000 とも 4000 ともいわれる建物跡が点在する。10 世紀ごろ、ほかの低地マヤ都市とともに放棄されたとみられる。

東部のイサバル県にある「キリグア遺跡公園と遺跡群」（世界遺産）は、ステラと呼ばれる石碑が見どころ。5～9世紀の間につくられ、それぞれ人の顔や体、植物、象形文字、マヤ暦など精緻な彫刻が施されている。当時のマヤの人々の世界観や宗教観を表すといわれる。

世界遺産「ティカル国立公園」のピラミッド群。右上は「キリグアのステラ」と呼ばれる石碑のひとつ

HISTORY

中央アメリカの北部、カリブ海と太平洋に面した山岳国。国土の３分の２は高原で 34 の火山があり、地震も多い。古代マヤ文明の中心地で、1524 年スペインに征服される。メキシコに併合された後、ほかの中米諸州と連邦共和国を結成。1838 年、単独で独立した。以後は大地主、米系資本などによる独裁が続いた。20 世紀に入って 1950 年代から左翼ゲリラが武装闘争を展開。軍部・極右からのテロが頻発した。66 年からは選挙による政権交代が行われたが、内戦状態となり、クーデターによる軍事政権下で厳しい弾圧が行われた。96 年に反政府ゲリラとの和平協定が結ばれて 36 年の内戦に終止符が打たれたが、死者は推定 20 万人、難民 15 万人といわれる。主要輸出産品はコーヒー、砂糖、バナナ。

グレナダ

Grenada

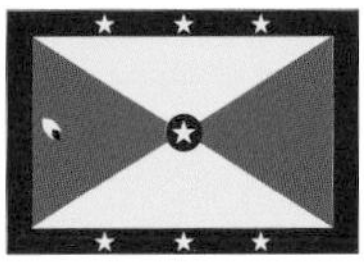

面積 345 km²
人口 11 万人
首都 セントジョージズ
通貨 東カリブドル
宗教 カトリック、プロテスタント諸派

SIGHTSEEING 観光

ナショジオ「世界 25 の驚異」に選ばれた海底の彫刻群

絵画のようにカラフルな街並みとカリブ海で最も美しいともいわれるビーチに加え、要塞跡「フォートジョージ」をはじめ多くの歴史的建造物が点在。カリブ海クルーズ船の寄港地にもなっていて、海外から多くの観光客を引き寄せるが、近年、首都セントジョージズ沖の海底に新たな観光スポットが加わった。2006 年に世界で初めてつくられたとされる「海底彫刻公園」(Underwater Sculpture Park) である。

一般の人がダイビングやシュノーケルで気軽に見られるように浅瀬の海底に設置されているが、手をつなぎ輪になっている人々、椅子に座る人、横たわる人など、人の姿に似せてつくられたリアルな 60 体以上の彫刻が海中に突如現れる。この異様な光景は潜る人たちの目を奪い、ナショナル・ジオグラフィックによる「世界 25 の驚異」のひとつに選ばれている。「誰が何のために」と思いたくなるだろう。制作したのはジェイソン・デカイレス・テイラー氏。英国人の父とガイアナ人の母の間に生まれ、ロンドンの美術学校を卒業後は、潜水指導者の資格を取得した。水中写真家としても実績を重ねるうちに、海の環境に深い関心を寄せるようになった。

海洋環境は海中や沿岸部の開発工事、海洋汚染、世界的な気候変動による海水温の上昇などによって甚大な被害を受けており、この現実により多くの人の目を向けさせることが海底彫刻公園の狙いという。彫刻は特殊なセメントでできているため、長く海底に沈めているうちに人工岩礁の役割を果たし、サンゴ育成の場や魚の住処にもなる。

海底に現れる不思議な光景

HISTORY

カリブ海東部、小アンティル諸島南端の火山島といくつかの小島からなる。

1498 年コロンブスが発見し、1650 年フランスの植民地をへて、1783 年英国領に。1958 年英国自治領・西インド諸島連邦に加盟、74 年英連邦の一員として独立。79 年無血クーデターによりビショップ首相率いる人民革命政府を樹立、社会主義政権となったが、政治的混乱を招き首相が殺害され、83 年米軍のリーダーシップで「グレナダ侵攻」により親米政権が誕生した。東カリブ海諸国との集団防衛条約に加盟、83 年軍は解体し警察軍が国内の治安維持にあたっている。その後は世界各国との国交を再開している。主要産業は観光業やナツメグ、カカオなどの輸出。

コスタリカ共和国

Republic of Costa Rica

面積 5.1 万 km²
人口 509 万人
首都 サンホセ
通貨 コロン
宗教 カトリック

SPORT スポーツ

伏兵、サッカーワールドカップで大暴れ !?

総人口わずか 500 万人の小国でも、パイナップルの生産量は世界一。だがそれ以外でも、世界をあっといわせたことがある。2014 年のサッカーワールドカップでのことだった。

コスタリカ代表はこれが 4 度目の出場という新参組。グループステージ同組はイタリア、イングランド、ウルグアイ。対戦相手すべてがワールドカップ優勝経験をもつ、最悪の「死の組」でのスタートとなった。

ところがコスタリカはイタリア、ウルグアイを撃破してイングランドと引き分ける奮戦を見せ、グループステージを首位で突破。さらにトーナメント第 1 戦でギリシャを PK で下し、準々決勝ではオランダ相手に引き分けに持ち込んだものの、惜しくも PK 戦で敗れた。

世界ランキングでは格上の日本代表ですら実現していない 8 強入りを見事果たしたのだった。

歴史的快挙に国民も大騒ぎ。右上は 2014 年 W 杯決勝で失点を 2 に抑えたコスタリカの守護神、キーパーのケイロル・ナバス（当時はレアル・マドリードに所属）

HISTORY

中央アメリカの南部に位置する共和国。北はニカラグア、東はパナマと接する。国土の中央を 3 つの山脈が連なり、それらに挟まれた高地メセタが中央高原をなしている。3819m の最高峰チリボ山、3432m の活火山イラス山があり、国名はスペイン語で「豊かな海岸」である。豊かな自然は動植物の宝庫で、地球上の動植物の 5%がこの小国にあるといわれる。1502 年コロンブスによって発見され、白人入植者のもとで閉鎖的な社会が形成された。1821 年スペインより独立、中米諸州連合に加入後、48 年単独での独立を果たす。同年大統領選挙の不正をめぐって内乱状態になったが、70 年グァルディア大統領のもとで近代化を推進。鉄道建設や公共事業に多額の外資が投入され、コーヒー、バナナ等の輸出農産物の拡大により経済の安定がもたらされた。20 世紀前半はクーデターや極左政権による混乱はあったが、以後は民主政治が安定し 1949 年憲法で軍隊を廃止。83 年には非武装中立を宣言し、87 年中米紛争解決への功績によりアリアス大統領はノーベル平和賞を授与された。教育水準や社会保障は中南米でトップクラス。「中米のスイス」といわれることもある非武装中立で、中米では最も安定した民主国家。

コロンビア共和国

Republic of Colombia

面積 114.2 万 km²
人口 5088 万人
首都 ボゴタ
通貨 ペソ
宗教 カトリック

TOWN 街

「暴力の街」が「活気ある街」に？

ボゴタに次ぐ第2の都市メデジンは、かつて世界有数の麻薬組織メデジン・カルテルが拠点を置く、暴力渦巻く危険な都市の代名詞だった。

ところが今は違う。メデジン・カルテルの壊滅後、貧困地域を中心街と一体化する再開発や警察力の増強で、殺人件数は 1991 年に 10 万人あたり 266 人だったのが 2017 年には 23 人に、また極度の貧困も 60％以上減少したのである。

近年はその都市計画が各方面から高い評価を受けるようになり、海外から様々な賞を授与されるほどだ。

2016 年には「活気があり、持続可能な都市創造に貢献した都市」に授与されるリー・クワンユー世界都市賞（シンガポール主催）を受賞。同賞は横浜市も受賞（2014 年）している。

スキー場で使うようなゴンドラを、山に広がるスラム街と市街を結ぶのに適した交通機関として採用。コロンビアで唯一の市電（右上）も整備された

HISTORY

南アメリカ大陸の北西部で、カリブ海と太平洋に面している共和国。国土の 40%がアンデス山地で南北に連なっている。沿岸部および東部のオリノコ川水系やアマゾン川水系には熱帯性の低地がある。16 世紀まではチブチャ族が支配していたが、1500 年スペイン人の植民が始まり、38 年スペイン人が首都バカタ（後のボゴタ）を占領した。1810 年にはクンディナマルカ共和国の独立を宣言したが国内的な統一に至らず、スペイン軍に勝利したボリバルのもとで、ベネズエラ、エクアドル、パナマを含むグラン・コロンビアを成立させたが、後に解体して、単独の独立を果たす。19 世紀後半自由党と保守党のもとで連邦制、そして 86 年現在のコロンビア共和国が誕生した。20 世紀に入ると、2 大政党の対立が激化、「千日戦争」で 20 万人以上の死者を出した。その後は世界第 3 位のコーヒーの暴落などをへて、左右の勢力による交互の大統領の選出で一応の安定をみせている。もともとこの国は、世界的に有名になったコカインの密売が盛んで、1989 年から 91 年にかけて政府と密売組織との麻薬戦争が激烈を極めた。

ジャマイカ

Jamaica

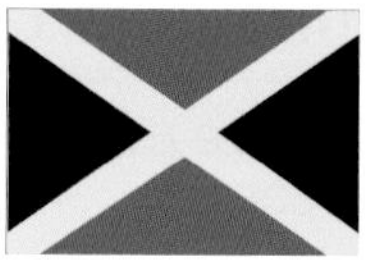

面積 1.1 万 km²
人口 296 万人
首都 キングストン
通貨 ジャマイカドル
宗教 プロテスタントなど

EVENT 出来事

国家非常事態宣言まで出た大物ギャング逮捕劇

2010 年 5 月、ジャマイカ政府は突如として国家非常事態を宣言し、首都キングストンには軍隊が出動して物々しい厳戒態勢が敷かれた。それは、米国で「最も危険な麻薬密輸組織のひとつ」（米司法省）と恐れられた同国の Shower Posse のリーダー、クリストファー・コークを逮捕するのが目的だった。

その後、軍隊と組織が壮絶な銃撃戦を街中で繰り広げ、双方で 70 名を超す死者を出しながらようやくコークの身柄が確保され、米国へ引き渡された。

コークについては以前から米国が身柄の引き渡しを求めていたが、ジャマイカ政府が拒否してきた経緯がある。それは、コークが政府と密接な関係を築いていたからだと、米紙などは報じている。また、コークは地元に多額の寄付をしたり、貧しい子どもたちに教育を受けさせるなど慈善活動家としての顔も持っており、庶民からは絶大な支持があった。実際にコークの支持者らが逮捕に反発して暴動を起こしたほどであった。

コークは米国の裁判所で麻薬犯罪の容疑に問われ、2012 年に懲役 23 年の刑が確定している。

首都キングストンの町並み

HISTORY

カリブ海の島国。キューバの南に位置する立憲君主国で、2000m を超える中央山地が東西に走る。海岸線は、良港に恵まれ、名産のコーヒーなどの積み出しが盛ん。

1494 年にコロンブスが到着。その後、スペイン人の入植が始まった。17 世紀にイギリス人の勢力が増して 1670 年、イギリス領。18 世紀に入り、黒人奴隷労働によるサトウキビ栽培が起こり、プランテーションが開かれた。黒人のほかインド人、中国人も労働力としてこの地へ。だが、20 世紀前半から高まった黒人たちを中心とする労働運動の結果、1957 年、自治権獲得。62 年、カリブ海のイギリス植民地のなかでは初めての独立を達成した。独立以降は、ジャマイカ労働党（JLP）と人民国家党（PNP）が交代で政権を担当している。

スリナム共和国

Republic of Suriname

面積 16.4 万 km²
人口 58 万人
首都 パラマリボ
通貨 スリナム・ドル
宗教 キリスト教、ヒンドゥー教、イスラム教など

WORLD HERITAGE 世界遺産

新種がまだまだ？　ギアナ高地の大自然

北部の沿岸部に人口の多くが集中し、ギアナ高地が大半を占める南部には手つかずの自然が広がる。スリナム共和国は南米最小の独立国だが、その国土の１割に相当する160万haに「中部スリナム自然保護区」を創設し、2000年に世界遺産に登録された。

自然保護区ではコッペナメ川をはじめ重要な河川の上流域を含む山間部や低地に非常に高い生物多様性がみられる。6000種もの植物が分布し、動物の種類も豊富だ。なかでも鳥類は400種類以上が観察され、頭頂部に扇形の冠羽があるハーピーイーグル（オオギワシ）、全身がオレンジ色のイワドリ、赤や青、黄など色とりどり羽をまとったコンゴウインコなど日本の野外では見られない特徴的な鳥が多い。

哺乳類ではジャガー、オオアルマジロ、オオアリクイ、オオカワウソ、バク、霊長類８種などが生息する。これらに加えて、世界遺産の登録段階では、魚が790種、爬虫類が152種、両生類が95種確認されている。

テーブルマウンテン（楯状地）が点在するギアナ高地。右上はギアナ高地に生息するヘビの一種

HISTORY

南米大陸の北部沿岸に位置するギアナ３国のうちの１国。人口が集中する北部太平洋岸の低地から南部のギアナ高地に至る国土の多くが熱帯雨林に覆われている。ヨーロッパ人の渡来以前は、沿岸部にアラワク系についでカリブ系の民族が生活していた。16～17世紀にスリナム川流域などにイギリス人とオランダ人が入植、黒人奴隷を労働力とするプランテーションでタバコやサトウキビなどの栽培を行った。1665～67年の第２次英蘭戦争ではオランダ軍が一帯を占領、67年のブレダ条約で北米ニューアムステルダム（現ニューヨーク）との交換を条件にオランダが統治権を獲得、1815年にオランダへの帰属が最終確認された。63年の奴隷制廃止で、労働力不足が発生、インドやジャワから年季契約の移民を新しい労働力とし、のちに中国と中東からも移民を受け入れた。1954年に自治権を獲得、75年11月25日に独立した。独立後はスリナム国民党のヘンク・アロンが政権を担ったが、80年と90年に２度、軍部クーデターが起こり、政権掌握をめぐって軍部勢力と民政勢力のつばぜり合いが今日まで続いている。

セントヴィンセントおよびグレナディーン諸島

Saint Vincent and the Grenadines

面積 389 km²
人口 11 万人
首都 キングスタウン
通貨 東カリブドル
宗教 キリスト教（イギリス国教会、カトリック、プロテスタント）

この国と日本

首都の繁華街にできたリトル・トーキョー

主要産業といえば、伝統的農産物であるバナナの栽培および、美しいカリブ海のビーチを生かした観光業。近年は、これらに続く産業として漁業を育てようと、日本が支援している。

1988 年、無償資金協力で首都キングスタウンに魚市場が建設され、アジやカツオを中心にセントビンセント島の漁獲量の 80 ～ 90％が水揚げされるようになった。零細漁民にとって生産流通・輸出の拠点になると同時に、地元民にとって憩いの場となり、日本の支援でできたことから「リトル・トーキョー」と呼ばれる。

2005年には、再び日本の資金協力で老朽化した市場の建物を改修するとともに、加工・衛生検査施設も整備。

2013 年からは、JICA（国際協力事業団）の技術協力として、「カリブ地域における漁民と行政の共同による漁業管理プロジェクト」が進められ、資源の管理体制を構築するとともに、海中や海上に浮かせる人工魚礁の FAD（浮魚礁）を導入し、漁獲量の向上も目指す。

首都キングスタウンの町並み。右上はキングスタウンのフィッシュマーケット

HISTORY

カリブ海の東方、小アンティル諸島内のウィンドワード諸島南部に位置する大小 30 以上の島々で構成される群島国家。主となるのは東西 15km、南北 30km の火山島のセントヴィンセント島で、人口の大半はこの島に住む。住民の多くはアフリカ系黒人かその混血で、ほかに白人、アジア系、先住民カリブ系が少数いる。グレナディーン諸島は約 600 の小島やサンゴ礁からなり、南部の島はグレナダの領土である。1498 年にコロンブスによって「発見」され、18 世紀に入るとフランスの植民地となり、奴隷制プランテーションでの砂糖の生産が拡大。1763 年にイギリスの領土となり、その後フランスの占領をへて、アメリカ独立戦争の講和条約として 83 年にイギリスとフランス・スペインの間で結ばれたヴェルサイユ条約により、イギリスの植民地と確定した。1967 年に内政自治権を獲得し、イギリス連邦内の自治国として 79 年 10 月独立した。経済の主力は農業でバナナが主体だが、ノーカーボン紙を作る際の糊として有用なクズウコンのでんぷんも輸出しており、それは世界需要の 9 割を占める。

セントクリストファー・ネイヴィス

Saint Christopher and Nevis

面積 261 km²
人口 5万人
首都 バセテール（セントキッツ島）
通貨 東カリブドル
宗教 プロテスタント

ECONOMY 経済

投資をすれば市民権がもらえて所得税ゼロ？

国家経済は伝統的に砂糖産業に支えられてきたが、世界的な砂糖市場の低迷や1990年代後半のハリケーン被害もあって、2005年に砂糖産業を閉鎖し、新たな産業分野への移行を図りつつある。

特に期待されるのが観光産業である。なかでも、定評のある美しいビーチと並び、ブリームストーン・ヒル（硫黄の丘）要塞は目玉のひとつ。重厚な石造りの建築物からなる要塞は、セントクリストファー島で標高250mの山の上に築かれ、美しい海岸線やカリブ海、島影が織りなす島内でも随一の絶景を楽しめる。

意外なところでは、市民権取得プログラムが同国の歳入増に結びついているといわれる。これは、一定以上の資金を、砂糖依存型経済をサービス業中心に移行させる目的で設立された砂糖産業多様化財団（SIDF）へ25万ドルを寄付するか、政府認可の開発プロジェクトへ投資をすれば、市民権を取得できるというもの。市民になれば二重国籍は認められ、所得税がかからない。イギリス連邦に加盟しているため、世界130近い国へビザなしで訪問できるという。

カリブ海の島で暮らすのも悪くない。セントキッツ島の繁華街

HISTORY

カリブ海のリーワード諸島北部に位置するセントキッツ島とネイヴィス島、2つの火山島からなる立憲君主国。ヨーロッパ人の渡来以前は、南米大陸から移り住んだアラワク系とカリブ系の先住民が居住していた。1623年にイギリス人がセントクリストファー島に入植、25年に来航したフランス人と連携してカリブ系先住民を殲滅。27年には島の中央部をイギリスが、北部と南部をフランスが統治することになった。28年にはイギリスがネイヴィス島への入植にも着手した。やがて両国は島の領有をめぐって激しく争うようになり、最終的には1783年のヴェルサイユ条約でイギリスへの帰属が確定した。18世紀には黒人奴隷を労働力に砂糖プランテーションが発達したが、1834年の奴隷制廃止により経済は停滞を余儀なくされた。1967年に西インド諸島連合州の1州として自治権を獲得、83年9月19日にイギリス連邦内で独立を果たした。

セントルシア

Saint Lucia

面積 539 km²
人口 18万人
首都 カストリーズ
通貨 東カリブドル
宗教 キリスト教など

NATURE 自然

国旗に描かれた2つの山は世界遺産

バナナなど伝統的な農業に代わって新たな経済の柱として、同国が力を注ぐのが観光産業である。その目玉が、セントルシア島南西部にそびえる2つの火山、グロ・ピトン（大ピトン山、770 m）とプチ・ピトン（小ピトン山、743 m）である。海から突き出たトンガリ帽子のような双子の山が並ぶ。2909haに及ぶ「ピトン管理地域」として2004年、ユネスコの世界自然遺産に登録され、同国の象徴的な存在として国旗にも描かれている。

火山島であるため、噴火口や溶岩流、硫黄地帯など火山帯特有の地形を眺められる。温泉もあり、体じゅうに泥を塗って洗い流す「マッド・バス（泥風呂）」は美容によいとされ女性に人気である。カリブ海では珍しい火山島がユニークな自然も育んできた。8種の希少種を含め、グロ・ピトンには少なくとも148種の植物が、プチ・ピントには97種の植物が確認されている。

また、グロ・ピトンには、5種の固有種を含め鳥類27種や、固有種のげっ歯類動物（ネズミやリスなど）3種、オポッサム1種、コウモリ3種、爬虫類8種、両生類3種がみられる。世界遺産に登録された海域の6割はサンゴ礁に覆われ魚類168種、軟体動物8種、海綿動物14種、節足動物15種が観察されている。

こうした自然を自分で歩いて間近に見られる。2つのピトン山に登れるほか、ピトン山周辺やピジョン・アイランド国立公園内には、ハイキングコースやネイチャー・トレイルが整備されている。ビーチではシュノーケリングも楽しめる。

世界遺産の双子のピトン山　©istockphoto.com/ThomasFluegge

HISTORY

カリブ海南東部に位置する。年間平均気温が26度と高い島国。17世紀前半にオランダ、フランス、イギリスが、それぞれこの島に入植を試みるが、カリブ系先住民の抵抗にあい失敗。その後、イギリス、フランスの争奪戦をへて1814年にイギリス領となる。1967年に自治権を獲得し、79年に独立。イギリス女王エリザベス2世を元首とし、総督がおかれている。議会は2院制だが、上院は総督による任命制でその議席数は11。下院は直接選挙によって選ばれ、議席数は17で、首相は下院議席で多数派の代表から選ばれ、それを総督が承認するというシステムになっている。経済はバナナの生産が中心だったが、観光産業が中心になりつつある。

チリ共和国

Republic of Chile

面積 75.6万km²
人口 1911万人
首都 サンティアゴ
通貨 ペソ
宗教 カトリック約88%、ほかにプロテスタント諸派

TABLE 食卓

日本に輸入されるワインでチリ産がトップになった理由

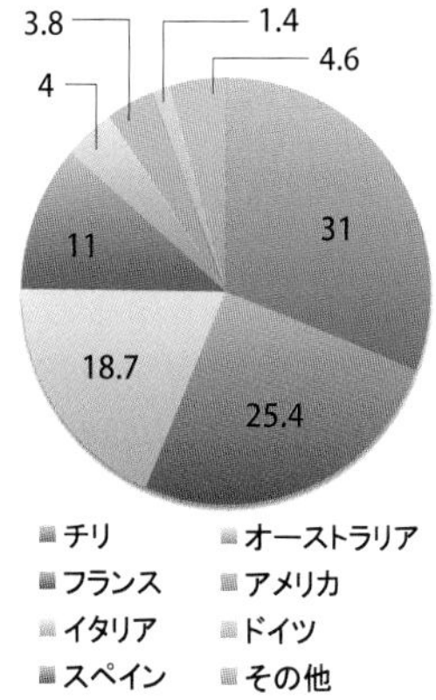

日本のワイン輸入先（2017年。財務省貿易統計より）

　ワインといえば、フランス、イタリア、ドイツなどヨーロッパのイメージが強いが、近年、わが国の輸入ワイン市場の勢力図が大きく変わりつつある。なかでも注目されるのがチリ。2015年以降、国別ワイン輸入量で、長年首位の座を占めてきたフランスを抜きトップに立ち、2018年には総輸入量の約3割をチリ産が占める。

　チリ産ワインの輸入量は2005年から2015年の10年間に7倍に急拡大したが、その人気の秘密は、お手頃価格ながらバランスのとれた質の高いワインを味わえることにある。2007年に日本とチリの間でＥＰＡ（経済連携協定）が発効、関税が引き下げられたことも追い風になった。リーズナブルで豊富な種類のワインが市場に出回ることで、以前はあまりワインに縁のなかった40、50代の中高年男性も愛好家になり、さらなる消費拡大につながったとみられる。

　チリはアンデス山脈のふもとに広がり寒暖差が大きい。ワイン生産の中心である中部は雨が少なく日照時間が長く地中海性気候に分類され、ブドウ栽培として理想的とされる。乾燥した健全な土壌に恵まれて病害虫やカビが少なく、農薬や防腐剤を使う必要がないことから、オーガニックワインが多いことも特徴。

樽のなかで熟成されるチリ産ワイン

HISTORY

　ヨーロッパ人の侵入前には、スペイン人がアラウコと呼んだマプーチェ人が小集団で農業を営んでいた。インカやスペイン人の侵入にも激しく抵抗し、その「アラウコ戦争」は19世紀末まで間断なく続いた。1520年のマゼラン到着後、35年にはスペインが本格進出し、41年にはサンティアゴを建設、ペルー副王領管轄下におかれ、次いで軍事総督領となった。1818年オイヒンスがアルゼンチンの援助を受けて独立を宣言、33年憲法を制定した。79～84年にはボリビア、ペルーと太平洋戦争を戦い勝利し、北部の領土を拡大した。1925年、アレサンドリ政権は「25年憲法」を制定、政教分離などを定めた。38年左派を含む人民戦線内閣が生まれ、工業化を推進。第二次世界大戦後の70年アジェンデ社会主義政権が生まれ、鉱山などの国有化を進めたが、クーデターでアジェンデは死亡。次のピノチェト政権は、経済成長には成功したが、反対派を弾圧した。90年民政復帰。経済を順調に成長させ、中南米の「優等生」と評される。

ドミニカ共和国

Dominican Republic

面積 4.9万 km²
人口 1084万人
首都 サント・ドミンゴ
通貨 ドミニカ・ペソ
宗教 カトリック

この国と日本

ドミニカ移民が味わった過酷な現実

戦後の就職難を背景に、日本政府によってドミニカ共和国への移民が1956年から始まった。応募したのは3年間で249家族、1319人。「カリブの楽園」とのうたい文句に期待して渡ったその地は、楽園ならぬ地獄ともいうべき過酷な現実が待っていた……。

当初約束された土地の30%しか支給されず、開拓者が所有できるはずだったそれも耕作権のみだったことが後に発覚する。しかも到着してみると岩石だらけの荒地で、砂漠地帯なのに灌漑設備すらない。あるいは土中に塩分が大量に含まれていて、耕作は困難を極めた。

日本人移民の推進者だったトルヒーヨ大統領が暗殺されてしまったことも災いし、1962年までに136家族628人が帰国を余儀なくされる。残る人々もほかの場所に移ったり、都市部に出て商業に従事することになった。

2000年にドミニカ移民176人が、国を相手取って25億円の損害賠償訴訟を起こす。6年をついやした1審の判決は時効を理由に請求棄却、元移民側の敗訴だった。だが判決のなかでは外務省による調査不足などが指摘されたため、当時の小泉純一郎首相が判決の翌月に謝罪に踏み切った。ドミニカ移住者には特別一時金として50万から200万円が支払われることになった。

(右) 首都サント・ドミンゴにあるコロンブスの灯台 (左は内部)

HISTORY

西インド諸島の中央に位置するエスパニョラ島の東側3分の2を占める山岳国。北西から南東に連なるセントラル山脈のドゥアルテ山はこの地域の最高峰。15世紀末コロンブスが到達し、南岸にサント・ドミンゴが建設された。1795年フランスとスペインが戦争、その結果フランスが領有。1804年ハイチとして独立。14年に再びスペイン統治下に。21年ハイチに統合されるも44年ドミニカ共和国として独立。たびたびの侵略に屈せず65年独立を果たした。20世紀に入るとアメリカの占領下におかれるが1930年クーデターで政権を掌握したトルヒーヨが30年にわたる長期独裁政権を維持する。トルヒーヨの暗殺後62年民主的な進歩派政権が生まれるもののクーデターで崩壊、軍内部の対立から内戦に発展したが、以降は平和裡に民主的な政権運営が行われている。隣国ハイチとは98年に62年ぶりに和解。主要な外貨獲得源は農産物から軽工業品の輸出、観光業に移りつつある。

ドミニカ国

Commonwealth of Dominica

面積 750 km²
人口 7万人
首都 ロゾー
通貨 東カリブドル
宗教 カトリック、プロテスタントなど

NATURE 自然

絶滅危惧種の国鳥ミカドボウシインコ

起伏に富んだ地形に年間7000㎜を超える雨が降り、「カリブ海の植物園」と呼ばれる豊かな自然を育んでいる。なかでも島南部で70㎢にわたって広がるモゥーン・トワ・ピトン国立公園は、標高1342mのトワ・ピトン山を含む5つの火山があり独特の景観や生態系を形成。1997年、世界遺産に登録された。

島には多種多様な動物が暮らし、鳥類はハチドリ、アマツバメ、オウムなど175種類を数える。「マウンテン・チキン」と呼ばれる20㎝の大型カエル、カブトムシで世界最大といわれるヘラクレスオオカブト、大人の手のひらほどの大きさがあるナナフシ、国際的な希少種であるレッサーアンティルイグアナなど珍しい動物も生息する。

この国の固有種で、国鳥として国章に描かれているのはミカドボウシインコだ。インコといっても成鳥は全長50㎝にもなり、美しい濃緑色の羽と紫色の胸部が特徴的な大型の鳥である。標高600m以上の山林に生息する。

ところがこのミカドボウシインコは、国際自然保護連合(IUCN)の定めるレッドリストで2000年以降、絶滅危惧種に指定されてきた。たびたびこの島を襲ったハリケーンや密猟により1990年代には全個体数が100羽ほどまで減ったが、懸命な保護活動によって現在は増加傾向にあるという。

ドミニカ国の国章。両サイドの鳥が国鳥のミカドボウシインコ

HISTORY

カリブ海東部の小アンティル諸島のウィンドワード諸島の北端に位置する火山島。火山起源のドミニカ島には噴気孔や硫黄泉が多く、広大な熱帯林など豊富な自然が残り「カリブ海の植物園」ともいわれる。コロンブスの第2次航海中の1493年に発見され、その日が日曜日(ドミンゴ)であったためにドミニカと命名された。しかし、スペインによる領有は成功せず、英仏が領有権をめぐって争奪戦を展開したが、19世紀初頭、英国による支配権が確定した。1940年ウィンドワード諸島に所属を移し、58年カリブ海域のイギリス植民地とともに、西インド諸島連合に加盟。67年自治権を確立し78年共和国として独立。80年の総選挙で親米反共のドミニカ自由党(DFP)が圧勝、メアリ・チャールズがカリブ海諸島初の女性首相として“カリブのサッチャー”とも呼ばれた。グレナダ侵攻ではアメリカ軍を中心とする連合軍に参加した。バナナの生産やクルーズ船寄港地としての観光業が盛ん。

トリニダード・トバゴ共和国

Republic of Trinidad and Tobago

面積 5127km²
人口 139万人
首都 ポートオブスペイン（トリニダード島）
通貨 トリニダード・トバゴ・ドル
宗教 キリスト教、ヒンドゥー教、イスラム教など

MUSIC 音楽

抑圧への反抗から生まれた楽器

音楽のファンでパーカッションに通じる人にこの国の名を問えば、合言葉のように「スチールパン」（スチールドラムともいう）と返ってくる。スチールパンは「20世紀に生まれた最後のアコースティック楽器」と称され、基本的にはドラム缶から作られる。透明度のある高音が特徴の、音階のある打楽器で、現在では世界的に広まり、パレード用からバンド演奏、クラシックのオーケストラまで多様な形で使用されるようになっているが、元はこの国の抑圧された黒人社会が生み出した、奇跡の楽器である。

この国では1834年に奴隷制が廃止され、解放された黒人奴隷とアフリカやインドから導入された年季労働者が、プランテーションや砂糖工場の労働に従事した。労働条件は過酷で、待遇改善を求める集会やストライキも起こるようになる。農場主や工場経営者、植民地政府はそれに危機感を持ち、集会や毎年2月に行われるカーニバルで人々を盛り上げるのが太鼓の演奏であることに着目。1881年、反乱の危険を抑止する目的で、太鼓の演奏を禁止した。

楽器を取り上げられ、彼らは代わりに長さの異なる竹の棒を地面に打ちつけて音を出す「タンブーバンブー」という楽器を開発、カーニバルで使用するようになった。20世紀に入って石油会社が設立されると労働争議が多発したため、今度はタンブーバンブーの使用も禁止となる。

楽器なしのカーニバルは盛り上がらない。そこで今度は身近にあった空き缶などのガラクタを打ち鳴らして代用とした。1930年代後半に空き缶のへこみ具合で音階を表現できることに気づいた者がいて、考えだしたのがスチールパンの原形である。それが石油のドラム缶で作られるようになり、さまざまなアーティストが改良を加えていった。現在ではテナー、ダブル・セコンド、ベースなどさまざまな音域が出せる種類が生み出され、音楽シーンを彩っている。

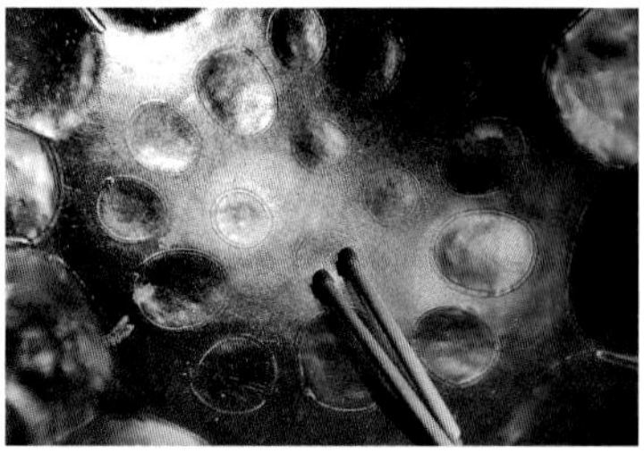

スチールパンとスティック

HISTORY

カリブ海南東部、西インド諸島の最南端に位置するトリニダード島とトバゴ島からなる共和国。トリニダード島はオリノコ川河口の北方沖にパリア湾をふさぐ形で位置し、天然の良港を有する。コロンブスが1498年に到達、両島に住んでいたアラワク系やカリブ系の先住民が征服され、1532年にスペインの植民地とされた。その後、両島ともイギリス、オランダ、フランス、バルト海のクールランド公国と統治者が入れ替わり、トリニダード島は1802年のアミアンの和約で正式にイギリス領、トバゴ島もオランダやフランスによる占領をへて14年にイギリス領となった。トリニダード島には1780年以降フランス人が黒人奴隷とともに移り住み、主に砂糖のプランテーションを営んだが、1833年の奴隷制廃止で労働力が欠損し、契約労働者としてインド人が導入された。20世紀初めには石油生産が始まり、1958年の西インド諸島連合への参加をへて、62年8月31日に独立を果たした。独立後、76年に共和制に移行。政治はアフリカ系住民を支持基盤とする政党とインド人系の政党がせめぎ合う形で動いている。

ニカラグア共和国

Republic of Nicaragua

面積 13万km²
人口 662万人
首都 マナグア
通貨 コルドバ
宗教 キリスト教

MYSTERY ミステリー

立ち消えになった超巨大プロジェクト「ニカラグア運河」

スペイン統治時代から、太平洋とカリブ海を結ぶ運河を中米の地峡に造る構想はあり、ニカラグア運河案は有力案のひとつだった。パナマ運河が実現すると完全に消え去ったかにみえたが、一挙に現実味を帯びたのは香港企業が2014年12月、ニカラグア運河の着工を発表したからだ。

計画では、太平洋側から中米最大の淡水湖、ニカラグア湖をへてカリブ海側に抜ける全長278kmの運河を建設する。現在あるパナマ運河に比べ約3.5倍の距離があるが、水深は約28mと2倍あり、より大きな船舶が航行可能となる。総事業費は約6兆円という。

建設・運営する香港企業と中国政府との関係は明らかになっていないが、海洋進出の強化を狙う中国の影を指摘する声もある。ニカラグア運河が開通すれば、米国の影響力が強いパナマ運河を避け、独自に大西洋への出口を確保でき、中米における拠点づくりにもなる。

しかし、運河建設は思うように進まなかった。土地接収や環境破壊を恐れ国民の間で反対運動が拡大し、ニカラグア政府と香港企業の契約に対する批判も出た。香港企業は50年間の運河運営権を与えられ、さらに50年間の延長が可能なことから「1世紀にわたる事実上の租借地」と反発を招いた。

その後の現地報道などによると、香港企業のオーナーが中国株式市場の暴落で資産を失うなどして工事は中断され、ついには2018年2月に建設計画そのものが中止になったと伝えられた。

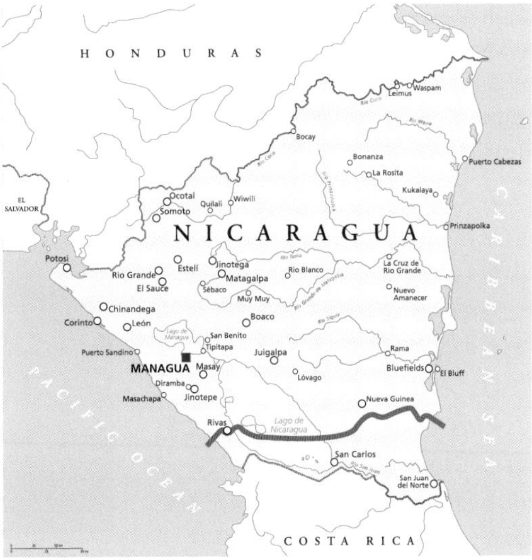

計画段階のニカラグア運河ルート（青線部分）

HISTORY

中央アメリカの中央部に位置し、西はホンジュラス、南はコスタリカと国境を接し、カリブ海と太平洋に面している。国の中央部をイサベリア山脈が走る火山国である。ニカラグア湖は中米最大の火山湖。カリブ海にコーン諸島を領有。1502年コロンブスが発見上陸。長くスペイン領であったが、1838年に独立。20世紀初めにアメリカが占領し、反米ゲリラ戦が激化。アメリカの支援のもと1936年ソモサ政権が発足、以降ソモサ一族の独裁が続いた。79年、反ソモサを掲げた左翼ゲリラ組織サンディニスタ民族解放戦線(FSLN)が政権奪取。その後、アメリカの意を受けた反政府ゲリラ（コントラ）との間で内戦が起き、その犠牲者は6万人ともいわれる。90年、野党国民連合のチャモロ女史が大統領選に勝利。内戦終結、コントラは解散する。2006年大統領にFSLNのオルテガ元大統領が返り咲き、16年の大統領選挙でも高得票を得て連続3選となった。オルテガ政権は、米国との関係を維持しつつもベネズエラやキューバ、イラン、ロシアとの関係を強化している。

ハイチ共和国

Republic of Haiti

面積 2.8万km²　**通貨** グルド
人口 1142万人　**宗教** カトリックなど
首都 ポルトープランス

OLYMPIC オリンピック

日本と同じメダル数だった五輪があった？

　この国が夏季五輪に初めて参加したのは意外にも早く、1924年のパリ五輪。日本の初参加は1912（明治45）年のストックホルム五輪だから、そのわずか12年後のことだ。

　ストックホルムで日本人初のオリンピアンとなったマラソンの金栗四三は、残念ながら熱中症のため途中棄権だった。ところがハイチの「金栗」にあたる、パリ大会射撃競技のフリーライフル団体に出場した5人の男たちは、初参加にしていきなり銅メダルをもたらしたのである。ちなみにパリ大会では、日本もレスリングに出場した内藤克俊の銅メダル1個に終わっている。国別メダル数でハイチと日本は、このとき同順だったのだ。

　現在の夏季五輪メダル数で、日本は439個、ハイチは2個。死者30万人を出したハイチ地震（2010年）から復興を続けるこの国からも、環境さえ整えばオリンピアンはもっと出るにちがいない。

ハイチ地震被災者の仮設住宅街でサッカーを楽しむ若者たち（2010年）。この国ではサッカーが最も人気だ

HISTORY

　西インド諸島中部のエスパニョラ島西側3分の1を占める。東隣はドミニカ共和国。北部と南部に山脈が走り、平地は少ない、熱帯性気候。アメリカ大陸では国としての歴史は古く、アメリカ合衆国に次ぐ2番目の独立国（1804年）となった。なお、この独立はフランス領から脱したもので中南米では初めてとなった。しかし独立後は内紛がたえず、1915年に、ドイツの勢力拡大を警戒するアメリカが占領、それが34年まで続いた。米軍が撤退すると再び国内は混乱状態となったが、57年に黒人医師のデュヴァリエが権力を握り、大統領に就任する。強力な秘密警察による恐怖政治が、親子2代にわたり29年間も続いた。以降も軍事クーデターの勃発、米軍の一時駐留などの混乱が続き、さらにハイチ地震(2010年)では31万人以上が死亡する大災害となった。16年のハリケーンによって農業生産の9割が被害を受けるなど、経済はきびしい状態が続いている。

パナマ共和国

Republic of Panama

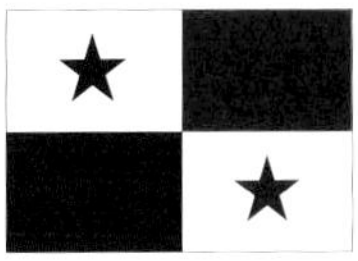

面積 7.5 万 km^2
人口 431 万人
首都 パナマシティ
通貨 バルボア（硬貨のみ）、米ドル
宗教 カトリック

この国と日本

初めてパナマ運河を通った日本の船は？

1914 年（大正 3 年）、日本郵船の貨物船「徳島丸」がアメリカ東海岸へ向け、この年に開通したばかりのパナマ運河を通過した。開通直後の通過という栄誉に浴した徳島丸は、日本郵船が極東〜アメリカ東海岸〜ヨーロッパという遠洋航路用に開発した貨物船の第 1 番船であった。姉妹船には第二次世界大戦時、米潜水艦の魚雷攻撃で沈没した悲劇の学童疎開船「対馬丸」などがある。

それまでの太平洋―大西洋航路は、荒れ海として有名な南米大陸最南端のホーン岬をこえて 2 万 9000km を行く難コースだった。運河建設が実際に動きだしたのは 1880 年。スエズ運河建設のフェルディナンド・レセップスがフランス主導で工事を始めるも、熱帯地方特有の黄熱病やマラリアの蔓延と難工事のため 1889 年に工事を放棄した。

次に乗り出したのはアメリカだった。後押ししてコロンビアからパナマを独立させると、すぐにパナマ運河条約を結び、運河の建設権とこの地域の永久租借権を取得したのだ。

パナマ運河は独特の閘門式で、閘門（水門）で水位を上下させることによって船を移動させ、海抜 26m にあるガトゥン湖まで上昇させる。全長約 80km の距離を、船は 24 時間かけて行くのである。

航行可能な船のサイズは、全長 294m、全幅 32.3m、喫水 12m 以下。これをパナマックスサイズという。第二次世界大戦時に建造されたアメリカの艦船は、太平洋へ向かうため、このサイズで造られていた。試みに戦艦大和が通過を果たそうとしても不可能だった。全幅が 38.9m とオーバーしてしまうからだ。

パナマ運河　©Wikipedia

HISTORY

中央アメリカの最南端、南北アメリカをつなぐパナマ地峡に位置し、東はコロンビア、西はコスタリカに接し、北はカリブ海、南は太平洋に面する。1501 年スペイン人バスティダスがヨーロッパ人として初上陸。翌年に第 4 次航海中のコロンブスが到来するなど航海者の上陸が相次いだ。13 年バルボアが初めて地峡を横断し太平洋側に到達した。1903 年パナマ運河建設を推進するアメリカの支援のもと独立。68 年国家警備隊がクーデター、トリホス将軍が実権を握るも、81 年航空機事故で急死、83 年ノリエガ将軍がとってかわった。しかし、トリホス将軍暗殺関与を指弾され、89 年アメリカが侵攻、90 年ノリエガ将軍は投降した。99 年モスコソが初の女性大統領に就任。パナマ運河は、先に決定されていたアメリカからの返還が実現した。パナマ運河からの収入を中心に観光業も発展、国民生活は中米地域で最高水準である。

バハマ国

Commonwealth of The Bahamas

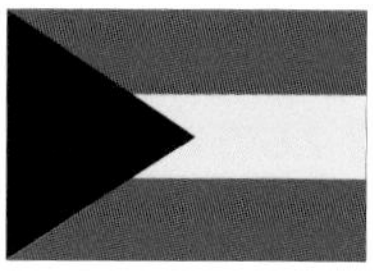

面積 1.4 万 km²
人口 39 万人
首都 ナッソー
通貨 バハマ・ドル
宗教 イギリス国教会などプロテスタント諸派、カトリック

SIGHTSEEING 観光

世界有数のビーチリゾート

バハマ諸島は 723 の島と 2500 近い岩礁からなるが、バハマという名前は、そのどこまでも続く浅瀬のところどころが干上がって島になった風景をスペイン人がバハ・マール（Baja Mar ＝干潮）と呼んだことに由来するという。初めてこの地を訪れたコロンブスが「これこそ、この世最大の美である」と称えたといわれているように、点在する島々のビーチの美しさは世界に知られるところだが、特に有名なのが諸島中 2 番目に大きなエルーセラ島だ。細長いサンゴ岩礁の島で、島北部近くに浮かぶハーバー・アイランドには約 5km にわたってピンク色のビーチが続く。その名もピンク・ビーチで、砕けた巻貝や珊瑚が白砂に混じっているためだ。

また、1973 年に独立するまでイギリスの植民地だったため、ニュー・プロビデンス島にある首都ナッソーの街には今なおイギリスの面影が濃く残り、パステルカラーも鮮やかなコロニアル調のアンティークな家が立ち並ぶ。タックスフリーのショッピング、カジノなども楽しめるリゾートアイランドだ。

エルーセラ島では左右で色の違う海を見られる
©Shutterstock.com

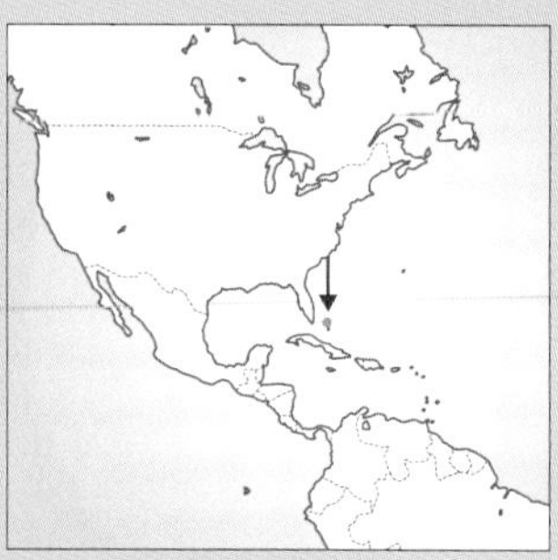

HISTORY

西インド諸島北西部にあり、フロリダ半島沖 88km の地点から南東約 800km にわたって 700 の島と 2400 の岩礁からなる国である。多くは無人島で、首都ナッソーがあるニュープロヴィデンス島に国民の 7 割が住んでいる。1492 年 10 月 12 日、コロンブスが新大陸として初めて上陸したのがバハマの 1 島サン・サルバドルだったという（異説もある）。スペイン人はこの地域には入植せず、バミューダ諸島に上陸したイギリス人ピューリタンが後にこれらのナッソーなどに入植した。しかし、18 世紀初めまでは海賊の巣窟ともなっていた。1780 年代、アメリカ独立革命に敗れた王党派が黒人奴隷を引き連れてやってきて綿花プランテーションを始めたが、英国は 1833 年奴隷制度を廃止したので、まもなく農園主は去っていった。1919 年米禁酒法が制定されるとラム酒密輸の拠点となった。第二次世界大戦後の 67 年総選挙で黒人系の進歩自由党（PLP）が勝利し、白人支配が終わった。73 年英連邦内で独立、英女王を元首に戴いている。

パラグアイ共和国

Republic of Paraguay

面積 40.7万km²
人口 713万人
首都 アスンシオン
通貨 グアラニー
宗教 カトリック

MYSTERY ミステリー

内陸国なのにビーチがある!?

右の写真を見たら、誰もがごく普通の海水浴の風景だと思うに違いない。

でも写真の「海」に見えるものは、実は「川」。人工のビーチに改造された同国南部エンカルナシオン市を流れるパラナ川の岸辺の光景で、大勢の観光客が海水浴ならぬ「川」水浴を楽しんでいるのだ。

アマゾン川についで南アメリカ第2の長さを誇るこのパラナ川は、パラグアイにとってとても重要な天然資源だ。ブラジルと共同開発したイタイプダムは世界2位の発電量で、水力発電だけで国内電気需要を満たす。

それだけでなく、余剰電力をブラジルやアルゼンチンなどへ輸出しており、その額は総輸出額の2割を超え、主力輸出品の大豆につぐ大きな外貨獲得源になっているのだ。

にぎわうエンカルナシオン市のビーチ。でも、よく見れば川（右上）で、対岸はアルゼンチンの市街

HISTORY

南米大陸の中南部に位置する内陸国。国土の中央を貫くパラグアイ川の東西で地勢が異なる。西側のグラン・チャコ地方は大平原で農耕に適さず、東側の平原や丘陵地帯に人口が集中。1537年、ラプラタ川の河口からやってきたスペイン人によってアスンシオンが建設され、スペイン領に。その後スペイン人総督の支配する領地のなかの1州であったが、1811年パラグアイ州は独立を宣言、44年共和国となった。64～70年のアルゼンチン・ブラジル・ウルグアイ3国との戦争に敗れ領土の半分を失った。第二次世界大戦後は、たび重なるクーデター、独裁政権という転変をへて、1993年大統領選で39年ぶりの文民大統領が誕生。しかし、政権内の腐敗、権力闘争が十数年続き混迷を深めた。2008年の大統領選で中道左派のフェルナンド・ルゴ元カトリック司教が勝利して61年続いた右派コロラド党政権に終止符が打たれた。経済的には農牧業と林業が主体。1995年にアルゼンチン・ウルグアイ・ブラジルと南米南部共同市場（メルコスール）を発足。

バルバドス

Barbados

面積 431 km²
人口 28万人
首都 ブリッジタウン
通貨 バルバドス・ドル
宗教 イギリス国教会などプロテスタント諸派、カトリック

TABLE 食卓

カリブが生んだ銘酒、ラムの故郷

バルバドスは最も高い山が標高314mという、南北34km、東西22kmの小さな島だ。首都ブリッジタウンには「リトルイングランド」と名がつけられた通りもあり、17～18世紀のイギリス植民地時代の建物が立ち並ぶ。

ラム酒誕生の地としても知られる。いうまでもなく、ラム酒はサトウキビの糖蜜や搾り汁を発酵させて蒸留した強い酒である。テキーラ、ジン、ウオッカとともに4大スピリッツと呼ばれ、多彩なカクテルを楽しむのに欠かせない。

ラム酒をつくったのはイギリス人で、17世紀初めのことという。これを住民たちに飲ませてみたら大いに騒いだので、その酒をランバリヨンと名付けた。現地の言葉で「興奮」という意味だったそうだ。1655年には年間90万ガロン（約400万リットル）を生産し、ほかの島々に輸出した。現在では、ジャマイカ産に押され気味だ。

1703年に創業されたマウントゲイ蒸留所の「マウントゲイ・ラム」（度数は43度）は日本でも売られている。同社はもちろん世界で最も古いラム酒メーカーということになる。

バルバドスのバーの風景

イギリス国教会系でも聖公会信者が多い

マウントゲイ・ラム

HISTORY

カリブ海東部、西インド諸島の最東端に位置するバルバドス島を領土としている。この島には1536年ブラジルへ向かう途中のポルトガル人が、ヨーロッパ人としては初めて上陸した。その後、100年近くたった1627年イギリス人が入植、英植民地とした。40年以降ブラジルを追われたオランダ人が入植し、サトウキビ栽培を広めた。最初はヨーロッパの年季契約労働者が働いていたが、やがて黒人奴隷を導入した。1833年、奴隷制度が廃止されたが、製糖業は引き続き続けられた。それから100年前後経過した1937年世界恐慌の不景気のなかで黒人労働者は暴動を起こし、バルバドス労働党（BLP）が結成された。40年代以降政治改革が進み、51年の選挙でBLPが勝利し、アダムスが大統領に就任。58年西インド諸島連合に加わったが、62年の解体を機に、66年英連邦内で独立した。その後はBLPとDLP（民主労働党）が政権交代を繰り返している。94年カリブ諸国連合に加盟し、経済協力の強化を推進している。経済は観光業が中心。

ブラジル連邦共和国

Federative Republic of Brazil

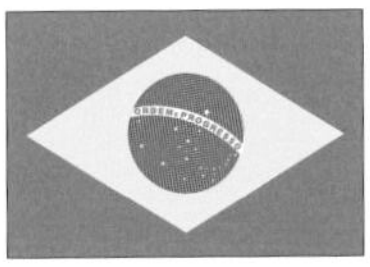

面積 851.6万km²
人口 2億1255万人
首都 ブラジリア
通貨 レアル
宗教 カトリック、プロテスタントなど

PERSON 人

大統領の「言いたい放題」言行録

「ブラジルのトランプ」ことボルソナロ大統領の言いたい放題ぶりがすごい。右派で女性蔑視、性的少数者に否定的な姿勢は従来からとしても、この人の発言には品がない。

2019年のアマゾン火災でG7の対応を呼びかけたマクロン仏大統領に対しては、彼の年上妻の年齢をからかう支持者からのフェイスブックの投稿に「やつに恥をかかせるなよ、ハハ」とコメント。「極めて無礼だ」とマクロン氏を怒らせた。

スウェーデンの環境活動家グレタ・トゥンベリさんがアマゾンで先住民が殺害された事件を非難すると、「あんなガキ」と侮蔑する始末。

コロナウイルスが蔓延しても「ちょっとした風邪」「だれでもいつかは死ぬ」と放言。保健当局が外出制限を呼びかけているにもかかわらず、ツイッターに支持者らと握手してまわる映像をアップ。さすがに不適切な投稿として強制的に削除された。

熱狂的な支持者に文字通りかつがれるボルソナロ大統領。一方では女性たちによる反対デモも（右上）

HISTORY

南米大陸中央部の大西洋岸に位置し、北部を横切るアマゾン川流域の低地と南東部のブラジル高原で国土が二分されている。1500年、ポルトガルのカブラルが沿岸に到着し同国の領土とした。16世紀後半北部で先住民やアフリカ黒人奴隷を使役してのサトウキビ栽培が盛んになり一時繁栄した。17世紀末ミナス・ジェライスで金鉱が発見され、活況を呈し、1763年にはその外港にあたるリオデジャネイロが、サルバドルに代わって首都となった。1808年ナポレオン軍の侵略を恐れたポルトガル王室がリオに遷都、22年に王子ペドロが初代皇帝になり独立を宣言した。89年無血革命で帝政は廃止されたが、20世紀になるとサンパウロ周辺でのコーヒー栽培がヒットし、経済を支えた。1930年代世界的な不況のなかコーヒー産業も低迷し、クーデターでバルガス政権が生まれた。60年人工都市ブラジリアへ遷都。85年民政移管が行われカルドーゾ政権下で経済立て直しに成功、南米で最大の経済規模を有し新興経済国の一角を担う。

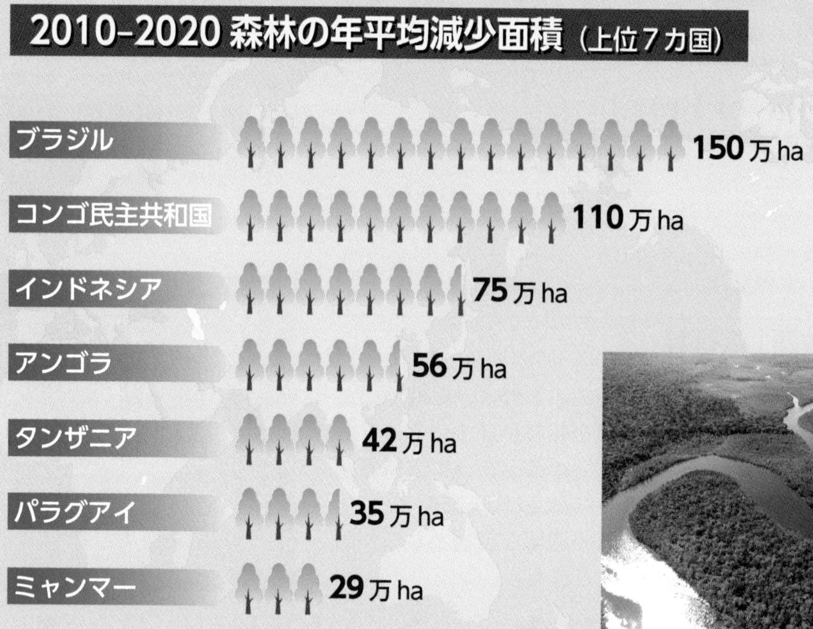

※ 出典／世界森林資源評価（FRA）2020

「地球の肺」と呼ばれる熱帯雨林が年々減少の一途をたどる（写真はアマゾンの熱帯雨林）

この国と日本

世界第２位の大豆生産に貢献した日本の技術協力

大豆は豆腐や醤油、味噌などの原料であり日本の食文化に欠かせない。世界的にも貴重なタンパク源であり家畜飼料としての需要は大きく、重要作物のひとつ。世界最大の生産国は米国だが、近年急速に生産量を伸ばしその地位を脅かしているのがブラジルである。2015／2016年の統計によれば、生産量は米国の1億700万トンに対して、ブラジルが1億トンと肉薄している。

生産拡大の原動力になったのが、セラード開発といわれる。セラードとはポルトガル語で「閉ざされた」を意味し、日本の国土面積の5倍以上にあたる2億haにわたって中西部を中心に広がる。強い酸性土壌のため長らく「不毛の地」とされてきたが、石灰石などで中和することによって、耕作可能地に変わることがわかり開発が始まった。

この開発には日本も一役買っている。1974年に当時の田中角栄首相がブラジルを訪問し支援を表明した。まもなく「日伯セラード農業開発協力事業」がスタートし、セラード地域内に21の拠点を設置。農家への資金援助や栽培技術の改良などで2001年まで協力を続けた。この地域の大豆生産量は1970年代半ばで43万トンだったのが、2010年には4000万トンと飛躍的に伸びている。

ただ、ブラジル国内には急激な開発に対する懸念も小さくない。セラードが育む独特の生態系を大きく損なう上、アマゾン川流域や世界最大の湿原パンタナールの水源になっていて環境への影響が憂慮される。また、開発事業は数百haから数千haの大規模農家が中心であり、もともと国内では大きいといわれる貧富の格差をさらに広げたと指摘される。

セラードの大豆収穫風景（マト・グロッソ州）

ベネズエラ・ボリバル共和国

Bolivarian Republic of Venezuela

面積 93万km²
人口 2843万人
首都 カラカス
通貨 ボリバル・フエルテ
宗教 カトリック

BEST IN THE WORLD 世界一

この国の世界一は「石油」と「美人」

この国を代表する世界一は「石油」。石油の確認埋蔵量ではこれまで中東のサウジアラビア王国が世界一の座にあったが、イギリスのメジャーBP社の2011年度調査でベネズエラがサウジアラビアを抜いて世界一となった（石油輸出国機構の調査では2010年）。理由はオリノコタールと呼ばれる、この国を流れるオリノコ川北岸一帯の地下に膨大に存在する高粘度の重質油。近年になってその採掘技術が開発されたことで埋蔵量を一気に増やした。この国は輸出収入の9割を石油に頼る。

もう一つの世界一は「美女」。ミス・ユニバースなど世界的に知られる美人コンテストで優勝した女性を国籍別にみると、圧倒的にベネズエラが多いのだ。

原油の確認埋蔵量
（英BP社調べ 2018年度/単位億トン）

1	ベネズエラ	473
2	サウジアラビア	366
3	カナダ	272
4	イラン	216
5	イラク	201

ミス・コンテストの国別優勝回数

◆ミス・ユニバース（1952～2019）

1	アメリカ	8回
2	ベネズエラ	7回
3	プエルトリコ	5回

◆ミス・インターナショナル（1960～2019）

1	ベネズエラ	8回
2	フィリピン	6回
3	コロンビア他	3回

首都カラカスの町並み

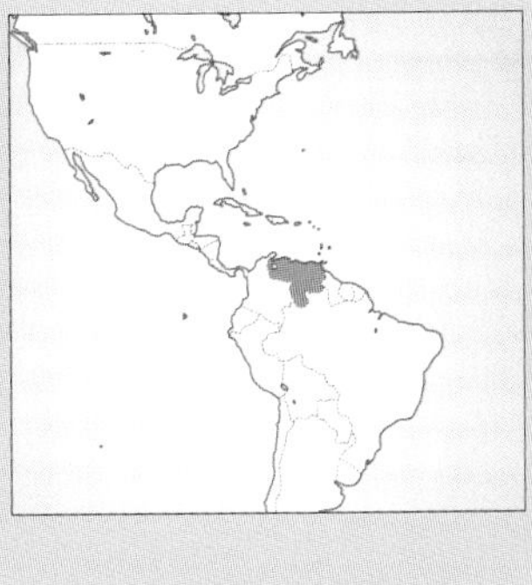

HISTORY

南米大陸の最北部に位置し、北部と南東部をギアナ高地が占め、オリノコ川北方に平原地帯、マラカイボ湖周辺に低地が広がる。1498年8月にコロンブスが渡来、翌年スペインが領有を宣言した。先住民の反乱鎮圧をへて、1717年にボゴダを本拠地とするヌエバ・グラナダ副王領、続いて77年にカラカスのベネズエラ総督領。19世紀に入り、現地生まれの白人であるクリオージョがスペイン本国の支配に反発、フランシスコ・デ・ミランダやシモン・ボリバルの独立戦争が結実して1811年に独立宣言。19年にはボリバルがコロンビア、エクアドルとでグラン・コロンビアを結成、その一部として21年に正式にベネズエラ共和国を誕生させた。しかし地域間の紛争で30年に離脱、アントニオ・パエスが初代大統領に就いた。その後、政情は不安定で70～88年のグスマン・ブランコを最初に、第二次世界大戦後まで軍人独裁が続いた。その間、マラカイボ湖で発見された石油の開発が進んだ。1958年以降に民主行動党とキリスト教社会党の二大政党制が定着。

ベリーズ

Belize

面積 2.3 万 km²
人口 39 万人
首都 ベルモパン
通貨 ベリーズ・ドル
宗教 カトリック、イギリス国教会など

CRISIS 危機

危機に瀕する北半球最大のサンゴ礁

沖合約 100km のサンゴ礁ライトハウス・リーフは、上空から眺めると深い青色をたたえた円形が目を引く。周囲の海に比べここだけ急に深くなり、まんまるの形をしていて、自然の造形物とは思えない色と形が際立つ。直径約 300m、深さは 130m。「グレート・ブルーホール」と呼ばれ、その神秘的な地形の美しさは「海の怪物の寝床」との異名を持つ。周辺の海ではイルカやウミガメ、マンタ、サメなど「大物」にも遭遇でき、世界中からダイバーを引きつけている。

ベリーズのサンゴ礁は長さ 240km にわたって広がる。北半球最大であり、世界全体を見渡してもオーストラリアのグレートバリアリーフに次ぐ規模を誇る。この海域にはサンゴでできた小島が真珠のように点在し、その数は 175 以上ある。数十種類のサンゴがみられるほか、マングローブ林や沿岸の浅瀬、入り江など変化に富んだ自然保護区は、世界遺産に登録されている。国民の半分以上はサンゴ礁に関連した観光業や保護活動を主な収入源にしているといわれる。

しかし、マングローブ林の伐採など開発が進むことから、2009 年には世界遺産委員会が同区を危機遺産リストに追加。2017 年に国際自然保護連合が発表した報告書は、地球温暖化など気候変動による白化現象によって、同区のサンゴ礁が壊滅的な被害を受けたと指摘する。さらに、同区には石油やガスの掘削計画も浮上しており、サンゴ礁をめぐる環境悪化を危ぶむ声は強い。

グレート・ブルーホール（左）と豊かなサンゴの様子（右）

HISTORY

かつてイギリス領ホンジュラスとよばれていた地域が、1981 年、ベリーズという名で英連邦内の独立国となった。マヤ系住民が先住民で、紀元前 1500 年頃から紀元後 900 年までの間には、マヤ文化の中心であったこともある。16 世紀初めスペイン人が上陸したが、先住民が激しく反撃、支配することはできなかった。17 世紀のイギリス人の到達は最初は海賊中心だったが、のちに入植し、ロッグウッドの伐採を盛んに行った。18 世紀、イギリスはスペインと領有権を争ったが、1763 年のパリ条約でイギリスの木材伐採権が認められた。89 年、スペインとイギリスは再び激しく戦火を交え、戦いに勝ったイギリスの事実上の植民地となった。1839 年独立国となったグアテマラが領有権を主張、のちカリブ海へ通じる道路建設と引き替えに妥協、62 年イギリス領ホンジュラスとなった。第二次世界大戦後普通選挙や憲法制定などをへて自治権を拡大、1973 年ベリーズと改称、81 年国連が独立を承認し、91 年にはグアテマラも承認した。94 年イギリス軍の撤退が完了、名実ともに独立を達成した。

ペルー共和国

Republic of Peru

面積 128.5万km²
人口 3297万人
首都 リマ
通貨 ソル
宗教 キリスト教（カトリック）

TREASURE 至宝

南米第2の世界遺産登録数を誇るペルー

南米の世界遺産登録件数では第2位（12件。1位はブラジルの22件。2019年現在）のペルー。なかでも文化遺産と自然遺産両方の価値を有する複合遺産として登録された遺産は2件あり、そのひとつは、インカの空中都市として世界中から観光客を集める「マチュピチュ遺跡」。さらにもうひとつ「リオ・アピセオ国立公園」である。ここは1983年、熱帯雨林の動植物保護のために設立された国立公園だが、公園内から前インカ時代の建築群跡が36カ所も発見された。

他にも地上絵で有名な「ナスカ平原」や、最近の発掘調査でアメリカ大陸最古の文明発祥の地ではないかとも指摘される「カラル遺跡」、円形広場を中心にした「チャビン遺跡」など、ペルーは古代文明遺跡の宝庫なのだ。

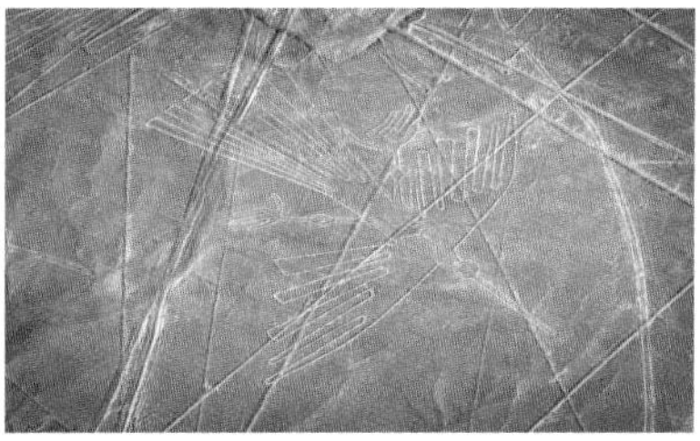

世界複合遺産のマチュピチュ遺跡（左）。右はナスカ平原の地上絵

HISTORY

南米大陸の中部太平洋岸に沿って南北にのび、沿岸部は幅の狭い砂漠と平野があり、その東側は標高5000～6000m級のアンデス山脈が南北に走る。山脈の東斜面はアマゾンへ続く森林地帯が広がる。紀元前は、地上絵で有名なナスカ文明が栄え、13世紀になると、現在のクスコを中心にインカ帝国の前身クスコ王国が成立。1438年パチャクテク王が即位、インカ帝国が誕生。16世紀に入り、スペインのピサロの侵略に遭い、1532年インカ帝国は滅亡。その後、スペイン領となり同国の南米植民地支配の中心となった。1821年アルゼンチンから遠征したサン・マルティン将軍がリマを解放し独立。79年からのチリとの戦争で敗れ南部州を失う。第二次世界大戦後、1968年軍部がクーデターで政権を握るが、80年総選挙で民政移管。90年には日系人アルベルト・フジモリが大統領に選ばれた。銀や銅、亜鉛などの豊富な鉱物資源の輸出が経済をけん引する。

ボリビア多民族国

Plurinational State of Bolivia

面積 110万 km²
人口 1167万人
首都 ラパス（憲法上の首都はスクレ）
通貨 ボリビアノス
宗教 カトリック95%

アメリカ
ヨーロッパ
アフリカ
オセアニア

RESOURCE 資源

広大な「ウユニ塩地」がハイテク社会を救う？

西部に位置する標高3700mの高原に南北100km、東西250kmにわたって広がるウユニ塩地。雨水がたまると空の景色が巨大な鏡のような湖面へ映し出される「奇跡の絶景」で知られるが、同時に、莫大な量のリチウムが埋蔵されていることで世界の産業界から注目を集めている。

その埋蔵量は世界全体の半分を占めるとも。リチウムはパソコンや携帯電話、電気自動車などの充電式電池の材料としてハイテク産業やクリーンエネルギー産業に欠かせない。需要は急速に伸びて価格が高騰し、近い将来、リチウム不足が起こりかねないだけに、各国が争奪戦を繰り広げている。

ウユニ塩地をドライブする車 ©Shutterstock.com

ウユニ塩地はもともと海底だった地域が隆起してアンデス山脈になったとき、陸地に海水が取り残されて生まれたとされる。大量のリチウムが含まれ、隣国のチリやアルゼンチンでは同様に形成された塩地からリチウムが採掘され世界的な産出国となっているのに対して、ボリビアでは採掘が進んでいない。

その理由はエボ・モラレス現大統領の政治方針にあるという。同国は天然ガス、石油、スズ、銀、銅など地下資源に恵まれるものの、住民の生活水準は低く南米の最貧国のひとつに挙げられる。植民地時代から国内の富の多くが国外に持ち出されてきた歴史を教訓に、先住民出身の大統領はウユニ塩地産リチウムを自国の手で開発し、経済発展の起爆剤にしたいという思いが強い。

しかし、塩湖からの採掘には高度な技術が必要であり、開発に必要な資本が国内に十分育っているとはいいがたい。外国資本との連携は避けられないとみられるが、採掘や精製に伴う環境問題も危惧される。

HISTORY

南米大陸の中央部に位置する。西部のアンデス高地地帯、アンデス東麓地帯、東部の平原地帯と分かれるが、東部平原地帯はさらに北部のアマゾン地方、南部のチャコ地方に分かれる。チチカカ湖南東岸に独特な宗教文化を築いた住民がいたが、15世紀にインカ人に征服された。そのインカ帝国は1532年スペイン人が征服し、ラプラタ（今のスクレ）にアウディエンシア（司法・行政・立法を司った王室機関）が置かれた。45年銀鉱山発見でポトシは大いに繁栄し、人口16万に達し、南米最大の都市となった。1809年独立運動が起こり、鎮圧されながらも25年ボリバル将軍（ラテンアメリカの解放者と称される）の副官スクレにより独立を達成した。その後、79年チリとの「太平洋戦争」で海への出口を失い、1932年パラグアイとのチャコ戦争で広大な領土を失った。独立以来軍部のクーデターが相次ぎ政権はめまぐるしく代わったが、82年に民政移管。2005年に先住民として初めてフアン・エボ・モラレス・アイマが大統領に選ばれ、09年に国名を「ボリビア共和国」から「ボリビア多民族国」に変更した。

ホンジュラス共和国

Republic of Honduras

面積 11.2万km²
人口 990万人
首都 テグシガルパ
通貨 レンピーラ
宗教 カトリック

WORLD HERITAGE 世界遺産

壮麗な黄金の文明、コパンのマヤ遺跡

グアテマラの国境に近いコパン渓谷のマヤ遺跡は紀元前1200年までさかのぼるといわれている。紀元前900年～前600年にかけてこの地にオルメカ文化の影響が顕著にみられる。紀元後は5世紀にケツァル・パパガヨ大王が国を統一し、黒曜石、翡翠、農作物などで商業的にも繁栄の時代を築きあげた。一面に4人ずつ、計16人の歴代王を刻んだ四角形の「祭壇Q」や2000以上の象形文字を刻んだ30m、63段の階段のあるアクロポリス、貴族の館跡など、黄金期を彷彿とさせる壮大さである。

忘れてはならないのがこの国のもうひとつの世界遺産、リオ・プラタノ生物圏保護区（自然遺産）だ。プラタノ川流域に広がる原生熱帯雨林で、絶滅が危惧されるジャガーやオオアリクイ、マナティーなど多くの貴重種が生息する。1982年に登録されたが違法な伐採や密猟が後をたたず、2011年にユネスコは危機遺産リストに登録。同区の危機遺産指定はこれで2度目、保全への対策が急がれる。

コパン渓谷のマヤ遺跡 ©Shutterstock.com

HISTORY

中米のほぼ中央に位置し、グアテマラ、エルサルバドル、ニカラグアと国境を接する。西部はマヤ文化圏の東端で、グアテマラに近いコパンは9世紀頃まで一大祭祀センターとして繁栄した。1502年にコロンブスがこの地に到達、スペインによる征服が始まってグアテマラ総督府の管轄となる。一時は金などの産出で栄えるが、17世紀以降は農業が中心となる。1821年に独立後、メキシコによる併合をへて中米諸州と連邦共和国を形成、38年には連邦からも独立。20世紀にバナナ輸出が主要産業となり“バナナ共和国”と呼ばれた。1963年の軍部によるクーデターから軍政が続くが、82年に民政に移行。以降2大政党による民主主義が定着した。2000年、国際通貨基金（IMF）から重債務貧困国指定を受け、債務救済を受けた。コーヒーやバナナの生産に依存せず、製造業、観光業の拡大が課題。

メキシコ合衆国

United Mexican States

面積 196.4 万 km²
人口 1 億 2893 万人
首都 メキシコ・シティ
通貨 メキシコ・ペソ
宗教 カトリック 90%

TREASURE 至宝

荘厳な宗教都市テオティワカン

　メキシコ・シティ郊外、アナワク高原に残る古代都市テオティワカンは南北アメリカ大陸で最大規模の都市遺跡だ。紀元前 200 年頃この地にテオティワカン人の集落が統合され始め「太陽のピラミッド」に代表される巨大宗教都市がつくられたという。3 ～ 6 世紀頃には人口 15 万人を超える大都市となり、周辺の農民たちの巡礼や、土器や石細工の交易でにぎわった。

　中央にケツァルコアトルの神殿を配し、周囲に階段状ピラミッドや宮殿が整然と並ぶ。なかでも月のピラミッドと対極の位置にある太陽のピラミッドは、底辺の幅 225m、高さ 63m で最大のもの。夏至の日の太陽が、このピラミッドの真向かいに沈む。マヤ文明が高度の天文知識を有していたことを目の当たりにできる。1987 年、世界文化遺産に登録された。

テオティワカン遺跡の「太陽のピラミッド」。右は上空から見たもの

HISTORY

　北米大陸南部に位置する連邦共和国。東西のシエラ・マドレ山脈に挟まれた中央部に高原が広がり、南東端のユカタン半島がメキシコ湾に大きく突き出している。前 1200 年頃、メキシコ湾岸にオルメカ文明が栄え、その後 3 世紀頃からユカタン半島の古代都市チチェン・イッツアなどで知られるマヤ文明が繁栄をきわめる。14 世紀にアステカ（メシカ）人が現在のメキシコ・シティを中心にアステカ文明を発展させた。テスココ湖上のテノチティトランを首都と定め、勢力範囲を拡大、16 世紀までに中南部に覇を唱えるに至った。1519 年コルテス率いるスペイン人が侵入、21 年アステカ王国は征服され、スペインの植民地となる。その後 1810 年に独立戦争が起こり 21 年独立を達した。46 ～ 48 年領土問題でアメリカ合衆国と戦って敗れ、テキサス、カリフォルニアなど広大な領土を失う。その後、1910 年に始まったメキシコ革命は二十数年間続いた。長年にわたって制度的革命党（PRI）が与党に君臨していたが、政治腐敗や経済的不平等を背景に 2000 年、国民行動党（PAN）から大統領が選出され、71 年ぶりに政権交代が行われた。

あのころと今ランキング――世界長者番付ベスト10

2021年

（単位：億ドル）

1位	ジェフ・ベゾス	アメリカ	アマゾン創業者	1770
2位	イーロン・マスク	アメリカ	テスラ創業者	1510
3位	ベルナール・アルノー	フランス	LVMH（ルイ・ヴィトン他）会長	1500
4位	ビル・ゲイツ	アメリカ	マイクロソフト創業者	1240
5位	マーク・ザッカーバーグ	アメリカ	フェイスブック創業者	970
6位	ウォーレン・バフェット	アメリカ	バークシャー・ハサウェイ会長	960
7位	ラリー・エリソン	アメリカ	オラクル創業者	930
8位	ラリー・ペイジ	アメリカ	グーグル創業者	920
9位	セルゲイ・ブリン	アメリカ	グーグル創業者	890
10位	ムケシュ・アンバニ	インド	リライアンス・インダストリーズ会長	850

1990年

1位	ハサナル・ボルキア	ブルネイ	国王（29代）	250
2位	ファハド・ビン＝アブドゥルアジズ	サウジアラビア	国王	180
3位	フォレスト・マース	アメリカ	MARS社創業一族	125
4位	クイーン・エリザベス２世	イギリス	女王	117
5位	サミュエル・ニューハウス・ジュニア	アメリカ	ニューハウス社創業者	115
6位	アルバート・レイヒマン	カナダ	オリンピア＆ヨーク社創業者	111
7位	堤　義明	日　本	西武グループ会長	73
8位	サム・ウォルトン	アメリカ	ウォルマート創業者	73
9位	ジョン・クルーグ	アメリカ	TV局オーナー、事業家	70
10位	蔡万霖	台　湾	霖園集団創業者	65

※2021年はフォーブス誌、1990年はフォーチュン誌のデータによる

この国と日本

永田町にメキシコ大使館がある理由とは？

国会議事堂や総理大臣官邸などが集まる日本の政治の中心地が東京の永田町（千代田区）。衆議院議長公邸と日比谷高校の間にある駐日メキシコ大使館は、外国の大使館のなかで唯一永田町に居を構えている。

明治維新後の日本は欧米諸国との間で不平等条約を結ばされ、それを対等な条約に改正することは悲願でもあった。そのなかで1888（明治21）年、日本がアジア以外の国と初めて平等条約を結んだのがメキシコだった（日本・メキシコ修好通商条約）。この外交上の成功が日本政府に自信をつけさせ、ほかの欧米諸国との不平等条約を次々に改正していくきっかけともなった。このことを喜んだ明治天皇の配慮で、この政治的中枢の地に大使館用地がメキシコに提供されたのだった。

第二次世界大戦時は敵味方に別れたものの、サンフランシスコ講和条約後は再びこの地にメキシコ大使館が建てられた。この講和条約をいち早く批准してくれた国のひとつもメキシコだった。日本の近代の道筋をしのばせる物語が、この建物にはある。

メキシコの代表的な料理タコス

アメリカ領ヴァージン諸島

Virgin Islands of the United States

面積 346 km²
人口 10.4万人
政府所在地 シャーロット・アマリー
通貨 アメリカドル
宗教 プロテスタント諸派、カトリック

CRISIS 危機

「常夏の島」を悩ますエネルギー問題

ニューヨークから直行便を利用すれば3時間余り。アメリカ本土から短時間で気軽に来られ、しかも世界屈指の美しいビーチと異国情緒を楽しめる国内の常夏リゾートである。カリブ海クルーズの寄港・停泊地にもなっていて、アジアやヨーロッパからも多くの観光客を集めている。

17世紀からデンマーク領だったため、セント・トーマス島にある首都シャーロット・アマリーには格子状の石畳道など歴史を感じさせる街並みが残り、デンマーク様式の教会や砦がある。かつて港はカリブ海貿易の中心として栄えたことから、この砦はたびたび海賊に襲われたという。周辺には、マリンスポーツが盛んで島の半分以上が国立公園のセント・ジョン島や、きめ細かいホワイトサンドで知られるセント・クロイ島など自然豊かな島々が点在する。

このようなカリブ海のリゾート地を悩ますのがエネルギー問題。本土とはパイプラインや送電網でつながっていないため、高いコストを払って環境汚染の原因にもなるディーゼル油をタンカーで運ばなければならない。2008年に石油価格が高騰したときは、ヴァージン諸島では電気料金が全米平均の4倍に跳ね上がったという。

リゾート地の環境を壊さないためにも、公園に太陽光パネルを設置するなど石油への依存を減らすエネルギー戦略を打ち出している。世界的には近年、太陽、風、波など自然を生かしたクリーン・エネルギー開発へ積極的な投資が行われているものの、カリブ海の小さな島々では市場が小さく投資の呼び込みや技術者の育成はなかなか容易ではない、というのが専門家の見方である。

この夜景の電気代もバカにならない。セント・トーマス島の風景

HISTORY

カリブ海北東部に位置するアメリカ領の群島。ヴァージン諸島の西側がアメリカ領で東側がイギリス領となる。アメリカ領では、政府所在地のあるセント・トーマス島など50以上の島があるが、大半は無人島。1493年、コロンブスが到達し、命名。以後入植は進まず、カリブ海に出没する海賊などの拠点になった。17世紀に西欧列強が領有を競い、デンマークが入植、1754年に同国王室直轄領となりデンマーク領西インド諸島となる。砂糖プランテーションが栄えるが、奴隷制廃止とともに衰退。第一次世界大戦を契機に米国が戦略的観点からセント・トーマス島など3島をデンマークから購入。1960年以降、観光地として発展するようになった。

アルバ

Aruba

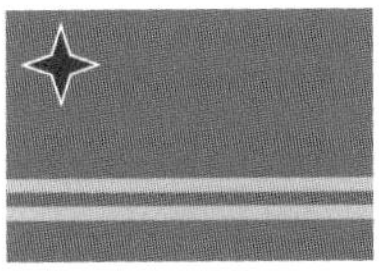

面積 180 km²
人口 11.2万人
政庁所在地 オラニエスタット
通貨 アルバフローリン
宗教 カトリック、プロテスタント諸派

INDUSTRY 産業

「カリブ海のラスベガス」と呼ばれるリゾート地

小さな島の西海岸には30軒近い大小のリゾートホテルがひしめき、首都オラニェスタットにある港にカリブ海クルーズの大型客船が次々に寄港するたびに、大勢の観光客が上陸してくる。ショッピングにグルメ、マリンスポーツからスパなど、ホテル内だけですんでしまうオールインクルーシブ型の滞在が可能だ。

特にカジノは各ホテルが競い合うように充実しており、24時間営業のところが大半。カリブ海のラスベガスと称されるゆえんである。

年間を通じて降水量が少なく、気温もほぼ27度のため、雨季の心配はほとんどない。3月には盛大なカーニバルが開催されるため、4月〜5月が観光シーズンとなる。

カーニバル

貴重な動植物が見られるアリコック国立公園

伝統音楽を演奏するグループ

HISTORY

カリブ海の小アンティル諸島に属し、ベネズエラのパラグァナ半島北方沖に位置している。西半分は平坦な大地であり、南部には白い砂浜の美しい海辺がある。1499年スペイン人が最初に到達したが、彼らは先住民をエスパニョラ島に送りこんで強制労働に従事させた。1636年オランダが占領し、牧畜業をすすめ、他のカリブ海植民地への食肉供給源とした。1805年、一時的にイギリスが占領したが、16年再びオランダが占領した。24年金鉱が発見され20世紀初頭までヨーロッパ人やベネズエラ人が殺到し、ゴールドラッシュが続いた。金ブームの後はベネズエラ産石油の精製が盛んとなり、1920年代には好景気に沸いた。その後、世界的な石油増産の波に押されて91年精製所は閉鎖された。この間政治的には54年オランダ領アンティル(2010年解体消滅)の一部として内政自治権を獲得、86年アンティルから分離した。現在はオランダ国王任命の総督が外交・防衛を担当し、首相が内政を担当している。主産業は観光業で、年間100万人を超える旅行者が訪れている。

アンギラ

Anguilla

面積 91 km²
人口 1.8万人
政庁所在地 ザ・ヴァリー
通貨 東カリブドル
宗教 キリスト教（プロテスタント）

PERSON 人

この島からイギリス代表選手へ

　イギリスの海外領土であるアンギラには独自の国内オリンピック委員会がないため、「アンギラ代表」としてオリンピックに出場することができない。もし出場したかったら、イギリス代表を目指すしかない。

　アンギラで生まれたシャラ・プロクターは、女性の陸上幅跳び選手としてイギリスへ渡り、世界陸上選手権などで頭角を現した。

　だがイギリスでは、彼女のように自国生まれでない選手たちのことを「プラスチック・ブリッツ」（プラスチック製のイギリス人）、つまり本物のイギリス人ではないと揶揄してさげすむ風潮があった。そんな声を吹き飛ばすかのように、プロクターはついにイギリスの国内記録を打ち立て、ロンドン五輪（2012年）とリオ五輪（2016年）に出場を果たした。

　ロンドン五輪に際し、インタビューで「もしメダルがとれたら、それはイギリスのためのものだが、私の心のなかではアンギラのもの」とプロクターは心境を語っている。

女子陸上幅跳び選手のシャラ・プロクター

HISTORY

　アンギラは、カリブ海小アンティル諸島北端のリーワード諸島に属するサンゴ礁の小島。付近のスクラブ島、ドッグ島、プリックリー・ペア諸島、シール島、サンデー島、アンギリータ島など小島も含まれる。先住民のアラワク族を滅ぼしたカリブ族が住んでいたが、1493年にコロンブスに発見される。1632年、イギリス領アンティグアの管理下におかれる。1650年、イギリス人がアンギラへ入植。1825年、イギリス植民地のセントクリストファーの管理下におかれる。1967年にはセントクリストファー・ネイヴィス・アンギラとしてイギリスの自治領となる。しかし、アンギラはセントクリストファー主導の政策を不満とし独立を宣言、アンギラ共和国を樹立。これに対しセントクリストファー・ネイヴィスは69年にイギリスに軍隊の派遣を要請。アンギラは無血投降し、再びイギリス統治下の植民地となる。76年には改めて自治権が付与され、80年にセントクリストファー・ネイヴィスから正式に分離された。主な産業は綿花栽培とロブスターの輸出、観光業、オフショア金融である。

イギリス領ヴァージン諸島

British Virgin Islands

面積 151 km²　　通貨 アメリカドル
人口 3.3万人　　宗教 プロテスタント諸派、カトリック
政府所在地 ロード・タウン

ECONOMY 経済

この諸島が米中露に次ぐ「世界第４位」に？

ヴァージン諸島は西のアメリカ領と東のイギリス領に分かれるが、経済的にはアメリカ領との関係は深く、通貨はポンドでなくアメリカドルが使われる。かつてはサトウキビ産業が盛んだったが、現在は観光が島の基幹産業になっている。

小さなエリアながら20以上もの国立公園が存在。熱帯雨林や野鳥のサンクチュアリ、プランテーション時代の遺構などが見られるとともに、マリンアクティビティが充実している。トートラ島にある首都のロード・タウンは、クルーズ船や個人所有のヨットが停泊し、市内や周辺には数多くのリゾートホテルがある。欧米人観光客は、１週間近くのんびり滞在することが多いという。

トートラ島に次ぐ大きさのヴァージン・ゴルダ島は、ヨットハーバー付きのリゾート施設がつくられ注目されるようになった。長期滞在者むけのプライベート空間を重視したヴィラ形式のホテルであり、日中はヨットやクルージングを楽しめる。欧米では、隣のアメリカ領よりも高級リゾートとして知られる。

同諸島は別の顔も持つ。カリブ海ではケイマン諸島などと並びタックス・ヘイブン（租税回避地）になっている。国連貿易開発会議（UNCTAD）が発表した調査結果によれば、2013年、同諸島への海外直接投資額は920億ドルに達し、アメリカ、中国、ロシアにつぎ世界第４位。主要新興国のブラジルやインドを上回った。多国籍企業が子会社を通じ売り上げの送金をしているとみられ、UNCTAD幹部は「(同諸島は）多国籍企業の財務部のような役割を果たしている」と指摘する。

こんなにのどかな島に世界４位の海外投資が（写真はトートラ島）
©Shutterstock.com

HISTORY

ヴァージン諸島の東半分を占める。政府所在地であるトートラ島など25以上の島や岩礁から成り立っているが、そのうち人が住む島は約16。1672年、すでに入植していたオランダからイギリスが奪う形でイギリス領として併合。黒人奴隷を労働力として使用し、サトウキビ、綿花、インディゴなどのプランテーション栽培が盛んになった。1834年に奴隷制が廃止されるとプランテーションは衰退。イギリスの直轄植民地となり、現在はイギリス国王の名代として派遣された総督のもとに、内閣に相当する執行評議会と立法議会が存在し、内政自治を行っている。ヴァージン諸島党と国民民主党の２大政党が議席を争う。農業、漁業がGDPに占める割合はわずかで、ほかにケイマンなどカリブ海諸国の多くが手掛けるオフショア金融業や観光産業が成長している。

キュラソー

Curaçao

面積 444 km²
人口 14.8万人
政庁所在地 ウィレムスタッド
通貨 アンティル・ギルダー
宗教 カトリック、プロテスタント諸派、ユダヤ教

SPORT スポーツ

野球オランダ代表の強さのヒミツ？

世界20の国・地域で争うワールド・ベースボール・クラシック（WBC）で強豪として知られるオランダ代表。ベスト4に2度絡むほどの実力だが、その大半がオランダ王国を構成する中南米の選手たちで、なかでも原動力となっているのが米メジャー・マイナーリーガーを多く輩出するキュラソーの選手たちだ。

メジャーなら、エンゼルス大谷翔平選手の元同僚で上位打線メンバーのアンドレルトン・シモンズ（現ツインズ）や、ダルビッシュ投手とレンジャーズでプレーしたジュリクソン・プロファー（現パドレス）などがそう。

日本でも、ヤクルト時代の2013年にシーズン最多本塁打60本を記録したウラディミール・バレンティン（現ソフトバンク）など、この小さな島から驚くほど名プレーヤーを輩出しているのだ。

ウィレムスタットにも野球場がある。上はキュラソー出身のメジャーリーガー、ジュリクソン・プロファー

HISTORY

2010年までオランダ領アンティルを構成していた島のひとつ。ヨーロッパ人到来以前にはアラワク系やカリブ系の先住民が暮らしていた。1499年アロンソ・デ・オヘーダが到達し、のちスペイン領となる。1630年代オランダが占領、オランダ西インド会社の管理下におかれた。17～18世紀にかけて奴隷貿易、密貿易、プランテーション農業で栄えた。20世紀初めに大規模な石油精製所が建設され、ベネズエラのマラカイボ湖から輸送される原油の精製が重要な経済活動となった。1985年に精油所の操業が一時停止されて経済的なダメージを受けたが、近年では観光業やオフショア金融業も主要な産業に成長している。1954年、オランダ領アンティル諸島として周辺群島とともに内政自治権を認められたが、2010年10月、先に独立していたアルバ同様、オランダ王国を構成する自治領となった。

グァドループ

Guadeloupe

面積 1705 km²
人口 44.3 万人
政府所在地 バス・テール
通貨 ユーロ
宗教 カトリック

SPORT スポーツ

フランスからヨットで何日間かかる？

フランスで最も有名なヨットレースのひとつに、「ルート・デュ・ラム」がある。

「ラムの道」の名のとおり、植民地時代からグァドループのサトウキビで造られたラム酒がフランスへと運ばれてきた海の道を再現したコースをヨットで航海するもので、フランス・ブルターニュ州のサンマロから、大西洋を横断して西インド諸島グァドループの町ポワンタピートルを目指す、単独無寄港、無補給というかなり過酷なレースだ。

1978 年から 4 年に一度開催されてきた。使用されるヨットはシングルハンドと呼ばれる 1 人乗りの小型艇。毎回、50 艇前後が参加し、これまでの最短時間記録は 7 日間と 14 時間 21 分。

ちなみに 2018 年のレースには日本人も参加し、日本人として初めてゴールまで完走した。

サンマロに集結した「ルート・デュ・ラム」参戦者たちのヨット群（右上はゴールのグアドループにある港を示す標識）

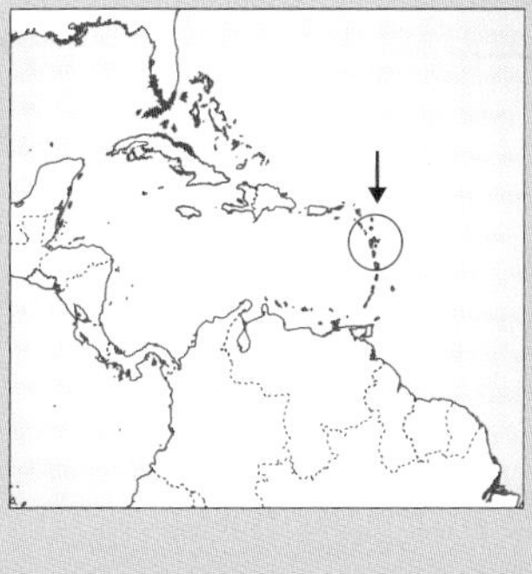

HISTORY

グァドループはカリブ海西インド諸島東部に位置する島嶼群で、最大の島はグァドループ島を結成しているバス・テール島とグランド・テール島である。このほかに、マリ・ガラント島、レ・サント諸島、ラ・デジラード島からなっている。バス・テール島とグランド・テール島は蝶が羽を広げたような形が特徴的である。バス・テール島は起伏の激しい火山島で、最高峰のスフリエール山は標高 1467m、落差 125m の滝も存在する。中央部は雨林帯、海岸は黒浜である。グランド・テール島は標高の低い石灰岩からなり、白浜の海岸が多い。1493 年にコロンブスが上陸してヨーロッパにその存在が知られた。1635 年に最初にフランスが領有し、黒人奴隷制によるサトウキビ栽培で発展した。その後、1759 年にイギリス占領下となるが、以後、幾度となくイギリスとフランスが占領を繰り返し、1946 年にフランスの海外県となる。1848 年に奴隷制は廃止された。砂糖とバナナが産業の中心だが、観光業も盛んである。民族はクレオール人（植民地出身の混血）が大半である。2002 年にはユーロの流通がスタートした。

グリーンランド

Greenland

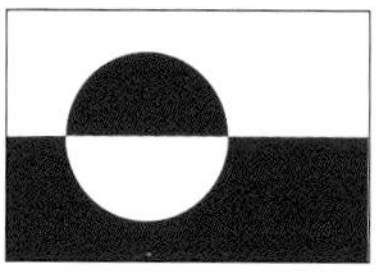

面積 216.6 万 km²
人口 5.7 万人
政府所在地 ヌーク
通貨 デンマーク・クローネ
宗教 キリスト教（プロテスタント）

CRISIS 危機

この島の氷が全部溶けたら地球はどうなる!?

今後、地球温暖化による影響で最も注目される場所のひとつが、グリーンランドである。世界で最も大きな島であり、その85％が厚い氷で覆われているからだ。

地球温暖化に伴って海水面が上昇する要因としては、①海水の膨張、②陸域の貯水量の変化、③グリーンランドや南極の氷河・氷床の融解、の３つが挙げられる。2017年にイギリスの科学誌に発表された研究結果によれば、1990年代前半に比べると2010年代前半は海面上昇のペースが50％増加。上昇の要因も1990年代前半では海水の膨張が50％を占めていたが、20年後には30％に下がる一方、グリーンランドの氷河・氷床の消失による影響は５％から25％へ拡大したという。

実際、2015年には西部の大規模氷河で、13㎢もの氷が短期間のうち割れて失われたことが、人工衛星の画像から確認されている。この氷河の氷がすべて溶ければ海面を30㎝上昇させるという推計もある。グリーンランド全体では海水面を７m上昇させる氷河・氷床が存在するともいわれる。NASA（アメリカ航空宇宙局）などは、グリーンランドの海岸の精緻な地図を作成し氷河の後退状況を継続的に観測するとともに、氷河の先端部分の温度や塩分濃度を測定し、氷の溶ける速度を計算しようとしている。

この島の氷が全て溶けると深刻な海面上昇に
（写真はグリーンランドの風景）

一方、グリーンランドにとって氷が溶けることは必ずしも悪いことばかりではない。地下には石油に加え、金、ウラン、鉄、亜鉛など鉱物資源が豊富に眠るといわれるが、地上を覆う厚い氷や雪が温暖化で溶けることによって採掘しやすくなるからだ。石油の埋蔵量は中東に匹敵するという説もある。

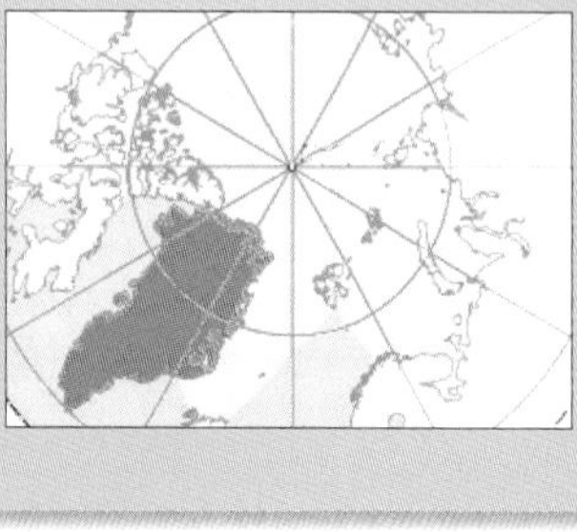

HISTORY

北極海と北大西洋の間にある世界最大の島で、自治政府がおかれているデンマーク領である。島の大半が北極圏内にあり、沿岸部以外は氷床と万年雪に覆われ、人が定住する最北地とされる。10世紀から15世紀後半まではアイスランドから移住したヴァイキングが定住していたが、考古学的にはそれ以前の先史時代にも先住民が居住していたとされる。14世紀に入ってキリスト教布教のために再びヨーロッパ人が上陸するようになり、デンマーク・ノルウェー連合王国の領有となった。1536年にノルウェーがデンマークの支配下となり、グリーンランドもデンマーク領となった。19世紀の初めにデンマークはナポレオン戦争で敗れたため、1814年にノルウェーがデンマークから分離したが、グリーンランドはデンマーク領のまま残された。1979年から自治領となった。デンマークとは地理的にも文化的にも遠いため独立を望む声が多い。温暖化の影響で氷床が薄くなり、中東地域に匹敵するとされる原油の採掘が早まればグリーンランドの独立もそう遠くないという見方もある。

ケイマン諸島

Cayman Islands

面積 264 km²
人口 5.6万人
政庁所在地 ジョージタウン
通貨 ケイマン諸島ドル
宗教 プロテスタント諸派、カトリック

ECONOMY 経済

世界で3本の指に入る租税回避地

企業や富裕層が、税率の低い租税回避地（タックスヘイブン）へ資産を移す課税逃れが関心を集めているが、民間調査機関による2017年の租税回避地ランキングによると、上位3カ所にケイマン諸島とバミューダ諸島、バージン諸島が選ばれた。いずれもカリブ海に浮かぶ、イギリスの海外領土だ。

日本との関係も深く、財務省の統計などによると、2018年の日本からの国・地域別直接投資額で、ケイマン諸島は中国を上回り、米・英に次ぐ3位。

国際通貨基金（IMF）の調べでは2017年、企業などが節税目的で租税回避地へ移した資金は、世界の海外直接投資の4割弱を占め、約15兆ドル（約1600兆円）に上る。英紙によれば、この島にはその人口を上回るおよそ10万社が籍を置いている。

こんな小さな島に世界中から莫大な投資。右上は同島最大規模のオフショア法律事務所のビル

HISTORY

カリブ海北西部、キューバの南方、ジャマイカの北西に位置し、グランド・ケイマン島、リトル・ケイマン島、ケイマン・ブラック島からなる。1503年コロンブスが4回目の航海でリトル・ケイマンとケイマン・ブラックに上陸したが、先住民はいなかった。ウミガメが多かったのでスペイン語のカメにあたる「トルトゥーガス」と名づけたが、のちカリブ系先住民の言葉でワニの「カイマナス」と呼ばれるようになり、今の名称となった。17世紀には海賊やヨーロッパからの航海者の水や食糧補給地となった。1655年イギリスがスペイン領のジャマイカを占領、70年のマドリード条約でジャマイカとともに英領となった。大きなプランテーションは発達しなかったが、アフリカ黒人奴隷は投入された。奴隷解放後、残った人々は綿花栽培、ウミガメ漁、造船などに従事。1863年ジャマイカ領になったが、1962年ジャマイカが独立したとき、英領にとどまった。72年新憲法を制定、自治権を拡大したが、元首はイギリス国王。タックスヘイブン（租税回避地）として知られる。

サウス・ジョージア＝サウス・サンドウィッチ諸島

South Georgia and the South Sandwich Islands

面積 3903 km²
人口 定住者なし

NATURE 自然

豊かな海が育む野生生物の楽園

もともと南極に近い不毛の地であり、島の主な産業だった捕鯨が禁止されたこともあり、定住者がほとんどいない状態が長らく続いていたが、近年は「南極のガラパゴス」と呼ばれ多種多様な野生生物が注目され、南極クルーズ船の寄港地にもなっている。

クルーズの拠点となるサウス・ジョージア島では、数万つがいものキングペンギンや何千頭もの巨大アザラシが、平原や浜辺を埋める光景がみられる。周辺にある小さな島も、マカロニペンギンやオットセイが生息し、ミズナギドリ、アホウドリ、ウミツバメ、タヒバリなど 20 種類以上の野鳥の繁殖地になっている。

陸上を見渡すかぎりは、草木がほとんど見られない極寒の地に、なぜ野生生物の楽園が生まれるか疑問に思うだろう。その答えを解く鍵は周辺の海にある。ここでは深海から流れに乗って湧きあがるミネラル類や、南極の氷から溶け出た栄養塩などによって、植物プランクトンが大量発生し、これを餌に膨大な数のオキアミが生育する。さらに、これらを目当てに魚やイカが群がり、海鳥、ペンギン、オットセイ、アザラシ、クジラなども引き寄せ巨大な食物連鎖が形成される。暖かさ＝豊かさという私たちの常識を覆す豊穣の海が潜んでいるといえよう

また、英国南極観測局による調査によれば、近年、サウス・ジョージア諸島近くに十数個の海底火山があり、一部は 3000m に達することがわかった。熱水噴出孔付近には特異な生態系が形づくられ、海底火山に広がる斜面の岩場にも多くの海洋生物が育まれる。専門家から「サンゴ礁に近い存在」と評され、新種の生物発見にも期待が寄せられる。

ペンギンとミナミゾウアザラシの群れ（サウス・ジョージア島）
©Shutterstock.com

HISTORY

南アメリカ大陸の南東部、南大西洋に位置するサウス・ジョージア＝サウス・サンドウィッチ諸島は、イギリスの海外領土。フォークランド諸島の約 1000km 東にあり、1502 年に南極領域のなかで最初に発見された場所でもある。1675 年、ロンドン商人のアンソニー・デ・ラ・ロッシュにより再発見された。1775 年にイギリス海軍のジェームズ・クック（キャプテン・クック）が領有を宣言して以降、イギリス領のフォークランド諸島の一部として統治されてきた。1985 年に同諸島から分離した。1982 年にはフォークランド紛争が勃発したが、アルゼンチンが敗北し、イギリスの領有権は守られた。南極大陸に近いため土地は不毛である。かつては捕鯨基地として栄え、最盛期の 1909 年に行われた人口調査では 720 人の漁民が暮らしていた。しかし、捕鯨の禁止に伴い人口は減少の一途を辿り、現在は限りなく無人島に近い。サウス・ジョージア島の停泊地グリトヴィケンにある各施設の管理者と、極地研究の基地で勤務する研究者以外に定住者はおらず、ほかには南極周遊船の観光客が時折訪れる程度である。

シント・マールテン

Sint Maarten

面積 34 km²
人口 3.7 万人
政庁所在地 フィリップスブルフ
通貨 アンティル・ギルダー
宗教 カトリック、プロテスタント諸派、ユダヤ教

BEST IN THE WORLD 世界一

世界で最もスリルある空港がここに？

1943年に開業したプリンセス・ジュリアナ国際空港のすぐ隣には観光客でにぎわうマホ・ビーチが広がるが、ここでは頭上数十mを飛ぶ大型旅客機が名物になっている。さらに、空港との境のフェンス近くでは、ジェットエンジンが巻き起こす爆音や強力な後方気流も体験でき、スリリングな体験を求める観光客や航空ファンを引き寄せている。

同空港に着陸する飛行機の乗客にも鮮烈な印象を与えており、プライベートジェットのチャーター会社「プライベートフライ・ドットコム」は2013年、「世界で最も目を見張る着陸」を体験できる空港の世界一に選んだ。ビーチと旅客機の近さは、同空港の滑走路が2400m余りと大型旅客機が離着陸するには短く、滑走路の端へ低空で降りる必要があるために起こる。

大型旅客機の後方気流を体感しようと、フェンスにしがみつく観光客らの姿がよく見られる。この光景がテレビ的に「絵になる」らしく、傘を持ったお笑い芸人が後方気流で吹き飛ばされるシーンを撮影するなど、日本のバラエティ番組が取り上げたこともある。

もちろんこうした行為は危険で、空港や地元警察は警告板を立てたりパトロールをしたりしてフェンスに近づかないよう注意を促している。実際、これまでに何十人ものけが人を出していたが、2017年7月には初めての死者を出した。ニュージーランドから来ていた57歳の女性が吹き飛ばされて転倒し死亡したという。事故後、当局関係者は「大型旅客機の後方気流を甘くみてはいけない」と厳しく忠告している。

確かにスリルはあるけれど……。プリンセス・ジュリアナ国際空港に着陸するジェット機

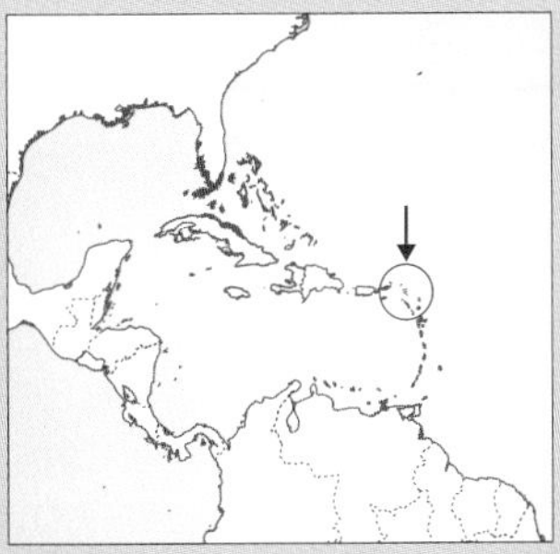

HISTORY

コロンブスの到達により1493年にサン・マルティン島と名づけられ、のちスペイン領となったが定住は進まなかった。ヨーロッパ人到来以前にはアラワク系やカリブ系の先住民が暮らしていた。1630年代オランダが占領、オランダ西インド会社の管理下におかれたが、岩塩採掘が成功をみせ、またフランス人、イギリス人の入植が増すのをみてスペインもその重要性を認知、これらを排除し再びスペインが占領した。オランダはその後何度も奪還を試みたがスペインはそれを退け、ヨーロッパでの30年戦争が終結した48年、既に興味を失っていたスペインは島を放棄、オランダとフランスによる分割統治が導入された。17～18世紀にかけて奴隷貿易、密貿易、塩の生産などで栄えた。1863年奴隷制が廃止されると、島の経済は衰退していったが、1939年から無関税港となり、54年、オランダ領アンティル諸島として周辺群島とともに内政自治権を認められた頃から観光業が盛んになった。2010年10月、先に独立していたアルバ同様、キュラソーとともにオランダ王国を構成する自治領となった。

バミューダ

Bermuda

面積 54 km²
人口 7.2 万人
政府所在地 ハミルトン
通貨 バミューダ・ドル
宗教 イギリス国教会などプロテスタント諸派、カトリック

BEST IN THE WORLD 世界一

所得税は「拷問」？ 世界最強のオフショア法律事務所

覇権国家英国の遺産のひとつは、「自治領なので」と言い逃れできる海外領のタックスヘイブン（租税回避地）。2017 年に世界的な脱税を暴露した「パラダイス文書」は、この諸島に本社がある「アップルビー法律事務所」から流出したものだ。

イメージとは裏腹に、彼らは信念を持っている。同事務所創業者はバミューダの立法評議会メンバーとして 1940 年、初の所得税導入案に対し「それは人類に対する拷問だから、あらゆる犠牲を払ってでも抵抗する」と主張。その思想を受け継いだ仲間が 1979 年に海外展開を始め、ケイマンや香港など各地に 700 人以上の従業員を抱える国際的ローファームに成長させた。創業から 100 年以上の歴史をもつオフショア業界のリーダーは「合法的な範囲でクライアントに助言するオフショア法律事務所」と自負している。

豪華客船が寄港するハミルトンの風景。左はケイマン諸島にあるアップルビー法律事務所

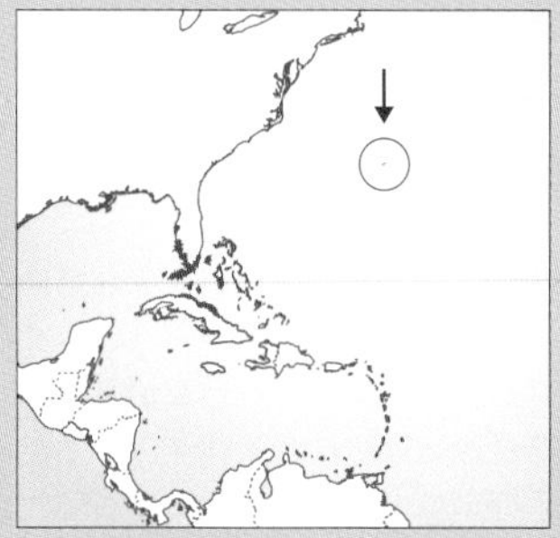

HISTORY

北大西洋西部、米東海岸のノースカロライナ州ハッテラス岬の東方沖約 1000km ほどのところにある。イギリス領だが、島の名前はヨーロッパ人として初めてここに上陸したスペイン人のベルムデスに由来している。しかしスペイン人は入植しなかった。1609 年イギリス船が難破して上陸したことがきっかけで、入植が始まった。当初は煙草が栽培されたが、品質が悪く売れなかった。その後クークス島の塩が採取されるようになり、次いで造船や海軍基地として栄えるようになった。18 世紀末の米独立革命時には火薬を製造して植民地側に売り、1812 年の米英戦争では英海軍の前線基地となった。60 年代の南北戦争では南軍の密輸商業の基地となり、1919 年禁酒法ができると酒を求める米観光客が増えた。第二次世界大戦中、多数の駆逐艦と引き替えに米国が租借（99 年）した。第二次世界大戦後の 68 年自治権拡大運動で憲法が制定され、議会が選んだ首相を総督が任命するようになった。95 年独立の是非を問う国民投票が行われたが、反対多数で否決され、今もイギリス領にとどまっている。

プエルト・リコ

Commonwealth of Puerto Rico

面積 8870 km²
人口 314.2 万人
州都 サンファン
通貨 US ドル
宗教 カトリック、プロテスタント

SPORT スポーツ

米メジャー殿堂入りがすでに5人も!?

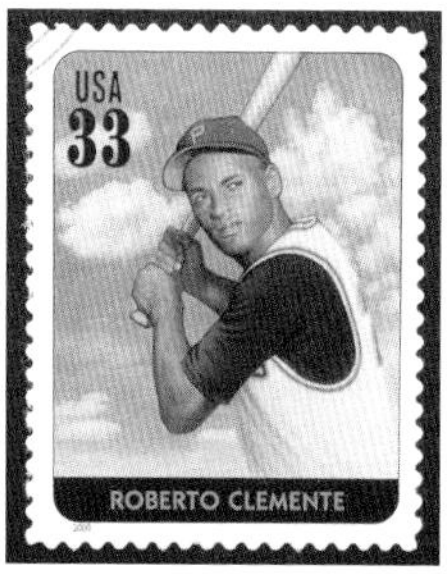

メジャーリーグで活躍した日本人選手のなかで、殿堂入りに最も近いといわれるのは 10 年連続の 200 本安打などを成し遂げ、2025 年に殿堂入り資格（引退後５年）を得るイチロー選手といわれる。実現すれば日本人として初ということになる。

これまで 200 人以上のメジャーリーガーを輩出してきたプエルト・リコの場合、殿堂入りはすでに５名。3000 本安打で有名なロベルト・クレメンテ（1973 年）に始まり、「ラテン系のベーブ・ルース」ことオーランド・セペダ、ロベルト・アロマー、イヴァン・ロドリゲス。そして生まれこそニューヨークだが、両親はプエルト・リコ人で、プエルト・リコで育った「史上最高の DH（指名打者）」、シアトル・マリナーズでイチローと同僚でもあったエドガー・マルティネスが 2019 年に殿堂入りしている。

米ニューヨーク・クーパーズタウンにある野球殿堂博物館。右上は米国切手になったプエルト・リコ出身のロベルト・クレメンテ

HISTORY

カリブ海北東に位置するアメリカ合衆国の自由連合州。プエルト・リコ本島、ピエケス島、クレブラ島などからなる。西はモナ海峡を隔ててドミニカ共和国、東にはヴァージン諸島がある。亜熱帯に属し平均気温 25.4 度と過ごしやすい。アメリカの各州との違いは、自治権を有するも住民はアメリカ合衆国の税金の納税義務を持たず、大統領選挙の投票権もなく、合衆国下院議会に代表者を送り出すことができるが本会議の採決権がない。アメリカはここに多くの基地を持ち、軍事的要衝と位置づけている。このような特殊な地域になった歴史的な背景がある。カリブ海の他の地域同様当初はスペインの植民地から出発。19 世紀末、米西戦争でアメリカが勝利し、アメリカ領となり現在に至る。いま国内では、自治拡大派のプエルト・リコ人民民主党と、州昇格派のプエルト・リコ新進歩党、さらには独立を目指すプエルト・リコ独立党が存在するが、国民の独立への機運は薄い。

フランス領ギアナ

French Guiana

面積 8.3 万 km²
人口 29 万人（推計）
県都 カイエンヌ
通貨 ユーロ
宗教 カトリック、プロテスタント

SOCIAL PROBLEM 社会問題

「宇宙センター」は経済格差の元凶？

フランス領ギアナは、国土の9割をアマゾンの密林が占める。本物の自然が守られていることから「エコツーリズムの楽園」とも呼ばれ、ギアナの2大河川のひとつ、マロニ川の川下りクルーズは人気のツアーになっている。その一方で、時代の最先端であるフランス国立宇宙センターのロケット発射基地も存在する。

フランスは1960年代初頭、アルジェリアのアマギールでロケット発射実験をしていたが、アルジェリアが独立したことから新たな発射場として、赤道近くに位置し静止軌道の打ち上げに適したギアナを選定した。1968年から打ち上げを実施、1977年からは欧州宇宙機関がアリアンロケットを発射している。人工衛星の組み立て棟や固体燃料工場もあり、ギアナ宇宙センター関連の産業は、1700人を雇用しギアナのＧＤＰの25％を占めるという。

宇宙センターは経済格差の象徴にもなっている。センターで働く技術者らが住む地区では芝生が整備され明るい街灯が照らしているのに対して、それ以外の地区では子供の遊び場に雑草が生え放題で、街灯は何年もついていない状態が続く。

2017年3月から4月にかけて労働条件の改善や治安の向上を求めてストライキやデモが相次ぎ、宇宙センターの周囲にデモ隊が押し寄せロケット基地の占拠を試みた。23％と高い失業率に加え、不法移民の流入や公共インフラの遅れが目立ち、ギアナの住民にはフランス中央政府に無視されているとの思いがある。2017年10月にマクロン大統領がギアナを訪問した際にもデモが起きている。

クールーのアリアンロケット発射場

HISTORY

フランス領ギアナは、南アメリカ大陸北東部に位置し、北側は大西洋に面し、西側はスリナム、南と東側はブラジルに面しているフランスの海外県で、領土の最南部はギアナ高地である。先史時代より先住民族が居住していた。ギアナ地方はオランダ、イギリス、フランスがそれぞれ植民地化を試みていたが、先住民の抵抗にあい、失敗を繰り返した。フランスは、1604年に港湾を建設し、アマゾン流域への植民の可能性を調査。先住民の襲撃にあい、なかなか植民地化は進まなかったが、30年代に入ってフランス・ノルマンディーの商人が「ノルマンディー会社」を設立し、フランス王からギアナの開発と領有の認可を得て、37年から38年にかけてカイエンヌに初めて植民地を建設した。64年にはフランス西インド会社が設立され、カイエンヌに本格的に植民地建設を始めた。67年のブレダ条約によってオランダ、イギリス、フランスがギアナ地方を分割した結果が現在のスリナム、ガイアナ、フランス領ギアナである。1946年に、植民地からフランスの海外県に変更された。

マルティニーク

Martinique

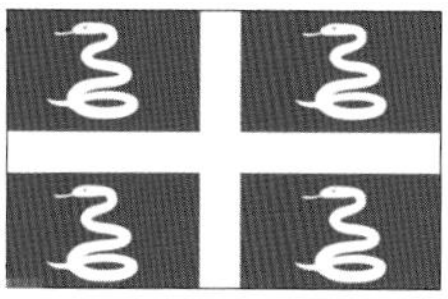

面積 1106 km²
人口 37.6 万人（推計）
県都 フォール・ド・フランス
通貨 ユーロ
宗教 カトリック、プロテスタント

RESORT リゾート

フランス人のバカンスリゾート

その名はかつての先住民であるカリブ族の言葉「マディニーナ（Madinina）」（＝花の島）に由来し、ブーゲンビリアやトーチジンジャーをはじめじつに多くの熱帯性植物が美しい花を咲かせるマルティニーク。透明度が高く鮮やかな青い海に囲まれ、まさに“常夏の楽園”と呼ぶにふさわしい島だ。初めて島に上陸したコロンブスに“世界で最も美しい地”と言わしめたというが、その魅力は今なお衰えることなく、知る人ぞ知る高級リゾートとして人気を博している。とりわけフランス本土からは、多くのフランス人がバカンスに訪れる。

入り江に係留されたヨットやクルーザーが物語るようにマリンスポーツが盛んなほか、長期滞在型の宿泊施設はもちろん、自然景観に即して設計されたゴルフコースなどもあり、さまざまなリゾートライフが楽しめる。フランスの海外県だけあって、県都フォール・ド・フランスなどには高級フランス料理店が集まり、本土にも負けない本格料理が味わえる。

フォール・ド・フランスのメインストリート

HISTORY

カリブ海のウィンドワード諸島に位置するフランスの海外県の 1 つ。北のドミニカ、南のセントルシアに挟まれている。山地部が多い火山島である。1493 年、コロンブスが到達し、1635 年にフランス人が入植して以来、フランス領。その後、サトウキビ栽培の奴隷制プランテーションに黒人奴隷が大量に導入されたが、1848 年に奴隷制は廃止された。現在も住民の大半は奴隷としてアフリカから連れてこられた人々の子孫。ほかに、旧フランス領インドシナからの移民の子孫、ムラート（ヨーロッパ系とアフリカ系の混血）のクレオール（植民地出身者の混血子孫）、フランス系白人、中国系、インド系、アラブ系が在住する。1946 年、フランスの海外県となり、74 年には地域圏（region）となった。産業は農業が中心で、バナナ、サトウキビを主体に、パイナップル、野菜などを栽培している。森林地帯ではマホガニーの植林も行われている。ほかに、石油精製、遠洋漁業、魚類加工、砂糖とラム酒の製造、ビール醸造、果物加工も行われている。輸出入ともフランス本国との貿易が 80％を占めている。

マルビナス諸島（フォークランド諸島）

Islas Malvinas (Falkland Islands)

面積 1.2 万 km²
人口 0.3 万人（推計）
政府所在地 スタンリー
通貨 フォークランド諸島ポンド、イギリス・ポンド
宗教 キリスト教（イギリス国教会、プロテスタント）

RESOURCE 資源

絶海の孤島が今なお領有権をめぐり争われる理由

イギリスとアルゼンチンが同諸島をめぐり戦火を交えてから 30 年以上経過するが、両国の領有権争いが再燃している。直接のきっかけは 1990 年代末、同諸島沖合で大規模な油田・天然ガス田が発見されたことにある。いったんは海底の石油資源について両国間で協定が結ばれたものの、2007 年には破棄。2010 年からイギリス系企業が採掘調査を開始し、石油の埋蔵量は数億バレルとも数十億バレルともいわれる。

同諸島を実行支配するイギリスに対抗してアルゼンチン政府は、さまざまな手段を駆使して領有権を主張している。同諸島や周辺海域で採掘に関与する企業に対して法的な措置に訴えると警告するとともに、アルゼンチンの海域を通過して同諸島へ向かう船舶に対しては事前に同国の許可を得ることを義務づけた。2015 年 3 月には、同諸島の地図を印刷した 50 ペソの新紙幣を発行した。裏面には、同諸島が 1833 年にイギリスに占領されたときにイギリス軍と戦い、アルゼンチン国旗を振りかざすガウチョ（カーボイ）の姿が描かれている。

2015年4月、アルゼンチンのクリスティーナ・フェルナンデス大統領がロシアを訪問。石油・天然ガス開発の共同開発など両国のエネルギー協力を拡大するとともに、同諸島の領有権問題でアルゼンチン支持を改めてプーチン大統領から引き出したといわれる。2016 年 4 月には国連の大陸棚限界委員会において、天然資源の探査・採掘が可能なアルゼンチンの大陸棚を、同諸島周辺海域がすっぽり入る陸地から 350 カイリまで延長することが認められた。

人よりもペンギンのほうが多いこの島をめぐり、イギリスとアルゼンチンが火花を散らす ©Shutterstock.com

HISTORY

マルビナス諸島は南大西洋上にあり、イギリスが実効支配している群島。主な島はグラン・マルビナ島（西フォークランド島）とソレダッド島（東フォークランド島）。島名はスペイン語でマルビナス諸島、英語ではフォークランド諸島。1592 年にイギリスがこの島の存在を公式に確認。その後オランダ人が上陸し、セバルドと名づけた。1764 年にはフランス人が入植してマルイヌと命名し、これがスペイン語名マルビナス諸島の語源となった。翌年、イギリス人が入植して領有を主張。67 年にはフランスから譲渡されたスペインが領有を宣言。70 年代に入り、アメリカ独立戦争を控えていたイギリスが撤退。1811 年には南米の独立運動とイギリスの圧力からスペイン人も撤退。16 年にアルゼンチンが独立と同時にスペインから継承したとして領有を宣言。33 年にイギリスが改めて占領。これに抗議したアルゼンチンとの間で戦争となり、49 年にイギリスが撤退したが島の実効支配は維持。1982 年に再び領有をめぐってイギリスとアルゼンチンの間でマルビナス戦争が起こりイギリスが勝利。90 年の国交再開時に諸島の領有権は棚上げされた。

モンセラット

Montserrat

面積 102 km²
人口 0.5 万人（推計）
政庁所在地 プリマス（※1）
通貨 東カリブ・ドル
宗教 イギリス国教会 38%、メソジスト 28%、カトリック
※1　火山災害のためブレイズに臨時行政府をおく

NATURE 自然

政庁所在地を廃墟と化した活発な火山活動

温暖な気候と豊かな自然、とりわけ美しいカリブ海の景観をもつが、同時にハリケーンが多発する地域であり、島全体が疲弊し復興が困難となるような大きなハリケーンに見舞われることもしばしばである。モンセラットも 1989 年にハリケーンの襲来によって深刻なダメージを受けた。

自然災害という点では、モンセラットの場合もうひとつ大きな問題を抱えている。面積 100㎢あまりの島内にはスフリエール・ヒルズ火山が活発な活動を続けているのだ。1995 年の噴火では人口の 3 分の 2 が島外への避難を余儀なくされ、本国イギリスが救助のために軍艦を派遣した。その翌々年 1997 年、ふたたび大きな噴火が起きると、火山灰と火山性有毒ガスによって 19 人の居住者が命を奪われた。また、政庁所在地プリマスは壊滅的な被害を受けて都市としての機能を失い、その光景はポンペイを思わせるほどの廃墟と化していたという。

以来、大きな噴火こそ起きてはいないものの、溶岩の流出は海に向かって今も続いており、島の海岸線もそれにより変化している。現在、火山活動による被災地を訪ね、自然の猛威を体感するツアーも実施されており、火山が新たな観光資源ともなっている。

モンセラットのスフリエール・ヒルズ火山　©Sutterstock.com

HISTORY

ヨーロッパ人が来る以前はアラワク系やカリブ系の先住民が居住していたが、1493 年、第 2 次航海中のコロンブスが到達。ただちに入植は進まなかったが、1632 年イギリス人が入植を開始。当初はタバコが主要作物であったが、17 世紀後半からサトウキビの栽培が発展、労働力として多くの黒人奴隷が投入された。途中幾度もフランスの占領下におかれながらも、1783 年ヴェルサイユ条約によりイギリス領となった。1834 年、奴隷制廃止とともにプランテーション経済は衰退した。1833 年以来イギリス領リーワード諸島を構成する一地域であったが、1958 年に創設された西インド諸島連合に加盟し、62 年に同連合が解体されたあとは直轄植民地となった。89 年にハリケーンによる被害を受け、また追い打ちをかけるように 95 年にはスフリエール・ヒルズ火山の噴火により政庁所在地プリマスを含む南部地域が壊滅的なダメージをうけると、住民は同島北部や他島、イギリス本国などへ避難を余儀なくされた。

アイスランド共和国

Republic of Iceland

面積 10.3 万 km²
人口 34 万人
首都 レイキャビーク
通貨 アイスランド・クローナ
宗教 8 割弱が福音ルーテル教会（国教）

RESOURCE 資源

地熱発電で得た電力の輸出を目指す国

「煙たなびく港」。これが首都レイキャビークの語源だ。最初にこの地を見たヴァイキングが、温泉から噴き出る煙を炎の煙と誤認したためといわれるが、それもそのはず。この国はどこを掘っても温泉が湧いてくる、火山国なのだ。2010 年 4 月に同国の火山が噴火し、その火山灰のためにヨーロッパの航空路が大混乱したことは記憶に新しい。レイキャビークでは郊外の丘の上にある温水貯蔵施設から配られる温泉水で生活している。

あまりにも広大な天然温泉

発電エネルギーも水力発電が中心だったが、近年設置を進めているのが火山国ならではの地熱利用による発電である。240 度にも達する地下水を蒸気に変えてタービンを回す方法で、地熱発電所を日本企業の協力を得て建設した。

地熱発電は、原子力はもちろんのこと水力、火力などのほかの発電方法に比べ、自然環境に対するダメージが少なく、理想的なものとされている。アイスランドは、その地形上から地熱資源が莫大に存在するため、現在総電力の 25% が地熱で、全住宅の 9 割の暖房をまかなう。また、自国で使用する電力をまかなうだけでなく、その余力を将来ヨーロッパ各国に輸出しようとしている。

HISTORY

北極圏に接する島国だが、首都のレイキャビークは日本の秋田市と同じくらいの寒さで、シカゴやウィーンより暖かい。860 年頃にヴァイキングが住み着いたことからノルウェーの植民地になったが、19 世紀にノルウェーがデンマークの支配下になったことからアイスランドもその直接支配をうけた。だが、1904 年に自治権を獲得し、18 年にデンマーク主権下の自治国となる。44 年に国民投票を行い、賛成 97%の圧倒的多数で共和国として独立した。第二次世界大戦前に永世中立を宣言。非核、非武装国家だが、49 年に政府は国内世論の反対を押し切って NATO に加盟。それ以降、軍隊を保有しないアイスランドは国防をアメリカに依存していたが、2006 年にアメリカ軍が完全撤退し、国防の見直しが急務となっている。漁業中心の産業から情報や金融業が成長しつつある。

アイルランド

Ireland

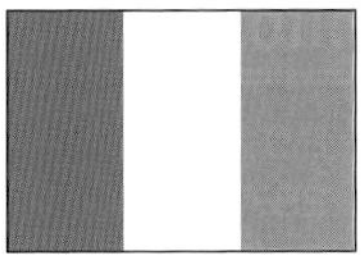

面積 7万km²
人口 493万人
首都 ダブリン
通貨 ユーロ
宗教 カトリック（87%）

LEGEND 伝説

『ギネス世界記録』はなぜ生まれた？

真っ黒な色にクリーミーな泡立ち、独特の苦み……。アイルランド生まれのギネス・ビールが世界に広く知られるようになったのは、特徴的なテイストだけでなく、その販売戦略による。

ギネス社は若者層への好感度を高めようと1930年前後から広告に力をいれ、一方では世界戦略としてアイリッシュパブの「輸出」も促進してきた。

その名を各段に高めたのが、世界中の記録を集めた『ギネス世界記録』（ギネスブック）。醸造所の最高経営責任者ヒュー・ビーバーが仲間とともに狩猟に出かけたとき、どの鳥が一番速く飛べるか、話題になった。人は世界一について話すことが好きで、これを酒の肴にして話が盛り上がればビールも売れるはずだと、ビーバーは世界記録を集めた本を出版することを思いついた。1955年の刊行以来、海外100か国以上で翻訳され、累計では1億冊を超える。ビールの売り上げに貢献し、世界的な知名度を持つ企業に押し上げたという。

創業1840年という老舗のダブリン名物パブ、テンプルバー。右上はギネスビール

HISTORY

北東部が英領北アイルランド、北部と南部が高地、西部と中部が平地。前3世紀頃、ケルト人がアイルランドに侵入。以降、ケルト系民族がこの島を支配していたが、12世紀に入るとイギリスが征服。1801年に併合。1922年、北アイルランド地方を除くニナスサが自治領として発足。37年、憲法を制定し、独立。49年、共和制を宣言し、イギリス連邦から離脱。プロテスタント系が強い北アイルランド地方では、1920年に自治政府をつくる。カトリック系とプロテスタント系の対立が激化したため、72年以降イギリスが同地域を直接統治するようになる。それに反発した自治政府のIRA（アイルランド共和国軍）は、ゲリラ、テロ作戦を展開し、流血が日常化した。和平の道は遠く、2005年にようやくIRAは武装解除。07年、自治政府が復活した。

アルバニア共和国

Republic of Albania

面積 2.9 万 km²
人口 287 万人
首都 ティラナ
通貨 レク
宗教 イスラム教 70%、ギリシャ正教 20%、カトリック 10%

DEFENSE 国防

こんな利用法が !? 共産主義時代の遺物

ヨーロッパの「最後の秘境」とも「不思議の国」とも呼ばれるアルバニア。その理由は、共産党政権樹立から 1985 年に亡くなるまでアルバニア労働党のトップだったエンヴェル・ホッジャの存在が大きい。共産勢力の盟主ソ連などとの関係を断ち、長期間にわたって鎖国政策を続けたのだ。

アルバニアの街中を歩くと目につくのが、ホッジャ独裁時代から残るトーチカ群（ドーム型のコンクリート製防御陣地）だ。敵国からの侵略に備え、国内のいたるところに 70 万基以上も建設されたという。

今ではすっかり無用の長物となったが、ぶ厚いコンクリートで頑丈につくられているため簡単に解体撤去することもできないからか、その多くが子供たちの遊び場や物置として再利用されている。観光地などでは、レストランやバー、博物館として「平和利用」されているものもある。

ペイントされたり、「博物館」になったり、飾られたりとさまざまに再利用されるアルバニアのトーチカ

HISTORY

紀元前 4 世紀には現在のアルバニア人の祖先とされるイリュリア人とトラキア人が国家を形成した。その後、ローマ帝国、ビザンツ帝国、ブルガリア帝国などの支配を受け、14 世紀前半にはセルビア王国に併合された。14 世紀後半、勢力を増したオスマン帝国の支配下に入ったが、19 世紀になるとその勢力が衰退し始め独立運動が起こった。1912 年、第一次世界大戦前の第 1 次バルカン戦争後のロンドン会議で独立を承認されたが、第一次世界大戦中はオーストリア・ハンガリー帝国、イタリア、フランスなどに占領され、戦後になって新政府樹立を宣言、25 年に共和制宣言。ところが 28 年に君主世襲制国に変わった。第二次世界大戦中はナチス・ドイツに占領された。44 年 11 月解放、ホッジャ首班の共産党政権が成立した。しかし、ソ連との関係は 61 年に、中国との関係は 76 年に途絶え、孤立化した。85 年ホッジャ死後、一党独裁体制を放棄、民主化と対外開放を進めてきた。97 年のねずみ講問題に端を発した大規模な騒乱以降も、政治的な対立による反政府デモで死者が出るなど、内政には課題が残る。

アンドラ公国

Principality of Andorra

面積 468 km²
人口 8 万人
首都 アンドララベリャ
通貨 ユーロ
宗教 カトリック

BEST IN THE WORLD 世界一

世界一長いソリ滑り台がある !?

スペインとフランスの国境沿い、ピレネー山中にポツンと存在するアンドラ公国は、国面積が東京 23 区（約 628㎢）より狭い、空港も鉄道もない小さな国。だがそんな国にも、「世界一」は存在する。

ひとつが体験型自然テーマパークのナチュランディア内にある、「世界最長」をうたうソリ滑り台。ジェットコースターのようなレールの上を 2 人乗りの車輪がついたソリで滑り降りるアトラクションで、その全長は 5.3km、高低差は 400m もある。

また、アメリカの医学雑誌ランセットに掲載された 2017 年の論文で、米研究者グループが世界 195 か国の医療の質と、医療へのアクセスの良さについて比較したところ、世界一とされたのがアンドラだった（日本は 11 位）。

ナチュランディアの世界最長ソリに挑戦中

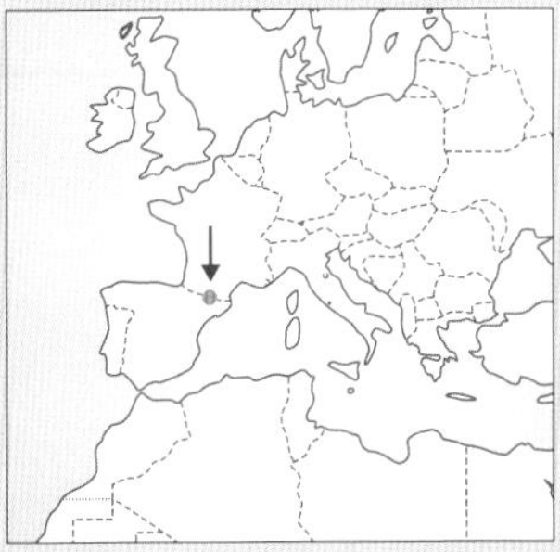

HISTORY

フランスとスペインの国境となっているピレネー山脈のなかにある。紀元前 1 世紀頃にはアンジェの名で歴史書に登場する地域である。819 年、フランク王国がスペインのカタルニャ州の教区の司教ウルヘルに主権を譲渡した。ウルヘル司教はその封臣カンブエット家に委譲したが、その後その諸権利はフランスのフォア家が引き継いだ。ウルヘル司教とフォア家との争いのあと、1278 年両者が共同で統治することになった。フォア家の権利はその後、アルブル家次いでブルボン家へ移り、やがてフランス王家が引き継いだ。15 世紀初頭には議会が創設され、行政機構も整備されたが、主権を行使する「政府」はなかった。しかし、近世以来厳格な中立政策をとり、14 年間におよぶスペイン継承戦争（1701 ～ 14 年）でも中立を守った。第二次世界大戦後の改革で普通選挙法や労組の誕生など近代化が進められたが、成文憲法を制定して政府をつくり、「国家」として成立したのは 1993 年である。今でもウルヘル司教とフランス大統領の共同元首を立てているが、国連にも加盟している独立国家である。

イギリス（グレートブリテンおよび北アイルランド連合王国）

United Kingdom of Great Britain and Northern Ireland

面積 24.2万km²
人口 6788万人
首都 ロンドン
通貨 スターリング・ポンド
宗教 イギリス国教会など

SPORT スポーツ

イギリス連邦だけのスポーツイベント

イギリスの旧植民地諸国による連合体がコモンウェルス（イギリス連邦）。加盟国人口は世界の4分の1、20億人以上に上り、そのなかで1930年から4年に1度開催されてきたのがコモンウェルス・ゲームズというマルチスポーツイベントだ。2018年にオーストラリアで開催されたときは参加国・地域が70、参加選手4500名という規模だった。

日本人に馴染みのない競技がいくつも。ボーリングのルーツとされ、転がすとカーブしてしまう偏心球をどれだけ目標に近づけられるかを競うローンボウルや、ドリブルは禁止でパスとシュートだけのバスケットボールに似たネットボールという競技もある。

またオリンピックでは採用されていないスカッシュが必須競技で、選択競技にはもちろんクリケットもある。

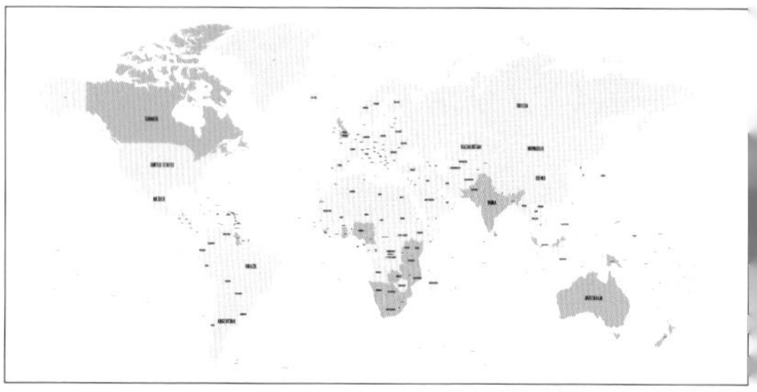

上は世界のコモンウェルス加盟国図。ネットボール（左）のゴールにはバックボードがない。下は芝生の上で行われるローンボウル

HISTORY

グレートブリテン島とアイルランド島北東部からなり、イングランド、ウェールズ、スコットランド、北アイルランドの4つの地域。北大西洋と北海に面し、ドーヴァー海峡を隔ててフランスに接する。先住民はケルト人。ローマ帝国がイングランド南部を支配したが、5世紀以降はアングロ・サクソン人が王国を形成、11世紀にノルマン王朝が成立、「マグナカルタ」（大憲章）を定め、13世紀にウェールズ併合、14世紀には上下2院制が開始、16世紀宗教改革、イギリス国教会成立。英仏百年戦争、ばら戦争、エリザベス王朝、スペイン無敵艦隊の撃破（1588年）、クロムウェルの革命による共和制（1649年）、名誉革命で立憲政治の確立（1688年）。「王は君臨すれど統治せず」の原則確立。18世紀議院内閣制成立、19世紀まで産業革命が進行する。ヴィクトリア王朝時代、大英帝国の絶頂期が到来。第二次世界大戦後は植民地が次々に独立。1949年NATO、73年ECに加盟。アメリカとの強固な同盟関係を維持するが、一時は“英国病”と国力の低下により「老大国」と名指しされたが、その後は史上初の女性首相サッチャーが大胆な施策を実行、産業の回復を果たした。2016年の国民投票の結果を受け、17年にEU離脱を通告。

あの頃と今ランキング　政府開発援助とその受領国

DAC加盟国の政府開発援助国

1992（単位：100万アメリカドル）

1位	アメリカ	11709
2位	日本	11151
3位	フランス	8270
4位	ドイツ	7572
5位	イタリア	4122
6位	イギリス	3217
7位	オランダ	2753
8位	カナダ	2515
9位	スウェーデン	2460
10位	スペイン	1518

2017（単位：100万アメリカドル）

1位	アメリカ	34732
2位	ドイツ	25005
3位	イギリス	18103
4位	日本	11463
5位	フランス	11331
6位	イタリア	5858
7位	スェーデン	5563
8位	オランダ	4958
9位	カナダ	4305
10位	ノルウェー	4125

※OECD 2019より

政府開発援助の受領国

1991（単位：100万アメリカドル）

1位	エジプト	5025
2位	インド	2745
3位	中国	1999
4位	バングラデシュ	1889
5位	インドネシア	1875
6位	トルコ	1622
7位	パキスタン	1371
8位	モロッコ	1232
9位	エチオピア	1097
10位	タンザニア	1083

2017（単位：100万アメリカドル）

1位	シリア	10361
2位	エチオピア	4118
3位	アフガニスタン	3804
4位	バングラデシュ	3740
5位	ナイジェリア	3359
6位	イエメン	3234
7位	トルコ	3142
8位	インド	3094
9位	ヨルダン	2921
10位	イラク	2907

※World Development Indicators より。
DAC加盟国からの供与分。

NATIONAL FLAG 国旗

英国旗ユニオンジャックの由来

「グレートブリテンおよび北アイルランド連合王国」。何とも長い名前だが、これがイギリスの正式名称だ。グレートブリテンにはイングランド、ウェールズ、スコットランドが含まれる。つまりイギリスはこれら4つの国からなっている。つまり国旗のユニオンジャックはそれぞれを重ねたもの。それぞれをそのまま載せていくと、完成するのである。

まずイングランドは白地に赤の「セント・ジョージ・クロス」、スコットランドは青の地色に白抜きの斜めの十字「セント・アンドリュー・クロス」、旧アイルランドは白地に赤の斜めの十字「セント・パトリック・クロス」、これらの名前はキリスト教の聖人にちなんでおり、国の守り神である。これらの3つの旗を重ねるとユニオンジャックになる。ところで、ウェールズの国旗は白と緑の下地にドライグ・コッホという赤いドラゴンが描かれている。さて、ユニオンジャックに赤い竜がいない。おそらく、ウェールズは13世紀にイングランドに併合されたので却下されたのだろうといわれている。

ロンドンのウェストミンスター橋とイギリス国会議事堂の時計台。通称ビッグ・ベン

イタリア共和国

Italian Republic

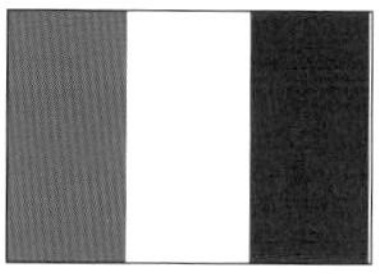

面積 30.2 万 km^2
人口 6046 万人
首都 ローマ
通貨 ユーロ
宗教 カトリックが 90%以上。
ほかにプロテスタント、イスラム教など

CRISIS 危機

「水の都」が水没する !?

水の都として知られるヴェネツィアが水没の危機に瀕している。

記録が残る 1923 年以降で 4 番目に高い水位 156 センチを 2018 年 10 月に記録したが、翌 2019 年 11 月には、さらにそれを上回る高潮に見舞われ、史上 2 番目の水位 187 センチを観測、市内の 8 割以上が水につかった。建物の多くが浸水し、その被害総額は数百億円に達するという。

満潮時に高潮と大雨が重なったことや、かねてからの地盤沈下だけでなく、気候変動も原因ではと指摘される。

このとき、ヴェネツィアにあるヴェネト州議会議事堂が史上初めて浸水する被害にみまわれた。それは皮肉なことに、同州議会が気候変動対策のための予算案を否決した直後というタイミングだったことも、大いに話題になった。

水に浸かったサンマルコ広場（2018 年）。右上は 2019 年の洪水で水没した道路に仮設の橋がかけられた様子

HISTORY

長靴の形をしたイタリア半島と地中海に浮かぶシチリア、サルデーニャなどの諸島からなる。火山帯が走り、地中海に面しているので概して温暖で雨は冬に多く、夏は少ない。前 1000 年頃にラテン人がローマを建設。ローマ帝国は前 1 世紀頃に地中海地域を支配するが、4 世紀に分裂する。中世以降、南部はイスラムの侵攻で両シチリア帝国となり、北部ではヴェネチアやフィレンツェなどの港湾都市が繁栄する。19 世紀に国家統一運動が起こり、1861 年にイタリア王国が誕生。1922 年、ムッソリーニによるファシスト政権が権力を握り、日本・ドイツと同盟を結んで第二次世界大戦を引き起こすが、敗北。戦後は国民投票により王政を廃し、共和制へ。中道派政党を核とした連立政権による政治運営が続いた。2009 年のギリシャ危機のあおりを受け、財政問題が浮上。国際通貨基金（IMF）などの監視を受け入れ、財政健全化に乗り出した。

ヴァチカン

State of the City of Vatican

面積 0.44 km²
人口 809 人
首都 ヴァチカン
通貨 ユーロ
宗教 キリスト教（カトリック）

DEFENSE 国防

ヴァチカンを守る「スイス人傭兵」

カトリック教会の総本山ともいえるヴァチカンは、軍事力はもとより出入国管理体制も持っておらず、ローマ教皇庁はスイスからの傭兵「市国警備員（スイス人衛兵）」が常駐・警護にあたっている。

スイス衛兵の創設は教皇ユリウス２世の統治下だった1505年にさかのぼるといわれ、1527年ローマがカール５世の神聖ローマ皇帝軍に侵攻された際（ローマ略奪）、身を犠牲にしてクレメンス７世の避難を助けたことが伝えられている。以降、戦闘に優れたスイス傭兵を欧州各国が競って雇い入れ、各地の戦争で活躍した。1690年にはローマ教皇庁に200名が働いていたという。

現在、傭兵の輸出は原則禁止となっているが、ヴァチカン警護は連綿と続くひとつの伝統でもあることから、例外的に行われている。かつてはスイス人衛兵だけでなく、教皇騎馬衛兵や宮殿衛兵といわれる衛兵隊も存在したが、1970年にパウロ６世によって廃止された。

衛兵の制服は1914年に制定されたものだが、ミケランジェロによってデザインされたという説もある。スイス人衛兵たちは一応武器を携行しているが、本質的に儀仗兵である。また、1981年にヨハネ・パウロ２世が襲撃された事件以来、教皇が公の場に出向く際には、スイス人衛兵たちは催涙スプレーを常時携行するようになった。

ヴァチカン名物のスイス人傭兵たち

HISTORY

ヴァチカンはイタリアのローマ市内にある世界最小の主権国家で、統治者はローマ教皇（法王）。国土全域がユネスコの世界文化遺産に登録されている。64年頃、ネロ皇帝の迫害により殉教したキリストの使徒ペテロがヴァチカンの丘に埋葬され、349年にその墓の上にサン・ピエトロ大聖堂が建設された。この地にローマ司教が居住するようになり、756年、カロリング朝ピピンがイタリアの一部の都市をローマ教皇に寄進し教皇領とされた。教皇の影響力が強くなるにしたがってヴァチカンはカトリック教会の本拠地として発展していった。1861年のイタリア統一により北部の教皇領はイタリアに接収された。1870年の普仏戦争の際に、残る教皇領もイタリア軍が接収し、ヴァチカンはイタリア領となった。イタリアは翌年にヴァチカンを教皇の領有と認めたが、そもそもイタリア軍による教皇領への侵入だとして、ローマ教皇ピウス９世はこれを拒否。以後、50年以上イタリアと教皇庁は断絶し「ローマ問題」となる。1929年にイタリアとローマ教皇庁との間でラテラノ条約が締結され、イタリアはヴァチカンを独立した主権国家として承認した。

ウクライナ

Ukraine

面積 60.4 万 km²
人口 4373 万人
首都 キエフ
通貨 フリヴニャ
宗教 ウクライナ正教、東方帰一教会、ロシア正教

DEFENSE 国防

高まる核放棄の是非

「核を保有する国々は、勇気を持って恐怖の論理から逃れ、核兵器なき世界を追求しなければならない」

2016 年の、米オバマ大統領（当時）による広島でのスピーチにあるように、核兵器は一度保有するとなかなか放棄できない。これまでに核を放棄できた国は数えるほどで、そのひとつがウクライナだ。

1991 年のソ連邦崩壊後、独立したウクライナには 5000 発を超える核弾頭が残されていたため、突如として世界 3 位の核保有国に躍り出た。

この事態を米国とロシアは好まず、経済援助と引き換えに核の放棄を迫った。経済的に困窮しており、膨大な核兵器を維持する財政もなかったウクライナ政府はその取引を受け入れた。

だが、その後アメリカが財政支援を打ち切ったり、ロシアによるクリミア編入などを受け、「核を放棄したのは間違いだった」という世論が、ウクライナで高まりつつあるという。

キエフで行われた大規模な反ロシアデモ（2019 年）

HISTORY

ヨーロッパ東部の共和国。古くは前 7 世紀～前 4 世紀にかけて騎馬民族スキタイが繁栄、4 ～ 6 世紀に東スラブ民族が移動してきた。9 世紀にキエフ公国が誕生、ギリシャ、ローマに次ぐキリスト教圏を確立、ヨーロッパの大国のひとつとなった。1240 年にモンゴルの侵略をうけて壊滅すると、キエフ大公の称号はガーリチ・ヴォルイニ公国が継承、しかし 1392 年にリトアニア大公国とポーランド王国に分割併合された。1569 年、両国はポーランド・リトアニア共和国を発足させ、その結果、ウクライナの領土はポーランド領とされた。15 世紀の後半、ウクライナの草原にコサックという武人の共同体が成立、共和国の援軍として多くの戦争に参加した。1654 年、コサック軍を率いて反乱を起こしたボフダン・フメリニツキーがロシアへの合併を要請、結果として 67 年にドニエプル川の右岸だけが、18 世紀後半には左岸もロシア領になった。ロシア革命後の 1919 年、ウクライナ・ソヴィエト社会主義共和国。ソ連崩壊で 91 年に独立。2014 年、南部のクリミア自治共和国が住民投票を経てロシアに併合され、欧米諸国による経済制裁を引き起こした。

エストニア共和国

Republic of Estonia

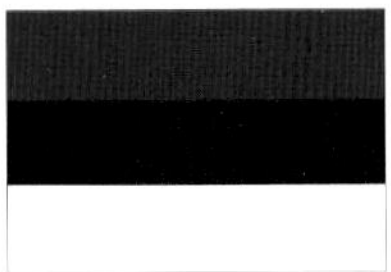

面積 4.5 万 km^2
人口 132 万人
首都 タリン
通貨 ユーロ
宗教 プロテスタント（ルター派）、ロシア正教

INDUSTRY 産業

スカイプを生んだ小さな「IT 強国」

インターネットを通じた映像と音声による無料通話を可能にしたスカイプはマイクロソフト社によるサービスだが、そもそもはエストニアのタリンで開発され、開発チームのほとんどはエストニアのIT 技術者たちだった。

それ以外にも、破格の手数料で海外送金を可能にした P2P オンライン送金サービスのトランスファーワイズなど、世界的な IT サービスがいくつもこの国から生まれている。

過去に他国からの侵略を受けてきたエストニアはソ連からの独立後、国費を投じて教育や行政のオンライン化を推し進め、欧州随一の電子国家と呼ばれるようになった。サイバー攻撃への対処も早くから研究され、その蓄積から防御力も高く、NATO（北大西洋条約機構）のサイバー防衛センターもこの国に置かれているほどだ。

またこの国からどんな革新的な技術が誕生するか（写真はスカイプのイメージ）。上はタリンにあるスカイプのビル

HISTORY

ヨーロッパ北東部のバルト 3 国のうち北に位置する国。北はフィンランド湾、東にロシア、南はラトヴィアに接する。古くからエストニア人が定住していた。5 ～ 8 世紀にヴァイキング、スラブ人が侵入、13 世紀はデンマーク、14 世紀はドイツ騎士団、17 世紀にはスウェーデンが支配。18 世紀の「北方戦争」でロシア帝国の支配下に入った。ロシア革命で 1918 年独立を宣言するが、ドイツとロシア赤軍との間で政情不安が続いた。40 年独ソ密約でソ連に併呑。49 年から 10 年間で反ソ活動により 4 万人以上がシベリアの強制労働に送られた。87 年ペレストロイカの進行にともない起こった「歌いながらの革命（ラウレフ・レボルシオーン）」で民主化の欲求が拡大していった。88 年バルト 3 国で初めての人民戦線を結成、90 年共和国最高会議選挙で人民戦線が圧勝、移行期間をへて独立を果たす。2004 年 3 月 NATO、5 月 EU に加盟。

オーストリア共和国

Republic of Austria

面積 8.4 万 km²
人口 900 万人
首都 ウィーン
通貨 ユーロ
宗教 カトリック 78%、プロテスタント 5%など

PERSON 人

難民問題が生んだ？ 世界最年少首相

民主的に選ばれた国家指導者で世界最年少とされるのが、2017 年に 31 歳でオーストリアの首相の座に就いたセバスティアン・クルツ氏だ。

ほんの十数年前、大学入学前の休暇を使って日本にもバックパッカーとして来たことがあり、大学を中退して政界入り。なんと同国史上最年少の 27 歳で外務大臣、30 歳で国政政党の国民党党首という、華麗すぎる経歴の持ち主なのだ。

最年少首相誕生の背景には難民問題がある。長く移民受け入れに寛容な国だったが、2015 年に中東などからの難民が押し寄せると国民の不満が高まった。国民党党首に就任したクルツ氏は 2017 年 10 月の総選挙で、国境管理の厳格化や移民への給付金削減などを訴えて大きな支持を集め、ついに第 1 党に躍進したのだ。

ちなみに日本の歴代総理大臣で最年少での就任は、伊藤博文（初代）の 44 歳である。

確かにお若いですね（セバスティアン・クルツ大統領）

HISTORY

8 世紀末、フランク王国の東部辺境の伯爵領となったが、ゲルマン民族（ドイツ人）の支配と植民が続いた。1278 年ハプスブルク家の領有となり、1438 ～ 1806 年にかけては神聖ローマ帝国の王位を独占した。16 世紀半ばにボヘミアとハンガリーの一部を統合、1529 年、1683 年の 2 度にわたるオスマン帝国軍のウィーン包囲網を撃退した。18 世紀にはマリア・テレジアとヨゼフ 2 世が中央集権体制と重商主義政策を推進、絶対主義体制を確立した。1814 年ウィーン会議でオーストリア皇帝を首座とするドイツ連邦を結成したが、1866 年プロイセン軍に敗れた後、妥協してオーストリア・ハンガリー帝国（二重君主制）となった。第一次世界大戦で敗北、帝国は解体し、1918 年オーストリア共和国を宣言した。38 年ナチス・ドイツに併合され、大戦後は米・英・仏・ソ連により分割占領下におかれた。55 年 5 月国家条約に調印して独立を回復、永世中立国を宣言した。95 年 EU に加盟し、現在に至っている。

オランダ王国

Kingdom of the Netherlands

面積 4.2万km²（本土）
人口 1713万人
首都 アムステルダム
通貨 ユーロ
宗教 キリスト教（カトリック、プロテスタント）

CULTURE 文化

なぜ大麻の所持・使用が認められているのか

先進国のなかでオランダほどユニークかつ自由度の高い国はないかもしれない。その象徴的なもののひとつが、大麻を所持したり使用したりすることが容認されていることだ。

街なかでは“コーヒーショップ”がよく見られるが、それは喫茶店ではなく大麻を購入、吸飲する場所だ。18歳以上の成人であれば1人当たり1日5gまで購入できる。また大麻の個人的所持に関しても、30gまでなら罰せられることはない。

正確にいえば法律的に違法であるものの、健康リスクの低い大麻のみは上記のルールを順守している限り、刑事訴追の対象としないとするオランダ政府の方針による。薬物全般を制限することで危険性や常習性の高い薬物が非合法に広まるリスクを、大麻の容認によって減らそうという考え方だ。この国が薬物全般に寛容という意味ではないので要注意。コカインやヘロインといった薬物使用者には厳しい処罰が待っている。

コーヒーショップについても厳格に監督されていて、宣伝活動をしたり大麻以外の薬物の販売、未成年者を入店させるなどすれば罰せられる。大麻の在庫も500gまでと決められ、それ以上はダメ。店舗の営業許可については地方自治体に判断が委ねられており、コーヒーショップを許可しない自治体ももちろんある。

欧州と海外との交易拠点として多種多様な人々が往来する長い歴史をもち、かねてから深刻な薬物汚染に悩まされてきた国ならではの、「逆転の発想」ともいえる。

アムステルダムのコーヒーショップ

HISTORY

オランダ本土はヨーロッパ北西部に位置し、他にカリブ海のアルバ、キュラソー、サバ島、シントマールテン、シントユースタティウス、ボネール島を有す。

ライン川とマース川のデルタと干拓地からできた国土は、その4分の1が海面下の標高。歴史上ヨーロッパの交通の要衝であり、この地の領有をめぐり争奪が繰り返された。15世紀にはブルゴーニュ・ハプスブルク家、16世紀半ばからスペイン領。1581年北部7州のユトレヒト同盟が結束、スペインからの分離宣言を勝ち取った。海外雄飛への希求は国民的総意ともいえ、1602年東インド会社を設立、鎖国下の日本との関係など世界をまたにかけた覇権は17世紀になってイギリスとの競争に敗れ衰退。その後、フランスに併合されたが、1815年のウィーン会議で南北オランダが統合され王国として復活。第二次世界大戦ではドイツ軍に占領された。戦後は中立主義を捨て発足直後からNATO、EEC（現EU）に加盟。1960年には、隣国ベルギー、ルクセンブルクと関税同盟を結成。政体は立憲君主制をとり、経済的には従来の農業国から工業国に転換を遂げている。

北マケドニア共和国

Republic of North Macedonia

面積 2.6 万 km^2
人口 208 万人
首都 スコピエ
通貨 デナル
宗教 マケドニア正教

NATIONAL FLAG 国旗

国旗をめぐる隣国ギリシャとの緊張

1991年に制定されたマケドニア国旗

そもそも1991 年ユーゴスラヴィア社会主義連邦共和国から独立したときに制定された国旗（右）は、赤地に黄色い円形から 16 本の黄色い光彩が放たれたデザインだった。これは紀元前 7 世紀に、ギリシャの北部地域だったこの地に生まれた古代マケドニアの「ヴェルギナの星」と呼ばれた紋章であった。古代マケドニア王国といえば、かのアレクサンドロス大王（アレクサンドロス 3 世）がギリシャからインドにまたがる大帝国を築いたことで知られる。

ところがこの旗に待ったをかけたのが隣国のギリシャだった。そもそもマケドニアの名を、後世にこの地に定住したスラブ系民族が名乗るのは許し難い、ましてその紋章まで国旗に使用するとは言語道断というわけだ。

そこで、マケドニア側は 16 本の光彩を 8 本にして妥協を図ったのである。

マケドニアとの合意に反対するギリシャ人のデモ（2018 年）。大きなギリシャ国旗に「ヴェルギナの星」が加えられている

HISTORY

旧ユーゴスラヴィアを構成した共和国のひとつ。バルカン半島の中南部に位置する内陸国。北はセルビア、コソヴォ、西はアルバニアと国境を接する。国名はアレクサンドロス大王の古代マケドニアに由来。6 ～ 7 世紀にスラブ人が侵入、多数を占める。東ローマ帝国の支配下でキリスト教に改宗。15 世紀にはイスラムのオスマン帝国が征服、以降 500 年にわたり支配下に。1912 年第 1 次バルカン戦争でオスマン帝国が敗北、13 年第 2 次バルカン戦争の結果マケドニアはギリシャ、セルビアに分割、18 年にセルビア、クロアチア、スロヴェニアによるユーゴスラヴィア王国が成立、マケドニアはその一部となった。45 年ユーゴスラヴィア社会主義連邦共和国が成立。91 年連邦からの独立を宣言。以来ギリシャとの確執が絶えない。マケドニアはギリシャの地方名と主張するギリシャが国名使用に反対したため、93 年に暫定的な「マケドニア旧ユーゴスラヴィア共和国」として国連加盟。NATO 加盟に反対を続けたギリシャとは 2018 年に国名を「北マケドニア共和国」とすることで合意、19 年 2 月に国名を変更した。

ギリシャ共和国

Hellenic Republic

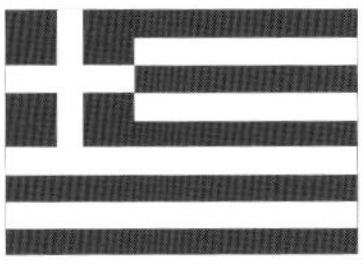

面積 13.2万km²
人口 1042万人
首都 アテネ
通貨 ユーロ
宗教 ギリシャ正教（国教）

TABLE 食卓

豆腐みたいな？ 国民食「フェタチーズ」

ギリシャ料理は健康長寿食として知られ、日本でも近年注目されるようになってきた。2010年には、スペインやイタリア、モロッコとともに共同提案し、「地中海料理」としてユネスコの無形文化遺産に登録された。

エーゲ海の豊かな魚介類や、世界一の消費量とされるオリーブオイルだけでなく、国民食として親しまれているのがフェタチーズと呼ばれるチーズの一種だ。

見た目が豆腐にそっくりな真っ白いフレッシュチーズで、ヤギとヒツジの乳からつくられるのが一般的だという。

フライパンで焦げ目がつくほど焼くのがおいしい食べ方だといい、まるで焼き豆腐のようでもある。ホロッとした触感にしっかりした乳のコクや塩味が特徴的で、パンにのせたりサラダや果物に添えたりする。料理の隠し味など調味料としても使われる。

見た目はまるで「冷や奴」だ。右上は焼いたフェタチーズ

HISTORY

バルカン半島南部、東はエーゲ海、西はイオニア海に面し、複雑な海岸線と大小3000余りの島々が点在する。ヨーロッパ文明の発祥の地である。前8世紀以降、アテネやスパルタでポリス（都市国家）が形成された。しかしポリス間の紛争で荒廃し、マケドニアに敗れ、次いでローマ帝国の属州となり、ローマ帝国の分裂後ビザンツ帝国に属した。この後19世紀まではオスマン帝国に支配された。1821年オスマン帝国に独立の戦いを挑み、露・英・仏の支援で32年独立を果たした。20世紀初めのバルカン戦争で領土を拡大したが、第二次世界大戦でドイツに占領され、解放後は政府軍と共産主義者との内戦が49年まで続いた。1967年軍事政権が王政を廃止、74年民政が復活した。80年NATOに復帰、81年EC（現EU）に加盟。2000年念願のユーロを導入したが、10年旧政権の赤字隠しをきっかけに財政危機が表面化、ユーロ加盟国からの支援を受け改革を進めている。04年、第1回大会から108年ぶりにオリンピック大会がアテネで開催された。

クロアチア共和国

Republic of Croatia

面積 5.7万km²
人口 410万人
首都 ザグレブ
通貨 クーナ
宗教 カトリック、セルビア正教など

WORLD HERITAGE 世界遺産

アドリア海の真珠「ドゥブロブニク旧市街」

クロアチアには歴史的建造物が多くある。本土とショルタ島を結ぶ海上都市・トロギールは紀元前約400年頃にギリシャの植民都市として建設され、15世紀の回廊や聖セバスティアヌス教会、9世紀頃といわれる聖バルバラ教会、ロマネスクとゴシック様式の混合した聖ロブロ教会、その内部の中世の絵画彫刻など見るべきものが多い。

しかし何といっても、長い歴史のなかで幾度も代わる宗主国の圧力に耐え、交易港として、あるいは独自の共和政体をもった自治都市として、変わらない発展を遂げたドゥブロブニクが最大の注目であろう。町を囲む城壁は8世紀頃の建築とされている。町が時代とともに拡大されるにつれ、城壁も拡張され、随所に防衛のための塔が造られていった。政治の中心・クネズ宮殿は12世紀、15世紀と数度に分けてゴシック様式とルネサンス様式が用いられた。17世紀の大地震で破損したが回廊、噴水、彫刻などは現存している。ルザ広場のスポンザ宮は1520年の建設で、経済の中心として税関や造幣局が入っていた。この広場に面して建つ聖ブラホ聖堂は1度焼失し、18世紀に守護聖人ブラホに捧げるために再建されたものである。町の至る所に歴史的建造物があるこの町も、1991年の内戦で大きな被害を受け、「危機に瀕する世界遺産」に登録されたが、その後復興が進み、1998年の京都会議でリストからはずされ、美しい町並みが蘇りつつある。

世界遺産のドゥブロブニク旧市街

HISTORY

バルカン半島北西部に位置する。北東部にドナウ平原が開けているが、山がちで平地は全土の20%。北西部は石灰岩層のカルスト地形が発達し、アドリア海沿岸は地中海気候で温暖だが、冬には北東から乾燥した寒風「ボア」が吹きつける。

古くからクロアチア人の祖先が定住していた。10世紀以降はハンガリー王国、オーストリアの統治下にあり、ハプスブルク帝国の1918年の崩壊まで支配下にあった。第一次世界大戦後の1918年セルビア人、クロアチア人、スロベニア人王国が成立、29年にはユーゴスラヴィア王国に改称された。39年クロアチア自治州が設けられ、大幅な自治が認められた。第二次世界大戦後はユーゴスラヴィア社会主義連邦人民共和国が再建されクロアチア共和国が形成された。70年には「クロアチアの春」が起こり、91年独立した。独立を阻止しようとする連邦軍との内戦に発展したが、国連軍の介入で停戦。その後はクライナ地方のセルビア系住民との内戦が再開されたがこれを制圧、2000年代に入って民主同盟による右派連合、中道左派と揺れ動きつつも一応の安定をみせている。

コソヴォ共和国

Republic of Kosovo

面積 1.1万km²
人口 179万人
首都 プリシュティナ
通貨 ユーロ
宗教 イスラム教（主にアルバニア人）、セルビア正教（セルビア人）等

LEGEND 伝説

なぜ米大統領の名が通りに？

首都プリシュティナの中心部で大通りが交差するが、標識を見たらビックリするだろう。ビル・クリントン大通りとジョージ・ブッシュ通りの交差点で、どちらも、元米国大統領の名前なのだから。

旧ユーゴスラヴィア解体の過程で、セルビア共和国の自治州だったコソヴォに多く住むアルバニア人が独立を求め紛争に。セルビア軍撤退の契機になったのがNATOによる空爆（1999年）だったが、それを支持したのが当時クリントン政権下の米国だった。さらに2008年、独立宣言を行ったコソヴォに対し、世界に先駆けて国家承認したのがブッシュ政権下の米国。2人はコソヴォにとって大の恩人というわけだ。

プリシュティナにはビル・クリントン元大統領の銅像が建てられ、その近くには同氏の妻の名にあやかった婦人服店「ヒラリー」まである。

プリシュティナに立つクリントン元米国大統領の銅像。右上はその近くにある婦人服店ヒラリー

HISTORY

バルカン半島の内陸部に位置し、セルビア・マケドニア・アルバニア・モンテネグロに囲まれている。先住民族はアルバニア人の先祖といわれるイシュリア人であるが、中世には長くローマ帝国、ビサンチン帝国の支配下におかれ、12世紀にはセルビア人によって王国が建国された。1389年のコソヴォの戦いにおいて、ムラト1世を殺害したものの、オスマン帝国に敗北。コソヴォにいたセルビア人の多くは西へと移り、過疎化したコソヴォにはイスラム教に改宗したアルバニア人が再び移住した。1913年、第1次バルカン戦争でトルコに勝利したセルビアはコソヴォを奪回。18年にユーゴスラビア王国の一部となった。45年にはユーゴスラビア社会主義連邦共和国が建国。コソヴォ・メトヒヤ自治区が設立され、のちコソヴォ自治州に改称された。経済的・社会的に差別されたアルバニア系住民は90年に「コソヴォ共和国」の樹立と独立を宣言するが、ユーゴ連邦が解体するなかにおいても国際的な承認は得られなかった。96年以降のコソヴォ解放軍とセルビア軍による武力闘争、いわゆるコソヴォ紛争の後、2008年にコソヴォ共和国は独立を宣言した。

サンマリノ共和国

Republic of San Marino

面積 61km²
人口 3.4 万人
首都 サンマリノ
通貨 ユーロ
宗教 カトリック（国教）

WORLD HERITAGE 世界遺産

世界遺産のなかで暮らす人々

13 世紀に都市国家としての共和国を形成したサンマリノは、近代化の波や大きな戦火を免れたおかげで中世ヨーロッパの建造物や町並みが数多く残った。

そのため現在も国家機能が集まる首都のサンマリノ一帯が 2008 年、「サンマリノの歴史地区とティターノ山」としてユネスコ世界文化遺産に登録されている。歴史地区では「フランシスコ会の修道院」（1361 年）や「サンタ・キアラ修道院」（1565 ～ 1609 年）、「ティターノ劇場」（1777 年）などが代表的な建造物だ。

サンマリノ国民の大半が世界遺産のなかで暮らしているといっても過言ではなく、ヨーロッパをはじめ全世界から中世ヨーロッパの面影を求めて観光客が訪れる。実際にこの国の GDP の半分以上が、観光によって賄われている。

空から見たサンマリノ市街

HISTORY

イタリア半島の中部、アペニン山脈のアドリア海側の山中にあるミニ国家で、世界最古の共和国。301 年にアルベ島出身でキリスト教徒の石工マリヌスがローマ皇帝の迫害を逃れ、ティタール山中に仲間とともに潜伏したのが起源と伝えられる。1263 年に共和制を樹立、13 世紀に一部、14 ～ 15 世紀に大部分の城壁を築いて首都を囲い、教皇庁勢力やイスラム教徒、ノルマン人の侵入に備えた。1463 年、リミニのマテラスタ家に侵略されるが撃退、逆に追撃して領土を拡大した。1631 年、教皇ウルバヌス 8 世より独立を承認され、ナポレオン戦争後の 1815 年のウィーン会議で国際的に独立が承認された。イタリア統一戦争中の 49 年、イタリアのジュゼッペ・ガリバルディ将軍をオーストリア軍から守り、また義勇軍を派遣したことから、62 年、イタリア統一の功労を名目に友好善隣条約を締結した。条約はサンマリノが国防・外交・教育・医療の面でイタリアに依存することを内容とするもので、事実上の被保護国化であるが、条約は現在まで更新されている。観光が最重要産業だが、1990 年代以降、金融や商業が発展している。

スイス連邦

Swiss Confederation

面積 4.1 万 km²
人口 865 万人
首都 ベルン
通貨 スイスフラン
宗教 カトリック 41%、プロテスタント 35%

WORLD RECORD 世界記録

全人口分の核シェルターがある国

現地でスイス人のお宅に招かれたあなたは、ワインや古本が保存されている地下室の壁の厚さに驚くだろう。それもそのはず、家々の地下室は原子爆弾の攻撃に遭っても身を守れるよう核シェルターになっているからで、扉の横には換気装置とガスフィルターが設置されている。

この国では 1962 年、建物の新築や改築の際に核シェルターを設置することが連邦法によって義務づけられた。700m 先で 12 メガトン級の核爆弾が爆発しても耐えられる強度を基準にして膨大な予算を投入した結果、2006 年時点で家屋や施設、病院に 30 万ヵ所、公共の防衛施設として 5100 ヵ所の核シェルターが存在。その収容能力は 860 万人分、なんと全人口が入っても余るほどなのだ（人口比 114%）。ノルウェーやフィンランドでも同じような法律を制定した経緯があるが、普及率ではスイスがダントツなのである。

さすがは永世中立国、戦争に巻き込まれて国が被害に遭うのはご免こうむりたいという国民性、危機回避をさぐる現実的な思想に基づいている。

ところが冷戦終結以降、核シェルター無用論が高まり、設置費用は経済的損失と考えられるようになって 2005 年、設置義務の撤廃を求める法案が議会に提出された。一旦は否決されたが、再提出後の 2011 年 3 月 10 日、可決された。まさに福島原発事故前日のことである。

名峰マッターホルン山麓を間近にみる村ツェルマット

HISTORY

中南部はアルプス山系の中央部と重なる位置にあり、マッターホルン、ユングフラウなど 4000m 級の山岳が連なる。元来はケルト系のヘルウェティイ人が部族国家を形成していた。前 58 年、ユリウス･カエサルがヘルウェティイ族を打ち破って占領、北の守りの地とした。5 世紀初頭、ローマ軍の撤退後にゲルマン系のブルグント人、アレマン人、ランゴバルト人が侵入し、現在の民族・言語構成の源流を形づくった。11 世紀、スイス全域は神聖ローマ帝国の一部とされ、13 世紀にはヨーロッパを南北に結ぶ交通の要衝として重要視されるようになった。1291 年、ウーリ、シュビーツ、ウンターヴァルデンの 3 邦が「永久同盟」を結び、各地域の自由と自治を守ることを盟約した。14 世紀に 5 邦が加わり、1499 年に神聖ローマ帝国から独立を果たし、13 邦同盟体制となった。18 世紀末にナポレオンが侵攻、ヘルヴェティア共和国を建国、短命に終わった。このとき「邦」がカントン（州）に呼び変えられた。1815 年のウィーン会議で永世中立国を宣言。48 年に憲法を制定して、22 のカントンからなる連邦国家を誕生させた。

スウェーデン王国

Kingdom of Sweden

面積 43.9万km²
人口 1009万人
首都 ストックホルム
通貨 クローナ
宗教 福音ルーテル派が多数

CULTURE 文化

世界4位のノーベル文学賞受賞者数

ミュージシャンのボブ・デュランが受賞したり、国内的には村上春樹の受賞がファンの間で待望されるなど近年、話題に事欠かないノーベル文学賞。ちなみに受賞者を国別でみると、スウェーデンは8人が受賞しており、その数では世界4位となっている。ノーベル文学賞を女性として初めて受賞（1909年）したセルマ・ラーゲルレーヴ（1858～1940）の作品としてあまりにも有名なのが『ニルスのふしぎな旅』（1906年）。魔法で小人になってしまった少年ニルスがガチョウにまたがってスウェーデン全土を旅する話だが、これは子ども向けの地理学習のための読み物として書かれたものだった。その後世界的ベストセラーとなり、大江健三郎が同文学賞受賞記念講演で幼少期に影響を受けた1冊に挙げたほど。

赤毛でそばかす顔の少女が友達と冒険の旅に出る『長くつ下のピッピ』（1944年）も知らない人はいないだろう。やはりスウェーデン人作家、アストリッド・リンドグレーン（1907～2002）の手によるもので、ほかに『名探偵カッレくん』『やかまし村の子どもたち』などの絵本でも知られる国民的童話作家だ。

それ以外にも絵本『ペッテルとロッタのクリスマス』のエルサ・ベスコフ、『小さなバイキングビッケ』のルーネル・ヨンソンなど、子どもの頃に誰もが一度は手にとったであろうスウェーデン発の絵本は多い。

ノーベル文学賞を受賞したアストリッド・リンドグレーンが描かれたスウェーデン20クローナ紙幣。ピッピの絵も添えられている

HISTORY

スカンディナビア半島の東側を国土とし、国土の8.5%を湖沼が占める。古代においてはスベア人が諸部族を統合し、5世紀末ごろから東西交易を中心に活動した。9～11世紀にはヴァイキングが跋扈し、東はロシアからアラブ世界、西はイングランドまで遠征して略奪、建国、交易を行った。13世紀にフォルクンガ朝がフィンランドを含む地域を統一。1397年、ノルウェーとともにデンマーク王を同君と担ぐカルマル同盟を受け入れ、実質デンマークの支配下となった。1523年、同盟から離脱、グスタヴ1世がバーサ朝を建てた。ロシアと争い、95年にエストニアとナルバの割譲を得ると、グスタヴ2世が三十年戦争に介入して活躍、バルト帝国を確立した。バーサ朝からプファルツ朝に代わって後の1700年、カール12世がデンマークに侵攻して大北方戦争に突入、敗れてバルト海沿海地域の支配を失った。1809年にフィンランドをロシアに割譲、同年、国王と議会で権力を二分することを定めた「新政体書」を公布した。14年にデンマークからノルウェーの割譲をうけたが、ノルウェーが1905年に独立して現在に至る。

スペイン王国

Kingdom of Spain

面積 50.6 万 km²
人口 4675 万人
首都 マドリード
通貨 ユーロ
宗教 カトリック

ARCHITECTURE 建築

いつまで続く？ サグラダ・ファミリアの建築

世界的な観光地のスペインで最も有名な観光スポットといえるのが、1 世紀を超えてまだ延々と建築中のサグラダ・ファミリア（日本語名は聖家族贖罪教会）である。2005 年に世界遺産に登録されたこともあり、世界中から観光客がどっと詰めかけて大人気。もともとは貧しい人々の救済のために民間の「サン・ホセ・カトリック協会」が 1882 年に建設を計画したもので、当時は無名の建築家アントニ・ガウディ・コルネット（1852 〜 1926）が途中から建築を引き受け、最初から設計をやり直した。

スケールの大きな異色の芸術家ガウディはゴシック様式に幾何学を取り入れるなどして独自の発想で構造を考え、植物・動物・怪物などをリアルに細かく装飾した独創的なデザインやキリスト教の物語性を組み込んだ。その代表傑作がこれだ。

ガウディは 1926 年に死亡したが、細部までの設計図を残しておらず、弟子たちが作成した資料も戦争などで消失していて、建設は中断した。その後、残されたわずかな資料を元にガウディの設計構想を推測するといった形で現在も建造・修繕が続けられている。彫刻家の外尾悦郎が主任彫刻家として日本人として初めて建築作業に参加し、外側はほぼ完成したが、今後は教会内部を装飾する。完成すると 95m×45m の 5 廊式ラテン十字プランの上に、170m の塔を中心に 18 本の塔が林立する人類史上最も象徴主義的な大聖堂建築になるといわれる。

完成予想は 2026 年前後を目指しているが、あと 100 年、いや 200 年かかると見る向きも。そのすぐ近くにあるカテドラル教会は完成までに 400 年以上かかったというから何とも気の長い話だ。

バルセロナのサグラダ・ファミリア

HISTORY

ヨーロッパ大陸南西部のピレネー山脈南側、イベリア半島の 5 分の 4 を占める。北東はフランス、西はポルトガルに接し大西洋と地中海に面する。ローマ帝国の属領だったが 5 世紀にはゴート族の国家が成立。8 世紀にはイスラム教徒のムーア人が支配したが、13 世紀以降レコンキスタと呼ばれる国土回復運動が始まり、15 世紀にはスペイン王国を形成した。16 世紀スペイン国王カルロス 1 世は神聖ローマ皇帝を兼任し、ドイツ、オランダなども手中に欧州最強の国家となった。アメリカ大陸、フィリピンにまで版図を延ばし「太陽の沈まぬ国」となった。しかし、16 世紀末にはオランダ、ポルトガルの独立、無敵艦隊のイギリスによる敗北、そして 17 世紀に入りハプスブルク家の崩壊と、ブルボン王朝の隆盛がとってかわった。19 世紀、ナポレオンのスペイン侵攻に乗じてアメリカ大陸にあった植民地を失い国力は衰退。1931 年リベラ将軍の軍事独裁をへて、共和制に移行した。36 年に発足した人民戦線内閣にフランコ将軍が反乱を起こし、「スペイン市民戦争」が勃発。勝利したフランコ将軍の独裁が 75 年まで続いた。その死後、王政が復活、民主化が進んだ。82 年 NATO、86 年 EC（現 EU）に加盟。

スロヴァキア共和国

Slovak Republic

面積	4.9 万 km²	通貨	ユーロ
人口	546 万人	宗教	カトリック 69%、プロテスタント 7%
首都	ブラチスラヴァ		

WORLD HERITAGE 世界遺産

カルパティア山地のスロヴァキア地域の木造教会群

スロヴァキアは北にタトラ山地、東にカルパチア山脈の北西山麓域を擁し、国の西端に位置する首都ブラチスラヴァ一帯の平地を除くと、小さな山国の趣がある。そんな限られた範囲に、ローマ・カトリックからプロテスタント、東方正教会、東方典礼カトリック教会など、異なる宗派の信仰が共存してきた。宗派ごとの教会は、伝統的な木造様式に加え、ゴシック様式やルネサンス様式、バロック様式を取り込みながら運営されてきた。そうした木造教会がプレショフ地方の北東部を中心に 50 棟以上現存する。そのうちの代表的な 8 つの教会と 1 つの鐘楼が 2008 年、世界文化遺産に登録された。

ローマ・カトリック教会のうち、ヘルバルトウ村に残るアッシジの聖フランチェスカ教会は、木造では珍しい背の高い教会だ。ゴシック様式の祭壇から 15 世紀後半の建造と推測される。トゥバルドシーンの諸聖人教会も同じ頃のもので、17 世紀にプロテスタントのルネサンス様式に改修された。星空を描いた 17 世紀の天井画がある。

プロテスタント系は、1717 年再建のケジュマロクの教会、1689 年完成のレシュティニの教会、1726 年竣工のフロンセクの教会の 3 カ所（すべてルター派）。釘など一切の金属を使わず、塔を持たないなどもしい制約のもとに建造された。ケジュマロクとレシュティニは内装が美しく、フロンセクは長さが 23m と 18m の棟が十字架の形に交差する構造をもつ。

世界遺産の木造教会

東方教会系は、いずれも東方典礼カトリック。1658 年建造のボドルジャルの聖ニコラオス教会、3 つの塔を備えるラドミローバの大天使ミカエル教会（1742 年）、1720 ～ 30 年建造のルスカーメビストラーの聖ニコラオス教会は、農家の伝統的家屋に似た幾何学的な屋根が特徴で、2 つの塔をもつ。

HISTORY

中央ヨーロッパの内陸部に位置し、全体の 8 割が海抜 750m 以上の高地だが、ドナウ川流域に平野も広がる。先住民はケルト人で、紀元前後にローマ人やゲルマン人の諸族も居住した。民族大移動でゲルマン人が立ち去った 4 ～ 6 世紀に重なる形で西スラブ人が移住した。6 世紀末にアヴァール人が支配、9 世紀初めにフランク王国が倒すと、西部地域に西スラブ人がニトラ公国を形成した。833 年に同系のモラヴィア公国と合邦して大モラヴィア国を建国。906 年に崩壊、11 世紀までにハンガリー王国の版図に組み込まれた。16 世紀前半、ハンガリー王国がオスマン帝国に敗れ、直轄地とトランシルヴァニア公国とハンガリー王国に 3 分割され、スロヴァキア地域はハンガリーに属した。19 世紀に入ると民族再生の機運が高まったが、1867 年のオーストリア・ハンガリー二重帝国の成立によって停滞を余儀なくされた。第一次世界大戦後の 1918 年、チェコスロヴァキアに編入。第二次世界大戦期にナチス・ドイツに一時解体されたが、戦後はソ連型の社会主義国として復活。68 年に「プラハの春」民主化運動後、69 年に連邦制へ移行。92 年連邦を解体して 93 年独立。2004 年 EU へ加盟。

スロヴェニア共和国

Republic of Slovenia

面積　2万km²
人口　207万人
首都　リュブリャナ
通貨　ユーロ
宗教　カトリックが多数、他にイスラム教など

SIGHTSEEING 観光

美しい自然と花があふれる街

日本の四国と同じぐらいの面積しかない国だが、国土の66％が森林で多様な自然を擁している。北西側にはアルプス山脈の南端、ユリアン・アルプスがそびえ、南側には地理用語の「カルスト」の語源となったクラス地方の石灰岩台地が広がる。西はアドリア海に面し、東にはワインの産地ありと、自然のさまざまな景観にこと欠かない。

観光地として有名なのは、ユリアン・アルプスの山々に囲まれて“アルプスの瞳”と称されるブレッド湖。湖の中央に小島があり、小舟で景色を楽しみながら渡ると、15世紀に建てられた聖マリア教会の、高さ55mの美しい尖塔がたたずんでいる。

スロヴェニアには多くの鍾乳洞がある。代表的なのはヨーロッパで最大、世界でも第3位の規模を誇るポストイナ鍾乳洞と、世界遺産のシュコチアン鍾乳洞群。ポストイナ鍾乳洞は全長27kmもある。内部にはコンサートホールと呼ばれる広い場所があり、実際に数千人の観客を集める音楽会が開催されている。

首都のリュブリャナはハプスブルク家時代の面影を残し、赤屋根の連なりが美しい旧市街は、中世の雰囲気を漂わせている。リュブリャナ城跡や三本橋の隣にある竜の橋、町の歴史を再現するバーチャル・ミュージアムなど、見どころは尽きない。花を愛する国民で、バルコニーや窓際にきまって飾られている色とりどりの花の寄せ植えが旅する者の心を和ませてくれる。

クリスマスにライトアップされたポストイナ鍾乳洞の内部

HISTORY

バルカン半島北西部に位置し、国土の大半はアルプスに連なる山岳地帯。古くはローマの支配地として植民都市エモナ（現リュブリャナ）などが建設された。6世紀後半、スロヴェニア人の祖先がサヴァ川上流と周辺に定住、アヴァール人に従属した。8世紀の中頃にはフランク王国の統治をうけ、カール大帝の治世にカトリックを受容して西方教会の勢力下におかれた。布教はドイツ人による植民活動を伴っており、ドイツ要素の浸透が進んだ。13世紀後半以降はハプスブルク帝国下に編入され、1867年からはオーストリア・ハンガリー二重帝国の支配下となった。19世紀初頭以降、民族意識が高まりをみせた。第一次世界大戦後の1918年12月、セルビア国王ペータル1世を国王とする「セルビア人・クロアチア人・スロヴェニア人王国」が建国されたが、スロヴェニア人地域がイタリア、オーストリア、ハンガリーの領土に残り、少数民族化した。第二次世界大戦後の45年11月、「ユーゴスラヴィア連邦」内のスロヴェニア共和国。91年6月25日に連邦から独立を宣言、10月8日に発効した。2004年5月、EUに加盟。

セルビア共和国

Republic of Serbia

面積 7.7 万 km²
人口 701 万人
首都 ベオグラード
通貨 ディナール
宗教 セルビア正教、イスラム教、カトリック

PERSON 人

この国が生んだ2人の偉人

この国の出身者で世界的な偉人を2人紹介しよう。

まず、テニス界で史上最高のプレーヤーのひとりといわれる、ノヴァク・ジョコビッチ。2003年に16歳でプロデビュー、これまでに4大大会制覇（グランドスラム）は歴代3位(優勝17回)、マスターズ1000で歴代2位（優勝34回）を誇る。2018年には史上初となる、マスターズ1000の9大会すべての制覇という偉業キャリア・ゴールデンマスターズを達成したのだ。

もうひとりは20世紀の電気工学者ニコラ・テスラ。クロアチア生まれのセルビア人で、アメリカに渡りエジソン研究所に入る。現在の送電のしくみである交流伝送方式やテスラ変圧器などを考案したほか、テスラ無線通信の発展に貢献した。物理の磁束密度の単位にもテスラの名が用いられる。米イーロン・マスク氏が創業した電気自動車メーカーの「テスラ」もそうだ。

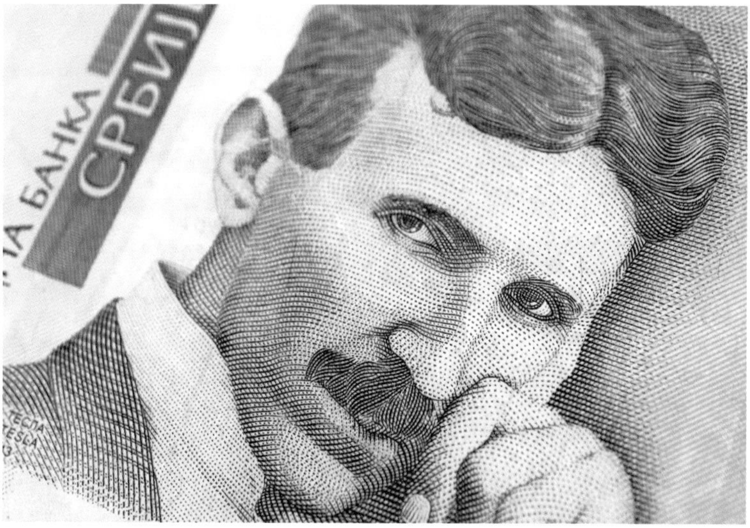

セルビアの紙幣に描かれるニコラ・テスラ。上はテニス選手のノヴァク・ジョコビッチ

HISTORY

バルカン半島中央部に位置し、中部以北には肥沃な平野が広がる。セルビア人がバルカン半島西部に定住したのは7世紀で、当初は諸部族に分かれて抗争を続けていたが、8～12世紀にかけて隣接するブルガリア王国とビザンチン帝国の支配下となった。1168年、ステファン・ネマーニャが現在の西南部地方を統一、ビザンチン帝国の支配から脱し、ネマニッチ朝を建国した。後継王たちが国内統一や領土拡大に尽力し、14世紀の半ばに最盛期を迎えた。しかし1389年のコソヴォの戦いでオスマン帝国に敗れて衰微、1459年にオスマン帝国の完全支配下に落ちた。1830年、オスマン帝国宗主権下の自治公国に。その後、オスマン帝国がロシアとの戦争に敗れ、78年のベルリン条約でセルビア王国の独立が承認された。第一次世界大戦後、「セルビア人・クロアチア人・スロヴェニア人王国」を建てた。第二次世界大戦後の1945年11月、ユーゴスラヴィア社会主義連邦共和国を成立させたが、91～92年にスロヴェニアほか3共和国が離脱して独立したコソヴォと関係改善で合意し、EU加盟へ向け交渉が進む。

チェコ共和国

Czech Republic

面積 7.9 万 km²
人口 1070 万人
首都 プラハ
通貨 チェコ・コルナ
宗教 カトリック 10.3%、無宗教 34.3%

WORLD HERITAGE 世界遺産

「北のローマ」プラハ

ヴルタヴァ川のたもとから像が並ぶ石造りのカレル橋はプラハのシンボル。1357 年に造られ、石像は 30 人の聖人たちだ。そのなかには日本へキリスト教を伝えたフランシスコ・ザビエルの像もある。橋の向こうにそびえ立つプラハ城の眺めはまさに絶景。9 世紀に建設が始まり聖堂や公園なども増設され、圧倒的な偉容を誇る聖ヴィート大聖堂のゴシック様式と大伽藍は 20 世紀に現在の姿になったもの。

この町はスラヴ民族が 8 〜 9 世紀頃にキリスト教の布教と合わせて定住するようになり、司教座がおかれ発展していった。14 世紀にボヘミア王が神聖ローマ皇帝となり、首都をプラハとし、カレル大学や旧市庁舎等を建設し、現在のような景観を整えた。

チェコ出身の著名人は作曲家のスメタナ、ドヴォルザークを始め作家のカフカ、チャペック、画家ミュシャ等が思い浮かぶが、彼らはプラハ抜きには考えられない。

プラハの街並み（中央がカレル橋）

HISTORY

ヨーロッパ中部に位置する内陸国。国土中央のボヘミア盆地から北へエルベ川が流れる。プラハを中心としてボヘミア、東部のモラヴィア、北部のシロンスクなどの地方からなる。かつてスラヴ諸族が定住していたが、9 世紀前半に「大モラヴィア国」が栄え、チェコ、スロヴァキアの統一民族国家を形成。やがて神聖ローマ帝国の支配下となる。ボヘミア王国、ルクセンブルク家などさまざまな国家に制圧された後、1804 年オーストリア帝国・ハプスブルク家の支配をうけ第一次世界大戦までその支配下に。1918 年チェコスロヴァキアとして独立。第二次世界大戦中はナチス・ドイツに蹂躙されたが 45 年ソ連により解放、48 年共産党が政権を掌握。60 年チェコスロヴァキア社会主義共和国となる。68 年第 1 書記ドプチェクの下で、「プラハの春」と呼ばれる自由化路線が推進されるが、ソ連を中心とするワルシャワ条約機構軍により鎮圧。77 年反対派知識人による憲章 77 運動が起こり、89 年民主化運動の「ビロード革命」により共産党政権が倒壊。93 年連邦解体に向かい、チェコとスロヴァキアそれぞれが独立国家となる。2006 年以降社会民主党と中道右派の連立政権などが続いている。04 年 EU に加盟。

デンマーク王国

Kingdom of Denmark

面積 4.3 万 km²
人口 579 万人
首都 コペンハーゲン
通貨 デンマーク・クローネ
宗教 福音ルーテル派（国教）

MYSTERY ミステリー

メルヘンの国の人魚姫

デンマークの首都・コペンハーゲン港の岩の上に、エドワード・エッセンが制作した「人魚姫の像」が据えられている。この国を代表する童話作家・アンデルセンの悲しい愛の物語『人魚姫』を表現している。では、『人魚姫』とはどんな物語なのだろうか。

人魚王には 6 人の娘がいた。その末娘が 15 歳になったとき、海の上で人間を見ることが許される。船上の王子を見て、心を奪われた人魚姫は、嵐の中で難破しかけた船から王子を救助する。王子に恋いこがれる姫は、人魚であるため、王子に会うことができない。そこで海の魔女から、自分の美しい声と引き換えに尻尾を人間の脚にかえる薬をもらうが、歩くたびに脚に激痛が走るのだった。それでも、姫は城で暮らすことができるようになるが、「もし、王子が他の娘と結婚するようなことになれば、姫は海の泡となって消え失せる」と魔女にいわれていた。王子は自分を助けた姫に気づくことなく、別の女性と結ばれることになった。人魚姫を憐れに思った姉妹は魔女から預かった短刀で王子を殺せば、元の人魚にもどることができるという。そうでなければ海のもくずとなって消えてしまう。悩み抜いた人魚姫は海に身を投げて死んでしまう。空気の中で漂う魂の精となってしまうのであった。

この銅像は小さなもので、なかなか探し当てられず、観光客が歩き回る姿がよく見られるという。派手なことを嫌う国民性が表れているというべきだろう。ハンス・クリスチャン・アンデルセンは『即興詩人』『みにくいアヒルの子』『裸の王様』『マッチ売りの少女』など、数々の名作童話を書き、1875 年 70 歳で生涯を閉じた。

コペンハーゲン港の観光名物「人魚姫の像」

HISTORY

ヨーロッパ北部ユトラント半島および周辺の島（約 500）からなる。コペンハーゲンはシェラン島にある。高緯度のわりには北大西洋海流の関係で全土が温帯に属している。

8 世紀頃からヴァイキングで知られるノルマン人が住みつき、11 世紀以降はデンマークとノルウェー、スウェーデン、次いでイングランド北海帝国を築いた。16 世紀に至ってスウェーデンを分離、19 世紀にはノルウェー割譲などで国力が衰えた。1849 年憲法発布、立憲君主制に移行した。20 世紀に入って第一次世界大戦では中立、第二次世界大戦ではドイツに占領された。1944 年アイスランドが独立。73 年 EC（現 EU）に加盟した。欧州、環大西洋の活動とグローバルな協力関係が外交の基本。国連平和維持活動（PKO）にも参加している。2011 年中道左派が勝利し女性首相が誕生した。生活水準、社会保障など福祉先進国として世界のトップクラスである。

ドイツ連邦共和国

Federal Republic of Germany

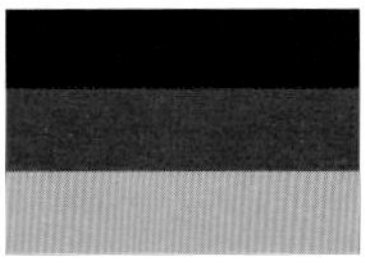

面積 35.8 万 km²
人口 8378 万人
首都 ベルリン
通貨 ユーロ
宗教 プロテスタント、カトリック、イスラム教

この国と日本

近代化にあたり日本が多くを学んだ国

ドイツと日本との最初の接点は、16 世紀後半、九州のキリシタン大名の名代として 1582 年から 1590 年にヨーロッパへ派遣された天正遣欧少年使節に求めることができる。使節がドイツを訪ねた記録はないが、1586 年にアウグスブルグで「日本島からのニュース」と題する印刷物が発行されており、そこには天正遣欧少年使節の肖像画がかなり克明に描かれている。一方、使節はドイツ生まれのグーテンベルク印刷機を持ち帰り、初めて日本語書物の活版印刷が行われた。

ドイツ人が日本を訪れたのは 17 世紀末のこと。レムゴー出身の医師エンゲルベルト・ケンペルは 1691 年と 92 年に江戸幕府第 5 代将軍徳川綱吉に謁見し、著書『日本誌』の中で綱吉について「非常に英邁な君主であるという印象を受けた」と記している。その後 1823 年には、ヴュルツブルク出身の医師シーボルトが来日、鳴滝塾を開設して西洋医学（蘭学）を教えたほか、日本の文物をヨーロッパに持ち帰り広めた。

国家としての直接外交はプロイセン王国（現ドイツ）の軍艦が品川沖に来航した 1850 年代以降である。1858 年の日米修好通商条約締結で幕府が開国すると、プロイセン王国も日本と国交を樹立、1861 年に日普修好通商条約を成立させたが、ほかの欧米諸国との条約同様、日本側に不利な不平等条約であり、明治維新後もそのまま引き継がれ 1911 年まで続いた。

明治政府は近代国家建設を目的に 1871 年から 1873 年にかけて岩倉使節団を欧米に派遣し、使節団はドイツにも立ち寄った。ドイツ首相ビスマルクにも謁見したが、同時にドイツが蝦夷（北海道）を植民地にする計画があることを知り、欧州列強の植民地化を免れるためにも西欧諸国の規範を学び、近代化を図る必要を感じたとされている。日本は軍事、法制、医学などをはじめとする多くの分野でドイツを手本として発展してきたといえる。

シーボルトの生誕 200 年（1996 年）にドイツで発行された切手

HISTORY

ヨーロッパ大陸の中央部にあって広大な平原、丘陵地、高原とアルプスの国土。古来ゲルマン民族が居住してフランク王国を形成、カール大帝の下で大帝国に成長したがやがて 3 王国に分裂、東フランク王国が後のドイツの母体である。オットー 1 世が神聖ローマ帝国（第 1 帝国）を創設。16 世紀宗教改革で国土は荒廃、300 余りの領邦がひしめいた。1806 年神聖ローマ帝国崩壊、15 年国家連合組織ドイツ連邦が成立したが、ビスマルクのプロイセンが最強となり普仏戦争をへて 71 年、統一国家ドイツ帝国（第 2 帝国）。1918 年第一次世界大戦で大敗し、ワイマール共和国が成立。39 年ドイツのポーランド侵攻で第二次世界大戦に突入。ナチス政権の台頭（第 3 帝国）。45 年の敗戦で米英仏ソにより分割統治され、49 年東西ドイツに分断。61 年「ベルリンの壁」が築かれた。80 年代末、東欧の民主化運動が東ドイツにも波及、「壁」は破壊され、90 年西ドイツの主導で 41 年ぶりに再統一された。急テンポの統一政策は社会的混乱を招くが、98 年の総選挙で社会民主党が勝利し、フランスとともに EU の核となって 2005 年キリスト教民主同盟で旧東ドイツ出身のメルケルが初の女性首相に就任。

ノルウェー王国

Kingdom of Norway

面積 32.4万km²
人口 541万人
首都 オスロ
通貨 クローネ
宗教 ノルウェー国教会（福音ルーテル派）

NATURE 自然

オーロラと雄大なフィヨルド

ノルウェー観光の目玉は、何といってもフィヨルドとオーロラ。西海岸を南北に連なるフィヨルド地帯。フィヨルドとはノルウェー語で「入り江」という意味。氷河に浸食されて深いU字谷ができたもので、なかでもソグネ・フィヨルドは、ヨーロッパ最長、最深で、全長204km、深さ1306mもある。ここをめぐるツアーは人気があり、世界中から毎年50万人もの観光客が訪れる。

次いでオーロラ。ノルウェー北部の北極圏で見ることができる。今ではオーロラ観測ツアーも数多く組まれている。夏場は太陽が沈まず日照時間が長いので、見ることができない。9月頃から4月頃までがよい。

上はノルウェーの雄大なフィヨルド。下は冬季のオーロラ

HISTORY

スカンディナビア半島の西部にあり、国土の大部分を山岳氷河と深く入り組んだフィヨルドが占め平地は少ない。北極海にスヴァールバル諸島、ヤンマイエン島、南大西洋にブーベ島を領有。9～11世紀のヴァイキング時代の中心的存在であった北方ゲルマン人が9世紀末には統一王国を築いていた。その後、14世紀にノルウェー王家が黒死病（ペスト）で断絶、デンマークの属領になったりの転変の後1905年王国として独立。第二次世界大戦中はドイツの占領下にあった。戦後、福祉国家を目指し実現、対外的にはNATO創設メンバーで、多国間との関係強化を進めている。さらに、パレスティナ・イスラエルの和平仲介（オスロ合意）や2007年には当時のストルテンベルグ首相の地球温暖化対策、クラスター爆弾使用禁止にも尽力するなど、内政外交ともに打ち出される施策の数々は、注目されている。北欧の一国にとどまらぬ積極姿勢は、これからの国際関係のなかで示唆的である。世界有数の漁業国、海運業も盛ん。水力発電利用のアルミ精錬、パルプ、造船などの工業も発達している。

ハンガリー

Hungary

面積 9.3万km²
人口 966万人
首都 ブダペスト
通貨 フォリント
宗教 カトリックが多数を占め、少数のプロテスタント

EVENT 出来事

メルボルン大会で起こった“血の水球事件”

南半球で初めて開催されたメルボルン・オリンピック大会（1956年）。この大会は、ハンガリー動乱に介入したソ連に抗議してオランダ、スペイン、スイスなどがボイコット。さらに第２次中東戦争の影響でエジプトなども同様にボイコットするなど、オリンピックに当時の政治対立が露骨に反映された。“当事者”だったハンガリーは大会に出場していた。

この国は水球では強豪国として知られる。その試合の準決勝で、当のソ連と激突することになったのだ……。前大会では優勝しており、前評判ではハンガリー優位とみられていた。

水球は“水中の格闘技”と呼ばれるほどの激しい競技。勢い余って殴る、蹴るの乱闘になることも珍しくない。異様な雰囲気のなかで観客も、両国代表らによる試合を見守った。

４対０でハンガリーがリードしていたときのこと。何がきっかけになったのか不明だが、突然選手同士が水面下での蹴りあいから肘打ち、集団の殴り合いに発展してしまったのだ。ついには流血する選手も出て、このままでは試合続行が不可能と審判が試合を止めた。そのままハンガリーの勝利が認定され、決勝へ。ユーゴスラヴィアに快勝し、ハンガリーは“波乱”の金メダルを獲得したのだ。オリンピック史に残る、“血の水球事件”である。

ヨーロッパで最大規模とされるブダペストのセーチェニ温泉

HISTORY

中央ヨーロッパに位置。国土の中央を流れるドナウ川とテイサ川流域の地味豊かな平地と、西部や北東部の丘陵地帯に囲まれた降水量の少ない大陸気候の地で構成されている。896年に、アジア系のマジャール人が建国。諸部族が統一され、1000年にハンガリー王国が成立し、15世紀後半には中央ヨーロッパ最大の強国となった。だが、その後、オスマン帝国との戦いに敗れ、国土は三分割される。19世紀に入るとオーストリア・ハンガリーの二重君主国となるが、第一次世界大戦により二重君主国は崩壊。新しくハンガリー共和国が樹立したが、長続きせず、1920年のトリアノン講和条約により国土が分割される。それに不満を持った右翼急進主義グループが、ナチス・ドイツに接近。三国同盟にも加盟するが、敗戦によりソ連が介入する。56年民主化を求めるハンガリー動乱が起こるが，ソ連の軍事介入によって鎮圧された。共産主義政府が崩壊後、国名も人民共和国からハンガリー共和国となり、99年にNATOに、2004年5月にはEUに加盟。

フィンランド共和国

Republic of Finland

面積 33.8 万 km²
人口 554 万人
首都 ヘルシンキ
通貨 ユーロ
宗教 福音ルーテル派（国教）、正教会

SPORT スポーツ

奥様運び世界大会って何だ？

なんとも風変わりな「奥様運び世界大会」なるものが、東スオミ州サヴォ郡ソンカヤルヴィで開催されている。

競技の内容は、奥様役の女性を担いで障害のあるコースを早く走るというもの。19 世紀後半、ソンカヤルヴィの森に住みつき、村々から食料や女性を強奪した盗賊の伝説をもとに生まれたのだという。運び方はおんぶやだっこに肩車、女性が男性の首回りを脚で挟み、男性の背後に逆さまでぶら下がって男性の腹部にしがみつくエストニア・スタイルというものもあるそうで、どんな姿勢であれ女性を落としたら失格だ。

運ぶ女性は必ずしも奥様でなくともよいが、体重は 49kg 以上でなくてはならない。それで 200m 以上を走り抜けるのである。

ちなみに、優勝者には運んだ女性の体重と同じ量のビールが贈られるそうだ。

フィンランド・ラッピ州にあるアミューズメントパークのサンタクロース村。申し込むとクリスマスにサンタからの手紙が届くそうだ。右上は切手に描かれた奥様運び大会

HISTORY

ヨーロッパ北東部、スカンディナビア半島の東端を占める。最も高緯度に位置する国のひとつで 3 分の 1 が北極圏に属す。森林は陸地の 74%、周囲 200m 以上の湖は 6 万余、湖水面積は 3.2 万 km² におよぶことから“森と湖の国”と呼ばれる。1 世紀以降フィン人とサーミ人が定住していた。1155 年頃スウェーデン人が侵攻して征服、キリスト教が伝来した。13 世紀にはほぼ全域をスウェーデンが支配。19 世紀初頭にはこの地をロシアに割譲、ロシア皇帝が大公を兼ねるが、自治権の制限をし始める。これに反発し 20 世紀に入ってから国民議会が創設され、欧州初の婦人参政権が導入された。1917 年のロシア革命に乗じて独立を勝ち取り、共和国となった。1939 年からの冬戦争で旧ソ連に敗北、国土を割譲した。48 年ソ連とは友好協力相互条約を締結したが、ワルシャワ条約機構には参加せず。95 年 EU に加盟。2000 年、ハネロン外相が初の女性大統領に当選、中道右派政権が成立した。早い時期から人権、社会制度などが成熟しており、政治家のクリーンさは世界でもトップクラスである。

フランス共和国

French Republic

面積 64万km²
人口 6751万人
首都 パリ
通貨 ユーロ
宗教 カトリック、イスラム教、プロテスタント、ユダヤ教

ARCHITECTURE 建築

渡るのが怖いほど高い橋がある!?

フランス南部のアヴェロン県にある中心地ミヨーに、世界一クラスの高さを誇るミヨー橋がある。タラン川沿いの深い峡谷をつなぐこの橋は橋桁を斜めに張ったケーブルで吊る斜張橋で、全長2.5km、中央部の橋脚の高さが245m、上部の塔まで入れると336.4m。なんと東京タワー（333m）を超えてしまうほどの高さなのだ。

1980年代、ミヨーを通って南のスペインとの間を結ぶ幹線道路は、週末のたびに大渋滞を引き起こしていた。このため、峡谷を横断する高架橋の建設が進められ、2004年に完成したのがミヨー橋だった。

完成当初は文字通り世界一の高さだったが、2012年に同じ斜張橋で高さ402mのバルアルテ橋（メキシコ）が完成、世界一の座は譲った。当初の制限時速は130キロとされたが、多くの車が写真を撮ろうと減速してしまうため、110キロに下げられたという逸話がある。

耐用年数は120年というが……（2点ともミヨー橋）

HISTORY

ヨーロッパ大陸の西部、大西洋と地中海にはさまれた本土と、海外県として、仏領ギアナ、グアドループ、マルティニーク、レユニオンからなる。本土は南東部にヨーロッパ・アルプス、南西部をピレネー山脈に接する。古来ケルト人が居住していたが前1世紀頃ローマ帝国の支配下に、5世紀にはフランク族が建国。いくつかの王朝をへて10世紀には南フランスを征服、英国との百年戦争の後にルイ11世が全国土を制圧するに至った。17世紀にルイ14世が絶対王政を確立。1789年フランス革命が起こり、王政を廃して共和制に。1804年ナポレオン帝政、14年ブルボン王朝が復活したが、2月革命で第2共和制、ルイ＝ナポレオンの第2帝政、普仏戦争に敗れた後、パリ・コミューンをへて、第3共和制、第二次世界大戦におけるドイツの占領から復活して1946年ドゴールによる第4共和制、そしてさらにドゴールの再登場で第5共和制が誕生。57年ヨーロッパ経済共同体（現・欧州連合EU）の設立に参画。ヨーロッパ随一の食料自給率（穀類で176%。11年）を誇り、外国人旅行者受入数では世界一（8445万人。15年）という農業、観光大国でもある。

ブルガリア共和国

Republic of Bulgaria

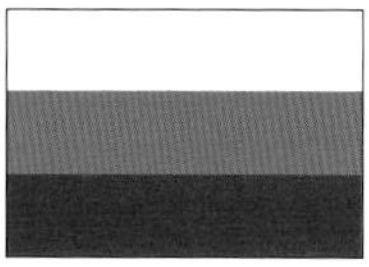

面積 11万km²
人口 694万人
首都 ソフィア
通貨 レフ
宗教 ブルガリア正教（多数）、イスラム教、カトリックなど

TABLE 食卓

ヨーグルトは、日本人の味噌のようなもの

この国の名前を聞くと、日本人なら誰でもヨーグルトを連想するほど。実際はどうなのかというと、やはり現地では家庭で簡単に作る身近な常備食なのだ。庭か近くの山から葉のついた小枝を切り取ってきて、牛乳の中に入れる。一晩おくと、ヨーグルトができあがっているのだという。

牛乳だけでなく水牛やヤギの乳でつくるなどさまざまな種類があるそうで、いわば日本の味噌に近い食品だ。そのまま食べるより、スープや料理のベースに使うところも似ている。

消費量も半端ではなく、OECDの統計によれば、主要国1人当たりの年間消費量はブルガリアが32kgでダントツ。ちなみに2位はオランダの21kgで、日本は5kgだそうだ。

ブルガリア菌を発見したのも同国の医師スタメン・グリゴロス（1878～1945）であった。ヨーグルトの入っている壺からヨーグルトを作り出す菌を発見、ブルガリア菌と名づけたのである。この国の独特な気候が、この菌を生んだともいえよう。グリゴロスはその業績が評価され、フランスなどで研究の舞台が用意されたが、自国で結核治療法の研究中に亡くなったという。

スープもサラダもヨーグルト（左はキュウリやニンニクを入れた冷製スープ「タラトル」。右はヨーグルトのサラダ「スネジャンカ」）

HISTORY

670年カフカス地方北部からブルガール人が侵入し、スラブ人を服従させ、681年ブルガリア国を誕生させた。10世紀初めにはフランク王国と並ぶ大国となったが、1018年ビザンツ帝国に併合された。1187年帝国を再興したが、14世紀末にはオスマン帝国の支配下に入った。露土戦争の結果、サンステファノ条約でロシアの意向で傀儡としての「大ブルガリア公国」が構想されたが、ロシアの南下政策を危険視したイギリスとオーストリア・ハンガリー帝国の呼びかけでベルリン会議が開かれ、領土を縮小され、1878年オスマン帝国に貢納する自治公国となった。1908年青年トルコ革命をきっかけとして独立を宣言。12～13年のバルカン戦争では最後に大敗し領土をさらに縮小した。30年代半ばは国王による独裁政治が行われたが、第二次世界大戦後王政を廃止、ブルガリア人民民主主義共和国となりソ連の衛星国になった。ソ連崩壊後自由化路線に転じ、90年ブルガリア共和国と改称。2007年にEUへ加盟。

ベラルーシ共和国

Republic of Belarus

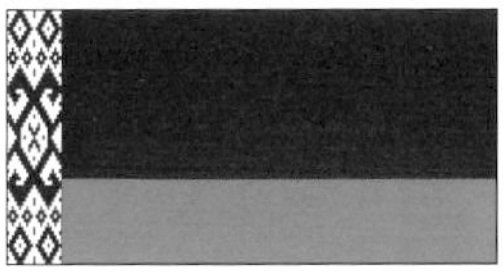

面積 20.8 万 km²
人口 944 万人
首都 ミンスク
通貨 ベラルーシ・ルーブル（BYR）
宗教 ロシア正教、カトリック

EPISODE エピソード

いまだ言論統制されるチェルノブイリ原発事故

1986 年 4 月 26 日、ウクライナの最北部にあるチェルノブイリ原子力発電所事故が発生した。約 30 年が経過した現在も、原発から半径 30km以内の地域での居住は禁止され、北東へ向かって約 350kmの範囲内には局地的な高濃度放射能汚染地域（ホットスポット）が約 100 カ所にわたって点在し、同地域では農業や畜産業などが全面的に禁止されている。

最も被害が甚大だったのが、ベラルーシ共和国の南東部、ホミェリ（ゴメリ）州を中心とする地域で、事故発生当時、折からの南風にのって放射性物質が国境を越えて飛散、降下したとされている。

旧ソ連の科学者の報告によると当時、約 83 万人がこの区域に居住し、約 1 万 500 k㎡ が 555kBq/㎡を超えるセシウム 137 で汚染されたが、そのうちの 7000k㎡はベラルーシ領内だった。

ベラルーシのジャーナリスト、スヴェトラーナ・アレクシエーヴィッチが取材・執筆した『チェルノブイリの祈り』（1997 年）は、チェルノブイリ原子力発電所事故に遭遇した人々の証言を取り上げながら真実に迫った作品として、世界中で高い評価を得た。しかしベラルーシでは独裁政権によっていまだに事故に対する言論統制が敷かれており、自国内では出版されていない。ちなみに、アレクシエーヴィッチは『チェルノブイリの祈り』のほか多数の優れたノンフィクション作品を手がけ、ジャーナリストとしては初となるノーベル文学賞を 2015 年に受賞した。

ベラルーシ西部スラブゴロドに建てられたチェルノブイリ事故の犠牲者を追悼する記念碑

HISTORY

6 ～ 8 世紀にかけて東スラブ諸族がこの地に移住し始めたが、この末裔たちが現在ベラルーシ国民の 8 割以上を占める「ベラルーシ人」である。11 ～ 12 世紀、ポロック公国、トゥーロフ公国、スモレンスク公国などが伸張したが、13 世紀以降リトアニア大公国に臣従、1569 年ルブリン合同でポーランドの支配下に入った。このとき多くの正教徒が合同教会（教義はカトリック、典礼は正教）への改宗を強要された。18 世紀末、ポーランド分割でベラルーシはロシア帝国領になり、1840 年になると「ベラルーシ」という地名の使用も禁止された。ロシア革命の後ベラルーシ人民共和国をつくったが、まもなく崩壊、1919 年ベラルーシ・ソビエト社会主義共和国となった。第二次世界大戦ではドイツ軍に占領され、ドイツ敗退後は再びソ連に吸収された。ソ連崩壊後の 91 年ベラルーシとして独立。94 年からルカシェンコ大統領による長期政権が続いている。

ベルギー王国

Kingdom of Belgium

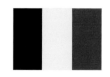

面積 3万km²
人口 1159万人
首都 ブリュッセル
通貨 ユーロ
宗教 カトリックが多数

SPORT スポーツ

1920年アントワープ五輪の出来事

1920年に開かれたアントワープ・オリンピック。第一次世界大戦が終わって平和を取り戻したばかりのこの大会にまつわるトピックスを。

五輪メダリストがノーベル賞を受賞したという珍しいケースもこの大会で生まれた。選手の名はイギリスのフィリップ・ノエル・ベーカー、陸上1500mに出場、見事銀メダルに輝いた。

ベーカーは第一次世界大戦終了後のパリ講和会議で、ウィルソン米大統領等とともに国際連盟の創設に尽力し、設立後は自ら事務局員となった。その後、ロンドン・スクール・オブ・エコノミクス（LSE）教授となり、その後下院議員に。チャーチル内閣などで閣僚となり、反戦・平和の思想を貫いて大戦後は「核兵器廃絶・軍縮」を訴えた。その活動で59年にノーベル平和賞を受賞したのだった。

日本はこれが2度目の参加で、技量的にもまだまだ。このとき競泳種目に日本人として初参加したのは2人。泳法もクロールなどではなく、古来からの「水府流片手抜き泳法」なるものだったという。

2012年ロンドン大会の馬術に71歳で出場した法華津寛選手が日本人として最高齢記録と話題になったが、上には上がいる。このアントワープ大会に射撃で出場したスウェーデンのオスカー・スバーン。72歳と280日だったが、それでも銀メダルの好成績をあげたのだからすごい。

ブリュッセルの大広場グランプラス

ベルギーチョコ

ベルギーワッフル
©OPT-Philippe Lermusiaux

HISTORY

ベルギーの国名はローマ征服以前にこの地域に住んでいたベルガエ人に由来する。ローマ帝国崩壊後、何世紀にもわたって領邦が林立したが、16世紀半ばハプスブルク家がネーデルラント（今のオランダ、ベルギーを含む地域）の実権を握った。16世紀後半スペイン軍が占領したが、北部7州はオランダ共和国として独立した。1713年のユトレヒト講和条約でベルギーはオーストリア領になり、1789年独立運動（ブラーバンド革命）が起こったが、鎮圧された。その後、フランス、次いでオランダに併合され、1830年フランスの7月革命をきっかけとして独立を宣言した。1831年憲法を制定したが、三権分立や議会制を定めており、当時としては最も民主主義的なものだった。19世紀、コンゴを領有。第一次、第二次世界大戦ではドイツに占領された。第二次世界大戦後独立を回復、1957年スパーク外相の構想の下にローマ条約（EEC設立条約）が調印され、これが今日のEUに発展し、その基礎となった。93年憲法改正で連邦制に移行し、主として言語の違いによる区分けとなっている。

ポーランド共和国

Republic of Poland

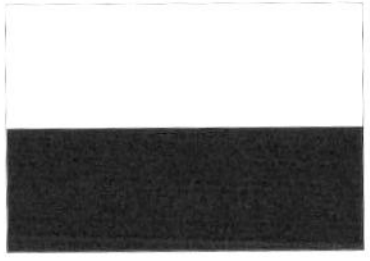

面積 31.3 万 km²
人口 3784 万人
首都 ワルシャワ
通貨 ズロチ
宗教 カトリック 88%

INDUSTRY 産業

ポーランドの伝統工芸「ポンプキ」

ポーランドは 17 世紀にはシレジアと呼ばれ、ガラス工芸で有名なボヘミア（現在のチェコ共和国）と国境を接していたことから、同様にガラス工芸も伝統産業である。

代表的なものにクリスマスツリーに飾り付けられる「ポンプキ(ポンプカ)」と呼ばれる吹きガラスのオーナメントがある。英語で「ポーリッシュ・グラス・ボール」と呼ばれるもので、ガラスの玉に赤や青、金、銀などで彩色され絵つけを施した玉飾りで、この国の伝統的工芸品のひとつだ。ポンプキに描かれるモチーフは聖人や雪景色、民族的模様などで、サイズも大小さまざまなものがある。また、形も球形だけでなく、水滴形や家、天使、魚などを象ったものまでバラエティも豊富だ。ポーランド土産として人気が高いが、きわめて薄く繊細で壊れやすく、運搬には細心の注意が必要となる。

ポーランドの重要な特産品としては琥珀があげられ、その生産は圧倒的に世界一を誇る。琥珀はバルト海沿岸で多く産出する天然樹脂の化石であり、世界の琥珀産業の 80% がポーランド最大の港湾都市グダンスク市にあり、また世界の純正琥珀製品のほとんどがグダンスク地方で製造されているという。

ワルシャワにお目見えした巨大クリスマスツリー

HISTORY

リトアニア、ベラルーシ、ウクライナ、スロヴァキア、チェコ、ドイツに囲まれた共和国。ヨーロッパの回廊といわれるように、ヨーロッパを東西に分ける中央部に位置し、古くから東西交流の要であった。1025 年ポーランド王国が成立、15 世紀から 17 世紀にかけて東ヨーロッパ最大の王国として名を馳せた。その後衰退、18 世紀末にロシア、プロイセン、オーストリアの 3 国により分割され滅亡。第一次世界大戦後、共和国として独立をしたのも束の間、1939 年旧ソ連とドイツに再び分割。41 年にはナチス・ドイツが占領した。戦後、旧ソ連の実質支配のもとにあり、その意を体した国民統一臨時政府が発足。戦後処理を決めたヤルタ会談の結果、国土は戦前よりも西に移動。第二次世界大戦の犠牲で人口の 5 分の 1 が死亡。52 年人民共和国憲法を制定したが、旧ソ連の支配に抵抗する人々の大暴動が起きる。80 年には労働者の自由管理組織「連帯」が誕生、社会主義国として前例のない権利を確保したが、旧ソ連の圧力で戒厳令布告、「連帯」は非合法化。しかし、89 年復権、国会選挙で圧勝、東欧初の非共産政権が生まれた。ワレサ大統領のもと 99 年には NATO 加盟、2004 年には EU 加盟。

ボスニア・ヘルツェゴヴィナ

Bosnia and Herzegovina

面積 5.1 万 km²
人口 328 万人
首都 サラエボ
通貨 兌換マルク
宗教 イスラム教、セルビア正教、カトリック

SPORT スポーツ

共産圏初の冬季オリンピック、サラエボ大会

サラエボはユーゴスラヴィア時代の 1984 年 2 月、共産圏としては初めて冬季オリンピックが開かれた場所だ。夏季としての初めはソ連のアフガン侵攻に抗議して日本を含め自由主義陣営がボイコットしたモスクワオリンピック(80 年)。

サラエボ大会では東ドイツが金 9・銀 9・銅 6、計 24 個を獲得。ソ連は総計で東ドイツを上回ったが、金が 6 個しか取れなかった。米国は金 4・銀 4・銅 0 で計 8 個だった。米国を総計で上回ったフィンランドは金 4 は同数ながら銀が 3 個しか取れなかった。さらにノルウェーも総計では米国を上回ったが金は 3 個、銀は 2 個しか取れなかった。

日本勢は 500m スピードスケートで期待の黒岩彰選手が失速して 9 位に終わるが、下馬評が低かった北沢欣浩が銀メダルを取った。結果はメダル 1、入賞者ゼロという惨敗だった。

ボスニア・ヘルツェゴヴィナ紛争でサラエボ五輪施設も多くが破壊された。写真は落書きだらけで廃墟のようになったリュージュ競技施設。右上はリュージュが描かれたカンボジアのサラエボ五輪記念切手

HISTORY

旧ユーゴスラヴィアを構成していた共和国で、北部のボスニア地方、南部のヘルツェゴヴィナ地方からなる。15 世紀にオスマン帝国の支配下に入り、1908 年にはオーストリア・ハンガリー帝国の支配下に入った。サラエボでオーストリア皇太子を暗殺する事件がきっかけで第一次世界大戦が始まった。第二次世界大戦後、ユーゴスラヴィア連邦人民共和国の 1 共和国を構成。91 年、主権国家を宣言したのちに内戦に突入したが、95 年のデイトン和平合意で終結。現況では、国内はボスニア・ヘルツェゴヴィナ連邦（略してボスニア連邦。イスラム教徒とクロアチア人で構成）とセルビア人共和国（別称スルプスカ共和国）に分かれている。両方とも大統領と議会を持ち、国全体の元首は、双方の首脳で構成された幹部会議長。一種の集団指導体制である。国会議員もボスニア・ヘルツェゴヴィナ連邦とスルプスカ共和国の各議会から選出される上院（15 人）と直接選挙で選ばれる下院で構成される。EU への加盟をめざしている。

ポルトガル共和国

Portuguese Republic

面積 9.2万km²
人口 1019万人
首都 リスボン
通貨 ユーロ
宗教 カトリックが多数

MUSIC 音楽

“運命”を意味する民族歌謡「ファド」

ポルトガルにはファド（Fado）という民族歌謡がある。ファドは“運命”あるいは“宿命”を意味し、現地でヴィオラと呼ばれるギターの奏でる悲しみを帯びた独特の旋律とともにせつせつと歌われる。

19世紀初頭に生まれたとされるこのファドを世界中に知らしめたのは歌姫アマリア・ロドリゲス（1920〜1999年）だ。ポルトガルのリスボンを舞台にしたフランス映画『過去をもつ愛情（LES AMANTS DU TAGE）』（1954年公開）のなかで彼女によって歌い上げられたファドは、作品をより印象づけるとともに、力強く扇情的である。

近年では若手の台頭も著しいが、アマリア・ロドリゲスの人気はポルトガルのなかでいまだに衰えていない。このファドはユネスコの世界無形文化遺産に2011年、登録された。

（左）ファドで盛り上がるマデイラ島の老人たち。（右）ファドに使われるポルトガルギターは独特で、12弦になっている

HISTORY

ヨーロッパ大陸の南西部、イベリア半島の西端、さらにはユーラシア大陸の最西端に位置する。東と北をスペインに接し、西と南は大西洋に面する。1143年ポルトガル王国成立。1249年、イスラム支配から領土を取り戻すレコンキスタ（国土回復運動）に勝利した。15世紀ポルトガルは、ヴァスコ・ダ・ガマやカブラルら探検航海者を支援、積極的に海外に乗り出し、アメリカ、アフリカ、アジアにまたがる一大海洋帝国を形成した。とりわけ南アジアからの香料貿易を独占し、莫大な利益をあげ、その利益によって絶対王政が確立された。その後、国力が衰退、ハプスブルク朝スペインに併合されたが、1640年王政復古戦争によりスペインから独立。1822年最大の植民地だったブラジルが独立。1910年共和国となったが、26年軍事独裁政権が権力を掌握。その後登場したサラザール首相による独裁が続いたが、74年国軍革新派による無血クーデターでサラザール体制は終わり、最後の植民地帝国は終焉した。76年には、民主体制が誕生、NATO活動への参加、ブラジル・アフリカのポルトガル語圏諸国との関係強化を促進している。

マルタ共和国

Republic of Malta

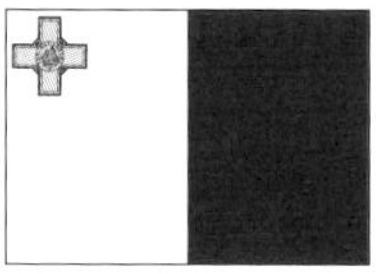

面積 315 km²
人口 44 万人
首都 バレッタ
通貨 ユーロ
宗教 カトリック

ARCHITECTURE 建築

蜂蜜色に輝くマルタストーンによる中世建築群

首都バレッタの街の完成は16世紀に遡る。「ルネサンスの理想都市」といわれる美しさを兼ね備えた石造りの堅固な要塞都市で、随所に中世の雰囲気が漂い、街全体が世界遺産に登録されている。

その美しさを支えているのは、市街の建築材に多用されている“マルタストーン”と呼ばれる島特産の石灰岩だ。日の光を受けると、街を取り囲む城壁や教会などの大型建築はもちろん蜂蜜色に輝き、その反射は路地裏まで届き街全体が黄色味を帯びていく。立ち並ぶ家々には“ガラリア”という木造の出窓があるが、これもバレッタの伝統的な建築様式であり、赤や青、緑などカラフルな色調がそれぞれに施されている。

また、マルタ島とゴゾ島合わせて約30基の巨石神殿がある。いずれも先史時代、紀元前4500年〜前2000年頃に築かれた人類最古の石造建築物で、巨石を積み上げて造られている。そのうち6基の神殿が「マルタの巨石神殿群」として世界遺産に登録され、イムナイドラ神殿、タルシーン神殿、ハジャーイム神殿などが一般公開されている。これらの巨石文明は紀元前19世紀頃に忽然と姿を消したとされているが、最大で数十トンもの巨石をどのように運び、どのように積み上げたのかは謎といわれる。

日を浴びて独特の色合いを醸し出すバレッタの街並み

HISTORY

地中海の中央（シチリア島の南約93km）に位置し、マルタ島、ゴゾ島、コミノ島からなる。前5000年頃には既に人が住んでいた。前800年頃、フェニキア人が訪れ、その後、カルタゴが植民した。前218年、ローマ帝国の支配下に入る。5世紀にはビザンツ帝国、9世紀から12世紀の長きにわたって、イスラム教徒に支配された。その結果、マルタ文化にはアラブ的影響が色濃く残っている。近代に至り1798年ナポレオンが占領、1800年にはイギリス軍が占領、14年ウィーン議定書に基づきイギリスの植民地となった。マルタは地中海における軍事的要衝としてイギリス海軍の重要な拠点となった。第二次世界大戦後、1964年、英連邦のもとで独立を達成、国連に加盟した。74年共和制に移行、79年イギリス海軍完全撤退をもって約180年に及ぶイギリス支配が終了した。87年制定の新憲法で非同盟・中立を明文化。89年にはマルタ島で米ソ首脳が会談、冷戦終了を確認したことはよく知られている。2004年、EU加盟。近年、地中海の海洋資源、大陸棚地下資源の開発で注目されている。

モナコ公国

Principality of Monaco

面積 2 km²
人口 3.9 万人
首都 モナコ
通貨 ユーロ
宗教 カトリック

EPISODE エピソード

王妃グレース・ケリー、交通事故死の悲劇

世界的大女優として知られたグレース・ケリー(1929～82)。ゲーリー・クーパーと共演した西部劇『真昼の決闘』に大抜擢されてスターダムにのし上がり、『裏窓』や『泥棒成金』などのヒッチコック映画に出演、1956年に『喝采』でアカデミー主演女優賞を受賞した。

この美貌を射止めたのが、カンヌ国際映画祭で知り合ったモナコ公国大公レーニエ3世。時を経ずして1956年に婚約、結婚。モナコ大聖堂（サン・ニコラ大聖堂）で行われた華麗なロイヤル・ウエディングの模様は世界中に中継され、モナコを世界に知らしめるのに大いに寄与した。大女優から王妃（公妃）への華麗なる転身であった。

その後、公妃として大公とともに世界中を訪れ81年に来日。神戸、京都をめぐり有馬温泉に宿泊したりした。しかし、悲劇は日本を訪問した翌年に起きた。9月13日、愛車ローバーを自ら運転して南仏の別荘からモナコへ戻る途中に脳梗塞に襲われ、ガードレールに激突。そのまま40mの崖から転落してクルマは大破した。公妃はすぐさま病院に搬送されたが死亡。享年52歳。挙式時と同じモナコ大聖堂で行われた葬儀には、各国の王族、要人をはじめフランク・シナトラらハリウッド俳優も数多く参列した。

モナコの中心地でモナコグランプリも開かれるモンテカルロ。左上はグレース・ケリーをあしらったモナコの切手

HISTORY

フランス南東、コートダジュール（リヴィエラ）地方の小国。地中海に面し、夏季は高温多湿、冬季は温暖湿潤。古代ギリシャ時代に、フェニキア人、ギリシャ人、カルタゴ人が訪れ、建設されたヘラクレスの神殿モノイコスがモナコという地名の起源となった。中世にはゲルマン人、アラブ人の侵入をうけた後、ジェノヴァの統治下におかれた。16世紀になると、スペイン、フランスに占領されたが、フランス革命後のウィーン会議の結果、モナコとして復活。今度はサルディーニャ王国の保護下におかれた。1911年、憲法制定でモナコは立憲君主国となった。62年の諸改革で、元首の権限の制限や議会の公選制など民主化が進んだ。93年国連に加盟。2002年憲法改正で女子への王位継承が認められた。05年、女優グレース・ケリーをロイヤル・プリンセスに迎え世界中の話題となったレーニエ3世が死去、後継は長男のアルベール2世。同年フランス・モナコ友好協力条約が発効。観光が主産業だが、その他にカジノ（公認賭博場)、切手販売、F1レースでも有名。

モルドヴァ共和国

Republic of Moldova

面積 3.4万km²
人口 403万人
首都 キシニョフ
通貨 レイ
宗教 キリスト教（正教）が優勢

MUSIC 音楽

大ヒット「恋のマイアヒ」を生んだ3人組

「♪マイアヒ〜マイアフ〜……」。この曲を聞けば誰もがああ、あの歌ねと思い出すだろう。曲名は『恋のマイアヒ』。2005年頃からラジオなどでブレークしはじめ、翌年には携帯電話の着うたとしては異例の400万ダウンロードを記録する大ヒット曲となった。

歌っていたのはO-Zoneという男性3人組グループで、いずれもモルドヴァ共和国出身である。彼らは音楽活動を母国でスタートしたが、2002年に隣のルーマニアへ移り、自分たちの音楽を受け入れてくれるレコード会社を探した。しばらくしてルーマニアで知られるようになり、それからヨーロッパ市場へ。そこで生まれたのが世界的ヒットとなるこの曲だった。

ちなみにこの曲のルーマニア語による原題は“Dragostea Din Tei”、直訳すると“菩提樹からの愛”。明るいメロディーとは裏腹に、恋人との別れを歌った失恋ソングなのだ。

現在も活躍する『恋のマイアヒ』を作曲したO-Zoneのダン・バラン（2018年）。バンドは2005年に解散したが、2017年に再結成している

HISTORY

現在の国名となったのは、1991年の独立宣言から。南東ヨーロッパに位置する共和国。ソ連とルーマニアの角逐のなかで生まれた極めて人工的な国家である。14世紀にこの地方をモルドヴァ公国（現ルーマニア）が領有し、16世紀にトルコの支配下に。19世紀初頭にロシアの併合をうける。ロシア帝国崩壊後の1917年にモルドヴァ自治共和国として独立宣言をし、ルーマニアと統合されるが、ドニエストル川東岸などをソ連はモルダヴィア・ソヴィエト社会主義自治共和国とした。40年にルーマニアから獲得した地域を合わせて再編した結果、現在のような領土となった。ソ連はモルドヴァ民族主義を抑え込んだが、ペレストロイカで息を吹き返した。91年に独立したが、ドニエストル川東岸に多いロシア系住民が「沿ドニエストル共和国」分離独立を宣言し、武力衝突。現在も、沿ドニエストル共和国の処遇をめぐってモルドヴァとロシアなどの間で交渉が続いている。

モンテネグロ

Montenegro

面積 1.4万 km^2
人口 62万人
首都 ポドゴリツァ
通貨 ユーロ
宗教 キリスト教（正教）、イスラム教など

WORLD HERITAGE 世界遺産

1900mの大渓谷をもつ山岳地帯

この国の山岳地帯は、ドゥルミトル国立公園が大半を占め、1980年に世界自然遺産に登録されている。最高峰はドゥルミトル山のなかのボボトヴ・ククで標高2528m。氷河期に形成され起伏に富み、オオカミやヒグマ、イヌワシなど希少種の動物も多く生息している。国立公園内のタラ渓谷の深さはヨーロッパでもっとも深い(1900m)。

ほかに世界遺産の登録を受けているものにアドリア海沿岸の古都コトルがある。コトル湾に面した港として、古代ローマ時代からアドリア海交易の地として知られてはいた。中世になってこの海域の覇権を握っていたヴェネチア共和国が築城した城壁が今も残されており、市内の建物にもヴェネチアの影響が色濃い。近年、大型客船による地中海クルーズなどで人気の観光地として発展しつつある。

「コトルの自然と文化歴史地域」として世界遺産登録されたコトル旧市街。上はコトルの城塞跡

HISTORY

北はボスニア・ヘルツェゴヴィナ、東はセルビア、南はアルバニアと接するバルカン半島諸国の一国。アドリア海に面している沿岸部は地中海性気候で夏季は高温乾燥。旧ユーゴスラヴィアを構成した共和国である。6世紀から7世紀にかけてスラブ系民族がバルカン半島に南下し、現在のモンテネグロをなす山岳地帯に定住した。その後、14世紀にはセルビア王国がオスマン帝国の支配下に入るが、モンテネグロは実質的に独立状態を維持した。16世紀にセルビア正教の主教職ブラディカが政治的支配権を確立し、神政国家を形成した。第一次世界大戦後、セルビア人・クロアチア人・スロヴェニア人王国が形成されると、セルビアに編入された。第二次世界大戦後、ユーゴスラヴィア社会主義連邦共和国が宣言されると、最小の共和国を構成した。その後、ボスニア内戦をへて2003年になると緩やかな国家連合セルビア・モンテネグロに移行したが、06年独立を問う国民投票が実施された結果、同年独立した。その結果、旧ユーゴスラヴィアは完全に解体した。07年新憲法を制定し、国名をモンテネグロ共和国からモンテネグロに変更した。

ラトヴィア共和国

Republic of Latvia

面積 6.5 万 km²
人口 188 万人
首都 リガ
通貨 ユーロ
宗教 東部はカトリック、西部はプロテスタント。ロシア系はロシア正教

CAPITAL 首都

「バルト海の真珠」古都リガ

　首都リガはドイツの影響が色濃く残る都市である。13 世紀以降、北部ドイツから入植者がこの国に入ってきた。彼らはリガ、ハンブルグ、リューベック、ブレーメンの 4 市で「ハンザ同盟」を結び、繁栄した。リガには現在も、4 階建ての尖った屋根を持つ特徴的なドイツ商人の倉庫街が残っている。真面目で几帳面な職人気質を持つドイツ人らしく、仲間うちで組織する同業者の組合「ギルド」を組織した。

　ギルドは、商人が集まる「グレートギルド」と手工業者が参加する「スモールギルド」に大別されるが、いずれにしてもドイツ系の力が強く、非ドイツ系はなかなか加入できなかった。

　その 1 人であった非ドイツ系の商人が昔、屋根の上に、しっぽをギルドの会館に向けた猫の飾りを置いて、ユニークな抗議をこころみたという言い伝えがある。それが、今やリガの観光名所のひとつになっている「猫の家」だ。長い歴史をへて、猫は今、ギルドの会館のほうを向いている。

クリスマスの飾り付け（リガ）

クリスマスのイルミネーション（リガ）

HISTORY

　バルト三国の真ん中。国土は平坦だが、約 4 割が山地。東部丘陵地帯には湖が多い。紀元前からラトヴィア人の祖先とされるバルト系諸民族が定住していたが、13 世紀以後は、隣接する諸外国勢の勢力下に。ドイツ、ポーランド、ロシア、リトアニアなどがそうだが、そのなかでもロシアが強力で 18 世紀末までにロシア帝国の支配下に入る。第一次世界大戦が始まるとドイツ軍に対抗して、独特のライフル団を組織するなど抵抗。20 世紀前半は国土が常にボリシェヴィキ対ドイツ、ソ連対ドイツの戦場になった。

　第二次世界大戦終結後は、ソ連を構成する共和国になり、農業の集団化を強制されると同時にその地理上からソ連の軍事拠点に。だがゴルバチョフ時代から国土の緑を守るなどの環境保護運動から独立運動に発展し、1991 年に独立。独立を求める集会で、禁止されていた古い歌を歌うことを手段としたことから「歌う革命」といわれた。2004 年、EU に加盟。

リトアニア共和国

Republic of Lithuania

面積 6.5万km²
人口 272万人
首都 ビルニユス
通貨 ユーロ
宗教 カトリック、ロシア正教、プロテスタントなど

この国と日本

「命のビザ」ユダヤ難民にビザを発給した杉原千畝

第二次世界大戦中に私たちの生命を救ってくれた日本人の外交官がいる……。その外交官こそ、リトアニアの領事代理だった杉原千畝であると駐日イスラエル大使館が発表したのは1969年のことだった。杉原の名前もリトアニアという国についても、この発表を聞く前まではほとんどの日本人は知らなかった。

39年10月、ポーランドを占領したドイツ軍は、本国内で行われているユダヤ人弾圧をポーランドでも展開し始めた。生命の危険を感じたユダヤ人たちは国外脱出を図るが、ソ連との関係が深いリトアニア経由の脱出ルートが最も安全だと判断する。日本政府がユダヤ人差別を行っていなかったため、日本のビザ（当時は、満州国の通過ビザ）が有効だと考えたのである。

在リトアニア日本領事館に彼らが申請すると、杉原領事代理は独断で通過ビザを発給した。当時の外務省は、杉原の問い合わせに「日本通過後に第三国に入国できるビザと旅費、滞在費を所持している難民だけに発給せよ」との訓令を出している。当時、世界的には認められていなかった満州国の存在をアピールすると同時に世界の金融を握っているユダヤ民族への配慮が、この訓令の背景にあったといわれる。杉原は訓令を拡大解釈し、期限切れのパスポート所持者や行き先のあてのない者、所持金がほとんどない貧しい者にもビザを発給。その人数は彼がリトアニアを退去するまでに2139名にのぼった。

この人道的な行動により69年と85年の両年、彼はイスラエル政府から顕彰された。

首都ビルニユスの桜公園にある杉原千畝氏の顕彰碑

HISTORY

バルト三国のうち最も南。大部分が平地で、東はベラルーシ、南西部はポーランド、ロシア連邦に接する。13世紀、リトアニア公国が誕生するが、16世紀にポーランド領、18世紀末にはロシア領。さらに1918年、ドイツの占領下で独立したが、40年、ドイツ、ソ連の秘密協定によりソ連に併合された。90年、ソ連より独立宣言。独立宣言直後にソ連軍部隊が投入され、市民らが殺傷されるという事件が起きたが、旧ソ連での保守派クーデター未遂後の91年9月、リトアニアは独立を果たす。以降、貿易面ではロシアへの依存を縮小し、EU諸国との結びつきを強めている（EU加盟は2004年）。独立後に大統領制を導入、09年に初の女性大統領が就任した。同国ではユダヤ難民に日本通過ビザを発給した杉原千畝の存在が知られており、日本との関係も良好である。

リヒテンシュタイン公国

Principality of Liechtenstein

面積 160 km²
人口 3.8 万人
首都 ファドーツ
通貨 スイス・フラン
宗教 カトリックが約80%、プロテスタント7%

ARCHITECTURE 建築

丘の上にそびえる城

ファドーツ城は首都ファドーツにある、リヒテンシュタイン公の官邸である。創建は12世紀頃と考えられている。

主郭と東側の部分が最も古く、城内の聖アンナ礼拝堂は中世の建築と推定される。主たる祭壇は、後期ゴシック様式となっている。1499年のシュヴァーベン戦争ではスイス原初同盟によって放火されたこともあり、1905年と1920年に大規模な修復が行われ、さらにヨーハン2世統治下の1920年代初頭にも実施されている。1930年代初頭にはフランツ・ヨーゼフ2世によって拡張がなされた。1938年以来、ファドーツ城がリヒテンシュタイン家の第一の居城である。

城の高台からはファドーツの町やライン川などを一望できるが、ハンス・アダム2世とその家族が住む官邸のため、普段は中に入ることはできない。ただし、建国記念日の8月15日には城の庭が国民に開放され、飲み物や食事が無料で振るまわれるという。

リヒテンシュタイン大公の居城、ファドーツ城

HISTORY

スイスとオーストリアに接する小国。ローマ時代、ローマの属国の一部となり、2世紀頃にゲルマン民族の一部であるアレマン人が流入。中世に入り、現在の首都名となってファドーツ伯爵が領土を形成。その後1719年、それらの土地を得たリヒテンシュタイン家に神聖ローマ皇帝が自治権を与え、リヒテンシュタイン公国が成立。1806年帝国解体後、同国はライン同盟、ドイツ連邦などに属するが66年ドイツ連邦解体で独立。隣国オーストリアとの関係を強めるが、第一次世界大戦終了後はスイスとの関係を強化した。現在でも、国内でスイスフランが流通するほか、外交もスイスが代行するほどの密接ぶり。非武装中立で、68年以来軍隊は保有していない。日本とは1996年6月から正式に外交を持つようになった。ドイツ系の外国人が人口の3割を占め、農業、工業国から銀行、金融部門が国の主力に変わりつつある。

ルーマニア

Romania

面積 23.8 万 km²
人口 1923 万人
首都 ブカレスト
通貨 レイ
宗教 ルーマニア正教 87%、カトリック 5%

LEGEND 伝説

「ドラキュラ公」の生家がある世界遺産地区

ルーマニアで現在登録されている７つの世界遺産のうち、１つが「シギショアラ歴史地区」だ。国の中央部に位置するこの町の旧市街には 16 〜 17 世紀の建物が保存されて、そのなかにワラキア公ヴラド３世の家が今も残っている。

ヴラド３世は 15 世紀、ルーマニアワラキア公国の領主だった。トランシルヴァニア地方シギショアラに生まれ、父の通称ドラクル（ドラキュラ）を引き継いだのでドラキュラ公ともいう。「串刺し公」の異名をとるほど冷酷な統治者だったとされるが、一方でオスマン帝国による侵略からルーマニアを守ったという評価もある。

後世アイルランドの作家ブラム・ストーカーによって書かれた小説『ドラキュラ』に登場する主人公、ドラキュラ伯爵のモデルとされたのが、このヴラド３世。これがもとでトランシルヴァニアは吸血鬼伝説の街として世界的に知られるようになった。生家は現在、レストランになっている。

シギショアラ歴史地区に残るヴラド３世の居宅跡

ヴラド３世が要塞として使用したことから「ドラキュラ城」とも称されるトランシルヴァニアのポエナリ城に展示される串刺し処刑の人形

HISTORY

ヨーロッパ南東部に位置し、西部のトランシルヴァニア、南部のワラキア、北東部のモルダヴィアの３地方からなる。中央部にカルパチア山脈、トランシルヴァニア山脈が走っている。南部にはドナウ川が流れ、ブルガリアとの国境をなす。１世紀頃ローマ帝国に占領され、先住のトラキア系ダキア人とローマ人との混血が進みルーマニア人の原型となったといわれる。15 世紀には、周辺諸国同様オスマン帝国の支配下におかれた。1881 年ルーマニア王国が誕生、第一次世界大戦の結果、トランシルヴァニア公国を併合、1918 年大ルーマニア王国となった。その後、旧ソ連に占領されたが、民衆が決起、45 年民族民主戦線政府が成立した。47 年王政を廃し、人民共和国を宣言。65 年「ルーマニア社会主義共和国」に改称。以降、大統領となったチャウシェスクの独裁体制が続いた。89 年反政府活動が拡大、デモが暴動にまで発展、チャウシェスク政権は崩壊した。暫定政権により同大統領夫妻は銃殺された。国名は「ルーマニア」に変わり、親欧米路線に転換、2004 年には NATO に加盟した。その後現在まで中道左派、中道右派の政権が次々と入れ替わり連立政権が続いている。

ルクセンブルク大公国

Grand Duchy of Luxembourg

面積 0.25km²
人口 62万人
首都 ルクセンブルク
通貨 ユーロ
宗教 大多数はカトリック

INDUSTRY 産業

ヨーロッパ有数の金融センターに躍進した理由

イギリスのシンクタンク、Z/Yenが公表している「世界金融センター指数」(GFCI, 2021年3月)によると、ルクセンブルクは17位と、大阪(32位)やパリをも凌ぐ規模となっている。国民総所得(GNI)ではアフリカのチュニジアとほぼ同じ額だが、チュニジアは人口が1153万人なのに対し、ルクセンブルクはたったの62万人(鳥取県人口が57万人)。だから1人あたりGDPは世界トップクラスである。

ルクセンブルクの所得の源泉は金融業だが、特に世界中の投資家からお金を集めて投資し、利益を分配する投資ファンドのヨーロッパにおける最大の拠点になっている。2018年の日本への直接投資残高額でも、ルクセンブルクは世界8位の7400億円と、その額は韓国よりも多いのだ。

また、欧州ユーロ圏では最大規模の富裕層向け資産管理業(プライベート・バンキング)センターとしても知られ、世界およそ30カ国から150ほどの銀行がこの地に集結しているのだという。

世界の金融センターランキング　トップ25

1	ニューヨーク
2	ロンドン
3	上海
4	香港
5	シンガポール
6	北京
7	東京
8	深圳
9	フランクフルト
10	チューリッヒ
11	ヴァンクーヴァー
12	サンフランシスコ
13	ロサンゼルス
14	ワシントンD.C.
15	シカゴ
16	ソウル
17	ルクセンブルク
18	シドニー
19	ドバイ
20	ジュネーヴ
21	エジンバラ
22	広州
23	メルボルン
24	ボストン
25	パリ

(出典/The Global Financial Centres Index23 March2018)

HISTORY

国名は「小さな城」を意味する。ベルギー、フランス、ドイツに囲まれた南北82km、東西57kmの小国。中世領邦国家の時代から領土が保全されてきたまれな例である。神聖ローマ帝国の一部としてアルデンス家のジクフソート伯が一帯を支配したのがこの国の始まり。以来、激動のヨーロッパ中世、近世をへて1839年に国家としての独立をも成し遂げている。しかし、1900年代に入ると隣国ドイツの侵攻にあい、第一次世界大戦と第二次世界大戦で、ドイツに占領された。戦後は、ベルギー、オランダとベネルクス関税同盟(のちに経済同盟)を結成。

EUの源流のひとつでもあるヨーロッパ石炭鉄鉱共同体の原加盟国。19世紀後半から鉄鋼業で栄えたが、70年代以降は税制優遇による海外金融機関の誘致に乗り出し、金融業を中心とする産業構造の転換に成功した。1人あたりGDP(国民総生産)でも世界トップクラス。

ロシア連邦

Russian Federation

面積 1710万km²
人口 1億4593万人
首都 モスクワ
通貨 ルーブル
宗教 ロシア正教、イスラム教、ユダヤ教等

TABLE 食卓

キャビア目当てで乱獲　チョウザメの受難

カスピ海やアムール川に生息するチョウザメの卵を塩漬けにしたロシア名物キャビアは、「貴族のオードブル」とも称される、世界のグルメ垂涎の高級食材だ。

チョウザメには「ベルーガ」「オシェトラ」などの種類があり、それぞれに質と味覚が異なる。成熟までには短いもので8年、長いものでは20年を要し、腹を裂いて卵を取り出すため、乱獲にならないよう厳しい漁獲管理が必要とされる。

ところがソ連崩壊以後、高値で取引されるキャビアを目的にチョウザメ類の不法な乱獲が横行、絶滅の危険に見舞われた。2006年、絶滅危惧種の取引を規制する国連のワシントン条約事務局がその状況を重くみて、カスピ海産キャビアの国際取引は当面禁止となった。

そのためチョウザメの養殖が行われるようになり、現在は養殖ものに限って禁輸措置は解除された。だが高価なものでは小瓶で5万ドルもの高値がつくことから、依然として天然チョウザメ類が密猟の危機にさらされている。

チョウザメとはいっても硬骨魚で、軟骨魚のサメとはまったくの別系統。上はキャビア

HISTORY

9世紀頃スウェーデン・ヴァイキングによってつくられたノヴゴロド王国がロシア最初の国家。その後、キエフ大公国として栄えたが、13世紀前半モンゴルの侵攻によりキプチャク汗国の支配下に。その後モンゴル軍を一掃、1480年モスクワ公国として独立。1547年イワン雷帝がツアー（皇帝）を宣言、専制政治を確立した。1613年以降ロマノフ王朝が君臨、18世紀前半ピョートル大帝のもとでロシア帝国が誕生。領土を極東にまで拡大した。しかし、専制政治と農奴制は近代化を遅らせ、革命へとつながる。1917年ロシア革命、レーニンの指導でソビエト政権が成立。22年に世界初の社会主義国家が誕生した。スターリンによる独裁支配のもと、重工業、農業集団化を推進、核実験成功でアメリカと並ぶ超大国へ。第二次世界大戦後、東西冷戦で中心的な存在となるが、85年ゴルバチョフによるペレストロイカ（改革）が始まると数々の問題が一挙に噴出、国内は混乱。91年、ソビエト連邦は消滅した。その後、エリツィン時代をへて後継に指名されたプーチンは「強いロシア復活」を旗印とした。分離独立を目指す地域への軍事制圧、言論の封殺など批判の高まりのなか、2008年には自ら大統領から首相の座に退き、腹心のメドベージェフが大統領に。12年4月再び大統領に就任、本格的プーチン時代の幕が開いた。

ジブラルタル

Gibraltar

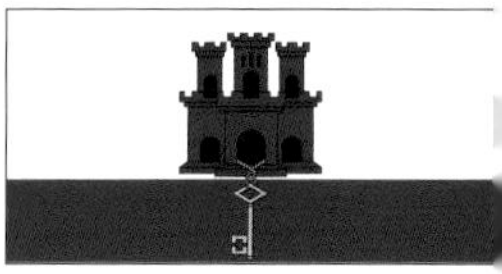

面積 6.5 km²
人口 2.9 万人
通貨 ジブラルタル・ポンド
宗教 カトリック

TRAFFIC 交通

一般道を突っ切り、遮断機が降りる滑走路のある空港

空の玄関として、立派なジブラルタル空港がある。現在は旅客機が離発着しているが、もとはナチスドイツの台頭でヨーロッパが不穏となってきたために軍用としてイギリスが備えた空港だった。

スペインとの国境付近にあるこの空港の滑走路は国境沿いにつくられており、用地が不十分なため、半島を完全に横切って、一部が海に突き出している。すぐ南側はジブラルタル海峡を挟んで、アフリカ大陸のモロッコである。この空港、ネパールのテンジン・ヒラリー空港などと並んで世界でも離発着が難しいことで知られている。

何といっても、滑走路に踏み切りがあることだ。一般道と滑走路が平面交差しているのだ。ジブラルタルと陸側のスペインを結ぶウィンストン・チャーチル・アベニューの上空を、低空で飛行機が横切っていく。そのため、航空機の離発着時は警報機が鳴り、踏み切りに遮断機が下りて車両も歩行者も通行できなくなる。

もうひとつは、ジブラルタル名物の「ザ・ロック」という岩山の存在だ。この空港ではザ・ロックの崖の横にある滑走路へ進入しなければならない。それだけでも際どいのに、着陸後、飛行機は狭い滑走路内でUターンして走行して戻ってこなければならない。その間、ほかの航空機は離発着できない。すべては狭すぎるゆえである。

ジブラルタルの全景

HISTORY

ジブラルタルは、1713年にユトレヒト条約の締結によってイギリス領となったイベリア半島の南端の町である。イベリア半島の南東端に突き出た半島に位置し、対岸のアフリカ大陸のモロッコとの間がジブラルタル海峡である。ジブラルタル海峡は、大西洋と地中海をつなぐ要衝であるため、軍事的に重要な意味合いを持ち、イギリス海軍の拠点となっている。長期間、スペインとイギリスが統治権をめぐって対立してきたが、2006年9月、航空・通信などの分野でイギリス、ジブラルタル、スペインが合意した。現在、査証（ビザ）は原則的にイギリスと同じ規定となっている。ジブラルタルはタックスヘイブン（租税回避地）として知られ、ジブラルタル以外で発生した収入や銀行預金などには税金がかからず、銀行取引の内容は法律によって秘匿されるため、世界中の企業がこの地に法人を設立している。ほとんどが石灰岩で占められて平地部が少なく、農耕などには不向きな地であるため、ジブラルタル政府は、年度ごとの法人継続手続き手数料を収入源としている。

スヴァールバル諸島

Svalbard archipelago

面積 6.2 万 km²
人口 0.3 万人
政庁所在地 ロングイェールビーン
通貨 ノルウェー・クローネ
宗教 プロテスタント（ルター派）、ロシア正教

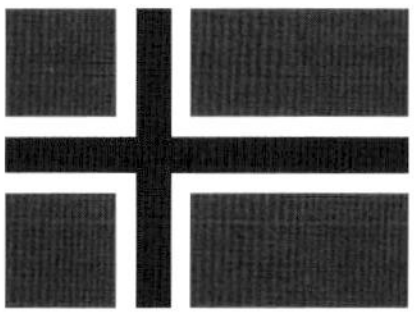
ノルウェー国旗を使用

SCIENCE 科学

現代版「ノアの方舟」計画がこの島に

北極点から 1300 ㎞という距離にあるこの島には、現代版の「ノアの方舟」ともいえる巨大施設、スヴァールバル世界種子貯蔵庫がある。

もともとこの島では石炭を採掘していたことがあり、地中深くまで炭坑が掘られていた。その坑道跡を利用してノルウェー政府が自国固有の植物の種子を保存する計画が進められてきたが、全世界の植物の遺伝子を後世に残すべく、同国政府や国際機関であるグローバル作物多様性トラストなどが莫大な資金を投じて世界種子貯蔵庫が 2008 年に完成した。

施設内は種子を長期間維持できるようマイナス 18 度に保たれ、地球温暖化による海面上昇の影響を避けるため海抜 130m 以上に設置されている。これまでに世界のほとんどの国から約 86 万種の種子を収集し、今後もさらに集め続ける予定だという。

世界的に農業は生産性が追求されるため、単一品種に偏りがちで、農作物の多様性が失われているという現実がある。その多様性を守ることと、世界各地にある種子バンクが戦争などの影響で維持できなくなり、貴重な固有の種子が失われるケースがあるのでそのバックアップ機能も目指すのだという。

種子貯蔵庫のあるロングイェールビーン

HISTORY

スヴァールバル諸島は北極圏のバレンツ海にある群島で、ノルウェーの領土である。人が定住する最北地点だ。諸島の約 3 分の 2 は年間通して氷に覆われている。1194 年にヴァイキングが発見したが、島の存在が広く知られるようになったのは 16 世紀末から 17 世紀初頭にかけてのことである。1596 年にオランダ人の探検家バーレンツが諸島の中心のスピッツベルゲン島に上陸。1610 年にイギリスの捕鯨家が捕鯨の可能性を報告。10 年代前半に、オランダ、バスク、フランス、デンマークが捕鯨拠点を設置した。発見当初より地理的にグリーンランドの一部と思われており、ノルウェーの領有地と認識されていたが、誤認と知ったイギリスが 15 年に領有を宣言。ノルウェーは領有を明言してはいなかったが、イギリスの宣言は国際的には認められず、「なんとなくノルウェーの領地」というあやふやな認識のもと、各国は捕鯨を続けていた。1920 年に正式にノルウェー領と認めるスヴァールバル条約が結ばれた。日本を含め 2012 年現在 41 カ国にのぼる条約締結国は、ノルウェー国民と同様に無期限で島に滞在したり土地所有や営利事業活動ができる。

チャネル諸島

Channel Islands

ジャージー島 域旗

ガーンジー島 域旗

面積 94km² 人口 17万人
政庁所在地 セント・ヘリア（ジャージー島）、
セント・ピーター・ポート（ガーンジー島）
通貨 イギリス・ポンド、ジャージー・ポンド、
ガーンジー・ポンド
宗教 キリスト教（イギリス国教会、カトリック）

INDUSTRY 産業

「イギリス王室の島」のタックス・ヘイブン

地理的にはフランス本土が見えるほどの海上に浮かぶチャネル諸島は、まぎれもなくイギリス女王が国家元首を務めるイギリス王室属領であり、イギリスがその外交および国防に関して責任を負っている。

内政に関してはイギリス議会の支配を受けず、行政区分はジャージー島を主とするジャージー管区とガーンジー島を主とするガーンジー管区に二分され、それぞれが独自の議会と自治政府を有し、イギリス本国とは別に独自の紙幣と硬貨を発行するとともにパスポートも独自のものを発給している。また、イギリスの国内法上は連合王国には含まれず、欧州連合にも加盟しておらず、イギリスの法律や税制、欧州連合の共通政策は適用されない。第二次世界大戦後、行政の主導で農業と観光への依存からの脱却を図り、経済の多様化を目指す試みが行われた結果、特に金融サービス部門が成長を遂げた。

同島は法人税と相続税が0%であることから租税避難地（タックス・ヘイブン）として有名であり、無数のペーパー・カンパニーが拠点を置いたり、富裕層がほかの地域から移住してくるケースが少なくない。また機密保護法の規定によって、個人情報は保護されている。しかし、近年は各地域とも産業基盤を拡大し、金融サービス頼みの経済から脱却を図る。例えばオルダニー島には、有望な電子ゲーム産業の誘致に成功している。

ガーンジー島の中心地セント・ピーター・ポート

HISTORY

イギリス海峡のフランス側、コタンタン半島西の沖合に位置する。ジャージー島、ガーンジー島、オルダニー島、サーク島、ハーム島の５島と付属の島で構成される。イギリスの王室属領だが連合王国には所属しない。自らの憲法と法律を有し、連合王国の法律は適用されない。ジャージー島とガーンジー島はそれぞれ独自の通貨と郵便切手を発行しているが、イングランド銀行やスコットランド銀行発行の通貨も流通する。ヴァイキングの首領ロロがフランス王からノルマンディー公爵に任命され、チャネル諸島は933年にノルマンディー公国の領地に編入された。1066年、ノルマンディー公がイングランド王になるとともにイングランド王の所領となる。1204年にはイングランド王とノルマンディー公が分離したが、ひき続きイングランド王の領地とされた。54年には王室の個人領地となり、連合王国には所属しないまま現在まで続いている。第二次世界大戦中の1940年から45年はドイツ軍に占領された。経済はタックス・ヘイブンで支えられている。

フェロー諸島

Faroe Islands

面積 1400 km²
人口 5.2 万人
政庁所在地 トースハウン（ストレイモイ島）
通貨 クローネ
宗教 プロテスタント（ルター派）

NATURE 自然

ヴァイキングからの伝統的捕鯨漁

デンマーク領だったこの島は、本土から遠く離れているうえに気候も厳しく、文化や人の交流がないまま自給自足的生活を送ってきた。

そのひとつに独特な捕鯨漁がある。老いも若きも島の男たちが総出で出漁する。ゴンドウクジラの群れを見つけると、多数のボートでクジラを湾に追い込んでいく。打ち上げられたクジラは、ナイフで脊髄および脳へ繋がる大動脈を切断してとどめを刺す。これが何百頭という群れに対して行われるのだから、あたり一面は血の海と化す。さすがに北欧の海を制したヴァイキングの末裔。それを実感させる勇壮な漁だ。

これを世界の動物愛護団体が見過ごすはずがない。フェロー諸島からの輸入品を扱う店にボイコットを呼びかけ、この島の鯨漁を「残酷なスポーツ」「世界最大のクジラの虐殺」などとし、漁そのものを根絶させようとする。

もちろんこの島の捕鯨は非商業的行為として国際捕鯨委員会から認められている。地域社会に鯨の肉や脂肪を平等に供給するための捕鯨なのである。古代スカンジナビアには海の民ヴァイキングがおり、その一部がこの島に移住したのは1000年以上前のこと。彼らは海洋哺乳類を狩猟する伝統を持ち、フェロー諸島の捕鯨は彼らが島に住み着いてからまもなく始まったと考えられている。この捕鯨漁の記録は1584年から残っており、野生動物の捕獲に関する最も長期にわたる完全な統計資料でもある。

ゴンドウクジラは2012年現在77万8000頭ほど生息していると推定されているが、島での平均年間捕獲量は約850頭だ。フェロー諸島の捕鯨は、その生息を脅かしているものではないと判断され、島の伝統文化として認められている。

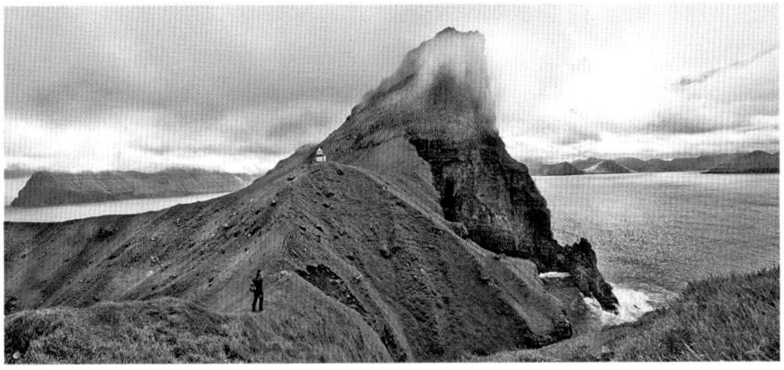

一年の大半がぶ厚い雲に覆われるフェロー諸島の風景

HISTORY

フェロー諸島は、スコットランドのシェトランド諸島およびノルウェー西海岸とアイスランドの間にある北大西洋の18の島々からなるデンマーク自治領である。島は海底火山帯の一部が海面に姿を現したもので、島全体が溶岩でできている。地形は険しく荒涼とした岩場が多い。海岸は崖が多くフィヨルドが見られる。近海に流れる暖流のメキシコ湾流の影響で、高緯度のわりに気候は比較的温暖で、海岸では冬の平均気温が3度であり、氷点下5度になることは少ない。しかし一年の3分の2は雨、霧、雪である。強風が吹きつけるため樹木がほとんど育たない。ノルウェー人かヴァイキングが9世紀にこの地に最初に住み着いたとされるが、それ以前にアイルランドの修道士が修道院を築いていたようである。1035年にノルウェー王国の統治下となったが、1536年、デンマーク統治下に入った。1948年には自治政府が成立した。フェロー諸島は中世から20世紀初めにかけて文化的に大陸から孤立していたため、独自の文化が築かれた。特に言語は、古い北欧語の特徴を残している。

マン島

Isle of Man

面積 572 km²
人口 9万人
政庁所在地 ダグラス
通貨 マンクス・ポンド
宗教 イギリス国教会、カトリック

TRAFFIC 交通

昔ながらの蒸気機関車が健在

マン島はグレートブリテン島とアイルランド島に囲まれたアイリッシュ海の中央に位置し、まず思い浮かぶのは1907年から開催されているオートバイ競技「マン島TTレース」だろう。しかし、現地を走る鉄道の歴史はさらに古く、19世紀に敷設されたもので、蒸気機関車はもちろん、電車や登山鉄道も1世紀を超えて運行されている。

政庁所在地ダグラスからポート・エリンを結ぶIsle of Man Steam Railwayと呼ばれる鉄道（約25km）は1874年に開通したもので、冬季を除き、蒸気機関車に乗って田園風景や海岸線など風光明媚な景観を眺めることができる。

1893年開通の電車（Manx Electric Railway）はダグラスからラムジーまでを1時間15分ほどで走る。1895年完成の登山鉄道Snaefell Mountain Railwayは標高約621mのスネーフェル山頂駅まで30分ほどで運んでくれる。

天候に恵まれればイングランドやスコットランド、ウェールズ、アイルランドなど爽快な眺めを満喫できる。

マン島を走る蒸気機関車。右上はマン島TTレースの切手

HISTORY

イギリスとアイルランドの間、アイリッシュ海にある島。ケルト人が居住した島で、ケルト文化の影響を受けた独自のマンクス語が19世紀まで使用されていた。8世紀頃、ヴァイキングが侵攻するようになり、その活動拠点に。その後ノルマン人ゴドレッドがマン島に王朝を興し、ノルウェーに服属するが、イングランドなどの勢力伸長などもあり、1265年、マン島最後のノルマン人王の死を契機にノルウェーがマン島をスコットランドに割譲。1333年、イングランド王エドワード3世がマン島を併合する。イギリス政府が1765年にマン島の統治権を購入し、1828年にイギリス王室自治領。イギリス王室が統治責任を負い、外交・防衛はイギリス政府が担う。優遇税制を導入し、金融、商業センターに発展した。また、マン島といえば、1907年から始まったオートバイの「マン島TTレース」で世界的に知られている。

ヤンマイエン島

Jan Mayen

面積 377 km²
人口 定住者なし

NATURE 自然

定住者なき活火山島

　ヤンマイエン島は、ユーラシアプレートの一部であるヤンマイエンプレートの上にあり、標高2,277mの活火山、ベーレンベルク山を擁する細長い火山島である。ノルウェーのヌールラン県の一部だが、本土からは約950km離れた孤島であり、レーダー基地の航空管制要員と気象観測施設の職員がオロンキンビエンという集落に駐在するのみ。

　ベーレンベルク山周辺は氷河に覆われ、島内には南にセルラグーナ、北にノルドラグーナ、そしてウレレングラグーナの3つの潟湖がある。周辺海域は豊かな漁場であり、また石油・天然ガスを埋蔵している。夏季には、黒い溶岩台地に緑の苔や高山植物が生え、島を訪ねるツアークルーズもある。

海から見たヤンマイエン島のベーレンベルク山。上は荒涼としたヤンマイエン島の海岸

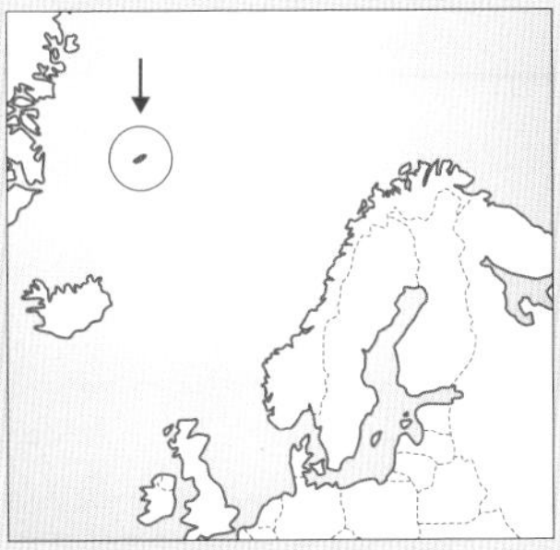

HISTORY

　アイスランドの北北東約500km、北大西洋の一部とされるノルウェー海のほぼ中央に位置するノルウェー領で、氷河に覆われている活火山島。最高峰はベーレンベルク火山で標高2277m。ノルウェーの属領として扱われ、1995年からはヌールラン県の一部となった。最も近いノルウェー本土から約950km、アイスランドからは約600km、グリーンランドから約500km離れている。1607年から08年にイギリスの航海者ヘンリー・ハドソンが発見したとされるが、17世紀初頭、各国の捕鯨船により“発見”されており、いずれが最初かは不明。島名は14年に捕鯨基地を設けたオランダの船長ヤンマイエンにちなむ。1922年に気象研究所を設けたノルウェーが島を併合し、30年にはノルウェー領。ノルウェーとグリーンランドは漁業権および天然ガスなどの採掘権をめぐり争ってきたが、93年に国際司法裁判所が双方に妥協を促した。島には気象台とレーダー基地があり、ノルウェー軍と測候所の要員が駐在しているだけで民間人は居住していない。

アルジェリア民主人民共和国

People's Democratic Republic of Algeria

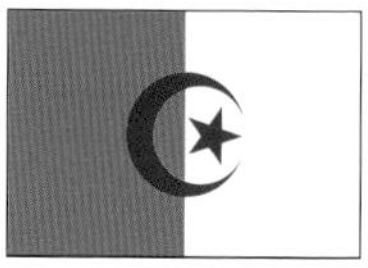

面積 238 万 km²
人口 4385 万人
首都 アルジェ
通貨 アルジェリアン・ディナール
宗教 イスラム教スンニ派

PERSON 人

アルジェリア生まれの世界的著名人

アルジェリアは100年以上もフランスの植民地だったため、今もそのつながりは深く、アルジェリアで生まれながらもフランスへ渡って活躍する人物は多い。

世界的な著名人としてはまず、クリスチャン・ディオールに見いだされ、ファッションデザイナーとして一世を風靡したイヴ・サン=ローラン（1936～2008年）がいる。彼はアルジェリア第2の都市オランの生まれで、亡くなった後もイヴ・サン=ローランのブランドは世界的な人気を博している。

“ミスター・チョコレート”の異名をもち、ニューヨークでパティシエ（洋菓子職人）として活躍するジャック・トレスもそう（アルジェ生まれ）。トレスのチョコレートは世界的に有名で、日本でも多くのファンをもつ。

アルジェリア出身者で忘れてはならないのが、1957年にノーベル文学賞を史上2番目の若さで受賞した、『異邦人』『ペスト』などの作品で知られる小説家のアルベール・カミュ（1913～1960年）だろう。カミュは地中海に面する北東部の都市ドレアンに生まれ、アルジェ大学を卒業してジャーナリストから作家の道へと進んだ。アルジェ大学在学中にサッカーチームのゴールキーパーをつとめていたことから、ノーベル賞受賞者のなかで唯一のゴールキーパー経験者だと、アルジェリアでは語られている。

アルベール・カミュをあしらったフランス切手。右はカミュが著した小説『ペスト』のフランス語版初版の表紙

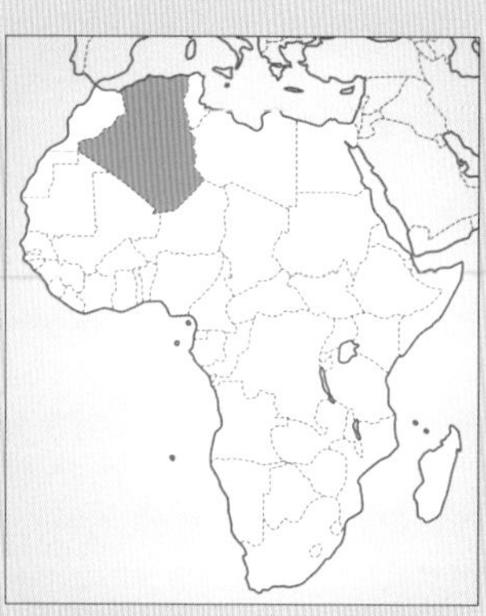

HISTORY

北アフリカ北西部に位置するイスラム国家。紀元前8世紀頃チュニジアに興ったカルタゴの支配下に入り、次いでカルタゴを滅ぼしたローマ帝国の支配下になった。5世紀にはヴァンダル王国、6世紀にはビザンツ帝国に征服されたが、7世紀に入るとアラブの大征服に呑み込まれ、先住民ベルベル人のイスラム化が進んだ。11～13世紀にはムワッヒド王朝のベルベル系王朝のもとでスンニ派が浸透、今日の宗教的背景が形成された。16世紀、オスマン帝国が侵出、マグリブ地域を支配するためにアルジェ州をおいたが、これが現在の領域の基礎となった。1830年にはフランスが侵出してその植民地となった。36年にはアブト・アルカーディルが指導する対仏抵抗運動が起こるが16年続いて鎮圧された。第二次世界大戦後の1954年独立戦争が起こり、62年に独立を達成、FLN（民族解放戦線）のもとで社会主義体制へ。89年に複数政党制に移行するも90年代は軍事クーデターやイスラム過激派によるテロで治安が悪化。2011年には19年ぶりに国家非常事態宣言が解除され、民主化や経済改革が進められている。13年、同国イナメナスの天然ガス施設を武装集団が襲って多数の人質を拘束、日本人10人を含む39人が死亡する事件が発生した。

アンゴラ共和国

Republic of Angola

面積 124.7 万 km²
人口 3286 万人
首都 ルアンダ
通貨 クワンザ
宗教 キリスト教（カトリックが主流）、伝統宗教

ECONOMY 経済

東京より家賃が高い!?

ロンドンを拠点とする国際コンサルティング企業マーサー社が毎年発表している「世界生計費調査 - 都市ランキング」で、海外駐在員にとって最も物価が高い都市に2017 年まで 5 年間ほぼ第 1 位に君臨してきたのがこの国の首都ルアンダ。なにしろ消費者物価上昇率は 2017 年が 29.8% という数字だった。

ただ以降、他都市の物価が上がっているようで、2019 年の発表ではトップが香港となり、ルアンダはトップ 10 都市から姿が消えた。だが、それでも東京より物価が高いものがある。

同社発表の主要都市価格比較表によれば、顕著にルアンダのほうが高いのが食パンと家賃。食パン1kg は東京が 6 米ドル程度なのに、ルアンダでは 13.5 ドル。また駐在員向け住宅（200㎡、3 寝室付き）の月家賃だと、東京が 7300 ドルなのに対し、ルアンダは 10500 ドルとなっている。

アンゴラは現在、ナイジェリアに次ぐアフリカ第 2 の産油国だが、日用品の多くを輸入に頼っており、治安の問題から海外駐在員は警備員常駐の割高なマンションなどに住まざるを得ないという事情があるのだ。

オイルマネーでビルが林立し、アフリカ有数の大都市へと変貌を遂げたルアンダ

HISTORY

アフリカ南部の大西洋に面し、国土の 3 分の 2 は標高 1000 ～ 1500m 級の高原である。15 世紀からポルトガルの植民地となったが、1884 ～ 85 年のベルリン会議でポルトガル領となった。今日でもポルトガル語が公用語になっているのはこうした事情による。第二次世界大戦後の 1960 年代に独立運動が起こり、それぞれの勢力に東西両勢力が介入した。結果はソ連とキューバが支援したアンゴラ解放人民運動（MPLA）が勝利し、75 年 11 月独立した。しかし、南アフリカとアメリカが支援するアンゴラ全面独立民族同盟（UNITA）は新政権に不満を抱き、内戦が続行された。レイキャヴィク会談やエストリアル合意をへて、16 年間の内戦は終結し、アンゴラ共和国となったが、大統領選挙での不正をただそうとして UNITA が反発、再び内戦となった。途中国連が介入したが、完全に内戦が終結したのは、UNITA 議長サビンビ死去（2002 年）の後だった。08 年初の総選挙では MPLA が大勝し、10 年新憲法を公布。石油、ダイヤモンドの輸出で近年高い経済成長を維持してきた。

ウガンダ共和国

Republic of Uganda

面積 24.2 万 km²
人口 4574 万人
首都 カンパラ
通貨 ウガンダ・シリング
宗教 キリスト教 60%、イスラム教 10%、伝統宗教 30%

INCIDENT 事件

アクション映画のようなハイジャック人質救出作戦

1976 年 6 月 27 日、アテネを飛び立ったパリ行きエールフランス 139 便が、突然進路をリビアのベンガジに変更した。パレスチナ解放人民戦線の分派と西ドイツのテログループ「革命細胞」の 4 人組により同機はハイジャックされ、その後ウガンダのエンテベ国際空港に着陸した。

ハイジャック犯はイスラエルに服役中のパレスチナ人テロリストの釈放を要求し、それがかなわない場合は人質の殺害を予告した。機内の 256 人の乗客は、イスラエル人、ユダヤ人以外は解放されたが、乗務員は自らの判断で人質として残った。

このとき、ウガンダのイディ・アミン大統領は、西側諸国や近隣諸国と関係が悪化していて反イスラエルの政策をとっており、実質的にはハイジャック犯を支援した。しかし、エンテベ国際空港に現れたアミン大統領は会見場のテレビカメラの前で、イスラエル政府との交渉について言及し、中立の立場を装った。

イスラエルのラビン首相は、あらゆる交渉手段を試みるが功を奏さず、人質の家族からの圧力や時間的な制約があり、テロリスト釈放を検討し始めた。こうした状況下、ラビン首相は軍事作戦による解決を模索し、イスラエル軍に救出作戦「サンダーボルト作戦」を指示した。

7 月 3 日、対テロ特殊部隊を含むイスラエル兵 100 人以上を乗せた輸送機がサウジアラビアの上空を避け、ウガンダへ向かった。途中のエチオピア上空飛行中に最終的な作戦決行の指示が出された。翌日午前 1 時、秘密裏にエンテベ国際空港に着陸したイスラエル機からは、ウガンダ高官用の車に偽装したベンツ 600 とランドローバーが現れ、人質が拘束されている空港ターミナルビルへと向かった。

ベンツをチェックしようとしたウガンダ軍兵士にイスラエル兵が発砲し、銃撃戦が始まった。テロリストは殺され、人質を誤射で 3 人失ったが、53 分で作戦は終了し、他の人質は全員無事救出された。

映画のような作戦が成功した理由には、解放された人質から現場の情報が得られたことと、エンテベ空港を建設したイスラエルの会社から空港の図面を入手し、構造をしっかりと把握できたことなどがあげられている。その後 BBC(英国放送)は、イギリス政府公式文書の内容を報道し、この事件の裏にイスラエルの諜報機関が関与していた可能性を伝えている。

HISTORY

アフリカ東部の内陸部に位置し、国土は海抜 900m 以上の台地が大部分を占め、ヴィクトリア湖など大きな湖が多い。16 世紀初頭にはブニョロ、ブガンダ、アンコーレ、ルワンダなど湖の周辺に諸王国が成立し、そのうちヴィクトリア湖北西岸のブニョロ王国は 17 世紀中頃が最盛期。ブガンダ王国はザンジバルとの交易で 19 世紀に繁栄した。19 世紀後半よりキリスト教宣教師が渡来、1890 年にはイギリス東アフリカ会社の統治をうけた。1894 年、イギリスがブガンダを保護領とし、しだいに統治範囲を現在のウガンダ全域に広げた。1962 年 10 月 9 日、4 王国連邦のかたちで独立、ブガンダ王が大統領に就任した。66 年オボテ首相がクーデターでブガンダ王を追放、共和制に移行した。71 年、軍人のアミンがクーデターで大統領に。その後の独裁下で経済、医療などの社会インフラが破綻した。79 年タンザニア軍の支援をうけたウガンダ民族解放戦線がアミンを追放。86 年にムセベニが大統領に就いてから内政が安定し、高い経済成長を続けている。

エジプト・アラブ共和国

Arab Republic of Egypt

面積 100万km²
人口 1億233万人
首都 カイロ
通貨 エジプト・ポンド
宗教 イスラム教、キリスト教（コプト教）

INDUSTRY 産業

スエズ運河拡張に寄せられる期待と不安

かつてヨーロッパとアジアの海運はアフリカ大陸を大きく迂回しなければならなかったが、地中海と紅海を結ぶスエズ運河の開通(1869年）は、このルートを一気に短縮した。その総通行量はパナマ運河をしのぎ、年間50億ドルに達する通行量収入はエジプトにとって重要な収入源になっている。2014年よりエジプト政府は、一方通行だった運河を拡張して双方向通行を可能にする「新スエズ運河」の建設を計画。この工事ではピラミッド200個分の土が掘り出されたそうで、5年の工期を短縮して1年で完成させ、2015年8月から運用が始まった。エジプト政府は通行料収入の倍増に期待を寄せるが、懸念もある。スエズ運河によって1000種を超える外来種が地中海に侵入し、その生態系に影響を与えてきたことがわかっており、新運河がさらに拍車をかけるのではと心配されているのだ。また、西側メディアには運河拡張が軍部主導で進められた実態から、今後エジプトで軍部の影響が強まり、「アラブの春」以来進んだ民主化が遠ざかるのではないかという見方もある。

2015年に新たに開通した「新スエズ運河」を航行する船

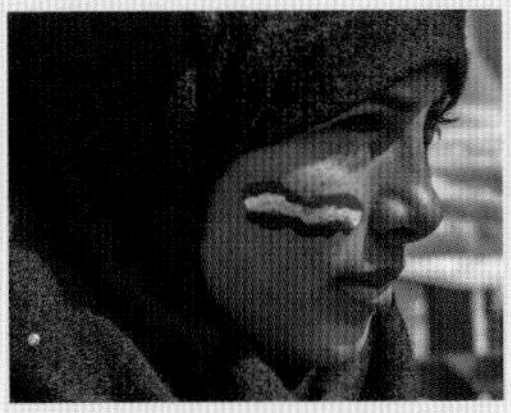

ムバラク元大統領の退陣を祝って頬に国旗をペイントした女性

HISTORY

アフリカ大陸の北東端、北は地中海、東は紅海に臨む。南北に貫流するナイル川の流域と河口デルタ地帯以外はほとんど砂漠。しかし、ナイル川の氾濫がもたらす肥沃な土壌によって豊かな農業生産を誇り、世界の四大文明のひとつを生み出した。紀元前6000年まで歴史を遡ることができるといわれるが、紀元前3000年頃にメネス王が第1王朝を成立、三大ピラミッドが建設され、この間に30におよぶ王朝が興亡した。その後、前525年のペルシャの侵攻以後はローマ、イスラム、オスマン帝国と支配は続き、1882年英国の軍事占領をへて、1922年王制のもと独立を達成。52年ナセルの率いる自由将校団のクーデターをへて71年共和制へ移行、73年の第4次中東戦争でイスラエルからスエズ運河を奪還、79年アメリカ、イスラエルとの平和条約調印後、81年サダト大統領が暗殺された。以後はしばらくアラブ世界で孤立したが、対米関係やイスラエルとアラブ諸国との調整役を務めていた。2011年にはチュニジアのジャスミン革命に触発された反政府運動が拡大、ムバラク大統領が辞任、30年の独裁体制が崩壊した。

エスワティニ王国

Kingdom of Eswatini

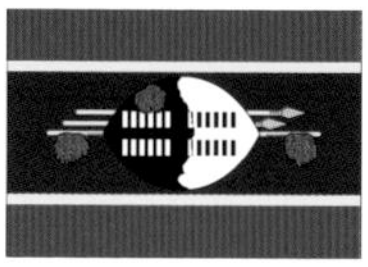

面積 1.7 万 km^2
人口 116 万人
首都 ムババネ
通貨 リランゲーニ（複数形はエマランゲーニ）
宗教 キリスト教、伝統宗教

FESTIVAL 祭り

ダンスで新妻選び？ 国王と「リードダンス」

アフリカ大陸で、国王が国家元首の立憲君主制国家はエスワティニ、モロッコ、レソトの３カ国。なかでもエスワティニは国王の権限が大きく、実態は伝統的な王政国家である。国王が首相を選べるだけでなく、閣僚の任命にも関与し政治への影響力を示す。

この国では毎年８月から９月にかけ、全土から集まった数万人規模の未婚女性たちが国王の前で踊る恒例行事「リードダンス」が有名だ。表向き王家への忠誠と女性たちの連帯を象徴する儀式とされるが、事実上国王の新妻選びの場になっているとして、欧米の人権団体から非難を受けてきた。1986 年に 18 歳の若さで父親の後を継いだ現国王ムスワティ３世は、これまでに 15 人もの妻を娶っている。

ちなみにこの国は長らくスワジランドという国名だった。2018 年４月の独立記念式典で、ムスワティ国王が国名を、現地のシスワティ語で「スワティ人の土地」を意味する「エスワティニ王国」に変更すると宣言。日本政府も 2019 年に国名変更を承認した。

リードダンスの女性たちとムスワティ３世国王
写真提供：中野智明

HISTORY

アフリカ大陸東南部、東側はモザンビークと国境を接し、ほかの三方は南アフリカ共和国に囲まれた内陸国。現在居住するスワジ人は 16 世紀のバンツー語系諸民族の移動とともに南下した際、ズールー人に前進を阻まれて定住した。19 世紀に南下を率いた首長ドラミニ家がスワジ王国を建国。1907 年からのイギリス保護領をへて 1968 年９月６日、イギリス連邦加盟のスワジランド王国として独立した。73 年４月、ソブウザ国王は憲法を廃止し、78 年に新憲法を発布して国王の行政権、立法権を確立、絶対君主制に近い体制をつくり上げた。82 年８月にソブウザが死去、後継争いの末に 86 年４月、ムスワティ３世が即位。国民からの民主化要求に対しムスワティ３世は、新憲法案を作成させて 2006 年２月７日より施行した。しかし基本的人権は認めたものの、政党結成の自由は認めないなど、むしろ国王に広範な権力を与える内容で、民主的というにはほど遠い。主産業は農林業。18年4月、国王は国名をエスワティニ王国に変更すると発表した。

エチオピア連邦民主共和国

Federal Democratic Republic of Ethiopia

面積 110.4万km²
人口 1億1496万人
首都 アディスアベバ
通貨 ブル
宗教 キリスト教、イスラム教ほか

CULTURE 文化

元日が9月!? 不思議なエチオピア暦

この国だけで用いられるエチオピア暦は少々変わっている。一年間の日数は日本も含めて世界で使われるグレゴリオ暦と同じだが、元日の1月1日はグレゴリオ暦の9月11日から始まる。新年を祝う黄色い花を摘んだ女の子たちが近所を回り、お年玉をもらうのが恒例の行事だ。

さらに、一年は13カ月もある。というのは1月から12月までの月を30日で固定し、端数の5～6日分を13月とする暦なのだ。時間も日の出午前6時が一日の始まりとするため、一般的な午前7時は「午前1時」。国内はエチオピア暦で物事が回るため、現地でエチオピア人と約束をするときは注意が必要だ。

おまけにエチオピア暦はグレゴリオ暦より紀元が約7年遅れている。これは同国正教会とローマ教会でキリスト生誕の年に関する解釈が異なっていることによる。エチオピアにキリスト生誕の話が遅れて伝わったことが理由とされている。

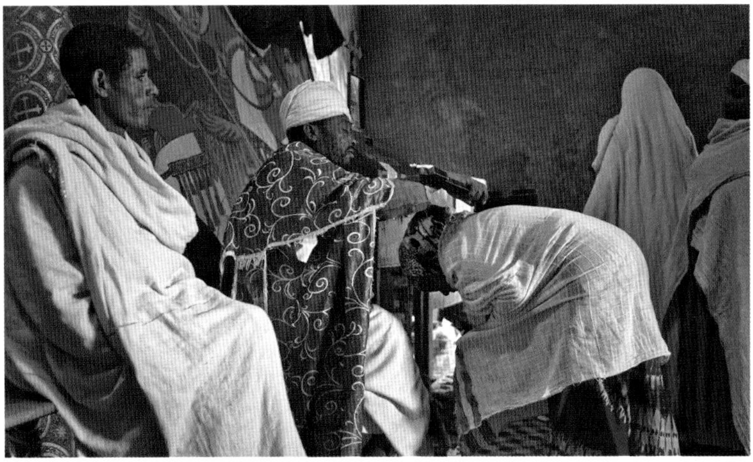

エチオピアのクリスマスは1月。写真はエチオピア正教の教会で行われるクリスマスの儀式。右上は元日を祝う子どもたち

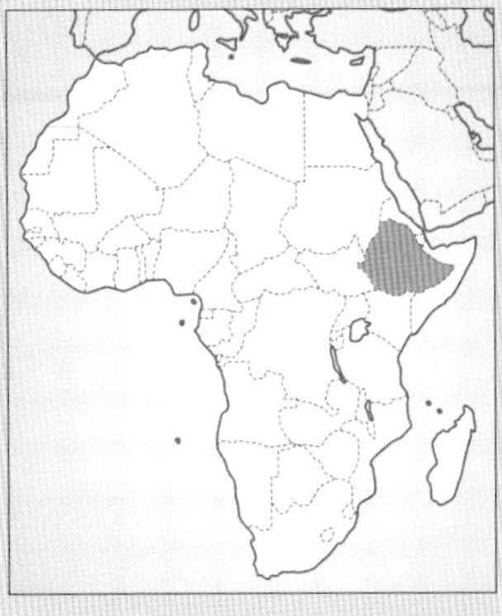

HISTORY

アフリカ大陸北東部の内陸国。国土の4分の1が2000mの高地。紀元前10世紀頃に既に奴隷制の王朝がつくられていたアフリカ最古の国家。4世紀にキリスト教伝来、イスラム教との争いが続く。19世紀になってテオドル2世王が再統一、1931年ハイレ・セラシエ皇帝が立憲君主制を復活したが、36年イタリアに占領される。その後主権を回復、近隣のエリトリアを併合した。74年軍事クーデター勃発、帝政が廃止され、メンギスツ独裁政権が発足。エリトリアとの分離独立、ソマリア軍との紛争で80年代には100万人が難民として流出した。87年人民民主共和国が発足。94年独裁は崩壊。95年エチオピア連邦民主共和国と改称、2000年エリトリアと包括的和平に合意。国際的非難を浴びたソマリア侵攻も撤退した。農業を核としながら工業化にも力を入れており、25年までの中所得国入りを目標とする。

エリトリア国

State of Eritrea

面積 12.1 万 km^2
人口 354 万人
首都 アスマラ
通貨 ナクファ
宗教 キリスト教、イスラム教ほか

SPORT スポーツ

世界的選手を輩出する自転車競技王国

首都アスマラは、標高 2400m の高地にある。エリトリアがまだイタリアの植民地下にあった 1930 年代、ムッソリーニ政権がこの都市を「リトルローマ」として開発した経緯があり、今でもその時代に造られたイタリア建築が数多く残る。

港があるマサワへ向かって車を走らせると、標高差のある曲がりくねった道を次から次へと走ってくるサイクリストに出会う。エリトリアに自転車が初めて持ち込まれたのは 19 世紀末。イタリアの影響で自転車は盛んになり、エリトリア人のサイクリストクラブがまもなく結成された。イタリア統治下の 1939 年に開催された自転車レースで、エリトリア人のゲブレマリアム・ゲブルがイタリア人選手を数人破る快挙を成し遂げ、支配国イタリアへの劣等感を覆した。

現在、自転車競技はエリトリアの国技ともいえるスポーツとなり、国民はレースに熱狂する。ロードレースの国際舞台として有名なツール・ド・フランスに 2015 年、初めて南アフリカを中心としたアフリカチームが出場し、エリトリアからも 2 名が参加した。彼らは世界の強豪を相手に、総合で 5 位に食い込む健闘をみせた。なかでも急な坂道を上るコースで、エリトリアのダニエル・テクレハイマノットは圧倒的な強さをみせ、一躍世界にその存在とレベルの高さを示すこととなった。

首都アスマラ市内で、レースに参加するサイクリスト

HISTORY

アフリカ北東部にあってエチオピア、スーダン、ジブチと接する、紅海にのぞむ狭い海岸平野と高原地帯からなる細長い国。かつてはオスマン帝国の支配をうけていたが、エジプト領をへて 1890 年イタリアの植民地となり、正式の国名となった。1936 年イタリアがエチオピアを併合、次いで 42 年以後は英国軍が占領。52 年エチオピアと連邦を結成するも、自治権を奪われる。以来エリトリア解放戦線（ELF）が独立戦争を始め、エリトリア人民解放戦線（EPLF）が取って代わりつつエチオピアの反政府組織と共闘して、93 年独立した。30 年にわたる独立戦争で兵士 16 万人、市民 4 万人が死亡、250 万人が飢餓に瀕し、約 75 万人の難民が流出した。98 年からは再びエチオピアとの国境紛争が激化、2000 年には平和協定議定書に調印した。大統領の独裁、国境線の緊張関係など、問題が山積している。紅海に面した良港もあるが、国土は荒廃、飢餓も発生し、世界の最貧国のひとつである。

ガーナ共和国

Republic of Ghana

面積 23.9 万 km²
人口 3107 万人
首都 アクラ
通貨 ガーナ・セディ
宗教 キリスト教 69%、イスラム教 15%、伝統信仰 9%

CULTURE 文化

ロマンチックな？ 「ファンタジー棺桶」はいかが

ガーナ人にとっての葬式とは、死者に対して喪に服す場であると同時に、生前の人生をお祝いする機会でもある。彼らは祖先が現世に生きる人々に大きな影響を与える存在であると信じており、丹念な葬式を執り行い、盛大に祝うことで、亡くなった人の善行を確実なものにするのだ。

古くは部族長などの葬式で、彫刻の施された棺に遺体を入れて埋葬する風習があったそうだが、それがどう変化したのか、20 世紀中頃から首都アクラ周辺のガ族と呼ばれる部族の間で、生前漁師だったら魚の形をした棺桶、大工だったら金づち形の棺桶など、亡くなった人の人生を象徴する棺桶で埋葬することがはやりだしたのだという。一方ではアクラの国際空港近くに住む棺桶職人が、飛行機の離発着を見るのが好きだった祖母が亡くなった際に飛行機の形をした棺桶をつくって埋葬したことから、この作品が今の「ファンタジー棺桶」の元祖だという説もある。

作家だったらペン、バーテンダーならウィスキーボトルという具合で、カメラから車、鳥やライオンなど、カスタムメイドのファンタジー棺桶はどれも色彩豊かで華やかだ。歌手になりたくてなれなかった人がマイクをかたどった棺桶を注文したりするケースもあるという。

この国と日本

野口英世が亡くなった地

米ロックフェラー医学研究所の研究員として細菌学に従事した野口英世博士（1876～1928 年）は、黄熱病の研究中にガーナの首都アクラで亡くなった。彼が勤めていたコレブ病院は今もあり、研究室が当時のまま保存されている。同病院には野口記念医学研究所が置かれ、敷地内には野口博士のメモリアルガーデンもあり、日本人観光客が時折訪れている。

コレブ病院（アクラ）敷地内にある野口博士の銅像　写真提供：中野智明

HISTORY

アフリカ大陸でギニア湾に臨む。南に大西洋、東はトーゴ、西にコートジボワール、北はブルキナファソに接している。部族国家アシャンティ王国が栄えていたが、15 世紀にポルトガル人が進出し、黄金を求めて貿易基地を建設。19 世紀には英国と交戦し、海岸部が英国の植民地となる。やがてアシャンティ王国は敗北し全域を支配された。1949 年エンクルマ指導のもと会議人民党（CPP）が組織され、民族運動が起こる。57 年独立を達成し、その後に続くアフリカ独立の先駆けとなった。81 年ローリングスによるクーデターで軍政、93 年民政に移行。97 年にもローリングスは再任されるが、2000 年、汚職の蔓延等で出馬せず、野党のクフォーが大統領に就任。04 年の大統領選挙では、初めてクーデターではない選挙で政権の交代が行われた。西アフリカでは数少ない議会制民主主義の国として評価をうけている。金やカカオ豆が主要輸出品だが、10 年から石油の商業生産が始まり経済成長を押し上げている。

カーボヴェルデ共和国

Republic of Cabo Verde

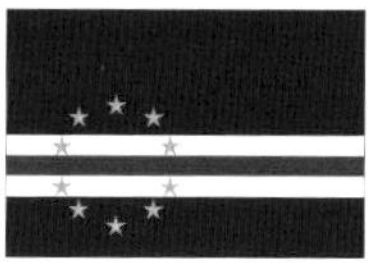

面積 4033km²
人口 55.6 万人
首都 プライア
通貨 カーボヴェルデ・エスクード
宗教 キリスト教（カトリック）

PEOPLE 人々

捕鯨がきっかけだったアメリカとのかかわり

カーボヴェルデと米国との関係は、米捕鯨船団が船乗りたちをこの島々から雇いあげたことに端を発する。カーボヴェルデ人はよく働き、正直者が多いと評判が高かった。捕鯨基地として知られた米マサチューセッツ州ニューベッドフォードとの行き来が始まると、19 世紀初頭からアメリカ東海岸（ニューイングランド地方）へのカーボヴェルデ人の移住が始まった。

米国が有色人種の移民を制限し本国と移民の交流が途絶えた時期もあったが､ボストン（マサチューセッツ州）周辺にカーボヴェルデ人移民のコミュニティーが誕生し、移民が再開されるとその数はさらに増えていった。カーボヴェルデは本国の人口よりも海外在住者の数が多いとされ、その大半は米国に住んでいる。現在、米国からはボストンとプロヴィデンス（ロードアイランド州）からカーボヴェルデの首都プライアへの直行便が周航しているが、その背景にはこのような歴史的関係があったのだ。

MUSIC 音楽

音楽を愛する国民

モレナと呼ばれる、ポルトガルの影響を受けた独特の音楽ジャンルを始め、カーボヴェルデは音楽の盛んな土地柄だ。2011 年に亡くなった「裸足の歌姫」ことセザリア・エヴォラを筆頭に、これまで世界的なミュージシャンを多く輩出してきた。

首都のプライアやセザリア・エヴォラの出身地だったミンデロ島など各島々に多くのライブハウスがあるだけでなく、夕方になると街角ではアマチュアグループが集まって演奏を始めたりもする。米国で活動するカーボヴェルデ人ミュージシャンがバンドを引き連れて里帰りコンサートを開けば、観客は熱狂し舞台に上がって一緒に歌い出す。総人口 55 万人ほどの小さなこの島国では、音楽は日常生活の一部なのだ。

セザリア・エヴォラのアルバム「ロガマール
品番：BVCM-3120
提供：ソニー・ミュージックジャパンインター
ナショナ

HISTORY

アフリカ大陸の西端セネガルの西北西 620km の大西洋上にあるバルラヴェント諸島（北部）とソタヴェント諸島（南部）よりなる火山群島。首都プライアはサンティアゴ島にあり､大小 15 の島からなる。島を取り巻くカナリア海流（寒流）の影響で降雨量が極端に少ないため周期的に干ばつになる。1960 年代後半からは 20 年近く降雨ゼロに近い状態で、国土は干上がり穀物の生産に大きな打撃をうけた。雨を見たことがない子供たちがかなりいるという。15 世紀末にポルトガル人によって発見され、植民地になり大西洋貿易の中継基地として重要な役割を果たした。1956 年ギニア・カーボヴェルデ独立アフリカ党（PAIGC）が結成され 75 年独立。長らく同党による一党政治が続いたが、90 年代に入って複数政党制に移行した。内政が安定し、経済成長が続いた結果、2007 年に国連が定める後発開発途上国（LDC）リストから名前が外された。

ガボン共和国

Gabonese Republic

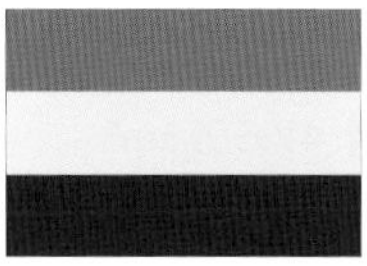

面積 26.8 万 km²
人口 222 万人
首都 リーブルビル
通貨 CFA フラン
宗教 キリスト教、イスラム教、伝統宗教

PERSON 人

財産を国民に分与？ 裕福な独裁者？ ２世大統領の手腕はいかに

米国の世界的人気テレビ番組「サバイバー」で、「ガボン—地球最後の楽園」として 2008 年に広く紹介されたこの国は、小国ながら 80％以上が熱帯雨林という大自然を有する。13 もの国立公園があり、その面積は国土の 1 割以上に相当する。サーフィンをするカバ、砂浜を歩く象など、ほかのアフリカでは見られない珍しさを売り物にして、エコツーリズムのプロモーションに力を注いでいる。

フランスの植民地を経て、1960 年に独立した。ウラニウム、マンガンが豊富な同国は、1970 年に海洋油田が見つかり、現在は国民総生産、輸出とも石油が大きな割合を占める。アフリカでの 1 人あたりの国民総生産順位は常に上位にあるが、国民の 3 分の 1 以上が貧困ラインにあって富の分配がうまく機能していない。

41 年間というアフリカ歴代第 2 位の長期政権を続けたオマール・ボンゴ元大統領が 2009 年に亡くなり、ロサンゼルスで暮らしていた息子アリ・ボンゴが帰国して父親の後を継いだ。

選挙を意識した発言だといわれるが、アリは国内やフランスにある父親の財産は国民も相続人なので一緒に分かち合う、という声明を 2015 年の独立記念日に発表した。2014 年には国際自然保護連合の会議で新しい海洋保護区を宣言し、ガボン海域での漁の制限を打ち出して自然保護の見地から国際社会へのアピールも忘れていない。

しかし、2017 年のアフリカネイションズカップ開催のための新しいスタジアムの起工式に FC バルセロナのスーパースター、リオネル・メッシを招待したが、その見返りに 400 万ドルを支払ったと報道され、各方面から非難を浴びた。また米オバマ大統領が 2011 年に世界中から贈られた贈答品を発表した際に、最も高価な贈り物だったのがアリから贈られた 5 万ドル以上する水晶の彫刻だった。

欧米メディアから「石油と貧困のおかげで裕福な独裁者」という皮肉な評価を父親の時代から受けてきた指導者はこれから、「自然、石油、貧困」の 3 つに対してどのような対応をしていくのだろうか。

ガボンをはじめ西アフリカの数カ国にだけに生息するマンドリル
写真提供：中野智明

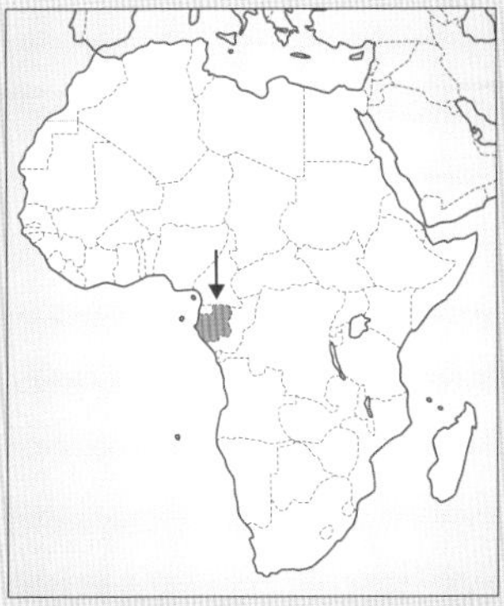

HISTORY

アフリカ中部のギニア湾に臨む赤道直下の国。海岸部に平地が開けるほかは標高 500 ～ 700m 級の高原。国土の 85%が熱帯樹林の緑の国。

15 世紀後半ポルトガルが進出し次いでオランダ、イギリス、フランスが続き奴隷貿易の拠点であった。1842 年フランスの保護領に入った。1910 年フランスの植民地となり仏領赤道アフリカの一部に行政編入。60 年共和国として独立。初期にはガボン民主ブロック（BDG）の一党体制となり、石油、ウランなどの鉱物資源開発が進み、政権は安定した。90 年複数政党制による総選挙が行われ、BDG の後継政党ガボン民主党（PDG）が勝利した。93 年初めての複数候補による大統領選挙で、ボンゴ大統領が 5 選。2005 年 7 選を果たしたが、09 年死去。それにともなって 09 年前大統領の長男アリ・ボンゴが当選した。経済は石油が柱。サハラ以南では有数の産油国。

カメルーン共和国

Republic of Cameroon

面積 47.6 万 km²
人口 2344 万人
首都 ヤウンデ
通貨 CFA フラン
宗教 キリスト教 47%、イスラム教 22%、伝統信仰 23%

TABLE 食卓

違法でも続くブッシュミートの取引き

100 年ほど前、中部アフリカの熱帯雨林地帯にはチンパンジーが 200 万頭以上生息していたとされる。ところが今、その数は当時の 1 割以下、20 万頭を切るまでに落ち込んでいる。カメルーン南部では毎年 3000 頭のゴリラが殺されているという推計もある。何のために人は多くの野生動物を殺すのか。それは「ブッシュミート」と呼ばれる野生動物の肉が、カメルーン全土で広く食され一大産業となっているからだ。同国内で消費される肉類の 80％は野生動物だという。

ブッシュミートは鶏肉、牛肉などと比べ値段が安いが、都市部では必ずしも安価だから需要があるわけではない。チンパンジーやゴリラなど入手が難しくなりつつあるブッシュミートは希少価値のため高値で取引され、富裕層の宴会などで「ごちそう」として振る舞われるケースがある。珍味として楽しむだけでなく、たとえば政治家なら「力」を象徴するゴリラの肉を食べることでさらなる権力を得られるという、一種の信仰も背景にある。首都の高級レストランでは、「ゴリラの手」がメニューにさりげなく載っていたりする。

カメルーン国内、アフリカ域内にとどまらず、ヨーロッパなどへ不法に輸出されている実態もあり、個人荷物扱いで毎週 5 トンのブッシュミートがパリの空港に持ち込まれていたという調査結果が 2010 年に報告された。

カメルーン政府は 1994 年、絶滅危惧種の野生肉売買に関して厳しい罰金や刑期を科した法律を定めたが、施行までに 10 年以上を費やし、効果はまだあがっていない。密猟者やブッシュミートの取引にかかわっている側は、政府が別の生活手段を具体的に示さなければ、たとえ絶滅危惧種であっても密猟がなくなることはない、と主張する。長年ブッシュミートを食べ続けてきた習慣が需要を生み、パトロールの目をかいくぐって密猟・売買する者が出てくるという悪循環が続いている。

マーケットで買った猿を、とうもろこしと一緒に自転車で運ぶ地元住民

写真提供：中野智明

HISTORY

西アフリカの大西洋ギニア湾北東部。海岸近くにはカメルーン山（4095m）がそびえ、北はチャド、東は中央アフリカ共和国、東にコンゴ共和国、西にナイジェリア、南に赤道ギニア、ガボンに接する。国土の大半が熱帯気候。

15 世紀以降ポルトガル人が進出して奴隷貿易など通商活動を始め、次いでオランダ、イギリスも続くが、1884 年ドイツの保護領。第一次世界大戦でドイツの敗北により、英仏の委任統治領となる。60 年東カメルーンがフランスから独立。61 年西カメルーンが南部と北部に分裂し、北部はナイジェリアに、南部は東カメルーンに合体して 72 年カメルーン連合共和国となり同年カメルーン共和国と国名を変更した。非同盟路線だが、旧宗主国の仏英との関係は深い。連邦時代の初代大統領は東から、副大統領は西から選ばれた他、議席も 40 対 10 と東部優位だった。カメルーン民族同盟（UNC）の一党体制が確立されアヒジョ体制は安定した。82 年アヒジョ大統領が引退。フランス語系住民の権力独占に反発して英語系地域の分離独立を進める動きもあり、政情はいまも不安定である。

ガンビア共和国

Republic of The Gambia

面積 1.1 万 km^2
人口 241 万人
首都 バンジュール
通貨 ダラシ
宗教 イスラム教 80%、伝統信仰 10%、キリスト教 10%

POLITICS 政治

元大統領は同性愛がお嫌い？

1994 年の無血クーデターで政権をとり、以来 20 年以上も大統領の座にあった元軍人のヤヒヤ・ジャメ氏。2016 年の大統領選で野党候補に敗れると政権移譲を拒否し、アフリカ諸国首脳による調停の末、ようやく 2017 年にガンビアを出国して長期政権に終止符を打った。

ジャメ氏は同性愛者に対する迫害で有名だった。2008 年にイランよりも厳しいといわれる反同性愛者法を発令し、ガンビアで同性愛行為を行うものは「頭部を切り落とす」と脅して、直ちに国から出ていけと最後通牒を出した。

その後も、国連でのスピーチで「同性愛者は人類を滅ぼす」と語り、ほかにも同性愛者は「害虫」だと発言。2015 年にはまた国連で「ガンビアで同性愛者を見つけたら喉を切り裂いてやる。助けてくれる白人などいない」と、過激な同性愛者攻撃を続けた。

ガンビアでの同性愛行為は 14 年の懲役刑だったが、2014 年 11 月に新しい法律を成立させ、最高で終身刑に処すことを決めた。国際人権団体のアムネスティーインターナショナルによると、7 人が逮捕され、同性愛者の疑いを受けた人の家に警察がドアを壊して押し入るというケースも発生したという。

アフリカ 54 カ国のなかで、同性愛者を罰しないか、保護しているのはわずかに 8 カ国だけだ。ジャメ元大統領はパン・アフリカニズムを高らかに謳い、植民地主義をこき下ろすことをスピーチの手法として、一部からは支持された。しかし、国家予算以上の個人資産を元にドバイなどへ個人的な投資をしていると指摘されたり、非科学的な方法でエイズ治療薬を開発したと公言するなど、国際社会からはその資質に疑問を投げかけられていた。

首都のバンジュールでは表立って元大統領の悪口を聞くことはなかったが、その奇妙な挙動・発言について民衆は苦笑するばかり。自らが企てたクーデターの理由は、「長期政権と汚職を追放し、民主主義を回復する」だった。権力の座から去った今、自身の言動をどう分析しているのか。

バオバブの木に囲まれたイスラム学校
写真提供：中野智明

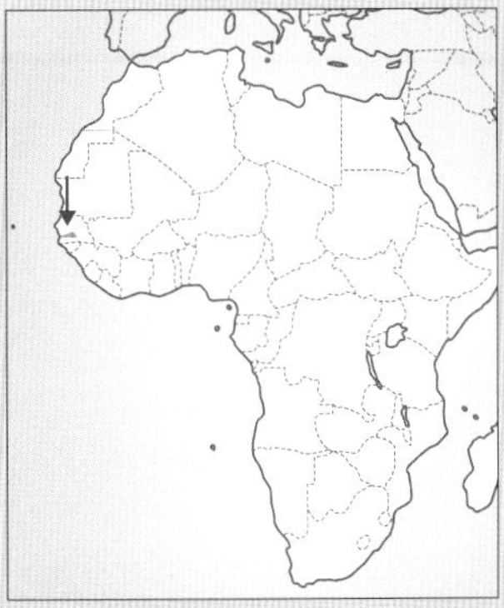

HISTORY

アフリカ大陸の西端、幅 45km、長さ 300km とガンビア川に沿って東西に細長く伸びる三方をセネガルに囲まれた国。大部分がサバンナ。10 世紀にはガーナ王国、次いでマリ王国の後、15 世紀にポルトガル人が侵入。16 世紀にはイギリス、フランスも進出してイギリスが交易圏を確立、1783 年にイギリスの植民地となる。マンディンゴ人の人民進歩党（PPP）、ウォロフ族の統一党（UP）とによって独立運動が進められ、1965 年英連邦王国として独立。PPP のジャワラが首相に就任、70 年共和制に移行して大統領となったが、81 年クーデターが発生、防衛協定によりセネガル軍が鎮圧した。これによりセネガルとの合併計画が進み、82 年セネガンビア国家連合が誕生したが、89 年解体。友好協力協定が結ばれた。92 年ジャワラ大統領が 6 選された。94 年ジャメ中将による軍事クーデターが発生、民主化を確約したジャメ氏が大統領に就任。以来 4 選を果たしたが 2017 年の大統領選でバロウ氏が当選。単品作物の落花生栽培の占める量が圧倒的だが、一方で工業化を進めている。

ギニア共和国

Republic of Guinea

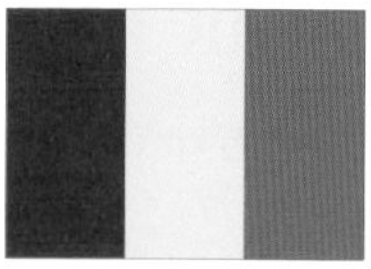

面積 24.6 万 km²
人口 1313 万人
首都 コナクリ
通貨 ギニア・フラン
宗教 イスラム教、伝統信仰、キリスト教

EVENT 出来事

ベルギー国民を揺さぶったギニア少年の手紙

1999 年の夏、1 通の手紙が、ベルギー国民の心を揺さぶった。ギニアの首都コナクリから旅客機のエンジン部分に密かに潜り込み、ベルギーへ密入国しようとしたギニア人の少年 2 人が、機内から遺体で発見された。密航しようとした日から 5 日が経過しており、遺体はコナクリとブリュッセルの間を何度か往復したことになる。

上空はマイナス 55 度の世界。検死の結果は凍死と酸素不足による窒息死だった。ビニールのサンダルを履いていて、服の入ったビニール袋、出生証明書、学校の出席表、家族の写真を持参していた。

2 人の少年は、コナクリの同じ学校に通っていた 14 歳のヤギン・コイテとフォデ・トウンカレ。彼らの学校の窓からは、ヨーロッパへ飛び立つ飛行機が見えたという。

所持品のなかから「閣下、紳士の皆様、その他ヨーロッパの責任を預かる人々へ」で始まる、震えた字で書かれたフランス語の手紙が見つかった。内容は、アフリカの子どもや若者を窮状から救ってほしいというものだった。手紙はさらに「私たちはアフリカで大変苦しんでいます。貧困と戦争を乗り越えるためにあなたたちの助けが必要です」と続き、「どうかこのような手紙をあえて書くことをお許しください」と結ばれていた。

首都コナクリのマーケット

バナナ売りの少年

ベルギーのメディアは手紙の中身を伝え、2 人は死を覚悟して窮状を訴えようとしたのではないかと報じた。このニュースはベルギー国民に大きな衝撃を与え、政府も直ちに反応して開発大臣が第三世界への援助増大を約束し、外交当局はアフリカの安定のための協定づくりを呼びかけた。ボーキサイトや鉄の埋蔵量が多く資源に恵まれたギニアだが、独立以来長期におよぶ独裁政権下で開発が遅れ、経済は停滞したまま。少年らが命を賭けて訴えた過度の最貧から、今なお脱却できずにいる。

写真提供：中野智明

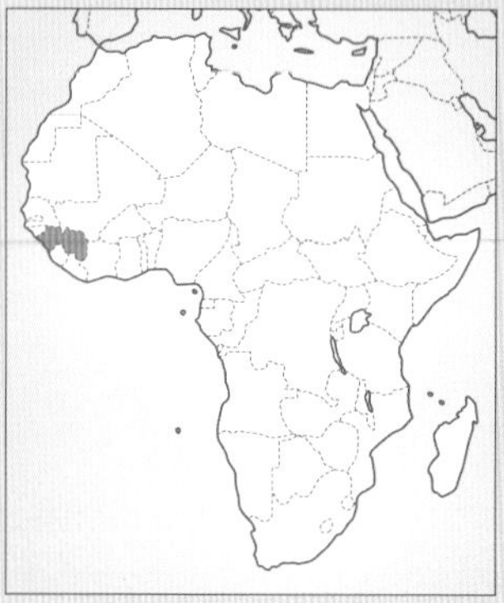

HISTORY

西アフリカの西端に位置し大西洋に面している。ギニアビサウ、セネガル、マリ、コートジボワール、リベリア、シエラレオネの 6 カ国と接している。国全体が熱帯雨林気候で首都は世界で最も雨が多い。15 世紀までマリ王国が支配。16 世紀にポルトガルが入植したが、部族国家が存在した。19 世紀後半にフランスが侵略、保護領とした後フランス領西アフリカに組み込む。1958 年セクー・トーレ初代大統領のギニア民主党によって独立を達成した。78 年国名をギニア人民革命共和国とし、社会主義による建設を図った。84 年セクー・トーレの死後コンテ大佐のクーデターが起こり、憲法を停止、国名を現在のものとし、複数政党制に移行。93 年ランサナ・コンテが大統領に当選した。2006 年から低賃金や物価上昇への不満から暴動やゼネストが発生。8 年暫定国家統一政府が発足、10 年民主的大統領選挙が行われ、アルファ・コンデが当選、就任した。ボーキサイトの埋蔵量が世界の 3 分の 1 を占め、金やダイヤモンド等の鉱物資源に恵まれているが、インフラ整備の遅れから経済は停滞している。

ギニア・ビサウ共和国

Republic of Guinea-Bissau

面積 3.6 万 km²
人口 196 万人
首都 ビサウ
通貨 CFA(アフリカ金融共同体) フラン
宗教 伝統信仰、イスラム教、キリスト教

SOCIAL PROBLEM 社会問題

「麻薬国家」と呼ばれる理由

ギニア・ビサウは南米大陸の東海岸から 3000㎞。中型のプライベートジェットなら、荷物を積んでいたとしても十分に飛べる距離にある。

1974 年にポルトガルから独立したが、民主的な選挙で選ばれた大統領が正常に政権を運営したことがないと評価される。資源はなく、主にカシューナッツやピーナッツを生産する農業国だ。

クーデターや内紛が絶えず、汚職が蔓延する環境が、南米の麻薬組織からヨーロッパへコカインを運ぶ中継地として目をつけられることになった。UNODC（国連薬物犯罪事務所）によると、政府内の実力者で麻薬密輸に絡んでいない人物はいないという。

そんなことから、この国は世界の麻薬捜査関係者の間で「麻薬国家」(narco-state) と呼ばれるようになった。アフガニスタンやコロンビアで麻薬組織が幅をきかせて活動できるのは国の一部の地域にすぎないが、ギニア・ビサウでは全土が麻薬に絡んでいる。当局による監視の目が存在しないため、この国では日常業務のように淡々と麻薬がらみの営みが行われているのだ。

2012 年のクーデター以来、事態は悪化していたが、農業を主産業とするアフリカの小国に世界の関心はほとんど注がれてこなかった。年間にこの国を通過するコカインは 40 トンと推計されている。

麻薬が政治生命を操るまでになったギニア・ビサウだが、2014 年に行われた選挙で立憲制の政府復活の兆しが見え始め、EU（欧州連合）との政治的関係が正常化して具体的な援助に向けた話し合いも始まっている。しかし、群島が広がる沖合には、麻薬ビジネスに都合の良い場所がまだたくさん残されており、麻薬密輸ルートを封鎖できる日は来るのだろうか。

HISTORY

アフリカ大陸西端部の大陸部と沖合のビジャコス諸島からなっている。北はセネガル、東南はギニア、西は大西洋と接している。

15 世紀半ばにポルトガル人が渡来、奴隷貿易の中継基地になり、1879 年ポルトガルの植民地となった。ポルトガルの植民地支配に対する反対運動が 1950 年代に始まる。63 年ギニア・カーボヴェルデ独立アフリカ党（PAIGC）による闘争が展開され、73 年大半を解放区として独立した。当初はカーボヴェルデとの統合を目指していたが、クーデターでヴィエイラが政権を承握し 91 年に大統領に就任、複数政党制が導入された。98 年元国軍参謀長マネが反乱を起こし首都を包囲、西アフリカ諸国共同体の停戦監視団によりヴィエイラは亡命する。暫定政権のもとで 2005 年ヴィエイラが復活した。長引く政情不安で国内経済は疲弊し、世界最貧国のひとつ。カシューナッツ、米、トウモロコシ等が主産物。

ケニア共和国

Republic of Kenya

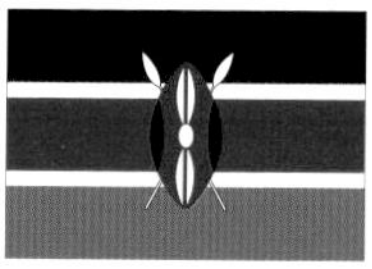

面積 58.2万km²
人口 5377万人
首都 ナイロビ
通貨 ケニア・シリング
宗教 キリスト教が主力。ほかにイスラム教、伝統宗教

SPORT スポーツ

ケニア陸上界をむしばむドーピング

スポーツ界のドーピング問題が深刻化しているが、この国も同様だ。2014～15年の2年間だけでも、ケニアでは約40人の選手がドーピング検査で陽性反応が検出され、出場停止に。2015年の世界陸上競技選手権大会（北京開催）でも、2人のケニア人選手がドーピングで出場停止となった。

早く走ることが名誉だった時代は終わり、それは賞金稼ぎへと変わってきた。ケニアでは陸上選手を目指す若者の数が増え続けているが、国際大会で入賞し賞金を手にすることができるのは一握りの選手となる。そのために手段を選ばずドーピングでも何でもやってしまえという雰囲気ができてしまったと、ベテラン選手たちは指摘する。昨年ドイツのテレビ局がドーピング問題を取り上げた番組のなかで、検査前の選手にドーピング結果の隠ぺいを持ちかけて賄賂を要求したケニア陸上協会職員の存在を暴露した。さらにケニア人選手が過去10年間に獲得したメダルの3分の1は、ドーピングの疑いがあるとも付け加えている。影響力のある有名な選手をドーピングの魔の手から守り、若手選手を教育していかなければならないという声がケニア国内でも強まっている。

PERSON 人

強さの秘けつはYOU TUBE!? 槍投げの新星

陸上の長距離王国ケニアに、意外にも槍投げの新鋭が現れた。2015年の北京世界陸上で92.72mを投げ、金メダルに輝いたジュリアス・イェゴ選手がそうで、世界記録まであと6m以内に迫る勢いだ。

彼はインターネットの動画サイト“YOU TUBE”で、世界的な槍投げ選手のフォームを見ながら技術を磨いてきたという何とも今どきの若者。2008年に19歳でケニア国内ナンバーワンとなってからも順調に記録を伸ばしたが、ケニアではトラック競技が中心で槍投げはマイナー種目だったため、コーチがつくことはなかった。2012年のロンドンオリンピックを前にヨーロッパで練習する機会に恵まれ、そこでようやくフィンランド人コーチを得た。

国際大会を目指して早朝から高地練習に励む若きアスリートたち　写真提供：中野智明

HISTORY

南部は高原地帯とサバンナ、北部は砂漠地帯、インド洋沿岸地帯は高温多湿に大別される。1895年、イギリスの保護領となる。中央高地に白人入植者が急増、それに反対する民族主義運動が高まり、さらにインド人移民の政治運動も盛んになる。「マウマウ」の反乱などをへて1963年、ケニヤッタに率いられたアケニア・アフリカ人同盟（KANU）のもとで独立。ケニヤッタ大統領が誕生し、彼の死後はモイが大統領に就くが、KANU以外の政党を非合法に追いやるなど独裁体制を敷いた。91年、反発する反政府勢力の6党が合同し、民主回復フォーラム（FORD）を結成し、政府と対決。勢力を増したFORDは92年、政権交代を目指すが、内部分裂で実現できなかった。以降、与党国家統一党（PNU）と新しく発足した野党オレンジ民主運動（ODM）が、民族問題もからんで対立、暴動へと発展。2008年まで死者1200人を出し、約50万人の国内避難民が生じた。国連の仲裁により、両陣営による連立政権が始まった。

コートジボワール共和国

Republic of Cote d'Ivoire

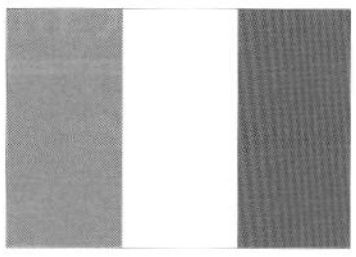

面積 32.2 万 km²
人口 2637 万人
首都 ヤムスクロ
通貨 CFA フラン
宗教 イスラム教 30%、キリスト教 10%、伝統信仰 60%

BEST IN THE WORLD 世界一

カカオ生産「世界一」のほろ苦い現実

農業国であるこの国の経済の中心はカカオ豆の生産で、1978 年にガーナを追い抜き世界一の生産国になってから、世界のチョコレート産業を支える存在となっている。特に 2000 年以降は新興国への需要が拡大してカカオ価格は上昇基調にあるが、その陰にはほろ苦い現実も横たわっている。

まずは自然破壊だ。国立公園などの自然保護区に違法なカカオ畑がつくられるようになり、国内に 23 ある保護区のうち少なくとも 13 保護区から、サルなどの霊長類が完全に姿を消したという調査結果が発表されている。カカオ栽培が保護区の植生を変えるだけでなく、カカオ栽培労働者らが保護区内の野生動物を食料（ブッシュミート）として食べてしまうなどがその理由だ。

さらに違法カカオ畑では、隣国からの移民の子どもたちが低賃金で長時間働かされている実態がある。なかには 5 歳児までもが労働力になっているという報告もあり、こうした児童労働もカカオ栽培の大きな問題として浮上しつつある。

カカオ豆生産国ランキング
2017 年　単位／万トン

1	コートジボワール	203.4
2	ガーナ	88.4
3	インドネシア	66.0
4	ナイジェリア	32.8
5	カメルーン	29.5
6	ブラジル	23.6
7	エクアドル	20.6
8	ペルー	12.2
9	ドミニカ共和国	8.7
10	コロンビア	5.7

※ FAO 統計データベース参照

高層ビルが立ち並ぶ大都市アビジャンの中心地
写真提供：中野智明

HISTORY

大西洋ギニア湾に面し、東はガーナ、西はギニアとリベリアに接し、北にブルキナファソとマリに接する熱帯の国。西アフリカの「優等生」と称される時代があった。かつての「象牙海岸共和国」。15 世紀からヨーロッパ人が訪れ、奴隷と象牙の取引に従事していたが、19 世紀末フランスが植民地化を宣言、制圧した。ウーフェ・ボアニ大統領率いるコートジボワール民主党（PDCI）によって、1960 年に独立を達成。93 年の大統領の死亡まで一党支配が続いた。後継のベディエ大統領時代にクーデターでゲイ元参謀総長が取って代わったが、政情不安は続き、2000 年には人民党のバグボが大統領に就任。まもなく政府軍と反政府軍に分かれての対立が続いたが、07 年和平プロセスに合意が成立。10 年ぶりに実施された大統領選挙（10 年）では現職のバグボと野党のウワタラが争い、一時は両者がそれぞれ大統領就任を宣言するなど混乱。結果的にバグボが軍に拘束され、ウワタラが正式に大統領となる一幕があった。輸出の多くをカカオなどの農産物が占めるが、1990 年代に原油生産が本格化し、輸出の柱になりつつある。

コモロ連合

Union of Comoros

面積 0.2 万 km^2
人口 87 万人
首都 モロニ
通貨 コモロ・フラン
宗教 イスラム教

PERSON 人

４度のクーデターにかかわったフランス人傭兵

アフリカは国際的にもクーデターの多い地域だが、軍内部の若い将校たちによるものが多い。しかし、コモロで繰り返されてきたクーデターにはフランス人傭兵が大きくかかわっていた。

元フランス軍人でその後傭兵となったボブ・ディナール（通称名。本名 Gilbert Bourgeaud）は、アフリカ・中東を中心に世界各国でクーデターに参画、時の政権を転覆させてきた。コモロでは４度クーデターを実行し、１度は失敗したものの、３度政権を転覆させた。

ディナールによる最初のクーデターは1975年､独立時のアハメッド・アブダラ初代大統領に対するものだった。アブダラは失脚するが、1978年にはそのアブダラと組んだディナールが社会主義路線を標榜するアリ・ソイリ大統領をクーデターで退かせ、アブダラを大統領の座に復活させた。

ディナールは1989年まで、アブダラ大統領の特別警護隊を指揮し、政治的にもビジネスの場でも大きな影響をコモロに与えていった。イスラム教に改宗し、コモロ人女性と結婚、コモロ国籍も取得した。しかし､1989年にディナールの権限を剥奪しようとしたアブダラ大統領が暗殺される事態となり、ディナールも負傷してコモロを離れた。

ディナールはアブダラ殺害への関与を疑われ、フランスで裁判にかけられたものの、証拠不十分で有罪にはならなかった。このアブダラ大統領死亡の一連の動きはディナールによる３回目のクーデターと見なされている。

懲りないディナールは1995年、アブダラの後継大統領を狙った４度目のクーデターを企て、30人の傭兵とボートでコモロに上陸した。ところがそこには、300人以上の武装したコモロ軍の兵士がマシンガンを構えて待ち構えていた。ディナールの企てを事前に察知したフランス政府とコモロ政府の合意によるもので、ディナールはフランス軍の特殊部隊に捕まり、裁判のため彼の身柄はフランスへと送られた。

その後、コモロに戻ろうとしたディナールだが、コモロ政府によって入国を拒否され、2007年にフランスで亡くなった。独立以来、コモロでは20回以上のクーデターを経験した。

HISTORY

モザンビークとマダガスカルの間のモザンビーク海峡の北に散在する島嶼で、主な島はグランド・コモロ（ンジャジジャ)、モヘリ（ムワリ)、アンジュアン（ンスワニ)、マイヨット（マホレ）の４島。19 世紀半ばフランスが保護領化し1912 年にフランス植民地マダガスカルの行政区に編入。第２次世界大戦中はイギリスが海軍基地としたが、戦後フランスに返還。73 年独立交渉が行われ、75 年アブダラ大統領のもとでマイヨット島を除き独立。89 年にはアブダラ大統領がフランス人傭兵により暗殺された。非同盟中立主義を掲げるが、フランスとの関係が深い。99 年参謀総長のアザリ大佐が 18 回目のクーデターで大統領に就任。2001 年アフリカ統一機構などの仲介で国民和解協定に調印。国名を「コモロ連合」とした。07 年アンジュアン島大統領選が連合政府政令に反して行われ、連合政府軍が軍事介入するなどグランド・コモロ島中心主義に対する分離・独立の動きが絶えない。

各島自治政府からの大統領選出（輪番制）により政治的安定を取り戻したが、天然資源に乏しく、産業基盤も脆弱で、世界最貧国のひとつである。

コンゴ共和国

Republic of Congo

面積 34.2 万 km²
人口 551 万人
首都 ブラザビル
通貨 CFA フラン
宗教 キリスト教、イスラム教、伝統信仰

NATURE 自然

地球最後の原生林に迫る危機

地球上で人間が全く入り込んでいない原生林が残るのは、コンゴ共和国北部の熱帯雨林だけだといわれる。この地域は 1993 年からヌアバレ・ヌドキ国立公園に指定され、保護の対象となった。ここには人間との接触が全くなかった丸耳象や西ローランドゴリラ、チンパンジー、ウシ科のボンゴなどの野生動物が生息し、人間を初めて見て興奮するゴリラの反応が、米『ナショナル・ジオグラフィック』誌で紹介され話題になった。

アフリカ中部の熱帯雨林地帯には海外の伐採会社が入り込み、文字通りの原生林が減少しつつある。この国の国土の 60% 以上が熱帯雨林だが、無許可の違法な森林伐採が横行しているのだ。伐採の手はヌアバレ・ヌドキ国立公園にまで迫りつつある。

こうした伐採現場で働く人々が森林のなかで食料を調達するため、貴重な野生動物が殺害されている現状がある。伐採のために開かれた道路は、象牙を狙う密猟者にとって格好のルートにもなり、野生動物のマーケット拡大に繋がる可能性も指摘される。

さらに高い致死率で猛威をふるったエボラ出血熱が、野生動物の生命をも危機に陥れている。1990 年代からコンゴ共和国内のオザラ国立公園やガボンなど西アフリカ一帯に生息するゴリラ、チンパンジーの 3 分の 1 がエボラ出血熱により死んでいるという調査結果がある。ヌアバレ・ヌドキ国立公園周辺では、人間が媒介して原生林の野生動物に感染が広がる可能性も視野に入れ、自然保護団体が警戒を強めている。

丸耳象を象牙目的の密猟や森林伐採の脅威から守るため、隣国のカメルーン、中央アフリカを含む 3 カ国による保護区構想も始まったばかりだ。

ヌアバレ・ヌドキ国立公園の湿地帯に生息する丸耳象
写真提供：中野智明

HISTORY

東をコンゴ民主共和国、西をガボンに接し、南北に細く伸びており、南西部が大西洋に開いている。かつてはコンゴ王国やロアンゴ王国があったが、いずれも 17 世紀までに衰微した。15 世紀末にポルトガル人やフランス人が進出し、奴隷貿易や象牙の取引を始めた。19 世紀末にはフランス政府が支配下に治め、1884 年のベルリン会議でヨーロッパ各国に領有権を認めさせた。1910 年フランス領赤道アフリカの 1 州に編入。第二次世界大戦後の 58 年フランス共同体内で自治共和国、60 年にコンゴ共和国として独立した。60 年代半ばから科学的社会主義路線への転換が図られ、69 年コンゴ人民共和国と改称。冷戦後の 91 年に複数政党制を導入、国名をコンゴ共和国に改称したが政情不安定でコヨーテ、コブラ、ニンジャという武装勢力が互いに戦い始め内戦へと発展。97 年サスヌゲソ元大統領派のコブラが首都を制圧、国民統一政府を樹立した。2002 年新憲法を施行。GDP（国内総生産）の約 4 割を石油の輸出が占める。

アメリカ
ヨーロッパ
アフリカ
オセアニア

コンゴ民主共和国

Democratic Republic of the Congo

面積 234.5 万 km²
人口 8956 万人
首都 キンシャサ
通貨 コンゴ・フラン
宗教 キリスト教 85%、イスラム教 10%、伝統信仰 5%

CRISIS 危機

世界を震撼させたエボラ出血熱

1976 年 9 月、コンゴ民主共和国（当時はザイール共和国）の北部ヤンブクで、謎の病気が発生した。ベルギーのキリスト教会が運営する病院に患者たちが担ぎ込まれたが、このとき看病にあたったベルギー人シスターら 4 人全員が感染し、2 人が亡くなった。突如空からヘリコプターで飛来し、現地に現れた米疾病予防管理センター（CDC）スタッフらの宇宙服のような格好に地元住民は驚いた。

これが同年のスーダン南部での事例（感染者 284 人、死者 151 人）と並ぶ、初のエボラ出血熱の発生だった。感染者 318 人中、死者は 280 人。致死率は何と 8 割以上という恐ろしい結末だった。研究者らは当初、地名のヤンブクを病名にしようとしたが直接的なかかわりがないため、近くを流れる川の名前をとって「エボラ」としたとも、また最初に感染した地元の教師がエボラ川の近くを旅した後で感染したことからこの病名になったともいわれる。エボラとはリンガラ語で「黒い川」を意味する。

その後もコンゴ民主共和国やウガンダ、コートジボワール、ガボンなどで発生を繰り返したが、いずれも数か月で終息していた。しかし 2013 年 12 月からリベリア、シエラレオネ、ギニアで発生したエボラはこれまでの事例と違い、1 年以上の長期にわたって感染が拡大し死者は 1 万人を超え、2014 年 8 月に世界保健機関（WHO）が非常事態を宣言するに至った（2016 年 1 月に終息）。

拡大の理由には、「エボラは存在しない」「悪魔の仕業」「毒を飲まされたため」などの非科学的な噂が広がり、感染者に触れないなど感染防止のための正確な情報が正しく伝わらなかった点があげられる。また、感染源とされるコウモリなどの野生動物の肉を食べる食習慣が感染に拍車をかけたとする見方もある。

HISTORY

中部アフリカの南部に位置し、国土はアフリカ第 2 位の広さをもち、コンゴ盆地の大半を占める。周囲は 9 カ国に国境を接する。古くはコンゴ川河口付近にコンゴ王国が栄えたが、1885 年ベルギー国王の私有地としてコンゴ自由国が誕生。1960 年コンゴ共和国として独立。直後「コンゴ動乱」が起こり、ベルギーの派兵、ルムンバ首相暗殺、国連軍とカタンガ軍の衝突などの動乱に揺れた。65 年クーデターでモブツ政権が誕生、コンゴ民主共和国とし 71 年ザイール共和国に改称。77 年再び内戦が勃発、複数政党制をめぐっての混乱が続く。97 年「コンゴ＝ザイール解放民主勢力連合」（ADFL）が政権を奪取。ローラン＝カビラが大統領に。国名を「コンゴ民主共和国」と変更した。その後 ADFL が反政府勢力に転じ、98 年内戦状態に突入したが、99 年参戦 5 カ国と停戦協定に調印するも不安定。2001 年カビラ大統領が暗殺され、大統領に長男のジョセフ・カビラが就任。ルワンダ、ウガンダ、国内各派との和平協定調印。03 年死者 300 万人といわれる内戦が終結。金やコバルト、ダイヤモンドの生産量は世界トップクラスで、輸出の約 9 割を鉱物資源に頼る。

サントメ・プリンシペ民主共和国

Democratic Republic of Sao Tome and Principe

面積 964 km²
人口 21 万人
首都 サントメ
通貨 ドブラ
宗教 カトリックが 80%強

LEGEND 伝説

この島に「流刑」された子どもたち

1470 年代にポルトガル人がやってくるまで、2つの島からなるサントメ・プリンシペは無人島だった。1975 年にポルトガルから独立した後も「アフリカのガラパゴス」と呼ばれるほど手つかずの自然が残り、西アフリカで最も重要なウミガメ産卵地であるほか、ホエール（クジラ）ウォッチングやバードウォッチングなどが楽しめる場所として知られる。治安の良さも売りだ。

そんな楽園にも暗い歴史が秘められている。スペインは 15 世紀に、同国に暮らすユダヤ人のカトリック教への強制的な改宗を推し進めた。このとき、多くのユダヤ人が隣国ポルトガルへ逃れたが、当時の国王マニュエルは、入国してきたユダヤ人に多額の人頭税を課した。

マニュエル王はサントメ・プリンシペ島を植民地にしようと目論んでいたが、ポルトガル人を未開の島へ送ることをためらっていた。そこで、人頭税の支払期限に応じられないユダヤ人の2歳から 10 歳の子どもたちを、サントメ・プリンシペ島へ送る「流刑」を布告したのである。

1496 年に約 2000 人のユダヤ人の子どもが、この島へと送られた。1年後には、わずか 600 人が生き残っているだけだった。ポルトガルを旅立つ前に親たちはモーゼの教えを説き、ユダヤ教徒としての生き方を教えられた子どもたちは、島流し後もしっかりとユダヤ教の生き方を守ったという。

ある歴史書によれば、その後もユダヤ教の慣習がサントメ・プリンシペに残っているという話がリスボンに伝えられ、カトリックの司教がこの島へ派遣された。ある日、ユダヤ教の行進を目にした司教はそれを中止させようとしたが、どうにもならずポルトガルに帰国してしまったという。以降もユダヤ教の風習・儀式などが現地住民の間に残っていたとされるものの、18 世紀までにほとんど姿を消してしまった。

19 世紀にカカオや砂糖の商売のために入植してきたわずかなユダヤ人がいたが、現在はこの島にユダヤ教の名残は見られない。しかし、今でも色白の肌をした、ポルトガル系ユダヤ人の子孫とされる人々がここに暮らしている。

HISTORY

西アフリカのギニア湾沿岸に近い群島国家で、サントメ島、プリンシペ島を主島にカロソ、ペドラス、ティニョザス、ロラスの小島からなる。1470 年代にポルトガル人がサントメ島に来航し、コンゴ王国やベニン王国と交易を行う一方で、ガボンなどギニア湾沿岸の諸地域から強制的に移住させたアフリカ人労働力を使ってサトウキビの栽培を営んだ。16 世紀以降盛んになった奴隷貿易では、サントメ島が一大中継地となった。奴隷貿易衰退後はカカオ、コプラなどの生産に産業転換がなされた。第二次世界大戦後の 1951 年にポルトガルの海外州となるが、1960 年にサントメ・プリンシペ解放委員会が結成され、独立運動が本格化、75 年7月に独立した。初代大統領ダ・コスタのもとで国家建設が始められたが経済が悪化、政治的不安定が深刻化したことから、80 年代半ばからは非同盟を唱えて親欧米外交に転換した。独立以来ダ・コスタの独裁が続いたが、90 年に複数政党制の導入や死刑廃止などの規定を含む新憲法を採択し、民主化を進めた。経済はカカオの輸出のほか、ギニア湾で油田開発が進行中。

ザンビア共和国

Republic of Zambia

面積 75.3 万 km²
人口 1838 万人
首都 ルサカ
通貨 ザンビア・クワチャ（ZMK）
宗教 キリスト教（事実上国教）、ヒンドゥー教、イスラム教

LEGEND 伝説

探検家リヴィングストンの足跡

ザンビアとジンバブエの国境にあり、世界３大瀑布のひとつと称されるビクトリアの滝は、スコットランド人探検家リヴィングストンが 1855 年、ザンビア南部のムクニ村住民に案内され、ヨーロッパ人として初めて発見した。現地では「モシ・オア・トゥニャ（現地語で“雷鳴のする水煙”の意）」と呼ばれていたが、リヴィングストンはイギリス女王にちなんで、ヴィクトリアの滝と名づけた。

宣教師で奴隷貿易廃絶を信念としていた彼は、奴隷貿易によらない新しい中央アフリカの交易ルートを探っていた。途中で道に迷ったリヴィングストンがムクニ村にたどり着き、村人と会う前に座り込んだマンゴーの木が今でも村にある。その後、アフリカ大陸横断に成功し、「暗黒大陸」といわれたアフリカの貴重な情報を世界に発信した。探検中にマラリアによる複合症で 1873 年５月に亡くなったが、彼の遺体をインド洋岸まで運んだのはムクニ村出身の従者たちだった。その子孫は今もこの村に暮らしている。

SPORT スポーツ

開会式は「北ローデシア」、閉会式は「ザンビア」

1964 年 10 月の東京オリンピックでのこと。英領北ローデシア代表として参加した 12 人の選手団は、閉会式を迎えた 10 月 24 日の選手団行進で、違う国の旗を高々と掲げた。なぜならこの日、母国が独立を果たしてザンビア共和国が誕生したからである。時差などのお陰で新国旗の準備が間に合い、メダルこそ取れなかったものの何とも鮮烈なデビューとなった。オリンピック開催中に参加国の国名と国旗が変わったのは、歴史的にもこのザンビアが唯一とされている。

ザンビア側から見たビクトリアの滝

ムクニ村でリヴィングストンが座ったと伝えられるマンゴーの木

写真提供：中野智明

HISTORY

アフリカ中南部の内陸国で周辺８カ国と国境を接する。ジンバブエとの国境を流れるザンベジ川には、世界３大瀑布と称される世界遺産のヴィクトリア滝がある。８世紀頃バンツー語系住民が南下し、先住民であったサン族（ブッシュマン）を放逐して定住を開始。後にロジ族やベンバ族などが中央集権的な王国を建設。1851 年にイギリス人探検家リヴィングストンが来訪、91 年にはイギリスの支配下におかれ、南アフリカ会社のセシル・ローズにちなみローデシアと呼ばれた。1924年イギリスはこの地を北ローデシア保護領として直轄植民地とする。53 年には南ローデシア（現ジンバブエ）・ニヤサランド（現マラウイ）とともに連邦を結成したが、白人主導に対して黒人層の不満が噴出、63 年に連邦は解体。翌年に北ローデシアは独立を宣言しザンビア共和国が成立、初代大統領にはカウンダが就任。91 年には複数政党制を導入。銅の輸出が主要産業。

シエラレオネ共和国

Republic of Sierra Leone

面積 7.2万 km²
人口 797万人
首都 フリータウン
通貨 レオン
宗教 イスラム教60%、伝統宗教30%、キリスト教10%

SOCIAL PROBLEM 社会問題

内戦とダイヤモンド

紛争ダイヤモンドは別名ブラッド・ダイヤモンド（血塗られたダイヤモンド）とも呼ばれ、紛争国で採掘され、外貨獲得や武器購入の資金源となるダイヤモンドを指す。1990年代後半には全世界の4%のダイヤモンドが、紛争の資金源となったといわれる。

90年代のシエラレオネ内戦でも、ダイヤモンド鉱山を制する者がこの国を制するとまで語られていた。同国では1930年代にダイヤモンド鉱山が見つかり、南アフリカの資源メジャー、デビアス社が全面的な権利を獲得して採掘が始まった。ところが一党制国家となったシアカ・スティーブンス政権下でダイヤモンド鉱山は国営化され、汚職と結びついたダイヤモンドの密輸が広がり、合法ダイヤモンドの採掘は200万カラットから5万カラット弱まで落ち込んだ。

反政府勢力もまた、このダイヤモンドに目をつけた。1990年代に入ると軍人のフォデ・サンコー率いる革命統一戦線（RUF）が腐敗した政府の打倒を公言して武装蜂起し、内戦が始まった。ダイヤモンド生産地を手中に収めて資金源を得た反政府軍は、外国の軍事支援に頼る政府軍に対し10年にわたって抵抗を続けた。また反政府軍による手足を切り落とすなどの残虐行為は国際的な非難を呼んだ。

国連もダイヤが戦争の資金源になっていることを問題視し、ダイヤモンド産業にかかわる国や企業が2000年に南アフリカのキンバリーで会合を開き、紛争ダイヤ取引の規制について話し合った。こうして2003年、原石に原産地認証を義務づけるキンバリープロセス認証制度が発足した。だが監視方法が弱く、現在でも紛争ダイヤモンドはなくなっていない。

内戦下で腕を切断された人
写真提供：中野智明

HISTORY

大西洋に面し、海岸地帯はフリータウン半島以外は湿地とマングローブ林に覆われる熱帯雨林気候で、内陸部は海抜300mほどの高原が占める。16世紀の後半からイギリスの奴隷商人が侵入、奴隷貿易の中心地となるが、1772年に奴隷身分のジェームス・サマーセットがイギリスで裁判を起こし、奴隷制は非合法との判決を勝ち取り、1786年にイギリスで創立された奴隷貿易廃止促進協会を中心に解放奴隷の移住が計画された。87年4月に白人入植者も含む750人余が、92年にはアメリカ独立時に逃亡した者など解放奴隷1190人が到着、フリータウンを建設した。1808年、海岸地帯がイギリスの直轄植民地、96年には内陸部が保護領となる。1961年4月27日に独立、イギリス連邦に加盟した。71年に共和制に移行したが、91年に発見されたダイヤモンド鉱山の支配権などをめぐって内戦が勃発、92年以降は数度のクーデターで混乱をきわめた。内戦は2002年に国連部隊の展開で終結し、国連PKO撤退後初の大統領・議会選挙を07年に実施。農業とダイヤモンドなどの鉱業が主要産業。

ジブチ共和国

Republic of Djibouti

面積 2.3 万 km²
人口 98 万人
首都 ジブチ
通貨 ジブチ・フラン
宗教 イスラム教 94%

SECURITY 安全保障

中国まで？　小国に軍事基地が集中する理由

ジブチは秋田県２つ分ほどの面積しかない小さな国だ。そこには外国の軍事基地がいくつも置かれている。

フランス領から独立後もジブチにはフランス軍の基地があり、アフリカでは最大規模の拠点として維持されてきた。また 2001 年９月 11 日のアルカイダによる同時多発テロを契機に、米国が基地キャンプ・レモニエを開設し、現時点で 4000 人以上が駐留、テロ組織の情報収集センターとして大きな役割を担っている。日本の海上自衛隊も、ジブチ市内の国際空港に隣接した基地を置く。

理由はまず地理的な重要性がある。アフリカ大陸東端の「アフリカの角」と呼ばれる位置にあり、インド洋から紅海、そしてスエズ運河で地中海へと結ばれる海上航路の要衝なのだ。また、周辺国に比べて内政が安定していることから、海賊やテロ対策の拠点として絶好の立地となっている。さらにこの国には大きな収入源がないため、外国の基地を誘致することが外貨獲得の手段にもなっているという事情がある。

さらに中国がこの地に海外補給基地の建設計画を 2016 年に公表し、2017 年８月から運用を開始した。中国メディアは「中国軍初の海外駐留」と大々的に報じ、中国外務省は「地域の平和と安定へ寄与」するのが目的だと強調する。だがそれは海洋権益保護をスローガンに海軍力を増強する中国の第一歩に過ぎないと、欧米メディアは指摘する。

米軍基地キャンプ・レモニエの中にある情報収集室
写真提供：中野智明

HISTORY

アフリカ北東部で紅海の入り口にあるアデン湾の西岸に臨む国。国土の大半が砂漠か半砂漠。世界で最も暑い国といわれ年間を通して高温で、夏期の日中は 50 度を超える日も少なくない。年間平均気温は 29.8 度。19 世紀後半にフランスが進駐し、一帯を領有。仏領ソマリ海岸を形成。ジブチ港からエチオピアのアディスアベバを結ぶ鉄道が敷設され、エチオピアの海外への出入り口としての重要性が増した。1946 年フランス海外県に、後にアファル・イッサと改称しフランス領残留を選んだが、77 年独立を達成。同数を占めるアファル人とソマリ人系イッサ族の対立が深まり、91 年にアファル系の統一民主回復戦線（FRUD）が反政府武力闘争を開始し、内戦化。94 年に和平合意に至るも、FRUD の一部がゲリラ活動を継続して 2001 年に最終的な和平が成立した。資源に乏しく、財政はジブチ港湾施設とフランス駐留軍による援助に頼っているのが現状である。11 年隣国ソマリア沖で多発する海賊問題で、海賊対策を目的とした日本の海上自衛隊基地を建設。日本初の海外基地となる。

ジンバブエ共和国

Republic of Zimbabwe

面積 39万km²
人口 1486万人
首都 ハラレ
通貨 ジンバブエ・ドル
宗教 キリスト教、土着の伝統宗教

NATURE 自然

狩猟の是非を世界に訴えた国民的ライオンの殺害

撃ち殺した動物の毛皮や、頭部を剥製にして持ち帰る「トロフィーハンティング」と呼ばれる狩猟は欧米を中心に人気がある。ジンバブエや南アフリカなど一部のアフリカ諸国では、ハンターに有料で許可を与え、収益を自然保護に回しつつ地元の雇用も生み出すというビジネスが成立している。

ところが2015年、その立派な風貌からジンバブエで国民的人気があり、ヨーロッパの野生動物研究者も貴重な観察対象としていたライオン「セシル」が、保護区であるワンゲ国立公園の外で米国人ハンターによって撃ち殺された。

この出来事は国内外で大問題となり、ジンバブエ公園野生局は狩猟に同行したジンバブエ人ガイド2人を逮捕。米国人ハンターはすでに出国していたため、不起訴とされた。セシルは狩猟の対象外であることを示す首輪をつけていたが、ガイドらがそれを確認しなかったことが悲劇の原因とされている。

セシルの死はトロフィーハンティングの是非について国際的な議論を呼んだ。しかしその事件から2年後の2017年、今度はセシルの子である雄ライオン「ザンダ」までもが、ワンゲ国立公園の外でハンターによって射殺され、悲劇はくり返された。

アフリカのライオンは激減の一途をたどっている　　写真提供：中野智明

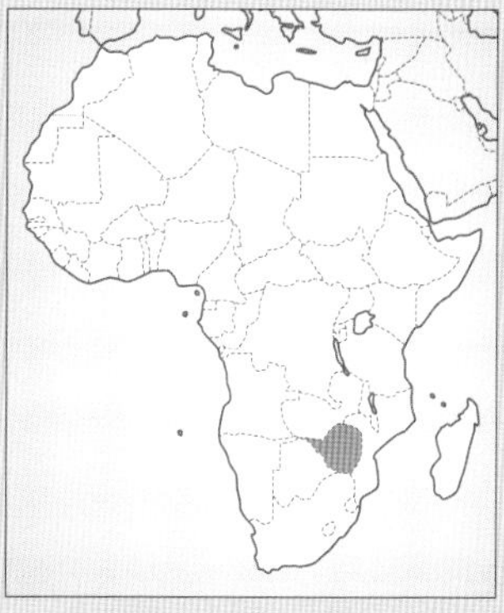

HISTORY

アフリカ南部の内陸国。11～19世紀にかけてカランガ族のモノモタパ王国やロズウィ族のマンボ王国が成立し、大ジンバブエ遺跡（ジンバブエ＝石の家の意）を建造するなど王国が繁栄。19世紀にはヌデベレ族が王国を築くが、1889年にイギリスの支配下に入り、付近一帯は植民政策者セシル・ローズにちなみローデシアと名づけられた。1911年ローデシアは南北に分割、23年南ローデシアとして英領自治植民地に昇格。53年に北ローデシア（現ザンビア）・ニヤサランド（現マラウイ）とともに連邦を結成。南ローデシア白人政権は連邦解体後の65年にローデシアとして一方的に独立を宣言、人種差別政策を推進。折しも民族独立の機運が高まるなか、激しい国際的非難や黒人武装勢力の強大化にさらされ、イギリスの調停のもと80年に国民総選挙が実現。現在のジンバブエ共和国が成立し、カナーン・バナナが初代大統領に、ロバート・ムガベが初代首相に就任。ムガベが夫人を後継にしようとした動きに軍部が反発し、事実上のクーデターでムガベは2017年に辞任し、37年の長期政権が終わった。

スーダン共和国

The Republic of the Sudan

面積 184.7万km²
人口 4384万人
首都 ハルツーム
通貨 スーダン・ポンド
宗教 スンニ派などイスラム教が大多数、南部黒人を中心にキリスト教、伝統宗教

PERSON 人

ビン・ラディンが5年間暮らした街

ナイル川はビクトリア湖南部を水源とする白ナイルと、エチオピアを水源とする青ナイルからなり、スーダンの首都ハルツームで合流する。ここから水量を増した大河は、地中海へと流れる。

この立地を利用してハルツーム周辺には、一大灌漑用水地域が広がり農業が盛んだ。ハルツーム北部には精油所があり、ここから紅海の港ポートスーダンまでパイプラインが通っている。

このスーダン経済の中心地ハルツームに、2001年のアメリカ同時多発テロの首謀者ウサマ・ビン・ラディンが1991年から5年間住んでいた。イスラム教の中心的な立場にあったハッサン・トラビ師の力によってスーダンへの投資を条件に滞在を認められ、彼はこの地に5000万ドル以上を投資したといわれる。

ウサマはハルツームに建設会社を立ち上げ、道路工事やビルの建設、また農業分野にも手広くビジネスを拡大して400人ものスーダン人を雇っていた。ハルツーム市内に事務所を構え、郊外にあった自宅では4人の妻と子どもたちと暮らす、一見して普通のビジネスマンだったという。

しかし、水面下ではイエメンの反政府勢力への武器供与、エジプトへのカラシニコフ銃の密輸などを行っており、ハルツームのウサマの家には、武器弾薬が常に潤沢に隠されていた。定期的なテロ組織アルカイダのミーティングもウサマの家で繰り返されていたという。

遂に1996年、アメリカ政府からスーダン政府にウサマの身柄引き渡し要請があった。ウサマを受け入れたトラビ師の政治的な立場も微妙になっていたため、彼はスーダンから追放されてしまう。多額の資産を残したまま、ウサマは無一文でアフガニスタンへ渡った。

1998年8月のナイロビ（ケニア）とダルエスサラーム（タンザニア）のアメリカ大使館爆破テロ事件でもウサマの関与が指摘され、世界的に最も危険なテロリストとして国際指名手配リストのトップになっていった。2011年5月、アメリカ海軍特殊部隊によって潜伏中のパキスタンで殺害されたウサマだが、ハルツーム滞在中にも、スンニ派の過激派によって暗殺されかかったことがあった。このときハルツームでウサマがこの世を去っていれば、アメリカ多発テロはなかったのだろうか。

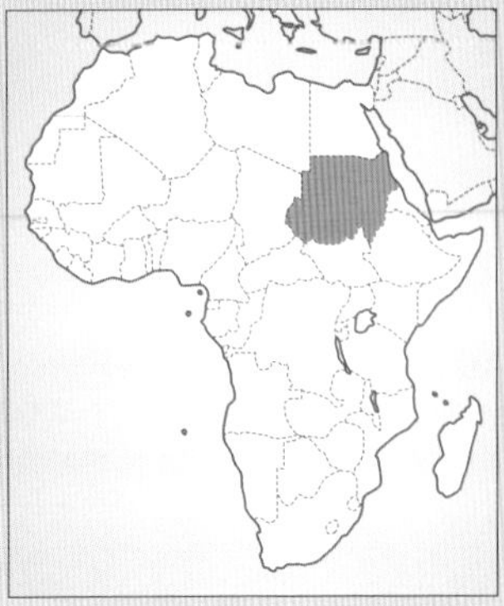

HISTORY

アフリカ東北部のエジプトの南、東は紅海に面して位置し、アフリカ大陸で3番目の国土面積を持つが、その大部分は砂漠か乾燥地帯である。前2200年頃、ナイル川流域のかつてはヌビアと呼ばれた一帯に、南部から移住した黒人集団がクシュ王国を建国した。エジプト新王国時代に一度は滅ぼされるが、前900年頃再興し、エジプトに攻め入って第25王朝を建国した。アッシリアとの戦いに敗れてヌビアへ舞い戻った後も、後継王朝が4世紀に3国に分かれるまで続いた。16世紀にイスラム教の王国が建国され、その領域はイスラム化した。19世紀に入ってからはエジプトとイギリス、2国統治の支配が続いた。独立は1956年1月1日。69年に陸軍がクーデター、大統領に就任したニメイリが83年、イスラム法を導入すると、南部のスーダン人民解放運動（SPLM）が武装蜂起し、内戦に発展した。89年6月、無血クーデターで政権を奪取したバシールがさらにイスラム化を進めた。内戦の結果、南部独立の是非を問う住民投票が2011年1月に行われ、7月9日、新国家「南スーダン」が独立した。

セーシェル共和国

Republic of Seychelles

面積 457 km²
人口 9.8 万人
首都 ビクトリア
通貨 セーシェル・ルピー
宗教 キリスト教（カトリックが 90%）

LEGEND 伝説

今なお続くフランス人海賊の財宝探し

古くはカリブ海を中心に、1650年代から1730年にかけて海賊の黄金期が続いた。1690年代からはインド洋や紅海でも船がたくさん襲われ、奪われた財宝は様々な場所に隠された。ここセーシェルにも財宝伝説がある。

フランス海軍士官だったオリヴィエ・ルヴァスールはスペイン継承戦争（1701～14年）中、奪われた財宝を奪い返すための私掠船員としてカリブ戦線に参加。が、終戦後も帰国することなく英国人海賊団に加わり、インド洋を中心に暴れ回った。

ルヴァスールは1724年、海賊行為の中止を条件とするインド洋の海賊への恩赦を受けようとレユニオン島のフランス総督に使者を送った。ところが強奪した財宝の大半の返却を求められたため、ルヴァスールは恩赦をあきらめてセーシェル諸島に隠遁するようになった。ところが1730年、彼はマダガスカル島で捕らえられ、レユニオン島で海賊行為の罪により絞首刑に処されてしまった。

そのときルヴァスールが絞首台から「これを解読できるものが財宝を手に入れろ」と叫び、ネックレスに隠していた紙片を観衆に投げ入れたという伝説がある。そこには17行からなる暗号のような文字が描かれており、財宝の隠し場所を示す文書だとされる。

ルヴァスールの財宝とは何か。それはインド南部の都市ゴアのセー大聖堂に安置されていた、数多くのダイヤモンドやエメラルドで装飾された数メートルの巨大な純金製の十字架だったという。諸説あるものの、その「ゴアの十字架」は現代の価値に換算すると2億ポンドにもなるそうだ。

1923年にセーシェルの首都ビクトリアがあるマヘ島の海岸で、岩に掘られたたくさんの模様が発見された。そこには、犬、馬、蛇やカメなど動物が描かれていたが、「鍵穴」「見据える目」「箱」など海賊によって隠された財宝情報に繋がるとみられるものがあった。

115の島々からなるセーシェルには、今でも海賊の財宝が眠っているのだろうか。手つかずの自然が残る隔絶された環境は、宝島伝説の想像をかき立てる。

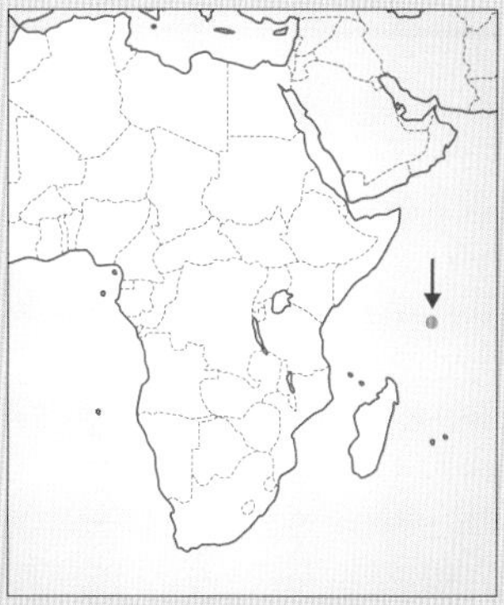

HISTORY

アフリカ大陸の東、マダガスカルの北約 1000km の西インド洋上に点在する大小 115 の島々で構成されている。最大の島は首都のあるマヘ島で、年間平均気温が 24 ～ 29 度の温暖な熱帯気候の国。18 世紀の半ば、当時フランス領だったモーリシャスのマヘ総督の命令で調査隊が派遣され、島嶼全体を当時のフランス蔵相の名にちなみセーシェルと命名。1756 年に正式にフランス領となったが、ナポレオン戦争期の 94 年にイギリス海軍が占領、1814 年にイギリスに割譲され、翌年のウィーン会議でイギリスの植民地となった。1976 年の制憲議会の採決をへて同年 6 月 29 日に独立。一党独裁制だったが、91 年に複数政党制となった。経済は主に観光業と漁業によりなりたっている。

赤道ギニア共和国

Republic of Equatorial Guinea

面積 2.8 万 km^2
人口 140 万人
首都 マラボ
通貨 CFA フラン
宗教 キリスト教 99%、伝統宗教

INCIDENT 事件

クーデター未遂事件の背後に浮上した石油利権

アフリカのとある国のプラチナ鉱脈に目をつけた英国実業家が、傭兵を雇って現地政権を転覆させ、傀儡政権を打ち立てて採掘権を我が物にしようと画策する……。フレデリック・フォーサイスの小説『戦争の犬たち』(1974 年) は、彼自身が取材した赤道ギニアでのクーデター事件をベースにしたと伝えられる。アフリカではクーデターが少なくないが、その背後には必ずといっていいほど資源利権をめぐるきな臭い話がつきまとう。

1990 年代に油田が発見されて以降、サブサハラ (サハラ以南)・アフリカ屈指の産油国となったこの国で 2004 年、再び『戦争の犬たち』を彷彿とさせるようなクーデター未遂事件が発生した。元英国軍人で傭兵会社を経営する男をリーダーとする傭兵グループが輸送機で赤道ギニアへ向かおうとしたところ、経由地のジンバブエで逮捕されたのだ。彼らはジンバブエで武器を調達し、赤道ギニアのヌゲマ政権 (当時) を転覆させる計画だったという。

その後、南アフリカ共和国に住む英国の元首相マーガレット・サッチャーの子息がクーデター計画への資金供与にかかわっていたことが発覚し、彼は同地で逮捕され、有罪判決が下った。

また傭兵グループを率いた元英国軍人が、クーデターの首謀者はヌゲマ政権に迫害されスペインに亡命した「赤道ギニア亡命政府」のリーダーであり、政権転覆後の石油利権を目当てに英国やスペインが背後で支援したなどと証言。ヌゲマ大統領が国連でスペインなどの関与を名指しで避難する一幕もあった (英国、スペインは関与を否定)。

赤道ギニアの高質天然ガスプラント
写真提供:中野智明

HISTORY

アフリカ大陸のギニア湾に面した大陸部のムビニとギニア湾上の火山島ビオコなどからなる小国家。15 世紀後半ポルトガル人が来航して以降、ポルトガル領となった。一時英国に占領されたが、18 世紀にはスペインに割譲され、19 世紀に入ると内陸部へと勢力図を広げ大農園方式による農園開発が進んだ。第二次世界大戦後の 1968 年独立。79 年までのマシアス・ヌゲマ大統領による恐怖政治により、全人口の 3 分の 1 が国外に逃亡したため、79 年軍事クーデターで政権を打倒し、ヌゲマ・ムバソゴ中佐が大統領に就任した。87 年再選されたヌゲマ・ムバソゴ大統領は軍事色を薄め、赤道ギニア民主党 (PDGE) が唯一の政党として公認され、92 年にはデモの承認まで進んだ。2016 年には通算 6 期目となる長期政権を維持している。カカオやコーヒーの大産地だが、1990 年代以降は石油・天然ガスの生産が軌道にのり経済成長している。

セネガル共和国

Republic of Senegal

面積 19.7万 km^2
人口 1674万人
首都 ダカール
通貨 CFAフラン
宗教 イスラム教9割、ほかにキリスト教、伝統宗教

ARCHITECTURE 建築

なぜか賛否両論　アフリカ最大の銅像

建造に4年の歳月と2700万ドルもの費用をかけた「アフリカンルネサンス像」が、2010年4月4日のセネガル独立50周年式典で除幕式を迎えた。像の高さはニューヨークの「自由の女神」を超える49m、アフリカ大陸では最も大きい。

同国のワッド元大統領の発案によるもので、デザインはルーマニア人で設計したのはセネガル人。実際の建設はこの国と国交のある北朝鮮の会社が担当した。ダカール郊外にそびえ立つこの像は1組の男女と子どもが大西洋上を見上げる形で、数世紀に及ぶ無知、忍耐、人種差別から解放されたアフリカの象徴を表現している。

お披露目の式典には19カ国のアフリカの元首が出席し、マラウイのムサリカ元大統領は「この像は、セネガルだけのものではなく、アフリカすべての民衆に帰属するものだ」と褒め称えた。

だが内外の評価は必ずしも肯定的なものだけではない。国家経済の現状を無視した壮大な浪費であるという見方や、デザインが社会主義国を連想させるといった見解も。セネガルを代表する彫刻家オスマン・ソウは「この像は何かではあるが、アフリカンルネサンスの象徴でも、芸術でもあり得ない」と厳しいコメントを残している。

セネガルの首都ダカールにそびえる巨大なアフリカンルネサンス像

HISTORY

アフリカ・サハラ砂漠の西南端に位置し、大西洋に面する。13世紀初頭に建国されたとされるウォルフ人によるジョロフ王国が15世紀に渡来したポルトガル商人との交易で16世紀半ばまで栄えた。1659年にフランス人がセネガル川河口にサン・ルイの町を建設して侵攻、ジハードで形成されたイスラム王国による内陸部での抵抗も退けられて、1885年に現在のセネガル全域がフランスの植民地に組み込まれた。第一次世界大戦後に民族運動が台頭、第2次世界大戦後の1958年にフランス共同他の自治国、59年4月にフランス領スーダン（現マリ）とマリ連邦を結成して60年6月にフランスから独立した。しかし8月にマリ連邦を解散してセネガル共和国として分離独立、9月に詩人でセネガル社会党のサンゴールが初代大統領に就任した。サンゴールは親フランスの穏健な改革路線を推し進め、80年12月に引退。81年以降は民主的な政権交代が進み、第3次産業の発達や金、チタンなど鉱物資源開発などから経済も成長している。

ソマリア連邦共和国

Federal Republic of Somalia

面積 63.8万km²
人口 1589万人
首都 モガディシュ
通貨 ソマリア・シリング
宗教 イスラム教

ECONOMY 経済

農業復活のカギを握るバナナ栽培

1991年に中央政府が崩壊した後のソマリアは混乱の連続で、つい最近まで20年以上も無政府状態が続いたことから、首都のモガディシュはアフリカで最も危険な都市といわれてきた。現政府は国際社会に認められたものの、治安は今なお不安定で外国企業が容易に投資できる場所ではない。アルシャバブ（アルカイダ系テロ組織）によるテロ活動は止まず、汚職度調査では世界第1位に輝いている。

そんなソマリアでも、農業の分野で明るさがみえ始めている。その象徴はかつてアフリカ随一の品質と生産量を誇ったバナナ栽培だ。2013年ころから首都モガディシュ周辺の治安が落ち着く兆しをみせ、農業活動に戻る農民が増え始めた。約20年ぶりに本格的なバナナ栽培が復活し、2015年からドバイをはじめとするアラブ首長国連邦に向けてバナナを満載した船が月に一度、出るようになったのだ。

この国とバナナの出合いは1900年代に遡る。イタリアがソマリアでの農業に目をつけ、モガディシュ近くの肥沃で水が豊富なシャバレ・バレーで、綿花やサトウキビ、バナナなどの大農園式栽培を始めたのが始まり。当時はカナリア諸島産のバナナに価格で対抗できず、イタリア政府はソマリア産バナナに関税をかけ、保護・奨励した。バナナ農園公社を設立し、7隻の船をバナナ専用に配備して、輸出を強化していった。第二次世界大戦でのイタリアの敗戦後もソマリアは同国の信託統治領として残ったため、戦争でほぼ壊滅状態のバナナ農園の再生を狙った。1955年には生産量が10万トン近くに達し、独立を迎えた1960年以降も順調に推移し同国の主要輸出品目になった。

ソマリアのスイカは水分が多く甘い

モガディシュのモスクで祈る人々

写真提供：中野智明

HISTORY

アフリカ東部のいわゆる「アフリカの角」の部分を占め、インド洋に面する。牧畜民である先住民に加えて、9～10世紀にアラビア半島からアラブ人が渡来、沿岸部に都市を建設した。1886年、アデン湾に面した北部地域がイギリスの保護領、1908年までに南部がイタリアの保護領となった。1960年7月、イギリス領とイタリア領の両方が独立して統合した。独立後の政権は大ソマリ主義を標榜、77年にエチオピアに侵攻して敗北、反政府武装闘争を激化させる一因となった。91年に統一ソマリア会議（USC）が首都を制圧して大統領を追放、その間に北部地域が「ソマリランド共和国」の国名で独立宣言し、現在に至っている。2005年に国際社会の後押しでケニアに暫定連邦政府が成立したが、反政府勢力の抵抗で全土を実行支配できない状勢が続いた。暫定統治期間を終えた12年、新連邦議会を招集し、新内閣が発足して21年ぶりに統一政府が誕生した。伝統的に畜産業とバナナなどの農業が主要な産業。

タンザニア連合共和国

United Republic of Tanzania

面積 94.7 万 km²
人口 5973 万人
首都 ダルエスサラーム（法律上の首都はドドマ）
通貨 タンザニア・シリング
宗教 イスラム教 40%、キリスト教 40%、残りは伝統宗教

SOCIAL PROBLEM 社会問題

恐ろしい「アルビノ狩り」の風習

1960 年の独立以来、タンザニアのスムーズな政権交代は高い評価を得てきた。高潔さで知られた初代大統領ジュリアス・ニエレレの政治姿勢が遺産として受け継がれてきたからだろう。

2015 年の選挙でも、混乱なく新大統領ジョン・マグフリが就任した。独裁や汚職の多いアフリカ大陸にあってクリーンな政治が行われてきた一方で、この国には理解し難い、恐ろしい悪習が今も続いている。

アルビノ（先天性色素欠乏症）の体の一部を使って儀式を行えば、長寿になる。金持ちになれる。権力を持てる。病気が治る……。タンザニアの特に北西部で、昔からアルビノの体は魔術を伝達することができるという迷信があり、その体が高く売れるため、アルビノ・ハンターたちがアルビノを狙って殺し、体の一部を切り取ったりする事件が後を絶たない。

呪術で病気が治ると信じている人が患者だけではなく、医療関係者のなかにも多く、呪術師がたくさんいる同国には呪術師協会まで存在する。この呪術師は裏でアルビノ・ハンターとつながっているケースが少なくない。アルビノの一部は比較的安全なインド洋岸のダルエスサラームに移住するケースが増えている。

政府はこの悪習を止めさせるべく動き出してはいるが、アルビノ殺しがなくなる兆しはない。2015 年に隣国ケニアでアルビノが襲われる事件が発生したが、ケニア警察の調べでは、アルビノ狩りが取り締まりで難しくなってきたタンザニアからの依頼で起こった事件だという。

世界的にみるとアルビノは 2 万人に 1 人という統計がある。ところがタンザニアでは約 1500 人に 1 人の割合で誕生しており、アルビノ人口が多いサブサハラアフリカのなかでも最も多いとされている。呪術儀式の材料として重宝される一方で、神の処罰がもたらした「呪われたもの」「悪運をもたらすもの」という差別意識も強く、社会から半ば隔離状態になっている。

民話や迷信が呪術を通じて根深く人々の心に浸透し、人々の知識不足から過度の迫害を受けてきたアルビノたち。その 98% の寿命は 40 歳という現実が、如実に受難を物語っている。

HISTORY

アフリカ大陸の東部、大陸部のタンガニーカとインド洋上のザンジバルで構成。大陸部は 1000m 強の高原が大部分を占める。海岸地帯は古くからインド洋交易圏の一部をなし、19 世紀にはオマーン・アラブのスルタンがザンジバルに移住して沿岸一帯を支配した。1884 年にドイツの内陸進出が始まり、タンガニーカは 85 年にドイツ領東アフリカとなる。90 年、ザンジバルはイギリスの保護領となった。第一次世界大戦後、ドイツ領東アフリカはタンガニーカとなり、イギリスにより委任統治された。1961 年にタンガニーカが独立。63 年にザンジバルが独立。64 年、ザンジバルで革命が起こりスルタンを追放、タンガニーカと合邦してタンザニア連合共和国となった。初代大統領のニエレレはウジャマーと呼ぶ独特の共同体的社会主義を推進した。2 代大統領のムウィニは経済自由化に踏み込んだ。92 年、タンザニア革命党がこれまでの一党独裁制から複数政党制に憲法を改正、95 年に新憲法下で初めての総選挙が行われた。経済は東アフリカでケニアに次ぐ規模、金などの鉱物資源が豊富。

チャド共和国

Republic of Chad

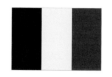

面積 128.4万 km²
人口 1642万人
首都 ンジャメナ
通貨 CFA フラン
宗教 イスラム教約50%、キリスト教約30%、残りは伝統信仰

NATURE 自然

縮小するチャド湖の再生なるか

サヘル地域最大の水源だったチャド湖が危機的状況を迎えている。1960年代前半にはイスラエルよりも広い2万6000㎢の面積を誇ったが、今では1500㎢にまで縮小。希少な動植物といった生態系への影響にとどまらず、4カ国に面するチャド湖は周辺に暮らす3000万人以上の生命線でもあり、湖の縮小は牧畜や農業に打撃を与え、土地をめぐる争いも起こるようになった。

原因は気候変動よりも、水の使い方といった人為的側面が指摘されている。FAO(国際連合食糧農業機関)によると、チャド湖周辺の盆地は世界で最も重要な農業遺産のひとつと位置づけられるほど豊かな土地だった。しかし、度重なる干ばつに地元住民による非効率なダムと灌漑用水づくりが拍車をかけた。世界銀行などが出資し、チャド湖を救うために水源となっているシャリ川からコンゴ川まで72kmの運河を造成し、水を送り込む計画が検討されている。

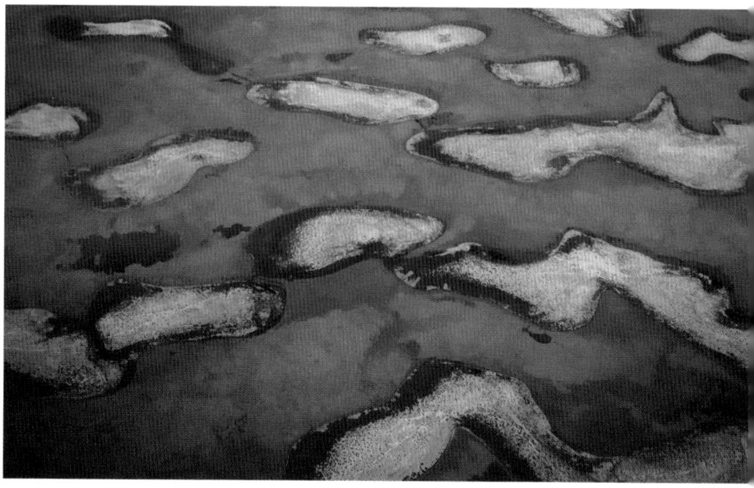

空から見たチャド湖。チャド湖は水深が浅く、湿地帯のようだ。右上はンジャメナ近郊で大勢の人を乗せた乗用車

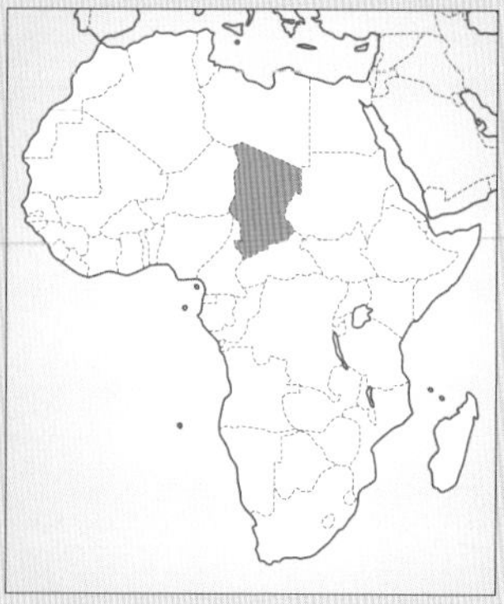

HISTORY

中部アフリカの北端にあり、サハラ砂漠にかかっている。国土の北半分は砂漠地帯である。この地域には古くは多くの王国が栄えては消えていったが、19世紀以降フランスが進出し、最後のラビーフ帝国は敗れ、軍政下におかれた。1910年フランス領赤道アフリカに編入された。58年フランス共同体の自治共和国となり、60年に完全独立を果たした。66年、チャド民族解放戦線(FROLINAT)が南部サラ族主導の政府に反発して武装闘争に入った。10年を超える内戦のあと、79年に和平が実現したが、FROLINAT系のグクニー派とハブレ派が武力衝突した。それを克服して82年ハブレ政権が成立したものの、内戦は続行し、90年代にデビがクーデターで政権を奪取、新憲法を制定し2016年の大統領選挙で5選という長期政権を続ける。2000年代に入ってからは石油資源の開発が進んで輸出の柱となっている。

中央アフリカ共和国

Central African Republic

面積 62.3 万 km²
人口 483 万人
首都 バンギ
通貨 CFA フラン
宗教 キリスト教 50%（カトリック、プロテスタントが各 25%）、伝統宗教 35%、イスラム教

LEGEND 伝説

帝国を夢見た「自称皇帝」の末路

独立時の初代大統領をクーデターで倒して大統領となったジャン・ベデル・ボカサはいわくつきの人物だった。1972 年に終身大統領となり、1976 年には「皇帝ボカサ 1 世」を名乗り、国名まで「中央アフリカ帝国」に改名。翌年に当時の国家予算の 2 倍にあたる 2500 万ドルを費やし、ナポレオンにならったという豪華な戴冠式を行った。

このとき、昭和天皇を戴冠式に呼ぼうと日本政府に招待状を出したが、出席がかなわなかったというエピソードもある。テレビ放映された戴冠式は世界中から嘲笑を買い、アメリカは即座に経済援助を停止した。フランスは同国に金やウラン鉱山の採掘権をもっていたことから経済援助を続け、戴冠式に必要な金も貸しつけた。

ボカサが自らデザインした高価な制服の着用を小中学生に義務化したことから大規模なデモと暴動に発展し、デモに参加した 100 人以上の小学生が撃ち殺された。フランスもさすがに重い腰を上げ、「ボカサ降ろし」に転じた。クーデターで政権をとった「皇帝」は、クーデターで政権の座を追われることになったのである。

ボカサ大統領をあしらった過去の切手（右）。左は「ジャン・ベデル・ボカサ元帥号」と名づけられた遊覧船で、実際に 1974 年からバンギを流れるウバンギ川で運航していたという

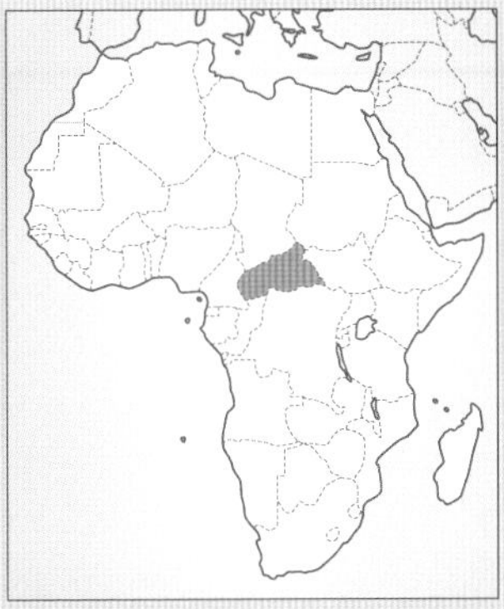

HISTORY

アフリカ中央部に位置する。北にチャド、東に南スーダンとスーダン、西にカメルーン、南にコンゴ共和国とコンゴ民主共和国が接している。1894 年フランスの植民地になった。第二次世界大戦では自由フランス側につき、北アフリカ戦線ではイギリス軍の後方基地としての役割を果たした。大戦後、フランス共同体内の自治共和国をへて、1960 年中央アフリカ共和国として完全独立を果たした。65 年ボカサによるクーデターが起こった。ボカサは 72 年終身大統領、さらに 76 年には中央アフリカ帝国と改称して帝政を敷き、自ら皇帝ボカサ 1 世と名乗った。ソ連崩壊後、憲法を制定し民主化路線を敷いたが、93 年の大統領選では敗れパタセが当選した。この時代に一時的に内戦状態となったが、フランス軍が鎮圧、アフリカ 6 カ国による平和維持部隊が駐留した。99 年パタセは再選されたが、2003 年ボジゼ元将軍派によるクーデターがあり、04 年新憲法が公布された。13 年に反政府勢力セレカが首都を制圧、憲法を停止しセレカ指導者が暫定大統領への就任を宣言する事態が起こったが、16 年民政へ復帰した。

チュニジア共和国

Republic of Tunisia

面積 16.4 万 km²
人口 1181 万人
首都 チュニス
通貨 チュニジア・ディナール
宗教 イスラム教スンニ派（国教）

EVENT 出来事

ノーベル平和賞を受賞した「国民対話カルテット」

2010 年末にチュニジアで始まった民主化運動「ジャスミン革命」は同国のベンアリ独裁政権を崩壊に追い込み、北アフリカ・中東に波及して「アラブの春」と呼ばれるデモ、抗議活動につながった。

リビアやシリア、イエメンなどでは民主化どころか、混乱がエスカレートし内戦状態にまで発展している。チュニジアでも 2013 年、正教分離を重視する世俗派の有力政治家の暗殺事件などが相次ぎ、急速に台頭するイスラム主義への警戒感や社会不安を背景に、世俗派が抗議のゼネストを行い、イスラム派との対立が深刻化した。

こうしたなか、事態打開のため労働総同盟が中心となり「国民対話カルテット（労働総同盟、工業・商業・手工業連盟、人権連盟、弁護士会で構成）」が組織され、世俗派とイスラム勢力の両派を説得し、対話を仲介してきた。その努力により対立の解消、新憲法制定と議会・大統領選を実現させ、2015 年 2 月に両派が参加する正式政府が発足した。

「国民対話カルテット」はジャスミン革命後のチュニジアにおける多元主義的な民主主義の構築への決定的な貢献を評価され、2015 年のノーベル平和賞を受賞した。

反レイシズム運動について演説するチュニジア人権擁護連盟の中心的メンバー、ガライ副会長（バルセロナ、2016 年）。同連盟はノーベル平和賞を受賞した国民対話カルテット 4 団体のひとつ

HISTORY

地中海に面する北アフリカ中央部の共和国。前 9 世紀後半にフェニキア人の植民都市として建設されたカルタゴが、チュニジア一帯からスペイン、北アフリカ、シチリア西部までを勢力範囲とした。しかし前 146 年、3 度にわたるローマ帝国とのポエニ戦争で敗れて消滅。そのあとはローマ帝国、5 世紀前半に侵入した東ゲルマン系のヴァンダル、534 年からはビザンツ帝国の支配下となった。800 年にアッバース朝の総督アグラブがアグラブ朝を建て、チュニスを首都とした。909 年にはファーティマ朝、1229 年にハフス朝、1574 年にオスマン朝、1705 年にフサイン朝と続き、1883 年にフランスの保護領となった。1956 年 3 月に独立、翌年共和制に移行、シャリーア法廷の閉廷、ワクフ制度の廃止、宗教教育の縮小など近代化を推進した。87 年に首相のベンアリが事実上の無血クーデターで大統領に就任。2002 年 5 月に廃した終身大統領制を復活させて独裁の延命を図り、09 年に 5 選。だが 11 年 1 月、拡大した反政府デモに屈し、国外へ出国、23 年続いた独裁政権に幕を下ろした。

トーゴ共和国

Republic of Togo

面積 5.7 万 km²
人口 827 万人
首都 ロメ
通貨 CFA フラン
宗教 伝統宗教 67%、カトリック 18%、プロテスタント 5%、イスラム教 10%

SPORT スポーツ

お騒がせなサッカー「偽トーゴ代表」事件

サッカーのトーゴ代表は 2006 年のドイツ W 杯に出場した経験をもち、ヨーロッパのクラブチームで活躍する選手もいる、アフリカでは実力のある国だ。2010 年にアフリカネイションズカップで訪れたアンゴラのカビンダ州で、武装勢力に代表チームのバスが襲われ、チーム関係者が死亡、選手も２人重傷を負うという痛ましい事件もあった。

同じ年に、世界のサッカー界を呆然とさせる珍事件が起きた。正規のトーゴ代表チームが南部アフリカのボツワナで親善試合を終えて移動している最中に、なんともうひとつの「トーゴ代表」が中東のバーレーンで同国代表との親善試合を行っていたのだ。

バーレーンでの試合は３－０でトーゴが敗北したが、その「トーゴ代表」は後半戦で極端に動きが悪くなるなど、とてもトップクラスとは思えないプレーが目立った。不審に思ったバーレーン側がトーゴのサッカー協会に問い合わせると、代表を派遣した事実はないとの仰天の答え。だが、事前に受け取っていた選手登録に関する書類にはトーゴのサッカー協会による正式なサインもスタンプもあり不備はなく、選手のパスポート番号や生年月日まで揃っていた。試合前には、代表チームのユニホームを身に着けたトーゴ選手たちが堂々と集合写真にも応じていたというのだから、まさかの展開である。

さらに FIFA も巻き込んで両国による調査が進むと、試合開始直前に選手登録メンバーが 20 人中 18 人も変更されていたことや、過去に偽代表チームを登録して資格停止処分を受けていた元トーゴ代表監督がシンガポールの代理人と組んで試合をアレンジした経緯がわかった。

トーゴのスポーツ大臣は「本国では、誰も何も知らされていなかった」と回答しており、どうやら一部の関係者らが結託して「偽トーゴ代表」との親善試合をバーレーンに売り込み、それにまんまとだまされたということのよう。バーレーン代表監督の「うんざりする試合で時間の無駄だった」というコメントが、すべてを物語っている。

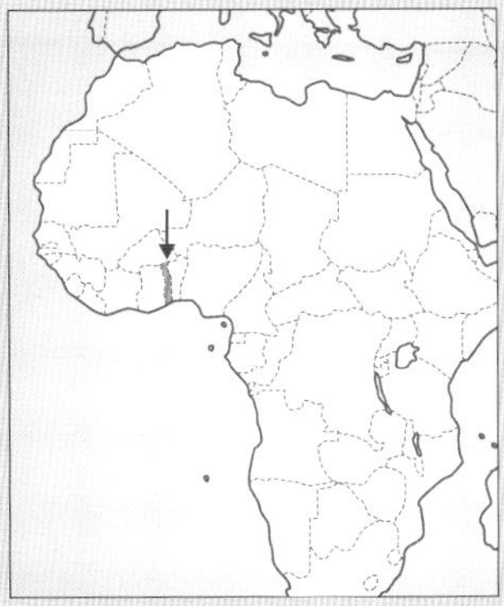

HISTORY

アフリカ大陸西部、ガーナとベナンに東と西を挟まれた南北に細長い国家で、東西国境間の距離は 52km ほどしかない。南は大西洋ギニア湾に面する。15 世紀にポルトガル人が渡来、16 世紀から 19 世紀までは奴隷の供給地とされていた。1884 年にドイツが進出して海岸部が保護下におかれ、翌年には全域がドイツ保護領トーゴランドとなった。第一次世界大戦後、西部はイギリス領、東部はフランス領となってそれぞれ委任統治された。1957 年、イギリス領側がのちのガーナとなる地域と併合されて独立。フランス領側も 60 年４月に現トーゴとして独立、初代大統領にオリンピオが就任した。63 年１月、オリンピオが暗殺され、独立運動のライバルだったグルニツキーが大統領に就くが、汚職と経済不安から 67 年１月、軍部によるクーデターが発生、エヤデマが大統領となった。エヤデマの体制も 90 年代に入ると汚職と人権侵害にまみれ、内外の批判にさらされながらも権力を維持、2003 年６月に大統領選で３選を果たした。しかし 05 年２月に急死、息子ニャシンベが大統領に就いた。主要産業はリン鉱石や綿花、コーヒー、カカオ。

ナイジェリア連邦共和国

Federal Republic of Nigeria

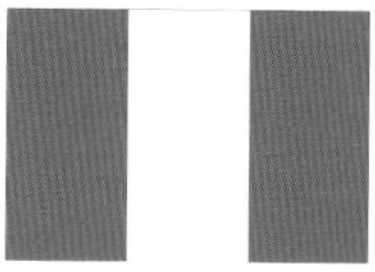

面積 92.4万 km²
人口 2億614万人
首都 アブジャ
通貨 ナイラ
宗教 キリスト教、イスラム教

MOVIE 映画

世界を席巻するか？ ナイジェリア映画

この国は「アフリカ第1位」がいくつもある大国だ。まずは人口がそうで、2億人を超えるアフリカ最大の人口を誇る。人口増が経済をも押し上げ、2015年にはついにアフリカトップの国民総生産を計上した。原油の産出量も第1位と、まさにアフリカをリードする地位を確立し始めている。

文化面で、アフリカ第1位といえる分野は映画産業だ。米国のハリウッドにちなんでインドの映画産業をボリウッド (Bollywood) と呼ぶが、ナイジェリアのそれもノリウッド (Nollywood) として国際的に定着しつつある。

同国の映画づくりが盛んになったのは1990年代からで、2000年以降に急拡大して年間制作本数が1000本を超え、インドに次ぐ世界第2位というデータがある。平均的な制作日数は1週間程度という短さで、制作費は2万ドル前後と安価。かつては伝統文化と現代の新しい価値観のなかで苦悩する姿を描く内容や、イスラム教など宗教を扱ったシリアスな映画が多かったが、最近ではラブストーリー、アクションなどのジャンルも増えている。2009年に上映されたサスペンス・スリラー映画「The Figurine」は数多くの映画賞を受賞し、ナイジェリア現代映画の先駆けとなった。国内だけにとどまらず、アフリカ大陸全土に「ノリウッド映画」は受け入れられ、追随しようとする国も増えている。

デルタ地帯にある石油施設

ラゴス市内のマーケットの群集
写真提供：中野智明

HISTORY

西アフリカのギニア湾北東部に位置する。海岸部はマングローブと低湿地、中央部は緩やかな丘陵地帯。ニジェール川、ベヌエ川が貫流、下流域に広大なデルタ地帯が広がる。国土は熱帯気候の典型で雨季と乾季に分かれる。15世紀末ポルトガル人による奴隷貿易の拠点となり、海岸地方は、かつて奴隷海岸と呼ばれた。19世紀にイギリスの植民地となり、1900年イギリス領となった。60年、英連邦内の自治国として独立。67年に東部のイボ族が反英を掲げ、ビアフラ共和国独立を宣言、世に「ビアフラの悲劇」と呼ばれる内戦状態に入り、100万人におよぶ餓死者を出した。70年ビアフラの降伏で内戦終結をみたものの、相次ぐクーデターで政情不安はとどまらず今にいたる。アフリカ最大の1億人の人口を有する多民族国家で、民族間対立が絶えない。さらに、北部のイスラム教徒と南部・東部のキリスト教徒という宗教間対立も深刻。アフリカ第1の産油量とGDPを誇る経済大国だが、原油収入を柱とする利益は一部権力に集中しており、内政的には貧困はじめ多くの課題を抱えている。

ナミビア共和国

Republic of Namibia

面積 82.4万 km^2
人口 254万人
首都 ウィントフック
通貨 ナミビア・ドル
宗教 キリスト教、伝統宗教

WORLD HERITAGE 世界遺産

世界最古の珍しい海岸砂漠

世界最古の8000万～5500万年前に誕生したとされるナミブ砂漠。ナミビアの大西洋側に位置し、北はアンゴラ、南は南アフリカにまで達する南北に長い14万km²の面積を誇る。

海に砂漠が面している世界唯一の海岸砂漠であり、河川や海流、風など大陸内部から供給される砂によって砂漠が形成されている。「ナミブ」とは地元サン人の言葉で「何もない」という意味だが、数日に一度の割合で海から内陸部へ海霧が流れ込むため、この地に固有の動植物が数多く見られる。

そのなかでも珍しいのはウェルウィッチアと呼ばれる植物だろう。異様に短い茎から葉が伸び続け、樹齢はなんと1000年以上に達する。長い根と葉からわずかな湿気を吸収しながら、砂漠という厳しい環境で生きる術を身につけた希少植物である。

こうした砂漠の独自性や貴重な生態系から、沿岸部などのエリアが2013年、「ナミブ砂海」(Namib Sand Sea) としてユネスコの世界自然遺産に登録された。

ナミブ砂漠固有の植物ウェルウィッチア

ナミブ砂漠

写真提供：中野智明

HISTORY

アフリカ大陸の南西部にあって、西は大西洋に面している。国土の大半は砂漠と高原。北東部に北をアンゴラ、南をボツワナに挟まれた細長い領土カプリヴィ回廊がある。

1486年ポルトガル人ディエゴ・サオが上陸、その後、オランダが植民地として領有。1884年にはドイツの保護領になる。1946年にはドイツ軍を破った南アフリカが、国連の信託統治を拒否し一方的に領土に編入した。1966年黒人解放勢力の南西アフリカ人民機構（SWAPO）が武力闘争を開始、親南ア勢力との対立が続いた。89年、制憲議会選挙でSWAPOが過半数を占めた。90年初代大統領にSWAPOのヌジョマ議長が選ばれ、独立した。外交的には国連、AU、南部アフリカ開発共同体との協力関係を築いているが、とりわけ南アとの協力関係は密接である。世界有数の鉱産資源があり、ウランやダイヤモンドが主産品で、ダイヤモンドは輸出の中心。近年、南部沿岸沖の天然ガス田にも世界中の注目が集まっている。

ニジェール共和国

Republic of Niger

面積 126.7 万 km²
人口 2420 万人
首都 ニアメ
通貨 CFA フラン
宗教 イスラム教、キリスト教、伝統宗教

RESOURCE 資源

アフリカの現実を象徴するウラン鉱山

この国は世界第 4 位のウラン生産国。電力の 75% 以上を原子力発電で賄うフランスは、その需要の 4 割以上をニジェールに依存している。

独立直前の 1957 年、宗主国だったフランスが北部のアルジェリア国境付近でウラン鉱を発見し、70 年代からウラン産業が興隆してこの国の外貨獲得の柱になってきた。とはいっても、そこにはさまざまな問題が横たわっている。

貧困対策に力を入れる NGO のオックスファム・フランスの調査によれば、ニジェールでウランを採掘する大手原子力企業のアレバ社（仏）は、市場価格のわずか 13% を同国に支払っているだけだという。ニジェールからウランを安く買えるために、フランスが「原発大国」を続けられるのだとする見方もある。

脱原発の立場をとる環境 NGO のグリンピースがまとめた報告書（2010 年）は、ニジェールのウラン鉱採掘地域の井戸が通常の 500 倍高い放射能レベルで汚染されており、ある鉱山周辺で呼吸器疾患による死亡が全国の 2 倍以上だという実態に触れている。ウラン採掘による環境汚染の一端がうかがえるが、ニジェール政府には鉱山の環境汚染をモニターできる能力がないという。

また鉱山開発が進む同国北部はトゥアレグ族という遊牧民が暮らしていた土地だった。彼らの間には資源収奪による富が首都のある南部に吸い上げられているという反発があり、武装民兵が反乱を起こすなど地域的な緊張も高まっている。人口の 7 割以上が 1 日 1 ドル以下で暮らす最貧国のひとつニジェールで、ウランの恩恵にあずかるのは一握りの富裕層に限られている。

毎年、雨季の終わりの 9 月にインガルで開催される男の美の祭典
写真提供：中野智明

HISTORY

西アフリカの内陸部に位置し、北はアルジェリアとリビア、東はチャド、西はマリとブルキナファソ、南はナイジェリア、ベナンと国境を接している。北部はサハラ砂漠で、農耕は南西部のニジェール川流域と東南部チャド湖周辺地域に限られる。19 世紀からフランスが進出し、1922 年フランス領西アフリカに編入。第二次世界大戦後に独立運動が高まり、60 年、独立を達成。その後、69 年から 74 年まで続いた大干ばつで国内は疲弊、74 年クーデターで軍事政権が成立し、89 年の新憲法公布による民政移管まで続いた。99 年には再びクーデターで軍事政権が実権を握り、軍幹部のママドゥ・タンジャが大統領になった。しかし、2010 年になると当の軍部が、タンジャ大統領を拘束、暫定政権を発足させ国民投票を行った。そこで大統領任期 2 年を定めた新憲法が承認された。経済を豊富な埋蔵量のウランが支え、近年は石油の生産も始まった。外交的には旧宗主国フランスやアメリカなど主要先進国との関係を重視している。

ブルキナファソ

Burkina Faso

面積 27.3 万 km²
人口 2090 万人
首都 ワガドゥグー

通貨 CFA フラン
宗教 伝統信仰 57%、イスラム教 31%、キリスト教 12%

LEGEND 伝説

今も語られ続ける「アフリカのチェ・ゲバラ」

伝説の大統領トーマス・サンカラ
写真提供：中野智明

この国の伝説的な大統領に、1987 年にクーデターによって暗殺されたトーマス・サンカラがいる。軍人出身で在任期間は 4 年ほどであったが、その革命的な手腕は「アフリカのチェ・ゲバラ」とも讃えられた。今どきの 20 代でもサンカラのことを知らない者はいないほど、彼の存在と業績はしっかりと根づいている。

クーデターで政権を奪取したサンカラは、旧宗主国であるフランスに依存しきったこの国のあり方を劇的に変えていった。彼の政策の特徴は民族主義的国家づくりと、自立できる経済を目指した緊縮財政だ。

蔓延していた政官界汚職の取り締まり、識字率の向上のための教育改革、女性の地位向上をはじめ、250 万人の児童へのワクチン接種の実施や、砂漠化防止のための 1000 万本の植林による森林再生といった当時では先進的な政策を相次いで打ち出した。農民への土地の再配分、ダムや鉄道などのインフラ整備にも力を入れ、わずか 4 年間で農業生産は飛躍的に向上し、国家支出の大幅削減を成し遂げて国づくりに必要な資金を生み出せるまでになりつつあった。

その徹底ぶりは公用車を高級車のメルセデスから大衆車のルノーに変更させ、サンカラ本人は自転車で大統領官邸に通ったという逸話によく表れている。彼の改革は腐敗政治がはびこる近隣諸国にも影響を与えた。

暗殺される間際に会ったスイス人社会学者の回想によれば、サンカラは「チェ（ゲバラ）は殺されたとき、何歳でしたか。私はそこまで生きていることができるでしょうか」と話したという。大がかりな改革で敵をつくった彼は自身の死を予感していたのだろうか。

奇しくも 2015 年、同国のコンパオレ元大統領がクーデターと民衆蜂起で追放された。コンパオレは、クーデターを指揮してサンカラを暗殺したその人であった。

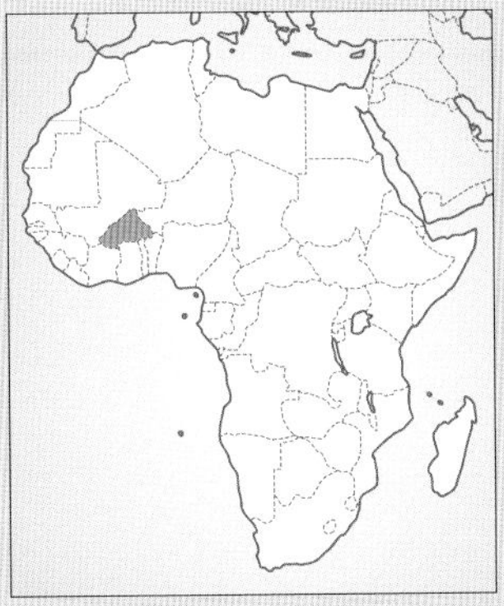

HISTORY

ブルキナファソとは「高潔なる人々の国」という意味である。旧称はオートボルタ。北と西をマリ、東をニジェール、南をベナン、トーゴ、ガーナ、コートジボワールに囲まれる内陸国。15 世紀頃モシ人が王国をつくったが、1898 年フランスが保護領とした。その後仏領西アフリカに編入されるなどの変遷をたどり、第二次世界大戦後に起こったヤメオゴなどが指導したボルタ民主同盟の独立運動をへて、1960 年、オートボルタ共和国として独立した。しかし指導者ヤメオゴは野党を抑圧する政策をとったので、66 年ラミザナ中佐指導のクーデターが起こった。その後軍政と民政を繰り返し、83 年左派のサンカラ大尉がクーデター、84 年国名をブルキナファソに改称。サンカラ大統領は民族主義的政策と緊縮財政を進めたが、87 年法務大臣コンパオレがクーデター、現実路線へ戻した。以降は内政が安定し、民主化と経済改革に取り組んでいる。

ブルンジ共和国

Republic of Burundi

面積 2.8 万 km²
人口 1189 万人
首都 ブジュンブラ
通貨 ブルンジ・フラン（Franc）
宗教 主としてキリスト教、他に伝統宗教

CULTURE 文化

世界無形文化遺産に選ばれた太鼓演奏

この国で有名なものに、太鼓による伝統儀式がある。王家の祭りや結婚式、葬儀に際してカリェンダ（Karyenda）と呼ばれる伝統的な太鼓を独特のリズムで打ち鳴らしながら踊るものだ。かつての王政時代には太鼓は王家の力の象徴とされ、神は太鼓の音によって王家を守ってくれると考えられていた。

ベルギーによる統治領時代に、王の力を象徴する太鼓の存在をキリスト教宣教師が嫌ったことから盛んではなくなり、独立後の1966 年に最後の王ヌトレ 5 世がクーデターで追放されると伝統儀式は衰退の一途をたどることに。

だが奏者たちがエンターテインメントの色合いをまといながらも太鼓演奏を維持してきたことから、2014 年にユネスコの世界無形文化遺産に登録された。最近では伝統的な演奏の復活にも力が入れられるようになった。

NATURE 自然

ナイル川の源流はブルンジ？

ナイル川の源流はどこにあるか。世界中の探検家が追い求めてきたこのテーマには諸説あるが、ブルンジ源流説が最も支持を得ている。かつて 19 世紀に英国人探検家がヴィクトリア湖を「発見」すると、それがナイル川の源流だとされた。ところが 1934 年にドイツ人探検家がヴィクトリア湖にそそぐカゲラ川につながるブルンジのルビロンザ川を見つけると、源流はブルンジにまでさかのぼることになった。

2006 年に英国などの探検チームが隣国ルワンダを調査し、新たにナイル川の源流を見つけたという。まだまだナイル川の長さはのびそうだ。

収穫されたコーヒー豆　写真提供：中野智明

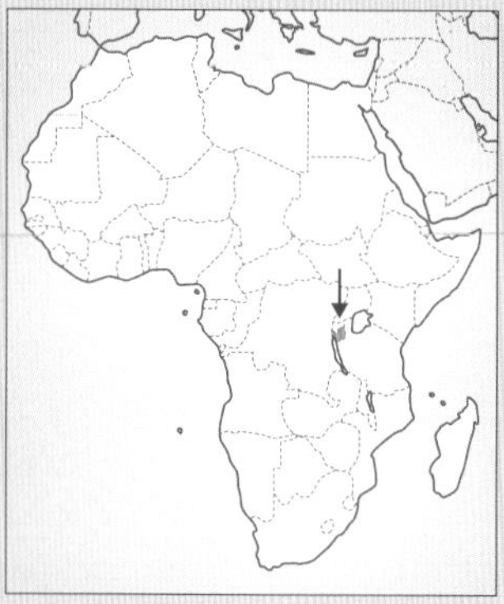

HISTORY

インド洋から 1200km、大西洋から 2000km の内陸国。14 世紀、今のルワンダからツチ族が侵入し、多数派のフツ族を従えてルワンダと別の国家をつくった。1889 年、ドイツ領東アフリカの一部となったが、第一次世界大戦後はベルギーの国際連盟委任統治領、次いで第二次世界大戦後は国際連合の信託統治領となった。このときの国名は「ルアンダ・ウルンジ」である。1959 年隣国ルワンダでフツ族によるツチ族の虐殺があり、多数のツチ族が流入した。60 年総選挙が行われフツ族が勝利し、62 年「ブルンジ王国」となった。王国は 62 ～ 63 年にかけてツチ族 12 万人を虐殺、20 万人のツチ族がルワンダに逃れた。66 年になるとツチ族の M・ミコンベロ大尉が陸軍を率いて反撃、権力を掌握し、王政を廃止し「ブルンジ共和国」とした。その後 2 回の軍事クーデターをへて複数政党制などが実施されたが、93 年の総選挙ではフツ族が勝利しヌダダイエが大統領になった。しかし、ツチ族、フツ族の抗争は 13 年にわたる内戦へと発展、2006 年に終息した。以後も海外からの食料援助に頼るなど、課題は多い。

ベナン共和国

Republic of Benin

面積 11.5 万 km^2
人口 1212 万人
首都 ポルトノボ
通貨 CFA フラン
宗教 キリスト教 20%、イスラム教 15%、伝統宗教 65%

CULTURE 文化

アフリカ最大の水上集落

ベナン最大の都市コトヌーから車とボートを乗り継いで 1 時間。大西洋に近いノコウエ湖に、アフリカ最大の水上集落ガンビエがある。

数万人が漁業を営みながら水上で暮らす。陸地から運んできた土でつくった小島には、小学校もある。午前中は水上マーケットで働く女性たちで活気に満ちている。観光ガイドなどでは「アフリカのベニス」とも形容される。

17 世紀頃のベナンにはダホメ王国が成立し、フォン人が支配するようになった。フォン人はポルトガルなどヨーロッパの国と組み、奴隷貿易を主な収入源にした。奴隷狩りの対象となっていたトフィヌ人が逃れるため、この頃に水上の町をつくったとされるが、それはフォン人が水に入ることを宗教的に嫌ったためだという。奴隷貿易という負の歴史が世界的にも珍しいこの水上集落を生み、今は観光名所となり、ユネスコ世界遺産の暫定リストに記載されている。

ベナンの水上集落ガンビエ　　写真提供：中野智明

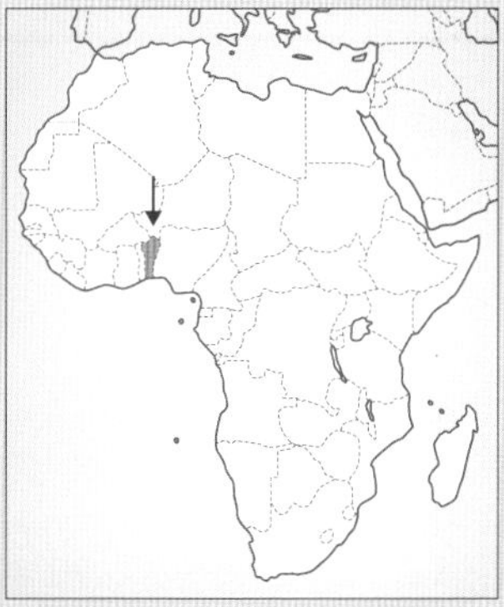

HISTORY

南はギニア湾に接し 100km ほどの海岸がある。東はナイジェリア、西はトーゴ、北はブルキナファソとニジェールに接した南北に長い国である。17 世紀にダホメ、ポルトノボなどの王国が栄え、ダホメは 18 ～ 19 世紀に強大となった。しかし、フランスが 15 世紀頃から進出し、奴隷貿易の拠点を築き上げるとしだいにその影響下におかれ、1894 年ダホメ王国はフランスの植民地となった。17 世紀から 19 世紀にかけては、奴隷売買が行われ、その海岸一帯をヨーロッパ人は奴隷海岸と称した。1904 年フランス領西アフリカに編入されたが、第二次世界大戦後の 60 年 8 月ダホメ共和国として独立した。その後 5 回のクーデターをへて、72 年ケレクが軍部支配を確立、75 年ベナン人民共和国と改称、社会主義建設を目指した。89 年マルクス・レーニン主義を放棄し、90 年ベナン共和国と改称。2006 年から開発銀行元西アフリカ総裁のボニ大統領のもとで行政、経済改革に取り込んだ。国民の半数が 1 日 1.25 米ドル以下で生活する貧困の撲滅が課題。

ボツワナ共和国

Republic of Botswana

面積 58.2万km²
人口 235万人
首都 ハボロネ
通貨 プラ（Pula）
宗教 キリスト教、伝統宗教

NATURE 自然

アフリカで有数の自然保護国

人間は主に象牙をとるためにゾウを殺してきた。アフリカでは1980年代だけで10万頭が殺されたとする推計もあり、ワシントン条約で1989年に象牙貿易の全面禁止が決められた。

ところが象牙需要はなくならず、闇ルートで高値で取引されるようになった。入手できれば大金をつかめるため、密猟もなくならない。ケニアやタンザニア、南アフリカなどでは密猟グループが組織化され、2015年には20分に1頭の割合でアフリカゾウが殺されたというデータもある。

そんななか、ここボツワナでは象が増えている。現在この国にはおよそ20万頭の象が生息しているとみられており、アフリカ全土からみても高い割合だ。

その最大の理由は、アフリカ諸国のなかでも有数といえる自然保護への熱心な取り組みだ。国土の2割近くが自然保護区に指定され、狩猟を全面的に禁止し、国境を越えて入国する可能性のある密猟者を厳しく警戒している。

ボツワナの自然保護は、象だけにとどまらない。例えば乾燥したカラハリ砂漠にオカバンゴ湿地帯と呼ばれる豊かなオアシスがある。この地区は冬季に発生する洪水により居住が困難なため、農地開発が進まず貴重な自然が保たれてきた。あるときにこの水源を利用して灌漑用の水路を引く計画が持ち上がったが、自然保護の観点からこの計画は中止された。

こうした自然保護への強い姿勢が打ち出せる背景には、アフリカのなかでも政治が安定しており、また世界有数のダイヤモンド産出量が経済を支えていることもある。1人あたりGNI（国民総所得）は6730ドル（2017年）で、アフリカでは第4位だ。

日本のおよそ1.5倍の国土に、人口はたったの200万人ちょっと。人口密度で比べれば、日本が1㎢に約329人なのに対し、ボツワナは何と4人。こうした点も、野生動物とその環境保持に一役買っているといえる。

HISTORY

南アフリカの北にある。南部の大半はカラハリ砂漠。先住民はサン族だったが、17世紀半ば、バントゥー系ツワナ人が南下し、サン族をカラハリ砂漠に追いやった。19世紀半ば、南方のズール人、トランスバールのボーア人が侵略した。カーマ3世はイギリスの保護を求め、1885年イギリス保護領ベチュアナランドとなり、その後ケープ植民地に編入された。1910年南アフリカ連邦が独立したが、ベチュアナランドは同連邦駐在の英高等弁務官の管轄下におかれた。50年、カーマ3世の孫セレツェ・カーマが白人女性と結婚してイギリスから帰国したが、南アは入国を拒否、56年セレツェ・カーマは最高首長位を捨てて帰国し、ベチュアナランド民主党（現ボツワナ民主党、BDP）を結成、独立を要求した。66年9月英連邦内ボツワナ共和国として独立、カーマが初代大統領に。60年代からのダイヤモンド産出で高い経済成長を達成。南部アフリカ諸国の経済統合を目指す南部アフリカ開発共同体（SADC）の事務局を首都におき、90年代には国連安保理の非常任理事国を務めるなど域内や世界で一定の役割を担っている。

マダガスカル共和国

Republic of Madagascar

面積 58.7 万 km²
人口 2769 万人
首都 アンタナナリボ
通貨 アリアリ
宗教 伝統宗教 52%　キリスト教 41%、他にイスラム教 7%

CULTURE 文化

お墓から遺体を出して踊る？　伝統儀式

この国では 7 月〜 10 月にかけ「ファマディアナ（骨をひっくり返すという意味）」と呼ばれる、墓から遺体を取り出す儀式が行われる。7 年ごとに故人のお墓を開け、太陽のもとに取り出された遺体に新しい布を巻き直し、一族総出で音楽隊の演奏に合わせ、遺体をかついで墓の周りを踊り回るのだ。参列者は祖先に感謝しながら遺体に触れる習わしになっている。

マダガスカルでは、死後も人の魂は自然界に宿り続けると信じられている。魂はいつになっても俗界に戻ってきたいと願っていると考えるため、こうした風習が 17 世紀頃から続いてきたのだという。

LEISURE レジャー

テレビでも観戦される人気の闘鶏

首都のアンタナナリボでは、日曜日になると片手に札束を持った男たちが闘鶏場に集まり、その格闘にあつい視線を注ぐ。時には家や車を賭ける人もいて、かなりの金額が動く。

闘鶏の模様はテレビでも放送されるようになり、一大ビジネスになりつつある。

この国での闘鶏の始まりは 18 世紀頃、王室が好んで闘鶏を催し、楽しんだことに由来するという。闘いで死んだ鶏は、丁重に葬られたそうだ。闘鶏は 1 羽 500 ドルという高値で売買され、オーナーは鶏が病気にならないよう清潔に保ち、怪我をすれば手厚く治療するなど 1 カ月の世話に 100 ドルもかける。なぜなら、勝てば 1 回の週末で 2000 ドルから 3000 ドルを稼げるからなのだという。

マダガスカルで行われる闘鶏　写真提供：中野智明

HISTORY

インド洋に浮かぶ世界で 4 番目に大きい島。最長距離約 1570km、最大幅約 580km のマダガスカル島を中心とした海洋国。低地は熱帯気候に属する。1896 年にフランス植民地となり、第二次世界大戦中に一時イギリスの占領地となるが、1958 年に住民投票によりフランス共同体内の自治共和国へ。60 年に正式独立し、大統領制の共和国となったが、経済不振により社会主義政権が誕生するなど政情不安の状態が続いた。92 年、社会主義からの決別などを謳った新憲法の制定、国名も現在のマダガスカル共和国に変更。しかし、政治は安定せず、抗議するデモ隊に発砲して 30 人の死者を出す（2009 年）など混乱が続いた。アフリカ連合など国際社会の仲介で 13 年以降、政治的安定をとり戻している。16 年から国際通貨基金（IMF）の支援を受け、低迷していた経済の立て直しを進める。

マラウイ共和国

Republic of Malawi

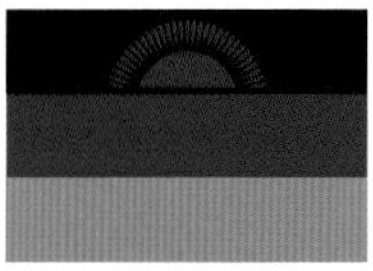

面積 11.8万km²
人口 1913万人
首都 リロングウェ
通貨 マラウイ・クワチャ
宗教 キリスト教75%、その他イスラム教など

POLITICS 政治

長髪は逮捕！　初代大統領の独裁政治

1964年に独立したマラウイで最初の大統領となったのはカムズ・バンダという人物である。海外で医師として生活していたが、母国の民族主義組織に帰国を要請され、独立運動に身を投じた。

1966年に大統領となったバンダは一党独裁体制を固め、1971年には憲法を改正して終身大統領となった。外交的にはアパルトヘイト（人種隔離政策）政策下にあった南アフリカ共和国と国交を結んだ数少ないアフリカの国家元首であり、また反共主義を掲げて社会主義政策をとる隣国モザンビークやタンザニアに対する西側諸国の防護壁として機能したことから、国内における圧政ぶりが西側諸国から黙認される結果ともなった。

バンダはほかの独裁者と同様、政府批判を取り締まるために手紙を検閲したり電話を盗聴するなどし、1990年代はじめまではテレビ放送も許さなかった。なかでも、極めつけは国民の服装にまで口出ししたことだ。

バンダ政権下の1968年から1993年にかけ、男性は長髪禁止、女性はズボン、ミニスカート着用禁止とされ、スカートの丈は膝が隠れる長さと決められた。違反者は警察に逮捕されるという厳格ぶりである。しかもその服装ルールはマラウイに入国しようとする外国人にも適用されることになっており、外国人が肩まで伸ばした髪で空港につくと、その場で実際に散髪を強要されたほどだった。

米紙によれば、彼は国民にテレビを禁止しながら自身は衛星放送で海外の番組を視聴していた。その際、サイモン＆ガーファンクルの名曲『いとしのセシリア』を聴き、その曲が国内のラジオで流されるのを禁止した。バンダは生涯独身であったが愛人と暮らしており、彼女の名前がセシリアで、その曲が侮辱だと感じたからだという。

国民や国際社会から独裁政治に対する批判が強まり、ようやく1993年に複数政党制移行への国民投票が行われた。1994年の大統領選挙でバンダは大敗し、権力の座から降ろされた。「建国の父」としての顔と、「独裁者」としての顔……。バンダは毀誉褒貶相半ばする人物である。

HISTORY

南北に約840km、東西に最長約160km延びた細長い内陸国。東側の大半は、国土全体の約2割を占めるマラウイ湖（旧ニヤサ湖）。19世紀半ば、探検家リヴィングストンがニヤサ湖を発見。以降、1891年のイギリス保護領ローデシア・ニヤサランド連邦をへて、1964年に独立。66年に英連邦枠内の共和国となり、それまで首相だったバンダが初代大統領に就任した。結果、バンダ大統領率いるマラウイ会議党（MCP）の一党独裁となり、バンダの家父長政治が続いた。その間、反政府組織を追放し、バンダは終身大統領へ。外交面では、当時アパルトヘイト下の南アフリカ、モザンビーク、ローデシアなど白人支配国との友好関係を維持するなどほかのアフリカ諸国から非難を浴びた。93年に一党制から複数政党制となり、選挙で大統領が選出されている。タバコ、紅茶、砂糖などを主な外貨獲得源とする伝統的な農業国。

マリ共和国

Republic of Mali

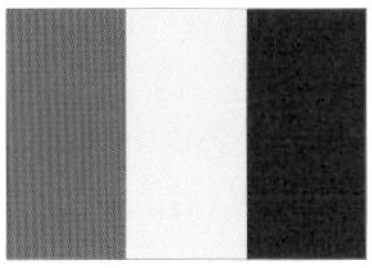

面積 124万km²
人口 2025万人
首都 バマコ
通貨 CFAフラン
宗教 イスラム教80%、伝統的宗教、キリスト教

MYSTERY ミステリー

ドゴン族に伝わる天文知識の謎

西アフリカの内陸国マリには、古代エジプトの子孫だと信じるドゴン族という人々が暮らしている。このドゴン族に昔からある伝説が、科学者を驚かせた逸話がある。

冬の北半球で見える星座、おおいぬ座で最も明るいのは首星であるシリウスだ。このシリウスは連星で、シリウスBを伴っている。シリウスBは暗い白色矮星で、望遠鏡でしか見ることができない。

ドゴン族を1930年代に長年調査したフランスの人類学者らが驚いたのは、彼らがシリウスBを現地語で「ポトロ」と呼んでおり、望遠鏡などないはるか昔からその名が伝承されていたという事実であった。

ドゴン族のオゴンと呼ばれる長老の話によれば、数千年前にシリウス系からノンモ（NOMMO）と彼らが呼ぶ神が地球を訪れた。ノンモの乗った箱船が回転しながら降下し、大きな爆音と強風と共に地球に降り立った時、ドゴン族はシリウスの知識を得たのだという。

ドゴン族はシリウスBの存在だけでなく、ガリレオが望遠鏡を発明してから明らかになった土星の環の存在や、木星の4つの衛星の存在も昔から知っており、それらもノンモからもたらされたのだという。こうしたドゴン族の伝承を英国の天文学者が“THE SIRIUS MYSTERY”（1976年、邦訳『知の起源』）として出版し、世界的な話題となった。

「異星人が地球を訪れてドゴン族に知識を与えたなどという話は荒唐無稽」「昔ドゴン族を訪れた西洋人の話が伝承に紛れ込んだのでは」。科学者らの間で、ドゴン伝説の真偽についてさまざまな異論が出された。

同書の指摘によると、ドゴン伝説にはシリウスのそばにほかにも現地語で「エメヤトロ」と呼ばれる星があり、「エメヤトロ」には「ニャントロ」という惑星があるという。いずれもまだ公式に確認されていないが、真実はいかに。

世界遺産「ジェンネ旧市街」の大モスク
写真提供：中野智明

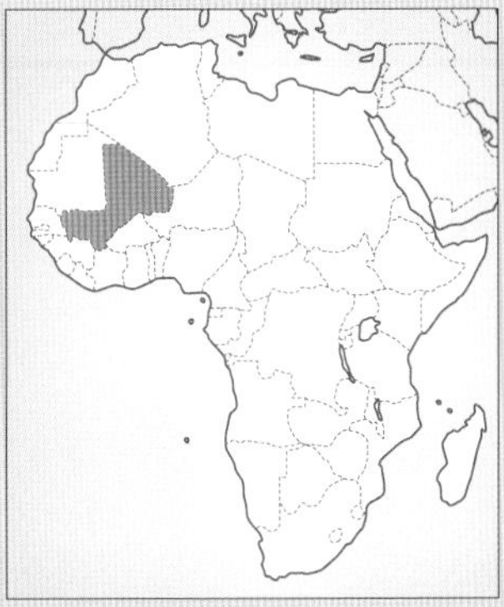

HISTORY

アフリカ大陸の北西部、北はアルジェリア、東はニジェール、南はブルキナファソ、コートジボワール、ギニア、西はセネガル、モーリタニアに囲まれた内陸国。中央部にニジェール川が湾曲しており、北部は砂漠でニジェール川流域はサバンナ地帯。ガーナ王国、マリ帝国などの古代アフリカ王国の中心地だった。11世紀頃からイスラム教が浸透した。19世紀後半にフランスが侵略、1904年にスーダンとしてフランス領西アフリカに編入された。第二次世界大戦後、民族独立運動の高まりのなか、曲折をへて60年独立。その後、クーデターによる政変を繰り返しながら現在に至る。北部サハラ砂漠地域の遊牧系少数民族による反政府勢力の活動など問題を抱えている。外交的には非同盟路線。欧米やアラブ諸国、中国との関係も良好。経済的には主要輸出品目である木綿を中心に金、リン鉱石、岩塩など豊富な鉱山資源を抱えているが、経済基盤は弱い。

南アフリカ共和国

Republic of South Africa

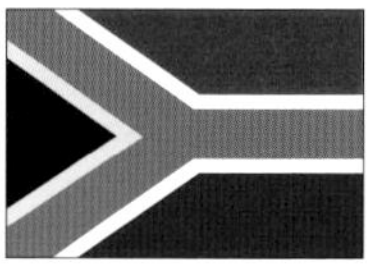

面積 122万 km²
人口 5930万人
首都 プレトリア
通貨 ランド
宗教 主にキリスト教

TABLE 食卓

世界的なワインの名産地

この国でワインがつくられるようになってから350年余り。フランスでの宗教的迫害を逃れて入植したユグノー（カルヴァン派教徒）らが、ブドウの栽培技術をこの地に持ち込んだことが良質なワイン生産につながったといわれる。

西ケープ州の山間には一面にブドウ畑が広がり、ステレンボッシュ地方だけでも200以上のワイナリーがある。

近年、南アフリカワインの生産量は飛躍的に伸びており、国別生産量では世界トップ10に入るようになった。品質の向上もめざましく、南アフリカ特産のピノタージュという品種が世界的人気を獲得している。

黒人系の醸造家も育ち、彼らのつくったワインが国際的な賞を獲得するようにもなった。

一面に広がる南アフリカのブドウ畑　　写真提供：中野智明

HISTORY

アフリカ大陸最南端に位置、ハイベルトと呼ばれる標高1200m以上の高原地帯が内陸部に広がる。南東部はトラゲンスバーグ山脈、西部はカラハリ砂漠。インド洋にプリンスエドワード諸島を領有。1652年オランダ移民が南西部に入植。1814年英国領。オランダ系ボーア人（アフリカーナ）は内陸部に追いやられ、ナタール共和国、トランスヴァール共和国、オレンジ自由国を次々と建設。英国植民地と対立。ダイヤモンド発見が対立に拍車、第1次ボーア戦争、第2次ボーア戦争に発展、英国が勝利。1910年英国自治領として南アフリカ連邦が発足。第二次世界大戦後に政権を握ったボーア人の政党、国民党がアパルトヘイト（人種隔離）を法制化、白人優位政策。61年英連邦を脱退し、共和制に移行。その後、白人政権に対する抵抗運動が相次ぎ、加えて人種差別に対する国際的批判のなか、91年アパルトヘイト全廃。93年国連は31年ぶりに対南ア経済制裁を解除した。94年全人種参加による総選挙が実施、ネルソン・マンデラ議長が大統領就任、国民統一政府が誕生。2010年サッカーW杯開催。

南スーダン共和国

The Republic of South Sudan

面積 65.9 万 km²
人口 1119 万人
首都 ジュバ
通貨 南スーダン・ポンド
宗教 キリスト教、伝統宗教

BEST IN THE WORLD 世界一

牛がお金以上に大切にされる国

2011 年に独立を果たしたばかりの、アフリカで最も若い国、南スーダン。この国の知られざる世界一は、1 人当たりが所有する家畜の数だ。牛や羊、山羊などを合わせた総数は 3600 万頭を上回って、全人口の 3 倍以上にもなる。

家畜のなかでも、とりわけ牛の存在は特別だ。特に農村部では、牛は食肉用に育てているのではない。食用の牛はわざわざウガンダなどの隣国から輸入している。それは貨幣の役割を担う財産なのである。

例えば結婚に必要な結納も牛。また殺人など罪を犯した場合に、その償いとして求められるのも牛である。部族などによってそれぞれ必要な相場（頭数）は異なるものの、伝統的にそれらは牛でやりとりされることになっており、金銭で代替することはできない。

つまり牛を所有していなければまともな社会構成員として見られないし、また牛を多く所有するほど名士として尊敬を集めることになる。だから部族間で敵対する村を襲撃し、牛を奪い合うという行為が後を断たないのである。

南スーダンの独立を祝う人々

牛を世話する南スーダンの牧畜民　　写真提供：中野智明

HISTORY

アフリカ中東部に位置し、北はスーダン、東はエチオピア、西は中央アフリカ、南はケニア、ウガンダ、コンゴ民主共和国と接する内陸国。白ナイル川が国土を縦貫し、流域には世界有数の大湿地帯スッドが広がっている。熱帯雨林やサバンナ地域には多様性に富んだ野生動物が多数生息し、ウガンダとの国境付近には 3000m 級の山々が連なるという変化に富んだ地勢で形成されている。1983 年以降の約 20 年間は第 2 次スーダン内戦における激しい対立の期間であったが、2005 年に南北包括和平合意が成立し内戦が終結。スーダン政府は南部スーダンに 6 年間の暫定自治権を認めた。国連ではスーダンミッションを設立する安保理決議が採択され、国民統一政府が樹立された。11 年 1 月に実施された住民投票では、分離独立を支持する票が圧倒的多数を獲得。国際社会の後押しもあり、北部スーダンは南部の意思を尊重することを表明した。自治政府の統治下となっていた南部スーダンは、7 月 9 日に南スーダン共和国として正式に分離独立。その 5 日後には国連への加盟も果たしたが、大統領派と前副大統領派による抗争が続いて国内が混乱しており、深刻な財政状況に直面している。

モザンビーク共和国

Republic of Mozambique

面積 79.9 万 km²
人口 3125 万人
首都 マプト
通貨 メティカル
宗教 キリスト教 41%、イスラム教 17.8%、伝統宗教

SOCIAL PROBLEM 社会問題

「地雷ゼロ」までの長い道のり

「モザンビークが地雷の脅威から解放されたことを、誇りをもって宣言する」。これは2015年9月、首都マプトで同国の外務大臣が発した「地雷ゼロ」宣言である。

同国は世界でも有数の、地雷が最も多く埋められた国だった。対人地雷の使用は1960年代の対ポルトガル独立闘争に始まり、独立後の17年におよぶ内戦がそれに拍車をかけた。

1992年に和平合意にいたり内戦は終結したものの、埋設された地雷はそのまま放置されてきた。特に橋やダム、高圧線の鉄塔下などインフラにかかわる場所に多く残留しており、1990年代には年間約600人もの市民の命が犠牲になった。ヒューマン・ライツ・ウォッチなどの国際的な非政府組織で構成された「地雷禁止国際キャンペーン」によると、モザンビークの地雷による死者はこれまでに1万900人にのぼる。

1993年から英国の慈善団体などが中心になって同国の地雷撤去作業に乗り出し、これまでに全国1000カ所以上の地雷原から17万個を超える地雷が撤去された。多くのモザンビーク人も作業に参加し、地雷の火薬の匂いを嗅ぎ分けられるよう訓練された犬やネズミまで動員しての長い道のりであった。

こうした努力でようやく埋設地雷のリスクがなくなり、市民や家畜が安全に移動できるようになっただけでなく、外国の投資や観光の誘致などへの期待も高まりつつある。

モザンビークはこうして地雷ゼロを達成できたが、アフリカ大陸に限ってもエジプトやアンゴラにはまだ莫大な数が放置されているなど、世界から地雷の恐怖が消えたわけではない。2014年だけでも、世界の60カ国で地雷によって命を落とし、足を失うなどした被害者はおよそ4000人に達する。

1997年には国際的に対人地雷の使用や保有、生産などを禁止し、批准国は保有する地雷を廃棄するという「対人地雷全面禁止条約」(オタワ条約)が調印された。現在では160カ国以上が参加するものの、地雷生産・輸出大国ともいえる米国やロシア、中国、インドなどは批准するにいたっていない。

HISTORY

アフリカ大陸南東部に位置し、マダガスカル島との間のモザンビーク海峡に面す。内陸部は高原で沿岸部は平野である。国の中央をザンベジ川が流れている。

1498年ポルトガルの航海者ヴァスコ・ダ・ガマが上陸、当初は奴隷貿易を植民地政策としたポルトガルが、その後は豊富な鉱物資源の独占のため、1975年までの長きにわたって領有していた。75年独立後、モザンビーク解放戦線(FRELIMO)政権はマルクス・レーニン主義を採択し、農業の集団化を進めた。その後、反共を掲げる反政府組織モザンビーク民族抵抗運動(RENAMO)との内戦が激化、死者100万人を数えた。90年代になり12回にわたる和平交渉の結果、国連監視下で武装解除、選挙が実施されることとなった。94年複数政党制下で大統領および議会選挙が実施されて以来、民主的な政権交代が行われている。独立以来の内戦で経済は疲弊したが、天然ガスや石炭などの豊富な資源を背景に投資を呼び込み、安定した経済成長を続けている。

モーリシャス共和国

Republic of Mauritius

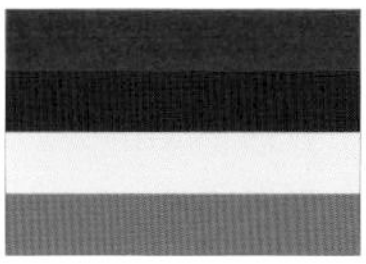

面積 0.2km^2
人口 127万人
首都 ポートルイス
通貨 モーリシャス・ルピー
宗教 ヒンドゥー教50%、キリスト教32%
イスラム教17%、仏教0.7%

LEGEND 伝説

国章に刻まれる「失われた島」

「モーリシャスは天国の前に作られ、天国はモーリシャスを真似たものだ」

『トム・ソーヤーの冒険』で有名なアメリカ人作家マーク・トウェインが1896年にモーリシャスを訪れたとき、島民はそう話したという。

それから100年余りたった今でも、確かにこの国は「楽園」に近いかもしれない。英経済平和研究所が毎年公表する世界平和度指数（2015年）によれば、アフリカで最も平和な国はモーリシャス（世界ランキングで26位）。独立以来、アフリカ諸国のなかで唯一常備軍を有しない国でもある。

平均寿命の世界ランキングで、上位100カ国に入るアフリカ諸国はわずかに3カ国しかないが、モーリシャスはカーボベルデに次ぐアフリカ第2位の長寿国。治安もよく、アフリカ有数のビーチリゾートや透明度の高い海といったインド洋の豊かな自然環境を楽しみたい観光客が落とす外貨が、この国を支えている。

この国で有名なのがドードーと呼ばれる鳥だ。翼が退化して飛べなくなったドードーがこの国には多数生息していたが、大航海時代に入植したポルトガル人の食料となり、外来の家畜やネズミにヒナや卵が捕食され、絶滅してしまった。人間にとっての天国は、ドードーには地獄だった。この悲劇の鳥はこの国の国章に描かれ、その記憶を永遠に留めている。

モーリシャスの国章。左に描かれているのが絶滅鳥ドードー

HISTORY

東インド洋上のマスカレン諸島に位置する、インド洋貿易の中継地であり、モーリシャス本島のほか、属領として北1200km先にアガレガ諸島、北東400kmにカルガドスカラホス諸島、東550kmにロドリゲス島を領有。熱帯気候で夏季には降雨量が多く、11月～4月には、しばしばサイクロンの通過点となり多大な被害をもたらす。10世紀頃からアラブ人航海者たちに知られ、1510年ポルトガル人が上陸したが、1598年オランダが領有した。オランダ総督マウリッツにちなみモーリシャスと命名された。オランダは1710年島を放棄、その後、フランス領からイギリス領と目まぐるしく変わった。イギリスはインド人を導入、サトウキビ生産を進め19世紀後半には中国人移民も増加。1968年英連邦内の自治国として独立。先住民はなく東アフリカ、インド、フランスなどからの移住者による多民族国家として成立。全国民の3分の2以上がインド人という国柄、インド、旧宗主国英仏との連携を基本に全方位外交を展開。主要経済は砂糖生産だが、地理的特性をいかした輸出加工区の製造業、商業や観光業が盛ん。

モーリタニア・イスラム共和国

Islamic Republic of Mauritania

面積 103 万 km^2
人口 465 万人
首都 ヌアクショット
通貨 ウギア
宗教 イスラム教・スンニ派

CULTURE 文化

太ることを強いられる女性たち

フランス料理食材のフォアグラは、ガチョウに無理やり餌を与えて肝臓を肥大させる飼育方法で知られる。フランス語でそれを「ガバージュ」と呼ぶが、この国で「ガバージュ」されるのは人間の女性なのだからビックリ。

モーリタニアでは、歴史的に太った妻をもつことが一流の象徴とされ、肥満が美しさの条件となってきた。娘をもつ家庭は裕福な家に嫁がせるため、半ば強制的に娘を太らせる慣習ができてしまったのだ。

したがって早くは5歳くらいから、娘たちに暴飲暴食をさせる。オリーブオイルをたっぷり塗ったパンを大量に食べさせ、1日に何度も山羊の肉やイチジク、クスクスを出す。ラクダのミルクを1日に20ℓも飲む猛者もいるそうだ。

結婚適齢期になれば、太るためのキャンプへ送られて1日に1万5000キロカロリーもの食事を摂取しなければならない。まるで拷問だが、もし彼女たちが食べることを拒むようなことがあると、両親にペンチで足の指を潰されてしまうこともある。体をこわし、食事中に窒息死したケースもある。それでもこんな慣習がなくならないのは、太ること以外に将来幸せになる方法がないと親たちが考えているからだ。

こうした「ガバージュ」の行きすぎを見かねた時の政府が廃止に向けて動いたこともあるというが、依然としてなくなってはいない。

最近の若い男性たちには昔ほどの「肥満信仰」がないとも伝えられており、価値観の変化こそが唯一「ガバージュ」を終わらせることにつながるのかもしれない。

半分以上が砂に埋まった家

ゲストをお茶で歓迎する地元の女性

写真提供：中野智明

HISTORY

西アフリカの北西端に位置し、北は西サハラとアルジェリア、南東でマリ、南でセネガルと国境を接する。国土の大半が砂漠で乾燥気候。降雨はほとんどなく年中高温で昼夜の格差が激しい。南部および沿岸部は、冬季に降雨が続く。比較的肥沃で羊や牛の牧畜が行われている。8世紀頃からガーナ王国が栄えた後、ベルベル人が支配。17～18世紀にかけてアラブ人の首長国が建国、後にモール人と呼ばれるアラブ人とベルベル人の融合が進んだ。19世紀になるとヨーロッパ人が侵入、1904年フランス領、後にフランス領西アフリカに編入された。60年フランス共同体内のイスラム共和国として独立したが、73年フランス圏を離脱、同年アラブ連盟に、89年アラブ・マグレブ連合に加盟。南部の黒人系住民と北部のベルベル・アラブ系住民との対立が根強く、幾多のクーデターで軍事政権が政権を掌握し続けてきたが、2009年から民主的な大統領選挙が定着。06年に開始された石油生産が低迷を続けており、水産物や鉄鉱石の輸出に依存している。

モロッコ王国

Kingdom of Morocco

面積 44.7万km²
人口 3691万人
首都 ラバト
通貨 モロッコ・ディルハム
宗教 イスラム教（スンニ派）

SPORT スポーツ

死者も出る世界一過酷なサハラマラソン

フランス人のコンサートプロモーターだったパトリック・バウアーは、1984年のある日、モロッコのサハラ砂漠へ旅に出かけた。このときの壮大な旅の経験をほかの人々と共有したいと考え、2年間かけて「サハラマラソン」を企画した。モロッコ南部の砂漠を舞台に記念すべき第1回が開催されたのは1986年のことである。

このサハラマラソンは約250kmの砂漠上のコースを1週間で歩く、地球上で最も過酷な徒歩競争といわれている。コースと距離は毎年変更され、正式なコースマップは出発前日に知らされる。

ランナーたちは自給自足が条件で、装備と食料は参加者自身で準備しなければならない。方向を知るコンパスは必需品だ。砂丘、干上がった川や湖、石だらけの丘など変化に富む砂漠地帯ならではのコースが参加者を魅了する。

毎年さまざまなドラマが繰り広げられる。1994年に参加したイタリア人の警察官は、突然発生した砂嵐のため道を見失い、10日間も灼熱の砂漠をさまよった。途中で水がなくなり、絶望のあまり自殺すら考えたが、捕まえたコウモリの生血を飲んで渇きをしのいでいたところを遊牧民に保護されて九死に一生を得た。70歳台で完走を果たす人がいる一方で、これまでに死者も出ている。

最初の参加者は200人弱だったが、現在は世界中から1000人を超える応募があるという。

これはいかにも過酷だ。モロッコのサハラマラソン

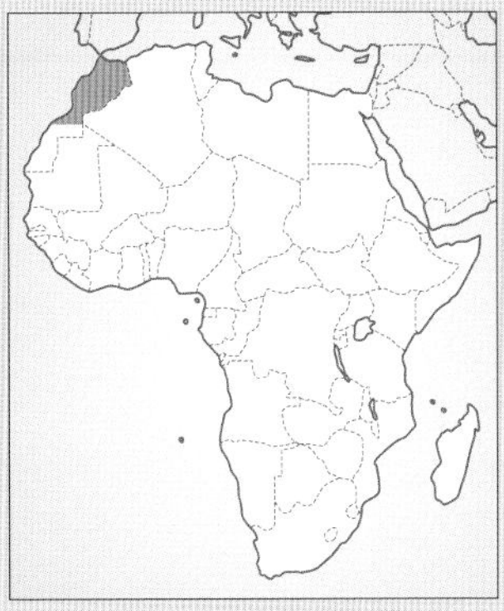

HISTORY

アフリカ大陸の北西端に位置し、地中海と大西洋に面する王国。カルタゴ、ローマ帝国、ビザンツ帝国などの支配下におかれながら、7世紀にアラブの征服を受ける。19世紀からフランス、スペインなどの欧州列強が進出。1912年、フランス（一部はスペイン）の保護領となるが、56年3月に独立。57年、ベン・ユーセフ首長がムハンマド5世として国王になると同時に、国名もモロッコ王国となる。61年、ハッサン2世が即位し、立憲君主制憲法を公布。軍部のクーデターなどにより王政が危機に陥る事態もあったが、77年初の総選挙で王党派が圧勝。以降、中道と左派勢力が伸長するなどの動きはあったが、非同盟、親欧米を基本路線とする外交戦略をとり、アラブとイスラエルの仲介的な役割を担っている。99年に即位したモハメド6世国王に対し、2011年の「アラブの春」の波及を受けた民主化運動が起こり、国王の権限を縮少した新憲法が発布された。工業や観光業の振興や農業の近代化などさまざまな分野で開発戦略を進めている。

リビア

Libya

面積 167.6 万 km²	通貨 リビア・ディナール
人口 687 万人	宗教 イスラム教（スンニ派）
首都 トリポリ	

POLITICS 政治

故カダフィ大佐と「アフリカ合衆国」構想

アフリカ史上最も長い 41 年間の政権を握りつづけ、2011 年のリビア内戦下で反政府勢力によって殺されたカダフィ（カッザッフィ）大佐。欧米の帝国主義を公然と批判するその姿勢などから「アラブの狂犬」などと揶揄されその存在を否定的にみる向きが多いが、彼が実現してきたことと、実現させようとしていたことを冷静に評価する人びともいる。

カダフィ政権下のリビアは、埋蔵量世界一とされる原油生産を武器に対外債務を解消。電気代は基本的に無料で、国内向けガソリンは 1 米ドルで 7 ℓ が買えるほど安かった。25%以下だった識字率は 87%にまで押し上げられ、大学進学率も大幅にアップ、海外留学希望者には資金を援助した。福祉面でも出産した女性には母子のために 5000 米ドルが支給され、農業を始める者には家から農地、家畜、種までも与えてサポートした。

カダフィは自国のみならず、アフリカ全体の将来像を視野に入れていた。1999 年のパン・アフリカ会議や 2007 年のアフリカ連合（AU）で提唱した「アフリカ合衆国」構想がそれだ。

この構想はジャマイカの黒人大衆運動指導者、マーカス・ガーヴィーによる「アフリカ人のアフリカ」という主張が源流とされる。ガーヴィーの哲学は第二次世界大戦後のパン・アフリカニズムに影響を与え、アフリカ統一運動を推進したガーナ初代大統領のエンクルマ（ンクルマ）が「アフリカ合衆国」を提唱した。

政治が成熟しておらず、また各国の思惑から停滞していたその構想を再びカダフィは掲げ、実現への道を探ろうとしたのである。残念ながら「アフリカ合衆国」構想は多くの支持を得られず、彼自身も死んでしまった。アフリカ統一という壮大なプランが実現する日はやってくるのだろうか。

リビア内戦で殺害されたカダフィ大佐
写真提供：中野智明

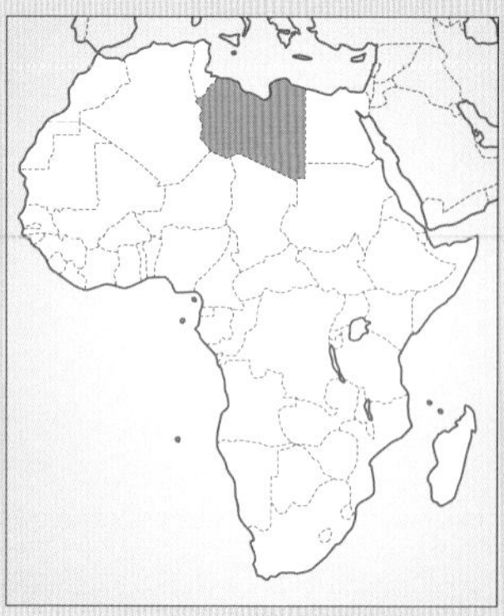

HISTORY

アフリカ大陸で 4 番目に広い国土を持つ国だが、その約 9 割が砂漠地帯、地中海沿岸など残り約 7%の平地に国民の多くが住んでいる。リビアの歴史は、古代地中海を渡ってきた人々——フェニキア、ギリシャなど——が築いた植民都市から始まる。7 世紀半ばからアラブの軍事力がこの地におよび、アラブ化、イスラム化が進んだ。その後、オスマン朝の支配などをへて、1912 年、イタリアの植民地となるが、その抵抗勢力としてサヌースイー教団が活動。同教団の 3 代目であるムハンマド・イドリースを国王とするリビア連合王国として 51 年、独立。69 年、欧米寄りの路線をとるイドリース王に反対するカダフィ大佐がクーデターを起こし、政権を奪取した。カダフィは王政を廃止、国名も改め、独特のイスラム教を基礎とした社会主義を推進。2011 年、独裁体制反対の大規模デモが相次ぎ、反カダフィ派が国民評議会を結成して内戦状態となる。国連安保理も多国籍軍による軍事介入を承認し、同年 8 月、国民評議会側が首都トリポリを制圧してカダフィ政権は崩壊。国名は「リビア」に変更された。12 年7月に制憲議会選挙を実施、新内閣が発足した。

リベリア共和国

Republic of Liberia

面積 11 万 km²
人口 505 万人
首都 モンロヴィア
通貨 リベリア・ドル
宗教 伝統宗教（90％）、その他はキリスト教とイスラム教

POLITICS 政治

女性のリーダーが活躍する国

この国は女性の政治的リーダーが生まれやすい土壌があるのだろうか。

1989 年にチャールズ・テーラー率いるリベリア国民愛国戦線の武装蜂起によりこの国は内戦に突入した。その後和平合意がなされ、暫定政権下での統治が始まった時に国家評議会議長（暫定元首）に就任したのがルース・ペリーだ。在任期間は 1 年弱にすぎないが、彼女はリベリアだけでなくアフリカ初の女性国家元首とされている。

97 年に選挙をへてテーラーが大統領になったものの、再び反政府勢力との内戦を招いてテーラーは亡命。彼は内戦下の虐殺などの戦争犯罪を問われることになる。

さらに再び停戦合意となり、2005 年の大統領選挙で勝利したのがエレン・ジョンソン・サーリーフ（2017 年 12 月まで 2 期 12 年在任）である。ハーバード大で経済学を学んだ女性エコノミストで、女性元首としては同国で 2 人目、選挙で選ばれた大統領としてはアフリカで初めてとなった。国家再建と汚職の一層に尽力し、平和と女性の地位向上に寄与したことから 2011 年にノーベル平和賞を授与された。

このとき、同時に受賞した同国の女性運動家、レイマ・ボウィの存在も忘れてはならない。彼女こそ、テーラーを政権から追い出すきっかけとなる女性運動を展開したグループのリーダーだったのだ。

白い T シャツに身を包んだ女性たちが、魚市場で祈って歌い、抗議のための座り込みを続けた。それは宗教を問わない非暴力の抵抗運動の始まりとなった。ボウィの指導のもと、女性らはテーラー大統領と会見しガーナ共和国で開催される和平交渉への参加を約束させただけでなく、ガーナに乗り込んで和平のための圧力を加えた。女性たちの連携プレーでリベリアは、汚職まみれの独裁者を追い出し女性政権が誕生したのだった。

リベリアのサーリーフ元大統領
写真提供：中野智明

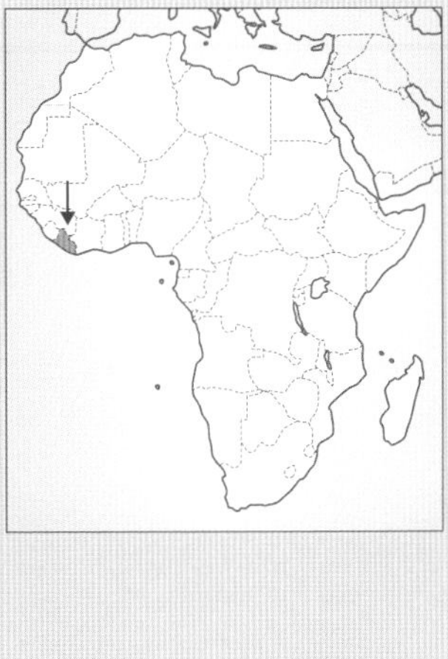

HISTORY

西アフリカの南西部、大西洋に面し、高温多湿の熱帯性気候。沿岸部では年間 5000 ミリの降雨量。1822 年のアメリカでの奴隷解放により、帰還したアフリカ人たちによって 47 年、アフリカ初の共和国として独立。その後、国をリードしたのはアメリコ・ライベリアンと呼ばれる“アメリカ帰り”の子孫たちで、アメリカと同じように大統領制をとり、議会は 2 院制。1944 年にウィリアム・タブマンが初代大統領となり、2 代続けてアメリコ・ライベリアンによる真正ホイッグ党（TWP）による支配が続くが、80 年のドウ曹長のクーデターで終わる。ドウが大統領になるとリベリア国民愛国戦線（NPFL）が蜂起して内戦へ突入。95 年に和平合意となり、97 年に NPFL のチャールズ・テーラー議長が大統領となる。2003 年には反政府武装勢力が首都へ侵攻、テーラーはナイジェリアへ亡命して和平合意。05 年には女性大統領エレン・サーリーフが選ばれた。隣国シエラレオネの内戦にダイヤモンドと引き換えに武器供与を行ったことでリベリアのダイヤや木材に禁輸措置が加えられていたが、07 年に制裁が解除され経済復興の足がかりとなった。

ルワンダ共和国

Republic of Rwanda

面積 2.6万km^2
人口 1295万人
首都 キガリ
通貨 ルワンダ・フラン
宗教 カトリック57%、プロテスタント26%、アドヴェンティスト11%、イスラム教4.6%等

BEST IN THE WORLD 世界一

女性国会議員の割合が6割超

1994年4月から7月にかけ、およそ100日間という短期間に多数派を占めるフツ族系政府の民兵などが少数派のツチ族系市民を殺害したことで知られる「ルワンダ虐殺」。この民族間の争いで80万人以上が犠牲になったとされるが、東アフリカの小国は悲惨な記憶から20年以上を経た今、治安が安定しつつあり、経済成長も順調だ。

首都のキガリは、アフリカ大陸の中でも安心して歩ける数少ない街になった。目立つのはゴミの少なさ。環境衛生面に力が入れられ、通りなどで放置されたままのゴミを見かけることがまれなほどだ。特にビニール袋の持ち込みが厳しく制限されており、入国の際に見つかれば没収されるほど。

この国にはあまり知られていない世界一がある。それは全国会議員に占める女性議員の割合だ。2014年の国連の調査では、全80議席のうち何と64%が女性議員。世界で女性の国会議員が半数を超えるのは、ルワンダ以外にはボリビアだけだという。ちなみに日本の女性国会議員の割合は10%未満で、世界ランキングでは100位を下回る。

同国で女性議員が増えた背景には、過去の虐殺の犠牲者の大半が男性であり、残された人口の7割が女性という男女比の変化もある。また政府が議員候補者の3割を女性にする措置をとったこともあり、女性が積極的に活躍できる素地が生まれたことも一因だ。

大虐殺の犠牲者を展示する「虐殺記念館」
写真提供：中野智明

選挙キャンペーンを展開する女性たち
写真提供：中野智明

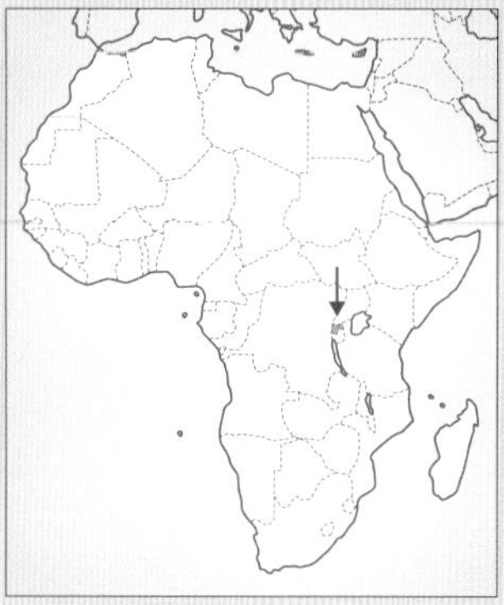

HISTORY

東アフリカにある内陸国で、ウガンダ、タンザニア、ブルンジ、コンゴ民主共和国に囲まれた高原国。アフリカ大地溝帯の一部をなす火山湖キヴ湖（湖面高度1460m）がある。高原地帯のため、平均気温19～22度としのぎやすい。14世紀ルワンダ王国建国。19世紀、支配階級のツチ族と、それ以外の階級フツ族に区別された。そもそも多数派を占めるフツ族は農耕民、少数派のツチ族は遊牧民という違いはあるが、民族的起源は同一といわれる。第一次世界大戦後、ベルギーの国際連盟委任統治領となる。第二次世界大戦後は国連信託統治領に。宗主国ベルギーは多数派であるフツ族を支援、1957年フツ族のグレゴワール・カイバンダらがツチ族の政治支配を批判。以降、両者の抗争が激化した。61年王制廃止、62年共和国として独立。カイバンダが初代大統領に就任するや強権政治でツチ族を迫害、大量の難民が周辺諸国に逃れ出た。94年にフツ族出身の大統領、ツチ族出身の副大統領による新政権が誕生し、国民間の宥和や経済構造改革に力を入れてきた結果、世界銀行の世界投資環境ランキング（2015年）でアフリカ第3位と評価された。

レソト王国

Kingdom of Lesotho

面積 3万 km²
人口 214万人
首都 マセル
通貨 ロチ（複数形はマロチ）
宗教 大部分がキリスト教

LEISURE レジャー

アフリカでスキーが楽しめる場所

南半球の南緯28度から31度に位置するこの小国は、標高1400mから3500mほどの高原地帯にある。6月から8月にかけて気温はかなり低くなり、最低で−20度を下回ることもある。日中は暖かいが、日没から一気に温度が下がって雪が降り、氷柱もできるほどだ。

アフリカにスキー場は意外かもしれないが、アフリカに2つしかないスキー場の1つがここレソトにあり、南半球が冬を迎えると隣国である南アフリカなどからスキーヤーがやってくる。標高3222mのマルティ山につくられた「アフリスキー・マウンテン・リゾート」がそれで、スキーやスノーボードに興じる人は多いものの、大抵はアマチュアレベルである。

冬季オリンピックの歴史で、アフリカからの参加はさすがに少なく、ほとんどの選手はヨーロッパのスキー場で練習を積んだ選手ばかり。2014年のソチ（ロシア）で開催された冬季オリンピックには、アフリカからモロッコ、アルジェリア、トーゴ、ジンバブエが選手を送った。希少なスキー場を有するレソトからの出場は、まだない。

INCIDENT 事件

強姦罪が死刑なのはなぜ？

国際人権連盟によると、アフリカ54カ国のなかで死刑制度があるのは17カ国。レソトにも死刑制度がある。死刑となるのは国家反逆罪や殺人罪だが、何と強姦罪でも死刑になるのだ。

その理由はエイズ（AIDS／後天性免疫不全症候群）を感染、拡散させる危険性があるから。特にHIVに感染していることを知っていて強姦行為におよぶと死刑は免れない。

ちなみにレソトで最後の死刑執行は、1996年。南アフリカの故ネルソン・マンデラ元大統領が1995年に死刑を廃止した動きが大きな影響を与えた。アフリカでも死刑廃止への流れが進んでおり、2014年の国連総会では27カ国のアフリカ諸国が、死刑廃止を呼びかける決議に票を投じている。

HISTORY

南アフリカ共和国の中にある内陸国。全土の8割以上が海抜1800mを超える高地。19世紀にモシュシュ1世のもとで国家形成をするが、ズールーの侵攻を受ける。さらに南アフリカのボーア人、グレート・トレックに併合されそうになり、イギリスに保護を求め、1868年、イギリス保護領バストランドとなった。1966年に独立して立憲王国となる。バストランド国民党（BNP）率いるジョナサンが首相となるがしだいに独裁化し、憲法の停止、反アパルトヘイト政策を打ち出すと、南アフリカ共和国から国境閉鎖されるなどして窮地にたつ。86年、レハンヤ軍司令官がクーデターを起こし、国王のモシュシュ2世を追放、その息子をレツィエ3世として国王へ。90年代にクーデターや群衆暴動を経験したが、2000年代以降は民主的な選挙が実施されている。経済は南アフリカ共和国に依存する。

セントヘレナ島

Saint Helena

面積 308km²
人口 0.8万人
行政府所在地 ジェームズタウン
通貨 セントヘレナ・ポンド
宗教 イギリス国教会

TABLE 食卓

ナポレオンが愛したセントヘレナ産コーヒー

フランス革命後に独裁政権を樹立して皇帝となったナポレオン1世（ナポレオン・ボナパルト）は、ワーテルローの戦いで敗れると、ウィーン会議によって身柄をイギリスに拘束され、1815年、このセントヘレナ島に幽閉された。そのとき彼が愛飲していたという伝説のコーヒーが、この島では今でも栽培されている。

大航海時代、世界で唯一のコーヒー積み出し港であったイエメンのモカ港から欧州列強各国へ苗木が運ばれたが、途中の寄港地にも苗木は降ろされていた。この島で栽培されるコーヒーは、1733年にモカ港から東インド会社が持ち込んだブルボン種という苗の生き残りといわれている。

年間生産量は12トンという希少な豆で、過去にはロンドン万国博覧会（1851年）で最高の賞を受賞したこともある。独特の風味があり、世界のコーヒー愛好家の間では入手しにくい特別なコーヒーとして珍重されているそうだ。

ジェームス湾はイギリス東インド会社が城砦を造り、港が建設された

高さ150mの谷に囲まれた首都ジェームズタウン

©St Helena Tourism

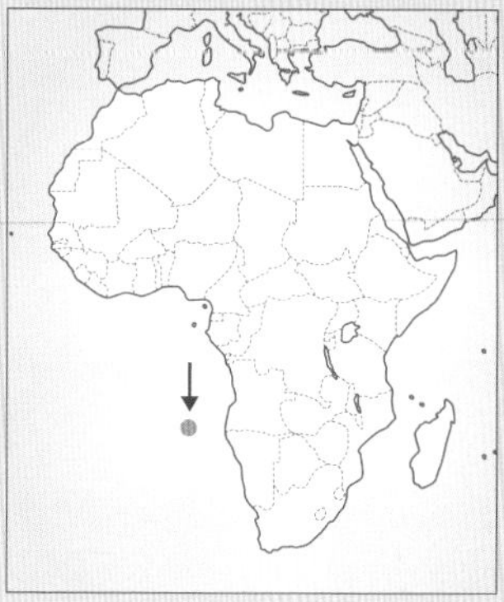

HISTORY

セントヘレナは、アフリカ大陸西岸から2800km離れた南大西洋の孤島で、陸路からの距離がイースター島に次いで遠い島。絶海の孤島という立地から、ナポレオン1世の幽閉地、1899年から1902年のボーア戦争後にもボーア側首脳の流刑地として使用。1502年、ポルトガルの航海家によって発見された当時は無人島だった。その後、ヨーロッパとアジアを往復する船舶の補給基地として用いられた。1584年には日本からヨーロッパへ向かう途中の天正遣欧少年使節が寄港している。オランダが領有権を主張したが占拠したことはなく、1659年、イギリス東インド会社が入植を開始した。当時の住民のほぼ半分はアフリカからの黒人奴隷であった。76年からはエドモンド・ハレーが天文台を設置し、天体観測の拠点となる。1810年以降、東インド会社が広東貿易の寄港地として使用。34年にイギリス王領直轄地となり、70年代半ばまでは大西洋とインド洋を結ぶ航海の要地として繁栄。69年にスエズ運河が開通すると交通量が激減。行政上はイギリスの海外領土セントヘレナ・アセンションおよびトリスタン・ダ・クーニャに属する一区域とされる。

西サハラ（サハラ・アラブ民主共和国）

Western Sahara（Saharawi Arab Democratic Republic）

面積 26.6 万 km²
人口 65.2 万人（推計）
通貨 モロッコ・ディルハム
宗教 イスラム教

HISTORY

サハラ砂漠西部に位置し、西側は大西洋に面する。隣国アルジェリアにおいて成立した亡命政権サハラ・アラブ民主共和国とモロッコ王国が領有を主張。現在も国際連合「非自治地域リスト」にあげられている。スペイン、フランス間の協定でスペイン領西サハラ植民地の範囲が確定したのは 20 世紀初頭。1946 年にスペイン領西アフリカとなるが、73 年に独立を求める武装闘争が起こる。スペインは同地をモロッコとモーリタニアに分与する協定を結ぶも、翌年にアルジェリアでサハラ・アラブ民主共和国政権が成立し、全領土の領有を主張。79 年にモーリタニア新政権が領有を放棄。現在はモロッコが大半を実効支配している。

マイヨット島

Mayotte

面積 374 km²
人口 27 万人
政庁所在地 マムズ
通貨 ユーロ
宗教 カトリック、イスラム教

HISTORY

アフリカ大陸とマダガスカル島に挟まれたモザンビーク海峡のコモロ諸島に属する。1843 年、フランスがマダガスカル王からこの島を買収して自国の保護領に。その後、ほかのコモロ諸島とともに植民地化。58 年にフランス海外領土となり、61 年に内政自治権を獲得。74 年、コモロ諸島全域でフランスからの独立を問う住民投票が行われ、マイヨット島のみが反対票多数。コモロ自治政府は 75 年に同諸島全体の独立を宣言したが、マイヨット島での再投票の結果、独立反対票が多数となる。裁定を委ねられた国連総会は、住民投票の不正を疑い、同島のコモロ帰属を決議。フランスはそれに従わず、同島を領土的共同体とした。1976 年に海外準県、2001 年から海外県に。

レユニオン島

Reunion

面積 2512 km²
人口 86.7 万人
政庁所在地 サンドニ
通貨 ユーロ
宗教 カトリック 89%、イスラム教、ヒンドゥー教

HISTORY

マダガスカル島から 800km 東のインド洋上に位置する火山島。1507 年にポルトガル人が無人島だったこの島を“発見”するが、1640 年にフランス人が上陸して領有を宣言。42 年、ルイ 13 世によってブルボン島と命名されたが、フランス革命でブルボン王家が打倒されると、ラ・レユニオンに改名。その後もナポレオン 1 世にちなんで「ボナパルト島」、イギリス占領期は「ブルボン島」、フランス 2 月革命で再び「レユニオン島」とたびたび名称が変わる。本格的な入植は 63 年、インドへの中継港として重視したフランス東インド会社による。18 世紀にコーヒーのプランテーション、砂糖栽培が主幹産業となる。現在は観光が中心。

オーストラリア連邦

Commonwealth of Australia

面積 769.2 万 km^2
人口 2550 万人
首都 キャンベラ
通貨 オーストラリア・ドル
宗教 キリスト教 60%、無宗教 19%

CRISIS 危機

大火災で「北海道＋四国」分が焼失！

近年、世界各地が異常気象に揺れるが、それが原因で起こったのが過去 30 年間で最悪というオーストラリアの大火災だった。

この国では毎年山火事が発生しているが、2019 年は観測史上最低の降水量を記録、極度に乾燥していたところにこれまた記録的な熱波が襲ったのだ。同年 7 月頃に山火事が発生すると、南東部サウスウェールズ州を中心に多発的に広がっていった。

同年末から 2020 年に入ると消防当局の手に負えなくなり、首都キャンベラなどでは非常事態宣言を発令。シドニーでは煙による有害物質が基準の 11 倍に達する事態となり、その煙は風に乗って南米のチリやブラジルにまで到達したほどだった。日本も含め世界各国が支援に乗り出し、2 月の大雨で火の勢いが弱まったため、3 月上旬にようやく火災は鎮圧された。この大火災は 29 人の死者と家屋 3000 棟の全焼をもたらし、焼失面積は「北海道＋四国」に相当する約 10 万㎢。野生動物 10 億匹に甚大な影響を与えたという。

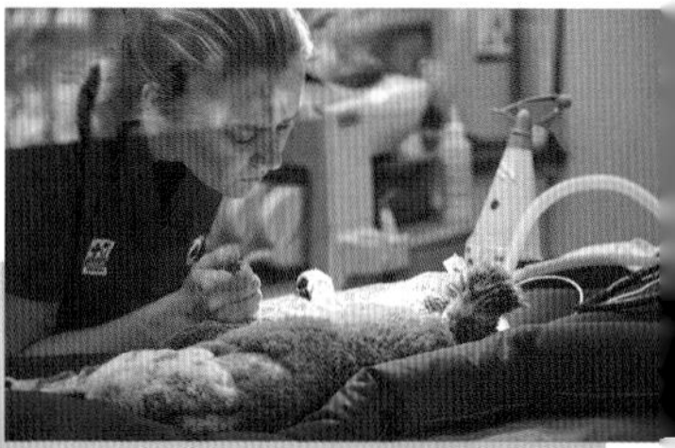

火災の煙でオペラハウスがかすむほどの事態に（2019 年 12 月）。右上は火災の状況を伝える標識、右下は火傷の手当てを受ける野生のコアラ

HISTORY

先住民アボリジニは 5 万年前頃に東南アジア方面から移住してきたと考えられている。ヨーロッパ人ではイギリス人キャプテン・クックが 1770 年南東岸に達したのが最初である。88 年にはイギリスが今のシドニーに最初の移民を行ったが、それは流刑地としてであった。自由移民が始まったのは 19 世紀に入ってからで、それは主として捕鯨、アザラシ猟、牧羊のためだった。彼らは先住民がいるにもかかわらず、オーストラリアを「無主地」として切り取っていったのである。1850 年代にゴールドラッシュ時代を迎えたが、その経済的発展を基礎に自治権を獲得、91 年には連邦憲法を制定、1901 年に 6 つの植民地による連邦政府を樹立した。白豪主義を掲げ、有色人種の移入を極端に制限した。第二次世界大戦中の 42 年ウェストミンスター憲章を批准、完全立法機能を獲得、70 年代には白豪主義を放棄して多民族・多文化社会を目指すようになった。86 年には司法権も独立した。元首はいまでも英女王だが、形式的なものである。米・豪・ニュージーランドの相互安全保障条約が結ばれている。

キリバス共和国

Republic of Kiribati

面積 726 km²
人口 11.9万人
首都 タラワ
通貨 オーストラリア・ドル
宗教 キリスト教

CRISIS 危機

国家水没に備える大統領の奮闘

フェニックス諸島の海域には、約41万㎢におよぶ見事なサンゴ礁が広がっている。2010年8月、ユネスコはこの海域を保護区とし、世界遺産（自然遺産）に登録したのだが、キリバス共和国はその豊かな自然を前に、頭の痛い問題を抱えている。

同年11月、首都タラワで気候変動に関する国際会議を主催したアノテ・トン大統領は危機を訴えた。地球温暖化現象による海面の上昇により同国が水没の危機にあり、住宅の建て直しなどの対策では追いつかず、諸外国による支援を求めたのだ。さらに、同大統領は国連でも演説し、キリバスに近いオーストラリアやニュージーランドに国民の移住受け入れや労働力として優先雇用することなどを提案した。

自国の存亡がかかわるだけに大統領も真剣で、10万の国民を収容できる人口島の建設の可能性を模索したり、2012年に入ってからはフィジー政府と具体的な移住地の提供について交渉するなどしている。それは難民としての移住ではなく、国民にさまざまな労働のための技術を習得させ、移住先で困らないようにするという前提なのだ。

フィジーのナイラティカウ大統領は2014年、キリバスが水没の危機に直面した際には全島民を受け入れると公式に発言した。世界銀行の予測では、2050年までにキリバスの首都がおかれる島の8割までが海面上昇により浸水する可能性があるという。

珊瑚が隆起してできた島のため、海抜数mの平坦な土地が続く（写真はタラワ南部）

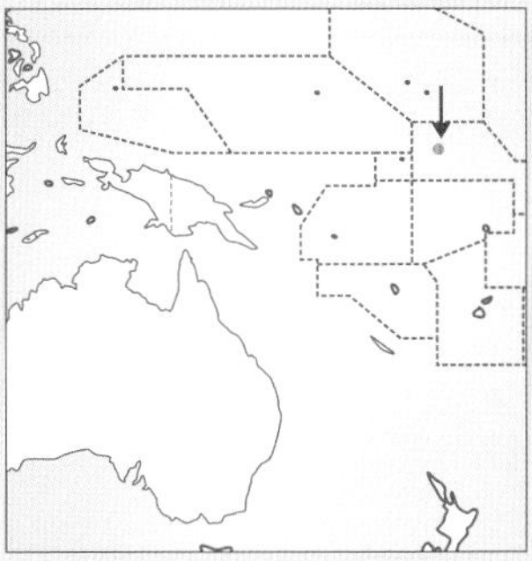

HISTORY

太平洋のほぼ中央に位置し、ギルバート、フェニックスなどの諸島からなる独立共和国。17世紀初頭にイギリス海軍ギルバート大佐が「発見」し、19世紀中頃にアメリカの伝導団によってキリスト教が布教された。以降、捕鯨船の寄航地に。バナバ島にリン鉱石が発見されたこともあり、1892年イギリスが保護領とし、1916年以降、ギルバート・エリス諸島植民地という行政区として統治を始める。第二次世界大戦で日本軍が一時占領。米軍とタラワで激戦を行い、米軍が占領した。戦後は再びイギリスの統治下におかれるが、75年にエリス諸島（現ツバル）が分離。79年7月、イギリスから独立した。クリスマス島でイギリス、アメリカが核実験を行ったことでも知られる。産業の中心だったリン鉱石が枯渇し、観光や漁業、農産物の輸出など新たな収入源を模索している。国連が定める開発途上国のなかでも特に開発が遅れている「後発開発途上国」（LDC）である。

クック諸島

Cook Islands

面積 236 km²
人口 1.9万人
首都 アバルア（ラロトンガ島）
通貨 ニュージーランド・ドル
宗教 キリスト教（クック諸島教会、カトリック）

INDUSTRY 産業

2万人の島国の自立への道

クック諸島は2015年、ニュージーランド内での内政自治権ならびに軍事および外交部門以外の立法権と行政権を獲得してから半世紀を迎えた。1973年からは独自に諸外国と外交関係をもつ権利も認められ、今では国連に加盟する31カ国およびバチカン、EU（イギリス・フランスをはじめとする欧州と太平洋の諸国など）と外交関係を結ぶ。

イギリス女王を元首に、行政は首相を長とし、議会は一院制をとり任期4年で24議席である。現在、閣僚は首相を加え6人いる。首相は情報・技術大臣と教育・人材大臣と警察大臣を兼ねている。国民はニュージーランドの市民権およびパスポートを有し、ニュージーランド人としての権利をもっている。

ニュージーランド政府は自国の財政難のため早期の自立を求めているが、権利を利用したクック諸島からニュージーランドへの出稼ぎ労働者が多数いるため、クック諸島政府は消極的である。その一方で、太平洋小島嶼国に対する経済支援に力を入れている中国から、2015年、自治政府樹立50年を祝して1000万ニュージーランド・ドルの援助資金を供与されたほか、150万米ドル相当の農業用機器の贈与を受け、クック諸島政府は将来的に中国へ農産品を輸出したい意向を示した。

また、この国の重要な収入源となっているのが近海の漁業権である。2015年10月に開催された太平洋漁業相緊急会議では、前年度の国家収入に530万米ドルを寄与したアメリカ巻網漁船団の操業を継続認可するとした。アメリカ漁船団の操業は1987年に協定され、37隻の米国漁船が太平洋で活動しているが、その内容が厳しすぎるためアメリカは2016年に以後協定を遵守できないとしている。クック諸島はアメリカとの協定継続を希望、あらためて今後もアメリカ漁船のマグロ漁を継続して認める新協定案を検討している。

さらに、海域内の海底資源鉱床の開発権を将来の収益とすべく、ベルギーの海洋資源開発会社と提携するなど、経済的自立への道を模索している。

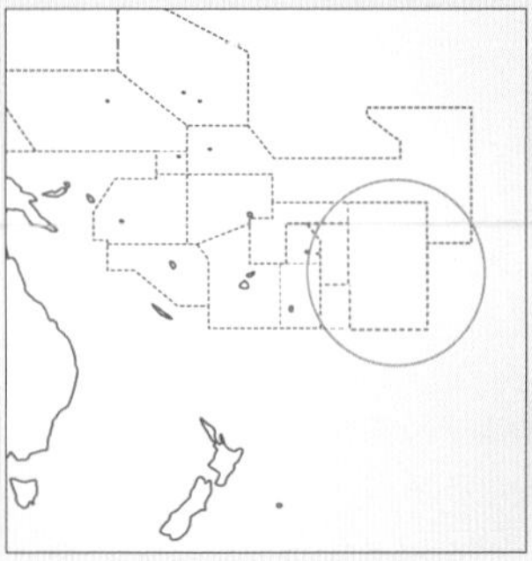

HISTORY

太平洋中部、赤道の南、日付変更線の東の15の島々からなる国。1000kmの海を隔てて北と南に点在する。ニュージーランドと自由連合関係にある自治国で、イギリス連邦に加盟している。5世紀頃から定住し始めたマオリ族はそれぞれの島において文化が異なり、方言とともに同郷人の結束が強い。18世紀後半イギリス人ジェームス・クックが航海で「発見」して以来、キリスト教の布教が始まり貿易や捕鯨の基地として栄えた。1888年イギリスの保護領。1901年ニュージーランドがイギリス領を含めた15の島を「クック」の名の下に併合した。40年代から開発、植民地統治への不満が噴出、57年立法議会が設立された。65年には法規改正と自治権獲得が可決。翌年にはニュージーランドに外交と軍事防衛を依存する自由連合協定に合意し、自治政府として独立した。73年にはニュージーランドとの共同宣言で、主権国家としての権利が認められた。土地所有権や慣習などの伝統的な事柄に関しては伝統的首長称号保持者からなる諮問機関「アリキ院」が設けられている。2011年3月、日本政府はクック諸島を国家として承認することを決め、日本にとって193番目の国となった。

サモア独立国

Independent State of Samoa

面積 2842 km²
人口 19.8 万人
首都 アピア（ウポル島）
通貨 タラ
宗教 キリスト教（カトリック、会衆派教会、メソディスト教会など）

TIME 時間

世界で最も早く朝を迎える国になったわけ

2011 年 12 月 29 日、この日が暮れるとサモアの日付は 30 日を飛び越えて 31 日になった。119 年ぶりに標準時を日付変更線の東側から西側に移したのだ。これまでは地球で最も遅い時刻を刻んでいたが、これにより 2012 年は最も早い新年を迎えた国のひとつとなった。現在では日本よりも 5 時間早い時を刻んでいる。

サモアがこのような措置をとったのは、経済関係が深いオーストラリアやニュージーランドに日時を近づけるため。それまではサモアの金曜日とオーストラリアやニュージーランドの月曜日に取り引きを行うことができなかった。この不便さを解消したわけである。さらに、オーストラリアや日本から中古車を輸入しやすくするため、従来の右側通行を左側通行に改定。日本からの輸出総額のうち、乗用車やバス、トラックがその半分を占めている。

首都のあるウポル島の美しい光景

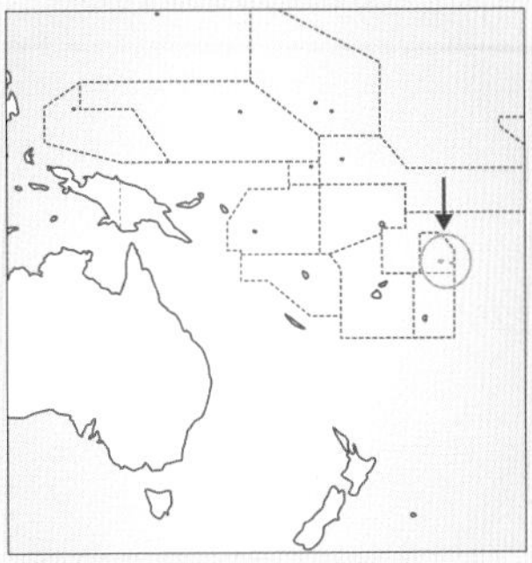

HISTORY

ウポル島、サバイイ島を主とする立憲君主国。前 8 世紀中頃より先住民となるオーストロネシア集団が居住したと考えられている。19 世紀にイギリス人宣教師が来島し、商人など西欧人が住みつくようになった。19 世紀末、首長間の抗争に米英が介入、ドイツが西サモアを領有。第一次世界大戦でドイツ領サモアはニュージーランドが占領し、大戦終結後に創設された国際連盟の委任統治領となった。1920 年～ 30 年代にかけてマウ運動（反植民地独立運動）が起こり、それによって第二次世界大戦後に国際連合のニュージーランド信託統治領となった西サモアでは早くから独立の準備が進められた。60 年成文憲法もでき、62 年「西サモア」として独立した。97 年国名を「西サモア」から「サモア独立国」に変更、現在に至っている。

ソロモン諸島

Solomon Islands

面積 2.9 万 km²
人口 68.7 万人
首都 ホニアラ（ガダルカナル島）
通貨 ソロモン・ドル
宗教 キリスト教（95%以上）

LEGEND 伝説

J・F・ケネディにまつわる島

現地の人々からケネディ島と呼ばれる島がある。正式な島名はプラムプディング島といい、島民のいうケネディとは63年11月、テキサス州ダラスで狙撃され、暗殺されたアメリカ合衆国第35代大統領ジョン・F・ケネディのことである。

第二次世界大戦中の43年、26歳のケネディ海軍中尉は魚雷艇の艇長としてソロモン海域で日本軍と戦っていた。ソロモン諸島のアメリカ軍は、日本の輸送船団が同諸島のコロンバンガラ島を目指してラバウルから出発したとの情報をつかみ、ケネディが乗り組むPT109を含む魚雷艇部隊を出撃させた。部隊はコロンバンガラ島沖合のブラケット海峡で待ち伏せていたが、翌日午前2時頃、ケネディ乗船のPT109は突如出現した日本の駆逐艦「天霧」に衝突されて大破。これにより2人が死亡、ケネディら11人は海に投げ出されて漂流し、約4時間後にプラムプディング島に泳ぎ着いた。そこで2夜を明かしたあと、11人でオラサナ島へ泳いで渡り、さらにケネディはもう一人とナル島に渡った。ナル島で島民に出会い、ケネディはナイフでSOSと刻みこんだココナツを託して、レンドヴァ湾のゴム島にある基地まで届けてくれるように頼んだ。島民はカヌーを走らせて届け、基地で本人を連れてくるよう依頼されて引き返し、こんどはケネディを乗せてゴム島へと再度カヌーを走らせた。基地に戻ったケネディはすぐさま別の魚雷艇でほかの戦友たちの救出に向かった。帰還後はその勇気と責任感が評価され、勲章を受章している。

ラグーンに建てられた水上の家

この話はケネディが大統領になったときの就任式に、協力してくれた島民を招待したり、戦友たちがPT109の実物大レプリカを展示したことで広く知られるようになり、2002年にはナショナルジオグラフィック誌がソロモンの海に沈むPT109の残骸を発見して撮影、伝説をよみがえらせた。ソロモン諸島ではその伝説にあやかり、ケネディたちが泳いだコースを泳いでめぐるイベントを企画、観光化に生かそうとしている。

HISTORY

ニューギニア島東方の西南太平洋上に浮かぶソロモン諸島のうち、ガダルカナル島、サンタイザベル島、マライタ島を主島に100近くの島嶼群からなる立憲君主国。前13～前12世紀にはオーストロネシア語を話すメラネシア系人が定住したと考えられる。1568年にスペイン人メンダーニャがヨーロッパ人として初めてサンタイザベル島に来航、ガダルカナル島で砂金を発見して、古代イスラエルの王ソロモンが財宝を得た伝説の地と信じたことから諸島名となった。以後、宣教師や鼈甲、白檀を求める商人を乗せた交易船、捕鯨船が寄港するようになった。1884年に諸島北部がドイツ領、93年に南部、中部、東部がイギリス領。99年に協定によりブーゲンヴィル島を除きイギリス保護領。この間、1871～1904年には多くの島民が奴隷狩りや年季労働契約でフィジーやオーストラリアの農園に駆り出された。1942年に太平洋戦争で日本軍が占領、米軍の反攻でイギリスが奪回するが、反植民地・自治権要求運動が起こり、76年「ソロモン諸島」として自治政府を樹立、78年7月7日に独立した。主産業は木材の輸出。

ツバル

Tuvalu

面積 26 km²
人口 1.2万人
首都 フナフティ
通貨 オーストラリア・ドル
宗教 キリスト教が主

MYSTERY ミステリー

水没危機の本当の原因は“星の砂”のせい？

ツバルを構成する珊瑚礁は最大海抜が5m、住民が居住する場所は1～2m程度で、地球温暖化問題では真っ先に被害を受ける、水没の危機にある国として注目を集めた。海岸では波による浸食で根をえぐられてココヤシが倒れ、村の広場からは海水が湧き出し、タロイモの畑に塩害が出るなどすでに被害が広がり住民の不安が募っている、と報じられる。また2009年のコペンハーゲンでのCOP15（気候変動枠組条約締約国会議）ではツバル自らが乗り込み、インドや中国も含め二酸化炭素削減に取り組むことを義務づける法的拘束力のある合意を提案した。

しかし温暖化による海面上昇がツバルにおける異変の主原因とすることには異論もある。オーストラリアの国立潮位研究所による観測データによれば2008年までの15年間では年間5.3mm、計8cm上昇したことになるが、その程度の上昇は大潮やエルニーニョなど海洋性の変動で一時的には前々から起きていたはずで、ツバルのような異変には別の要因があるのではないかというのだ。

日本の国立環境研究所のスタッフが現地調査をしたところ、国土であるフナフティ環礁はもともと脆弱であることがわかった。同環礁は大半が“星の砂”でできている。星の砂とは有孔虫の殻で、水に流されやすい性質をもつ。環礁は流失する分だけ新たな有孔虫の殻が堆積して維持されてきたのだが、そのバランスが壊れたことで海岸線の浸食が進んでしまったという見方だ。有孔虫減少の原因には、生活排水やゴミ処分場から出る汚染物質が成長を悪化させ、人為的な建造物が砂の運搬と堆積を妨げていることなどが挙げられる。

また海水が湧き出る場所は、第二次世界大戦の際に駐留したアメリカ軍が湿地を埋め立てたか掘削した一帯で、もともと居住地に適しておらず、のちに人家が進出したために被害が発生したと考えられた。とはいえこのまま海面上昇が続けば100年で60cmになる。今から対応策を十分に立てて、早すぎることは決してない。

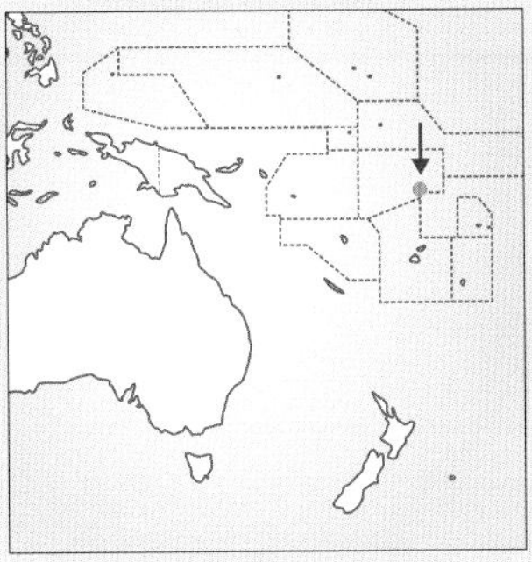

HISTORY

太平洋中部の南緯5～11度、東経176～180度に位置し、エリス諸島として知られる9のサンゴ礁の島からなる立憲君主国。独立国としては人口がバチカンに次いで少ないミニ国家である。初期の住民は紀元前にサモア、ギルバート諸島、トンガ、クック諸島から移住してきたと考えられている。ヨーロッパ人の渡来はスペイン人メンダーニャが北部のヌイ島へ来航した1568年が最初で、エリス諸島の呼称は1819年にフナフティ環礁に渡来したイギリス船レベッカ号の所有者エドワード・エリスに由来する。1860年代にキリスト教がサモア経由で伝来したが、同じ60年代に奴隷狩りによって約400名がペルーに連れ去られ、さらに75年にかけてオーストラリア、フィジー、ハワイへも強制連行され、人口が激減した。92年、ギルバート諸島とともにイギリスの保護領、1915年から植民地とされた。太平洋戦争ではアメリカ軍がフナフティ環礁を対日反攻基地として利用した。75年に住民投票でギルバート諸島との分離を決め、エリス諸島からツバルに国名を改称、78年に独立した。

トンガ王国

Kingdom of Tonga

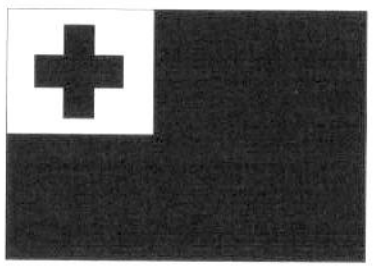

面積 747 km²
人口 10.6 万人
首都 ヌクアロファ（トンガタブ島）
通貨 パ・アンガ
宗教 ほとんどがキリスト教

KING 王

親日家だった「世界で最も重い君主」

トンガ王国の国民は王族、貴族、平民の３つの身分に分けられている。身分の変更は基本的に認められず、ジョージ・ツポウ１世（1875〜1893年）以降、ツイ・カノクポル王朝の系譜が続いている。現在の国王はツポウ６世で、2012年にトンガ国王であり兄であったツポウ５世（2006〜2012年）が崩御したことを受けて王位を継承した。戴冠式は2015年７月に首都ヌクアロファのフリーウェズリアン・センテナリー教会で開かれ、その際は日本の皇太子ご夫妻も主賓として招待された。

歴代の王のなかでも、ツポウ４世が相撲とそろばんを愛する親日家であったことはよく知られているところだ。現在、ラグビーの日本代表やトップリーグで多くのトンガ出身選手が活躍しているのも、ラグビー選手として大東文化大学への留学のきっかけをツポウ４世がつくったおかげである。第１期留学生には日本代表のジャージを着たホポイ・タイオネやノフォムリ・タウモエフォラウ、続く第２期には２度の学生ラグビー日本一に導いたシナリ・ラトゥやワテソニ・ナモアがいる。トンガの人々は全体的に大柄で、男性の平均身長は177㎝、女性の平均も170㎝を超えるという。ツポウ４世も大柄な体格で、1970年代には体重が200kgを超えて「世界で最も体重の重い君主」と呼ばれたが、90年代には国を挙げての減量キャンペーンの先頭にたち、３割の減量を成し遂げた。

ツポウ６世の肖像が描かれたトンガ硬貨

首都ヌクアロファの町並み

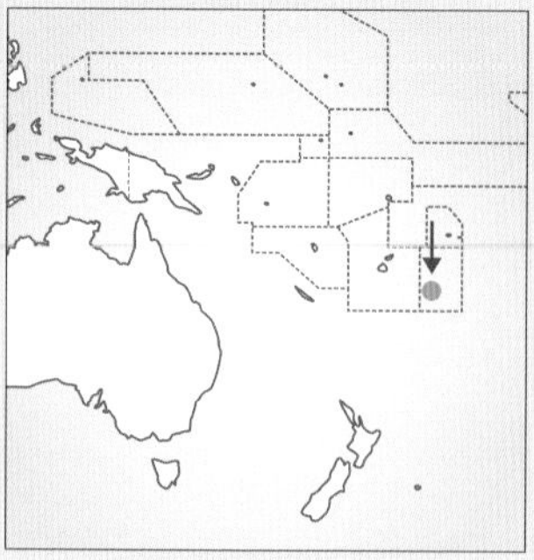

HISTORY

南太平洋フィジーの東方に位置し、人が定住している約40島を含む南北600km、東西200kmに点在する火山島などからなる立憲君主国。南北に長いのは東側に太平洋プレートが沈みこむトンガ海溝がのびるためで、北部のヴァヴァウ、中部のハアパイ、南部のトンガタブのグループに大別できる。前850年頃には西方からオーストロネシア集団が移住して居住を始めていた。10世紀の半ばには階層社会を発展させて、最初の王朝が成立したと推定されている。17世紀にオランダ人が来航、1773年にはキャプテン・クックがトンガタブ島に来航した。クックは77年に中部諸島に上陸、住民に親切にもてなされた。1852年に王家の傍系首長だったタウファアハウが全土を統一、ツポウ１世として即位、75年に憲法を制定した。ツポウ２世の1900年、外交権のみを預ける形でイギリスの保護領となるが、ツポウ４世の70年に外交権を回復し、イギリス連邦の一員として独立した。王族、貴族、平民の３つの身分による伝統的な身分階層秩序が根強く保持されており、基本的に身分の変更は認められない。

ナウル共和国

Republic of Nauru

面積 21 km²
人口 1.1 万人
首都 ヤレン
通貨 オーストラリア・ドル
宗教 キリスト教ナウル会衆派、カトリック

ECONOMY 経済

経済援助の代わりに難民を一時預かり？

2001 年、オーストラリアへの亡命を求める 400 名以上のアフガニスタン難民を乗せた船が同領海内で座礁、近海を航行していたノルウェーの貨物船が救助した。難民らはオーストラリアへの寄港を求めたが、同国は拒否し、一部はナウルの難民収容所に入れられた。「タンパ号事件」といわれるこの一件以来、オーストラリアがナウルに対し経済援助をする代わりに、オーストラリアへの難民をナウルが収容するしくみができあがった。

劣悪な環境下で長期間収容され続けた難民らが抗議を始めると国際社会からも非難を浴び、いったん収容所は閉鎖された。だが難民の増加を受け 2012 年から再びナウルの収容所は再開され、パプアニューギニアのマヌス島にも収容所を設置。2019 年には双方で 1000 名近い難民が収容されるが、長期の収容生活で自殺未遂者が相次ぐなど、人権団体などから批判の的になっている。

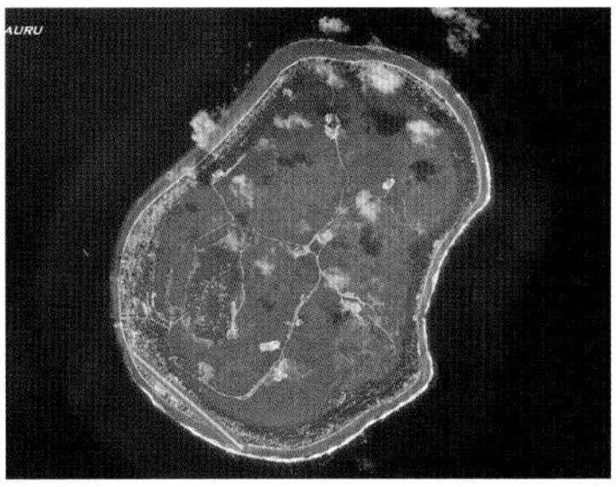

これといった産業のないナウルにとって経済援助はありがたいが……。ナウル、マヌスでの難民収容に反対するデモ。右上は上空から見たナウル

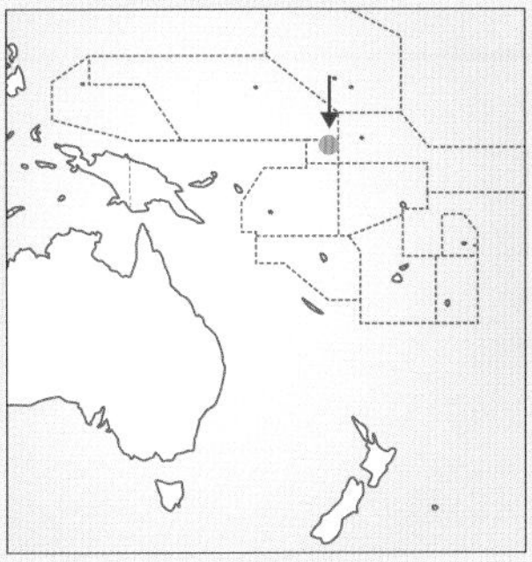

HISTORY

赤道以南 42km のメラネシアに位置する共和国。1798 年イギリスの捕鯨船が初上陸。19 世紀後半、一時ドイツ領となる。リン鉱石の発見で、イギリスが採掘権を得る。第一次世界大戦時、オーストラリア軍が占領。1920 年からオーストラリア、ニュージーランド、イギリスの 3 国共同統治による国際連盟委任統治領となった。第二次世界大戦下、日本軍が占領したが、戦後、再び前記 3 国の国連信託統治領となる。リン鉱石資源という経済力を背景に、独立の機運が高まり、68 年独立。一時はリン鉱産業で、南太平洋随一の生活水準の高さを誇るほど潤ったが、資源枯渇とともにかつての繁栄は失われた。加えて島の大部分がリン鉱石鉱床のため、耕地などが少なく、地球温暖化による海面上昇で国土の消滅という危機感が現実のものとなりつつある。ほかのオセアニアの島嶼国家と同様の問題を抱えている。将来的にサイパン、グアム、オーストラリア、アメリカで土地を購入する計画が進められているほどだ。

ニウエ

Niue

面積 260 km²
人口 1600人
首都 アロフィ
通貨 ニュージーランド・ドル
宗教 キリスト教

この国と日本

2015年に日本が国家として承認

日本政府は2015年5月15日、ニウエを国家として承認することを閣議決定した。これにより日本が承認する国の数は195カ国となる。

これまでニウエが国家として承認されてこなかったことには理由がある。ニュージーランド領だったニウエは1974年の憲法制定法により、ニュージーランドとの自由連合関係にある自治国という立場になった。これはニウエが外交と軍事をニュージーランドに委任する協定を結び、内政は独自に行うというものだ。

しかし独立国家として見なす場合には外交、防衛の最終的な責任を負っているかどうか（対外主権）が重要な要件であり、それを他国に委ねている場合には国家として承認できなかったのである。

ところが近年、ニウエは独自に他国との外交関係の構築に動き始めた。また国連には正式加盟していないものの、世界保健機関（WHO）や国際連合教育科学文化機関（UNESCO）といった国連専門機関に加盟を認められるようになり、国連からも国際法上の独立国に相当すると見なされるようになった。

ニウエがこれまでに中国やインドなど12カ国と外交関係を結び、30を超える国際機関に加盟してきた実績などが考慮され、ついに日本もニウエを国家として承認するにいたったのである。

ECONOMY 経済

ニュージーランド頼りから脱却できるか

ニウエは島の国土面積は約260㎢と世界最小規模の国だ。経済基盤が脆弱なため、就労機会を求めてニュージーランドへの移住者が多く、深刻な人口減少の問題により経済発展は立ち遅れている。豊かな自然を資源とする観光業も発展が期待されたが、2004年1月にサイクロン・ヘタが直撃し、壊滅的な打撃を受けたことで有効な産業としては発展途上にある。そのほかの産業としては切手の販売。1948年より世界的キャラクターなどを使った独自の切手を発行・販売して外貨収入としてきた。また、".nu"ドメインを割り当てられているが、島内にはインターネット環境が発達していないことから販売をアメリカ企業に委託して外貨獲得の手段にしている。

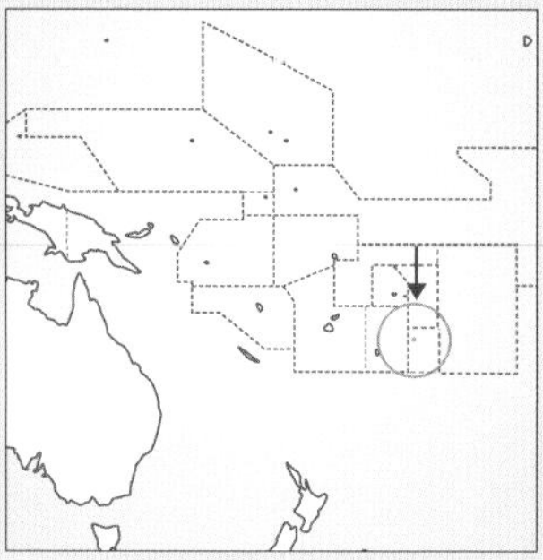

HISTORY

南太平洋、トンガ諸島の東約480kmに位置する自治国。ニウエ島だけで構成され、太古のサンゴ礁が隆起してできた石灰岩による島は「ポリネシアの岩」とも称される。現代考古学によれば、この島に人が移住し始めたのは10世紀頃からだといい、当初はサモアから、後にトンガ諸島から移住したとされる。キャプテン・クックの来島以来、イギリスとの関係が強く、キリスト教もロンドン伝道教会によって伝えられた。1900年、正式にイギリスが併合したが、翌年にはニュージーランドに施政権が移った。当初はクック諸島の一部として統治されていたが、04年にはクック諸島とは別に駐在弁務官を立て、島評議会を設けて独自のニュージーランド保護領となった。トケラウ諸島などと同じように、ニュージーランド政府はニウエにも外交と軍事防衛以外の自治を認める自由連合への道を提示。そして74年、ニウエは住民投票によって自由連合となる道を選んだ。経済基盤は脆弱で、国家経済はニュージーランドからの財政援助や同国在住ニウエ人からの送金が頼り。人口の減少も課題だ。2015年5月、日本はニウエを国家承認した。

ニュージーランド

New Zealand

面積 26.8万 km^2
人口 482万人
首都 ウェリントン
通貨 ニュージーランド・ドル
宗教 イギリス国教会 14%、カトリック、長老会、メソデスト

MOVIE 映画

『ロード・オブ・ザ・リング』など映画のロケ地に

海外から訪れる観光客は年間356万人（2017年）、オセアニアでは第2の観光大国だ。

観光の目玉はもちろん島国ゆえの豊かな自然と独自の歴史・文化をトップにあげることができるが、近年注目されているのが広大な自然景観を舞台に制作される映画や環境産業だ。2001年から公開された3部作の映画『ロード・オブ・ザ・リング』の撮影ロケ地はニュージーランドで、監督のピーター・ジャクソンも同国出身。この映画はニュージーランドの大自然の美しさを世界に再認識させ、訪れる観光客が増加したという。

ほかにも『ナルニア国物語』や『アバター』、『ラストサムライ』といった映画のロケ地に選ばれている。自然の美しさだけでなく、政府がハリウッド映画などに税制優遇措置を打ち出して積極的に映画ロケを誘致してきたからでもある。

映画『ロード・オブ・ザ・リング』のロケ地となったフィヨルドランド国立公園。右は『ラストサムライ』のロケ地タラナキ山

HISTORY

南太平洋南西部にある島国で、北島、南島と周辺の島々からなる。火山島の北島に対して南島は、サザンアルプス山脈が走り氷河地形もみられる。太平洋上にチャタム諸島、トケラウ諸島、バウンティ諸島などを領有している。8世紀頃、ポリネシアンのマオリ族が外洋型大型カヌーを駆使して上陸。1642年オランダ人探検家エイベル・タスマンがヨーロッパ人初の上陸を果たし、オーストラリアとの間のタスマン海にその名を残している。1769年英国人クックが内陸を探検、地理的全貌が明らかになった。その後、捕鯨、アザラシ猟従事者、宣教師らが上陸。1840年イギリスは、マオリの首長たちとワイタンギ条約を締結して植民地とした。60年に南島で金鉱が発見されるや世界中から労働者が流入した。1947年英連邦の一国として独立。84年労働党のデヴィッド・ロンギ政権は反核法案を成立させ、太平洋地域の非核化を推進、米豪との相互安全保障条約（ANZUS）を事実上凍結。外交の基本はオーストラリアとの緊密関係を基調として、日本やアジア諸国との関係も深めている。

バヌアツ共和国

Republic of Vanuatu

面積 1.2 万 km^2
人口 30.7 万人
首都 ポートビラ
通貨 バツ
宗教 主にキリスト教

CRISIS 危機

サイクロン被害、エルニーニョ現象、そして地震

バヌアツはその全域が熱帯雨林気候であり、海洋性気候の特色をもつが、南東貿易風の影響下で5月から10月（冬期）にかけては気温が低下する。エファテ島にある首都ポートビラの最高気温は冬期で25度、夏期は29度になる。年平均降水量は2300mmである。

自然災害としてサイクロンの発生もみられ、2015年3月13日から14日にかけてはサイクロン・パムの直撃で甚大な被害を受けた。政府はその復興費総額を4億4322万8000米ドルと発表した。災害復旧工事で経済回復も進んでいるが、夏季（11月〜4月）には追い打ちをかけるかたちで、エルニーニョ現象による旱魃とそれに伴う食糧不足も懸念される。南部地方ではいまだに被災から脱却できておらず、水不足、海水の浸水、乾燥気候などで家庭栽培している野菜の生育が十分回復していない。政府は各家庭に野菜の種を配布したがうまく育っておらず、一部では食糧不足で子どもたちが学校に通えない事態も発生している。

バヌアツの子どもたち

2015年3月のサイクロンで建造物の8割が破壊された

HISTORY

南西太平洋、南北1300kmにわたりY字形に連なるニューヘブリデス諸島を国土とする共和国。前1000年頃には鋸歯状文様をもつラピタ土器を用いるオーストロネシア集団が定住していた。離島部には2000年前頃にサモア方面からポリネシア系が渡来。1606年、ポルトガルの探検家キロスが来航、1774年にはキャプテン・クックも訪れた。19世紀前半に白檀の交易が始まり、後半になると多くのバヌアツ人が年季契約労働者としてフィジー、ニューカレドニア、オーストラリアに駆り出された。1906年からイギリスとフランスにより共同統治され、80年7月、独立した。独立後はイギリス系政党のバヌアアク党が政権を掌握、91年総選挙ではフランス系の穏健諸党連合による連立政権、95年選挙では穏健諸党連合とイギリス系の国民連合党が連立というように、政治は英仏系の対立に部族対立もからんで不安定である。一方で、ニューカレドニアの独立問題や太平洋の非核化など地域問題に積極的に取り組みつつ、多様な言語を保持し、各地域の伝統文化と共存した国づくりに力を入れている。

パプアニューギニア独立国

Independent State of Papua New Guinea

面積 46.3 万 km^2
人口 894 万人
首都 ポートモレスビー
通貨 キナおよびトヤ
宗教 主にキリスト教

BOOK 本

世界的ベストセラーのきっかけはニューギニア人

スペインが、なぜインカ帝国に勝利したのか。それは、スペインが鉄（武器）、馬（機動力）を持ち、病原菌（天然痘）を南北アメリカに持ち込んだためであるといわれている。それぞれの大陸における文明の発達のしかたは、すべて地理的、生態的な差異によるものであるとした書『銃・病原菌・鉄―一万三〇〇〇年にわたる人類史の謎』（1996 年刊）は、従来の西欧優位の史観に一石を投じた。著者ジャレド・メイスン・ダイアモンドはアメリカの進化生物学者、生物地理学者で現在、カリフォルニア大学教授である。

98 年に本書でピュリッツァー賞を受賞したダイアモンドの執筆動機は、ニューギニア人との交流にあった。64 年からフィールドワークに入ったニューギニアで、現地の人間が彼に発した「なぜ、ヨーロッパ人がニューギニア人を征服し、ニューギニア人がヨーロッパ人を征服できなかったのか？」という問いかけ。この疑問に答えるために書かれたのが本書であった。

彼のたどりついた答えは「地理的な要因」であった。ヨーロッパ人が本来的に優秀だったからとか、ニューギニア人が劣っていたからではないという結論を見出だしたのだ。現にヨーロッパ人がニューギニアという環境のなかで生きることはできなかっただろう、と説く。根強い人種差別的な人類史観への反論として反響を呼び、各国語に翻訳され世界的なベストセラーとなったのだ。

部族の伝統衣装に身を包んだ男女

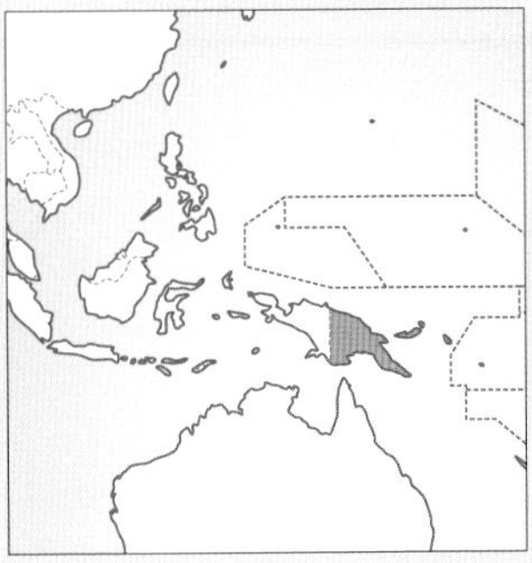

HISTORY

オーストラリアの北、赤道直下に位置する。ニューギニア島の東半分、ビスマーク諸島、ブーゲンヴィル島など大小 1 万余の島々からなる。世界第 2 位の大きさの主島ニューギニアの中央部は 4000m 級の高山地帯。16 世紀以降ヨーロッパからの航海者の間で知られるようになったが、1526 年ポルトガル人メネセスが来航、パプアと名づけた。19 世紀になると捕鯨船、香料、真珠、ナマコなどの希少品を求める商人、宣教師らが上陸、活発に活動した。1884 年ドイツがニューギニア島およびビスマーク諸島を、イギリスがパプアをそれぞれ保護領とした。第一次世界大戦後オーストラリアの国際連盟委任統治領。第二次世界大戦後は、同国の国連信託統治領に移行。1973 年初のパプアニューギニア人政権が誕生。75 年英連邦に加盟。オーストラリア、インドネシアとの関係を重視。2005 年ブーゲンヴィル自治選挙が行われ、自治政府が発足した。14 年からは LNG（液化天然ガス）の輸出も始まり、国家収入の柱として期待されている。

パラオ共和国

Republic of Palau

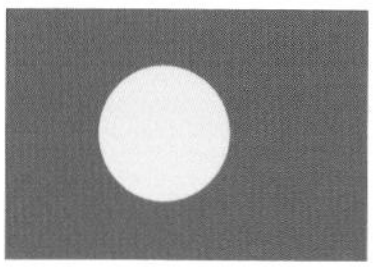

面積 459 km²　　通貨 アメリカ・ドル
人口 1.8 万人　　宗教 カトリック、プロテスタント
首都 マルキョク

WAR 戦争

日本軍守備隊が玉砕したペリリュー島の戦い

第一次世界大戦後、それまでドイツ領だったパラオは日本の委任統治領となり、日本の南洋庁がこの地におかれた。さらに、太平洋における軍事拠点としての整備が進められた。1937年にはパラオ諸島のひとつペリリュー島に飛行場を建設、来るべき対米戦に備えたのである。日本は現地住民への日本化教育を広め、今でもトモダチ、ベントウ、ダイジョーブなど現地語に溶け込んだ日本語が多い。

時は、1944年。劣勢に立たされつつある日本軍に対してアメリカ軍の攻勢が本格化する。とりわけ、日本軍に占領されたフィリピンを奪還するための拠点としてパラオ攻略は必須条件だった。小さな島にある飛行場を確保するべく、アメリカ軍は2個師団約4万人の上陸部隊を猛烈な砲爆撃とともに送り込んできたのである。

対する日本軍は、師団長井上貞衛中将率いる兵1万余名。火力については、なんとアメリカの数100分の一という装備で戦うことになった。アメリカ軍は当初、3日もあれば攻略できると考えていたが、日本軍の抵抗は予想をはるかに超えるものだった。というのも、島内にはいたるところに地下壕を張りめぐらしてあり、日本兵はそこに身を隠しながら攻撃してくる。米軍はその壕を一つひとつ潰していかなければならなかったからである。

結局、米軍が占領するまでに2カ月半を要した。同年11月、玉砕を伝える暗号電文「サクラ　サクラ」を本土へ打電後、根本甲子郎大尉以下残存兵55人によるバンザイ突撃が行われ、日本軍の組織的抵抗に終止符が打たれたのである。

島内には日本軍の司令部跡や地下壕、戦車などの残骸があちこちに散在し、戦争の面影を今に伝える。2015年4月、天皇、皇后両陛下が同島を公式訪問され、戦没者を慰霊された。

ペリリュー島には戦跡がいたるところにある

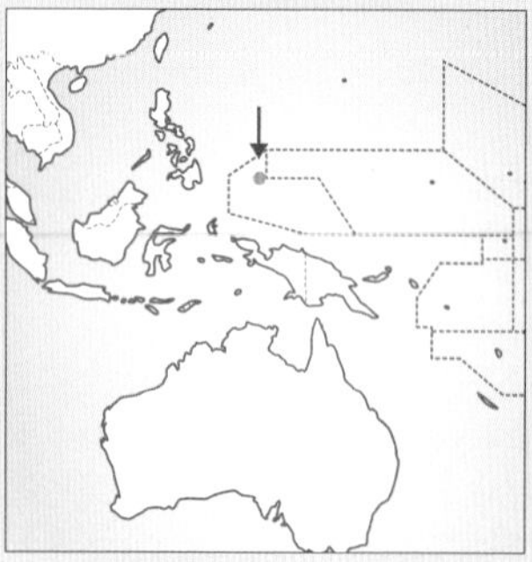

HISTORY

グアム島の南約1160km、パラオ諸島の200以上の小島からなる共和国。ほとんどが無人島で常住人口のある島は約10島。16世紀にスペイン人がミクロネシア諸島に渡来。19世紀初頭、捕鯨船や商船が頻繁に上陸するようになる。1885年にスペイン領へ。その後スペインはパラオを含むカロリン諸島をドイツに売却。第一次世界大戦時、1914年には日本が占領、20年日本の委任統治領に。47年国連はパラオを含むミクロネシアをアメリカの信託統治領とした。アメリカは太平洋における軍事的拠点として重要視、パラオと自由連合盟約を結ぶ。国防、安全保障をアメリカに委ねる代わりに経済援助を得るという内容。81年にはパラオ自治政府が発足、核の持ち込みを禁じた非核条項を盛り込んだ憲法を公布。しかし、この憲法と、アメリカ艦船の寄港とが矛盾した。そのためアメリカとの協定が住民投票で否決された。その後、憲法を修正したうえで改めて住民投票をした結果、93年承認された。非核憲法が凍結され、アメリカとの自由連合を結び、94年独立。

フィジー共和国

Republic of Fiji

面積 1.8 万 km²
人口 89.6 万人
首都 スバ
通貨 フィジードル
宗教 キリスト教 52.9%、ヒンドゥー教 38.2%、イスラム教 7.8%

TABLE 食卓

多彩なフィジー料理

南太平洋の中心部に位置することから、その食文化は多彩である。サトウキビ生産で前世紀にイギリスによってインドから移民させられた多数のインド人がいることで香辛料の効いたカレー料理も多い。

フィジーの典型的な食事はキャッサバとタロイモが中心で、煮たり焼いたりした魚介類や豚肉、牛肉と一緒に食べる。パイナップルやグアバ、マンゴーなどトロピカル・フルーツは豊富である。伝統的な料理として、ロロとココンダがある。ロロはココナツミルクのことで、魚や野菜を一緒に煮たり、あるいは炒めた肉をココナツミルクで煮てタロイモの葉で包んだもの。ココンダはフィジー風の刺身料理。刺身をココナツミルクとライムでマリネしたもので、日本にも紹介されている。ほかにロボ料理というポリネシアで代表的な料理がある。地中に掘った穴にバナナの葉を敷き詰め豚肉や鶏肉、魚介類、タロイモを入れバナナの葉を被せ、上から焼き石を乗せて数時間かけて蒸し焼きにしたもので、ウム料理ともいう。

フィジーの伝統的な集落

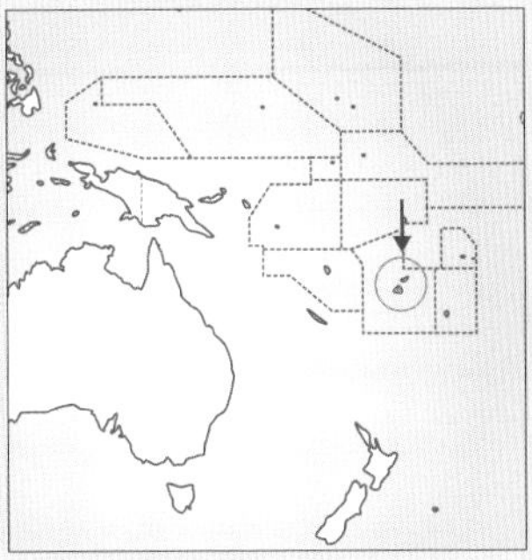

HISTORY

南西太平洋の中央部、ヴィチ・レヴ島、ヴァヌア・レヴ島を中心に約 330 の島々からなる共和国。1643 年オランダ人タスマンが来航。19 世紀になると交易商人が進出し、西欧社会と接触、キリスト教化が進んだ。1871 年にザコンバウが統一国家をつくったが、支配権を維持できず、イギリスに主権委譲を請願した。イギリスは保護領化し植民地化を進め、労働力不足を補うためにインドからの移民政策を推進した。1970 年イギリス連邦内の立憲君主国として独立。先住民のフィジー系とインド系の民族対立は、深刻化しており、87 年インド系が政権を取るとフィジー系のクーデターが発生。共和国を宣言、英連邦を離脱。90 年フィジー系優位の憲法を公布。97 年にはインド系の政治的権利を拡大する改正憲法を公布し、英連邦に復帰。2007 年、クーデターにより国軍司令官が暫定首相に就任。以降、民主化を進めてきた。13 年に新憲法を公布し、翌年に総選挙が実施された。砂糖産業が経済の柱となっている。

マーシャル諸島共和国

Republic of the Marshall Islands

面積 180 km²
人口 5.9万人
首都 マジュロ
通貨 米ドル
宗教 キリスト教（主にプロテスタント）

INDUSTRY 産業

“負の世界遺産”といわれるビキニ環礁の核実験場跡

1946年7月のビキニ環礁での核実験

マーシャル諸島共和国に属するビキニ環礁で1946年7月、アメリカはクロスロード作戦と呼ばれる核実験を行った。大小70余の艦艇を標的とする太平洋初の実験である。

実験標的になったのは第二次世界大戦などで活躍し、退役予定となったアメリカ海軍の空母「サラトガ」や戦艦「ネヴァダ」「ペンシルバニア」などだった。なかには米軍に接収された日本海軍の戦艦「長門」や軽巡洋艦「酒匂」、さらにドイツ海軍の艦艇も含まれていた。現在、ビキニ島ではこの核実験で沈んだ艦艇をダイビングで見ることができる。

続けてアメリカは54年、キャッスル作戦と呼ばれる水爆実験を敢行した。日本のマグロ漁船・第五福竜丸はじめ1000隻余の漁船が死の灰を浴びて被曝したことで知られる。第五福竜丸が静岡県焼津に帰港して半年後、無線長だった久保山愛吉さんが死亡したことは当時大きなニュースとなった。漁船のみならずビキニ環礁島民にも累がおよんだことで、全世界的な原水爆禁止、核廃絶運動の広がりの端緒にもなった。現在、第五福竜丸は東京都にある夢の島公園の「第五福竜丸展示館」に永久展示されている。

島民は、ロンゲリッツ環礁へ、さらにはキリ島へ強制移住させられ、現在にいたるも島に戻ることができない。1997年の国際原子力機関（IAEA）の調査で、放射能レベルは「永住に適さない」との結果だったが、現在、放射能レベルは短期間の滞在では危険はないとされ、観光リゾートなどの施設が建設されている。ビキニ環礁のサンゴ礁は80％が回復したが、絶滅したサンゴも数多い。2010年、第34回世界遺産委員会において、人類の歴史上重要な時代を例証するものとして、ユネスコの世界文化遺産に登録された。“負の世界遺産”といわれるゆえんである。

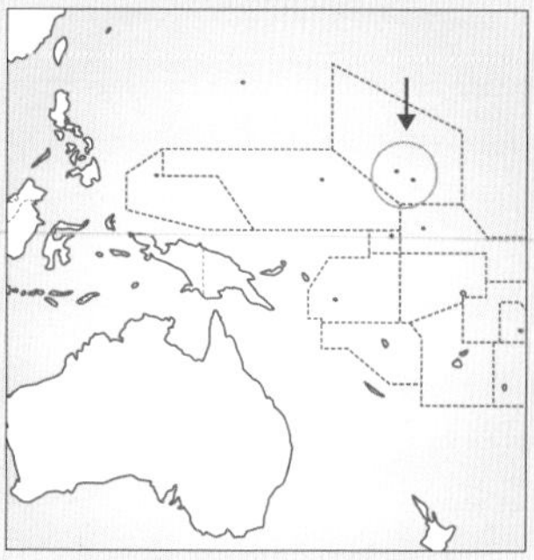

HISTORY

中部太平洋、北緯5～12度、東経161～172度、東のラタク諸島と西のラリック諸島に挟まれた29の環礁からなる。気候は熱帯雨林気候で、年中高温多雨。海からの季節風で朝夕涼しい。2000年前、ポリネシアやミクロネシアから海を越え北上した人々（オーストロネシア集団）が居住し始めた。1528年スペイン人アルバロ・デ・サーベドラが上陸、1668年スペイン領、その後ドイツ領、日本領と転変する。そもそもの諸島名は1778年に近くを通過したイギリス人船長ジョン・マーシャルに由来する。1860年代にアメリカ海外伝道団が来島し、キリスト教化が進んだ。第2次世界大戦時、日本軍の対米戦最前線基地となったために、大激戦地となった。戦後アメリカが占領、1947年国連はこの地をアメリカの信託統治領とした。46年～58年アメリカはビキニ、エニウェトク両環礁で核実験を67回実施。86年アメリカから独立。90年国連信託統治終了を決議。91年国連加盟。主な産業は水産業やコプラの生産だが、政府歳入のおよそ6割をアメリカからの財政援助でまかなう。

ミクロネシア連邦

Federated States of Micronesia

面積 702 km²
人口 10.5 万人
首都 パリキール
通貨 米ドル
宗教 キリスト教（カトリック、プロテスタント）

この国と日本

“冒険ダン吉”のモデル？　チュークに渡った森小弁

昭和８年（1933）から『少年倶楽部』に連載された島田敬三作「冒険ダン吉」は南洋の島に出かけた少年の冒険漫画で、子どもたちの間で絶大な人気を博した。その主人公のモデルではないかといわれているのが、森小弁という人物だ。

明治24年（1891年）12月、1人の青年が横浜から貿易船に乗り込み、南洋を目指して旅立った。土佐藩士の子として生まれた森は自由民権運動に参加し、大阪事件に連座して投獄されるなどした。その後東京専門学校（現早稲田大学）に入学するが、折からの南進論に共鳴し、学校を中退して南洋貿易商社に入社。行く先はチューク諸島（元トラック島）だった。彼はチュークに住んだ初めての日本人である。

苦労して事業を軌道に乗せると、森は村の伝統的首長の信頼を得て、その長女と結婚した。その後、同地からコプラを輸出するなどして成功し、日本との架け橋として学校建設や民生の向上に尽力。昭和20年（1945年）に76歳で亡くなった。森の子孫は数千人といわれ、ミクロネシア第７代大統領のエマニエル・マニー・モリは森の長男の孫でひ孫にあたる。諸島内のデュブロン島には森の記念碑がある。

旧日本海軍の拠点だったチューク諸島には多くの沈没船が今も眠る

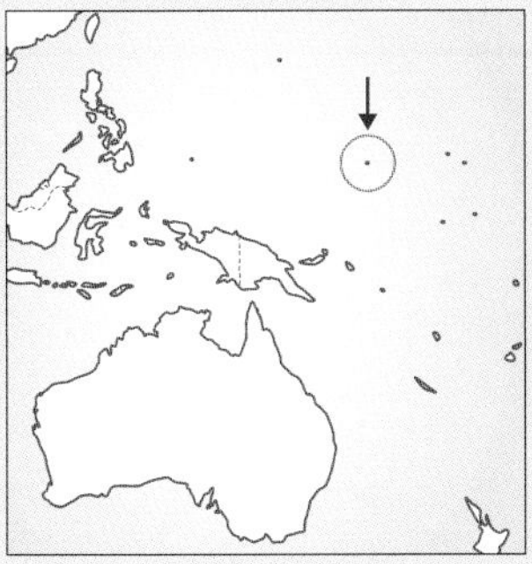

HISTORY

中部太平洋、中央のカロリン諸島を中心とした多数の島々からなる洋上の連邦国家。ポンペイ（ポナペ）、チューク（トラック）、コスラエ（クサイエ）、ヤップの４州よりなる。紀元前より人間が居住していたとされるが、1529年にポンペイ島が発見されスペインが領有を宣言、フィリピン総督の支配下とした。1899年、スペインがドイツに450万ドルで売却。第一次世界大戦でドイツの敗北により日本の国際連盟委任統治領「南洋群島」となり、開発や産業振興のため多くの日本人が移り住んだ。チューク島には、旧帝国海軍連合艦隊司令基地がおかれたために大激戦地となった。この戦後賠償は日米双方によって行われた（ミクロネシア協定）。1947年国連の提案によりミクロネシアを６地区に分割、「マリアナ」「ヤップ」「チューク」「ポンペイ」「パラオ」「マーシャル」をアメリカの信託統治とした。65年ミクロネシア議会を発足させたが、コスラエ島が分割され７地区に。78年マリアナ地区が北マリアナ諸島に、パラオとマーシャル諸島は離脱。79年残ったヤップ、チューク、ポンペイ、コスラエの４州で自治政府が発足。86年、アメリカの信託統治が終了し、独立した。

アメリカ領サモア

American Samoa

面積 224 km²
人口 5万人
政府所在地 パゴパゴ
通貨 アメリカ・ドル
宗教 キリスト教（会衆派教会、カトリック、福音教会など）

SPORT スポーツ

FIFA 公式戦で 30 連敗を脱した貴重な 1 勝

アメリカ文化の影響を直接受けて、ここではアメリカンフットボールが盛んである。しかしサッカーのナショナルチームもあり、FIFA 公式戦に 1994 年から参加している。

ところが毎年負け続け、ついには 30 連敗。もちろん FIFA ランキングで最下位の 204 位になったことも。ところが奇跡が起きたのは 2011 年 11 月 22 日の W 杯オセアニア予戦のときである。

ようやく、トンガ代表を相手にに 2 対 1 で初勝利をあげたのである。雪辱 18 年目の貴重な 1 勝だった。監督は、我がチームは失点 31 点というワースト記録を持っているが（2001 年の対オーストラリア戦）、この 1 勝はそれに勝るとも劣らない貴重な記録として記憶されるだろう、と誇らしげだったという。

サモアはソウル大会以来、毎回オリンピックに出場している。2016 年のリオ大会には陸上に 2 人（男子 100m、女子 100m）、柔道に 1 人（男子 73kg 級）、ウエイトリフティングに 1 人（男子 94kg 級）の計 4 名が出場したが、いずれも入賞はならず。これまでにメダルをとったことはない。夏季大会では過去に陸上や柔道、ウェイトリフティング、セーリング、ボクシングなどの種目で出場してきた。冬季は 1994 年のリレハンメル大会（ボブスレー）に出場したが、その後はない。

トゥトィラ島パゴパゴの風景

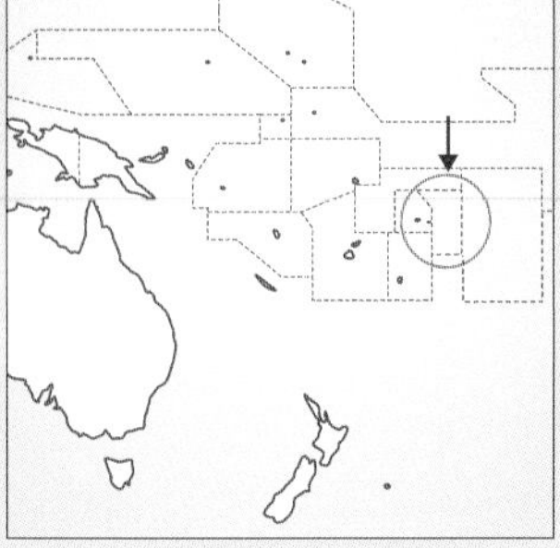

HISTORY

南太平洋中部サモア諸島の東側で、トゥトィラ島、マヌア諸島からなる。紀元前 1000 年頃から先住民がいたという。マヌアの王はかつてフィジー、トンガ、クック諸島までを支配した。時代が移ってこの地域はトンガ王が支配したが、マヌアだけは独立を保ったという。ヨーロッパからは 18 世紀にフランス探検隊がトゥトィラに足を踏み入れ、戦闘になったが、撃退された。次いで 19 世紀初め会衆派教会ロンドン伝道教会の一行が上陸し布教に成功した。1889 年ドイツ艦隊が攻撃、アメリカも軍艦 3 隻を派遣して海戦必至となったが、折からの台風で両軍艦隊は全部沈没、休戦となった。19 世紀後半ドイツとアメリカはサモア諸島を東西に分割、アメリカは東側を領有した。アメリカはトゥトィラのパゴパゴ（現在は行政府がおかれているところでアメリカ領サモアの主都）に太平洋艦隊の石炭補給基地を建設した。このドイツとの分割でアメリカ領となったところが現在のアメリカ領サモアで、アメリカの市民権を有する海外非併合領土。

ウェーク島

Wake Island

面積 6.5 km²
人口 施設要員のみ
政庁所在地 ワシントン D.C.

WAR 戦争

軍事基地の島を巡る日米の戦い

太平洋戦争開戦時、ウェーク島は、アメリカにとって本土とグアム、フィリピンを結ぶ作戦のうえで重要な位置を占める島だった。一方の日本にとっては、植民地としていたミクロネシアのマーシャル諸島と日本本土を結ぶ作戦のうえで重要だった。そのため、この島は、太平洋戦争の帰趨を左右する要石となったのだ。

日米関係が決定的な破綻をきたしつつあった頃、アメリカはすでに砲台などを設置していたこの島に、空母エンタープライズを送った。甲板に海兵戦闘飛行隊の F4F ワイルドキャット 12 機を載せていた。

これに対し、1941 年 12 月 8 日の開戦と同時に日本軍はウェーク島への攻撃を開始した。当初、海軍陸戦隊だけで占領をする計画だったが、アメリカ軍の兵力が予想以上であったことから増派して臨んだ。その結果、攻撃開始直後に F4F ワイルドキャット 12 機のうち 7 機を破壊。そして 12 月 10 日には上陸態勢を整えたが、ここからアメリカ軍の反撃にあう。ウェーク島の守備隊は、残存の戦闘機を改造して爆弾を吊るせるようにし、日本軍を待ち受けたのだ。

これにより 12 月 13 日、ついに日本軍は一時近隣のクェゼリン環礁への退却を余儀なくされたのである。

態勢を整え直し、真珠湾攻撃から帰還の途にあった南雲忠一中将率いる機動部隊、グアム攻略戦を終えた第 6 艦隊ほかも合流させて、再度出撃したのは 12 月 21 日のことだった。第 1 回の上陸作戦でも難航したのは上陸艇を下ろすことだったが、2 回目の攻撃中も海は荒れていて上陸艇はもたついた。そこへ容赦ない砲弾が降り注ぐ。

戦況を一変させたのは、真鶴特別陸戦隊一個中隊による決死隊の働きだった。攻撃をかわして上陸した決死隊は、アメリカ軍捕虜を道案内に進撃。ついにはウェーク島守備隊指揮官を捕らえ、指揮官をジープに乗せて白旗を掲げて戦線を回った。日本軍によりこの島の完全攻略が宣言されたのは、1941 年 12 月 23 日のことだった。

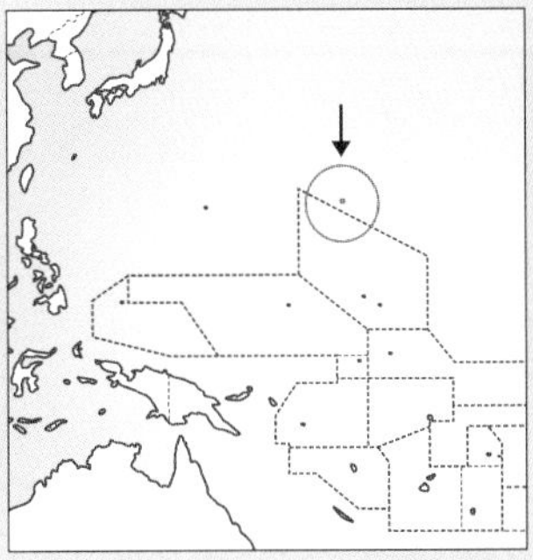

HISTORY

北太平洋、ハワイのオアフ島から約 3700km 西に位置する 3 つのサンゴ礁の島からなる環礁。現在はアメリカの非併合領土である。もともと無人島で、人とのかかわりはマーシャル諸島民が鳥や海亀を捕獲する場所として利用する程度だった。ヨーロッパ人の知見に入ったのは、1568 年 10 月にメンダーニャ率いる 2 隻のスペイン船の上陸からだが、長らくどこの国からも領有されることはなかった。それが 1899 年エドワード・タウシグ司令官によりアメリカ領と宣言されたのだった。以後、アメリカはハワイと同様、軍事目的でウェークの重要性を考え、1923 年に大統領命令によりアメリカ海軍の管轄区となり、翌年にはパンアメリカン航空の水上機基地建設が始まった。39 年になると海軍、空軍の基地が建設され、41 年に真珠湾攻撃の後に日本軍がその軍事施設を攻撃、占領した。第二次世界大戦後は上空を飛行する航空機の緊急時着陸施設として利用される。現在も緊急時着陸施設の機能を果たしつつ、アメリカ空軍の管轄下におかれ、海洋・大気局支所がある。住民はアメリカ空軍関係の文民と施設関係者のみ。

北マリアナ諸島

Commonwealth of the Northern Mariana Islands

面積 464 km²
人口 5.2 万人
政庁所在地 サイパン
通貨 アメリカ・ドル
宗教 キリスト教

MYSTERY ミステリー

先住民族チャモロ人が残した巨石遺跡の謎

サイパン島、テニアン島、ロタ島と、北マリアナ諸島のなかには観光地としてなじみ深い島がいくつもある。また、サイパン島などは太平洋戦争の激戦地であったことでも知られる。1914 年に占領して以来、第二次世界大戦終結まで、この地域は日本領であった。その後、アメリカの国連信託統治領となったわけである。

こうした植民地としての歴史は 1521 年のマゼランの来訪が契機だ。スペインによる領有は 1565 年だが、マゼランによる太平洋探険は新しい地理的知識をもたらし、折からの版図拡大の帝国主義的意欲に火をつけ、太平洋の島々は次々と西洋列強の植民地になっていったのである。

マゼラン来訪以前、北マリアナ諸島には、現在チャモロ人と呼ばれている先住民の祖先たちが暮らしていた。彼らは大陸から渡ってきた。現代の考古学が解くところによれば、北マリアナ諸島にチャモロ人が移住し始めるのは紀元前 16 世紀頃からだったという。そして、その後も繰り返し移住が行われ、紀元前 11 世紀には独自の文化を持った一群が移住してきたと考えられている。

独自の文化とは、まず巨石建造物をつくる文化である。北マリアナ諸島の全域に、ラッテストーンという石柱建造物の遺構が点在している。ロタ島の石切り場に残されたものが最大だが、これは未完の建築。完成された建造物と考えられる遺構のなかで最大のものはテニアン島にある。「タガ・ハウス」と呼ばれる遺構で、2 本で 1 対になった石柱が 6 対。そのうちの 1 本だけは現在も直立している。また、周辺には 17 基の遺構も確認できるが、これらはみな日本統治時代に壊されたという。

このテニアン島の「タガ・ハウス」は、かなりの政治的権力を持った者の居住地だったと考えられ、王権に近い存在だったのではないかと推測されている。

彼らが北マリアナ諸島に稲作ももたらしたとされ、先住民のアイデンティティとして国旗にもラッテストーンが描かれている。

サイパンは太平洋戦争の激戦地だった

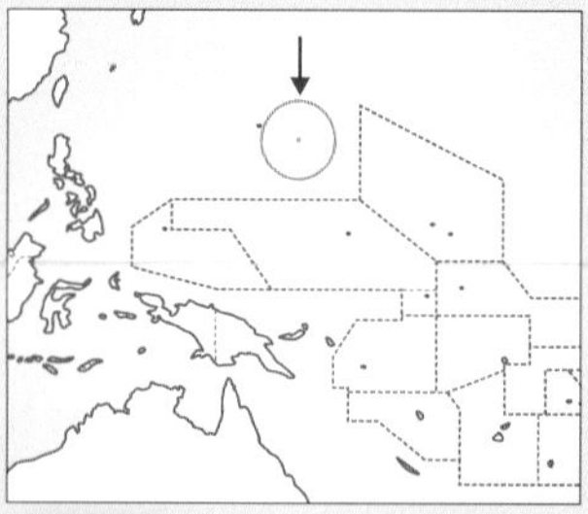

テニアンに残る神社の鳥居

HISTORY

北西太平洋、ミクロネシアのマリアナ諸島のうち、南端のグアム島を除く島々で構成される。現在はアメリカの保護領（コモンウェルス）。ミクロネシアの島々は第二次世界大戦後、全域がアメリカの太平洋諸島信託統治領になった。島々の自治の高まりを受け、1986 年 11 月 3 日をもって政治体制が変わった。南の島々はミクロネシア連邦とマーシャル諸島共和国として独立したが、よりアメリカとの関係が濃厚な北の島々は独立しなかった。とりわけグアム島はアメリカの軍事施設が多く、アメリカの非併合領土となり、マリアナ諸島のほかの島々が保護領となったのだ。非併合領土と保護領の違いは微妙だ。ともにアメリカの連邦税は納める必要がない代わりに大統領選挙、上下両院の議員に対する選挙権はないのだが、保護領には非併合領土よりも自治が認められている。たとえば、独自に労働法や出入国管理制度を定められるのである。そのため、北マリアナ諸島ではアメリカ国内よりも最低賃金が低く設定され、入国審査も緩く、近年ではフィリピンや中国からの出稼ぎ労働者が多い。

グアム

Guam

面積 544 km²
人口 17万人
政府所在地 ハガニア
通貨 アメリカ・ドル
宗教 キリスト教

INDUSTRY 産業

特産の近海マグロは日本へ

日本の食文化においてマグロは不可欠な食材のひとつだが、すしをはじめとする日本食が海外でブームとなり、世界的にその消費量は増大している。結果、マグロ価格が高騰するとともに輸入マグロの割合も増えているのが実情で、グアムからも日本に向けてミクロネシア近海産のマグロが輸出されている。

グアムの位置するミクロネシア近海一帯は優良なマグロ漁場のひとつで、漁獲の中心はメバチマグロやキハダマグロである。日本向けの鮮魚用マグロは冷凍され、グアム国際空港から専用貨物便で日本へ空輸されている。

毎年多くの観光客が訪れるこの島には日本人向けに刺身などの鮮魚をメニューにする和食レストランが多いが、地場漁ではその消費量をまかなうことができないため、現地で提供される鮮魚の大半は日本などからの輸入である。もちろんマグロも例外ではなく、ミクロネシア近海で捕獲されたマグロが日本へ輸出され、それが再びグアムへ食材として輸出されるケースもあるのだという。

CULTURE 文化

翻弄されてきたチャモロ文化

グアムの先住民族であるチャモロ人の祖先は、古代に東南アジアから島伝いに渡ってきたと考えられている。この島は現在アメリカ合衆国の準州で、チャモロ人の人口比率は40%以上を占め、英語とともにチャモロ語も公用語となっている。

島の南部、セッティ湾沿岸には3000年もの間、チャモロ人が暮らしていたというが、1521年3月、世界一周を目指すマゼランのスペイン艦隊上陸から島は一変していくことになった。スペインの植民地として貿易の中継地となったが、チャモロ人の文化や風習を禁止するイエズス会宣教師との間に軋轢が生じ、1669年スペイン・チャモロ戦争が起こってチャモロ族は敗退、当時10万人いたチャモロ人は5000人にまで減少したともいわれている。それ以後、グアムではキリスト教が定着した。

チャモロの遺跡は島内各地で散見されるが、タモン地区にある古代の村の遺構につくられたビーチ&カルチャーパークは、500年前の村を復元してチャモロ文化を今に伝えている。ラッテストーン（石の土台）の上に酋長の家が建ち、パーク内ではチャモロ族の生活様式が実演・再現されている。

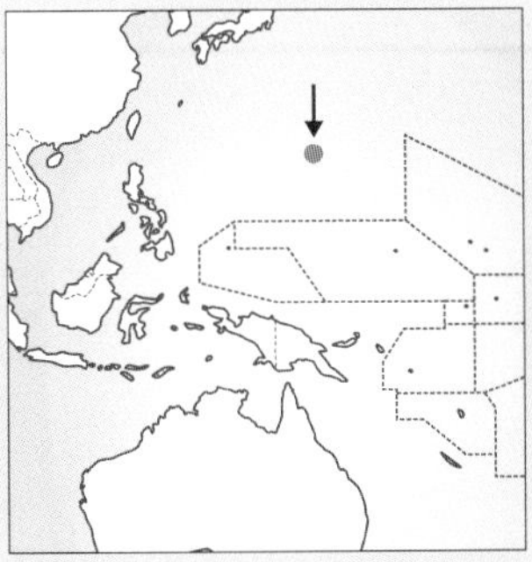

HISTORY

太平洋のマリアナ諸島最南端の火山島。アメリカの非併合領土。米軍の基地が島全体の30%を占める。アメリカの選挙権はないが、市民権を持ち、約5万人がアメリカ本土に出稼ぎに行っている。古来チャモロ族が居住。16世紀マゼランが到達、後スペインが領有を宣言。イエズス会の布教活動に反発して1669年スペイン・チャモロ戦争に発展、圧倒的な力でチャモロ族は敗れた。1898年米西戦争でアメリカが勝利し割譲された。1941年第二次世界大戦で日本軍が占領統治「大宮島」と呼ばれた。日本の敗戦により44年に米国が奪還した。50年米議会による「グアム自治基本法」に基づき、「アメリカ合衆国自治的・未編入領域」となった。知事を選出、内政執行にあたり、グアム議会があり、立法院の1院制。島のおよそ3分の1を米軍の西太平洋最大の拠点であるアンダーセン空軍基地が占めており、グアムのGDPの4割は米国防費による。それに次ぐのが観光業。

クリスマス島

Christmas Island

面積 135 km²
人口 2万人
政庁所在地 キャンベラ（オーストラリア）
通貨 オーストラリア・ドル
宗教 仏教、イスラム教、キリスト教

NATURE 自然

カニの大群で有名な「インド洋のガラパゴス」

リン鉱石の採掘事業により有人島となったクリスマス島。人口構成は、中国系が約70％、ヨーロッパ系が約20％、マレー人が約10％である。20世紀も後半になり、こうした人々に雇用機会を提供し続けてきたリン鉱石の採掘事業は低迷し始めた。肝心なリン鉱石が採り尽くされ始めたのだ。そして1987年、ついにオーストラリア政府は、クリスマス島全島でリン鉱石の採掘を中止した。これは労働組合の強い反対にあい、91年に再開するのだが、90年代からは観光産業が島を支えていけるよう努力がなされている。

クリスマス島の観光資源は、とりもなおさず自然環境だ。どこの陸地ともつながったことのない島には、長い年月をかけて独自の生態系ができあがっている。チャールズ・ダーウィンが進化論を着想したことで知られるガラパゴス諸島は、その最たる例だ。ガラパゴス諸島には、そこにしか生息しない生物が何種類もいる。クリスマス島も同じである。「インド洋のガラパゴス」の異名があるのはそのためだ。現在、島の自然はオーストラリア政府によって手厚く保護され、じつに島の3分の2が国立公園に指定されている。

クリスマス島の独自の生態系が世界中から注目されるのは、毎年11月から12月の雨期である。この時期、クリスマス島の固有種クリスマス・クラブ（アカガニ）は繁殖期を迎え、普段は森に生息している人の両手ほどの大きさの親ガニが、一斉に海を目指し、交尾と産卵を終えて再び森に帰るのである。その光景たるや圧巻で、島の道という道が真っ赤に染まるといっても過言ではない。毎年恒例の壮観はこれだけではない。海で産み落とされた卵が今度は一斉にふ化するわけである。そして、小さな赤いカニは次から次へと森を目指す。この光景は親ガニの行列とは少し違う。赤ちゃんカニの行列はまるで分厚い絨毯の移動である。ズズ、ズズッと動き、移動するクリスマス・クラブの赤ちゃんの数は約1億2000万匹になるという。毎年この島で繰り返される大自然がつくる壮大なドラマである。

クリスマス・クラブをあしらったオーストラリアの切手

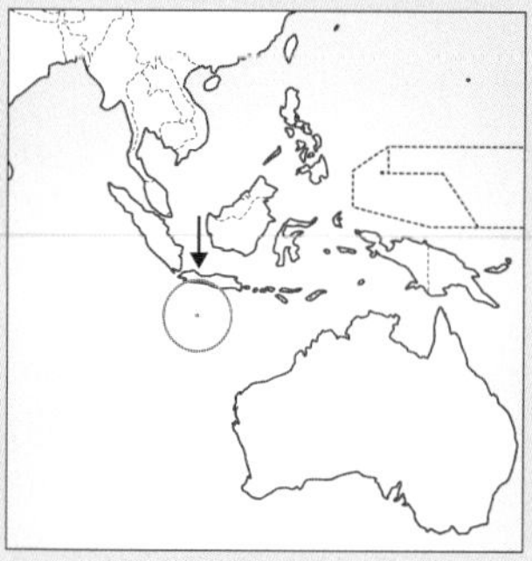

HISTORY

インド洋上、オーストラリアの北西約1400km、ジャワ島の南約360kmに浮かぶ島。長らく無人島で、1615年2月3日にイギリス東インド会社のリチャード・ローウィーがトーマス号で見出したのが最初の記録である。そして同じくイギリス東インド会社のウィリアム・マイナーズが43年のクリスマスにちなんで命名した。しかし、領有が宣言されるまでには200年あまりの時間を要する。領有宣言にはクリスマス島がリン鉱石の宝庫であることが大きく関係している。この島はサンゴに起因する石灰岩で構成されているが、その石灰岩の地層の中に多量のリン鉱石が含まれていることがわかったのだ。そして1888年にクリスマス島はイギリスに併合され、1900年にはシンガポールに行政庁をおくイギリス領海峡植民地に組み込まれた。こうしてクリスマス島はリン鉱石の採掘場として有人島となった。第二次世界大戦期には日本が占領。戦後はオーストラリアとニュージーランド両政府がリン鉱会社の資産を取得。58年になり、イギリスはオーストラリアに施政権を委譲し、現在にいたっている。

ココス諸島

Cocos (keeling) Islands

面積 14 km²
人口 596 人
政庁所在地 キャンベラ（オーストラリア）
通貨 オーストラリア・ドル
宗教 イスラム教、キリスト教

PERSON 人

諸島の領主として君臨し続けたクルーニーズ・ロス家の末路

ココス諸島に最初に移住したのは、イギリス人のアレキサンダー・ヘアだった。1826 年のことである。ヘアはロンドンの時計細工師の長男に生まれ、若くしてインドに渡って商社に勤めた。当時のイギリスはアジア植民地熱にかられていた。版図拡大を推進する機運に後押しされながら、植民地経営の渦中に身を投じていく若者が後を絶たなかった。ヘアもその 1 人だった。

植民地経営は、本国から官僚が派遣されて進められたように考えがちだが、実際には成り上がり的な民間人が牽引することがよくあったのである。

ヘアには数人の弟がいて、そのうちの 2 人がロンドンでヘア商会を起こし、アジアの植民地で地位を固めつつあった兄と協力して、スマトラの胡椒などを扱うようになっていった。ヘア商会はかなり成功したとみえ、東南アジア島嶼部で貿易船を持つまでになっていった。そのうちの 1 隻、オリビア号の船長となったのがクルーニーズ・ロス 1 世であった。クルーニーズ・ロスはスコットランドの漁民の家に生まれ、13 歳で捕鯨船の乗組員となった。そして 1813 年にチモール島で捕鯨船を降りた後、ヘアと知遇を得て、以後はヘアの参謀のようになっていく。

ヘアがココス諸島に移住した翌年、クルーニーズ・ロスもココス諸島に移住した。やがて 1831 年になるとヘアは諸島を離れ、ここからクルーニーズ・ロスの統治が 5 代にわたって続いていくのである。

ココスという名はココヤシを表し、ココス諸島はココヤシが生い茂っていたのでその名がついたのだが、当時イギリスがつくった世界地図には、各地にココス諸島があった。ヤシの木が生えていればその名をつけたわけである。

領主となったクルーニーズ・ロスは、このココヤシから採れるオイルや繊維をもとに島の経営にあたった。そのためにマレー系の人々を奴隷のような身分で移住させたのである。植民地時代の領主が代を重ねて 20 世紀も後半まで君臨していたのには驚かされる。諸島をオーストラリア政府に売却した最後の領主クルーニーズ・ロス 5 世は、その金を海運会社に投資。ところが、海運会社はほどなく破綻し、クルーニーズ・ロス 5 世は無一文になってしまった。

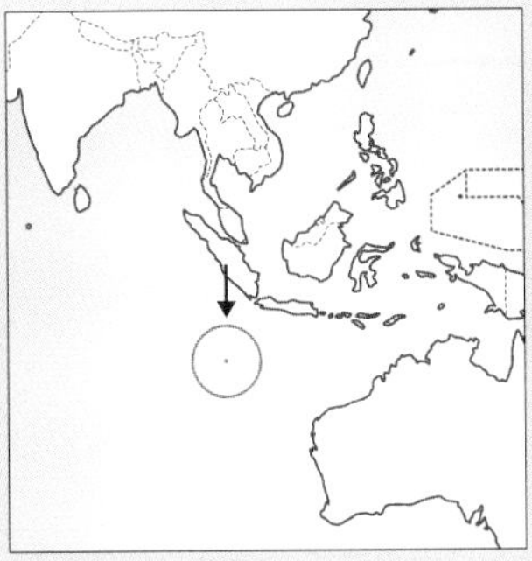

HISTORY

インド洋上、オーストラリアのダーウィンの西約 3685km、シンガポールの南南東約 1300km に位置するオーストラリア領。ホーム・アイランド、ウェスト・アイランド、ホースバーグ・アイランドのほか無数の小島から構成される。キーリング諸島の別名もあり、これは、ココス諸島が 1609 年にイギリス東インド会社のウィリアム・キーリングによって初めて西洋社会に紹介されたことによる。1857 年にイギリスが併合するが、実際はクルーニーズ・ロス家によって統治されていた。この一族による施政はじつに 5 代 120 年におよび、クルーニーズ・ロス 5 世が領主の座から降りて諸島の政治が新設されたココス諸島協議会に移ったのは 1979 年のことである。これは前年にオーストラリア政府がロス家から 625 万オーストラリアドルで諸島全域を買い取ったのを受けての政変だった。元来、ココス諸島は無人島群で、人が住み始めたのは西洋人にその存在が知られてからである。イギリス東インド会社による貿易で、ココス諸島は長らくヨーロッパ、インド、東南アジアを結ぶ貿易の中継地点として機能した。

ジョンストン環礁

Johnston Atoll

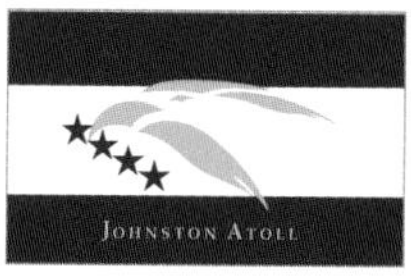

面積 22 km²（環礁全体では 6959 km²）
人口 0 人
政府所在地 ワシントン D.C

EVENT 出来事

今も立ち入り禁止の化学兵器の墓場

ジョンストン環礁の現状は、第二次世界大戦から冷戦終結までの歴史を物語るといっても過言ではない。

太平洋の覇権争いに勝利したアメリカにとって、第二次世界大戦後に領有した太平洋の島々は、ユーラシア大陸の戦地に兵力を送り込む中継地点、兵器倉庫となった。ジョンストン環礁は、そうしたアメリカの軍事政策のあおりをまともにうけて、ことに化学兵器の影響で現在は人の立ち入りが禁止されている。

1971 年、沖縄の施政権が返還されることになると、ベトナム戦争のために沖縄にストックされていた毒ガスがジョンストン環礁に運ばれた。そして翌年には南ベトナムに備蓄されていた枯葉剤オレンジも運ばれた。その量は、じつに 110 万リットルにもおよんだという。

さらには 1950 年代から 60 年代にかけて、12 回におよぶ高空・超高空核実験（核ミサイルにより高層大気圏で核爆発を起こす実験）もこの地で行われた。

1962 年以降、ジョンストン環礁は核実験から無縁となったが、化学兵器の処理場としては冷戦終結後も機能した。旧ソ連の崩壊により、アメリカはヨーロッパに配置していた化学兵器をジョンストン環礁に移動することを決めた。この際、フィジーや独立したばかりのミクロネシア連邦などは猛抗議をしたが、結局は旧西ドイツから 10 万 2000 発の毒ガス兵器がジョンストン環礁に運ばれ、環礁内で処分されてしまった。

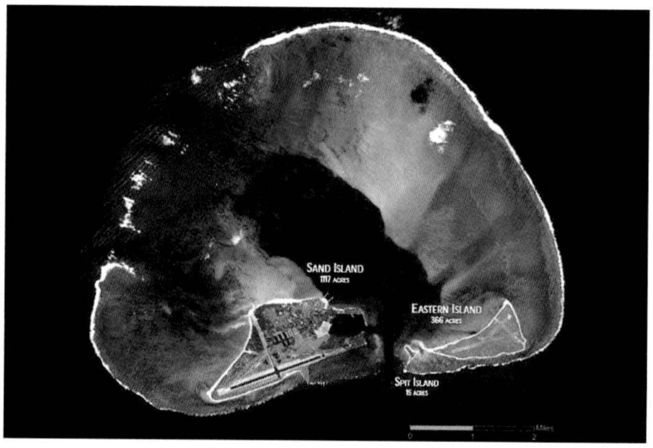

米軍基地が置かれていたころのジョンストン環礁

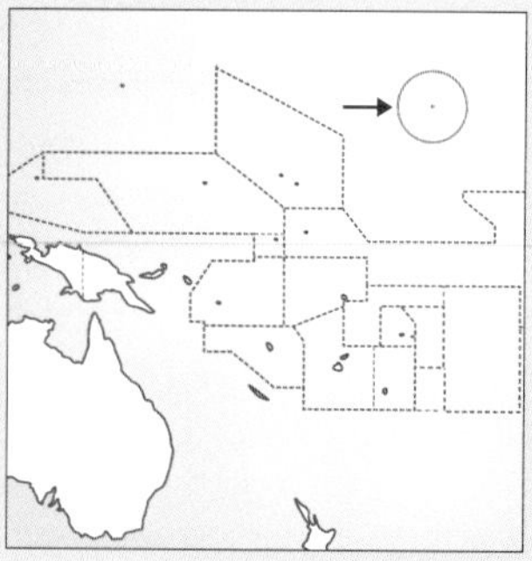

HISTORY

北西太平洋、ハワイのホノルルの南西約 1300km に位置するアメリカの非併合領土。周囲約 20km のジョンストン島、それより小さなサンド島のほか、人工島のアカウ島、ヒキナ島の 4 島で構成される。名の由来は、1807 年に西洋人として初めてこの環礁を確認したイギリスのジョンストン艦長による。元来、無人島であった。それを 58 年にリン鉱石採掘を目的にアメリカが領有を宣言したが、当時、独立国家だったハワイ王国から抗議を受け、名目的には両国が共有する形式をとった。その後、98 年にハワイ王国がアメリカに併合されると、アメリカに領有されることとなった。1934 年からアメリカ海軍の管轄下になると、以後は軍事目的にアメリカが利用するようになり、軍関係者が常駐。第二次世界大戦中は潜水艦基地だった。戦後は空軍の管轄に移り、58 年から 62 年までに合計 12 回の核実験が行われた。74 年からは化学兵器の貯蔵庫となる。2000 年になるとアメリカの太平洋化学兵器計画が終了。兵器の処分、処分場の清掃の末、すべての関係者が退去した。

トケラウ諸島

Tokelau Islands

面積 12 km²
人口 1300人
政庁所在地 各島に行政センター
通貨 ニュージーランド・ドル
宗教 キリスト教（会衆派教会、ローマ・カトリックなど）

CULTURE 文化

文化的にはサモアに近いニュージーランド領の島

トケラウ諸島は国際連合非自治地域で、南太平洋にあるニュージーランド領の島嶼群であり、旧称はユニオン諸島。12㎢という面積は、独立国、保護領、自治領などを含め、世界で5番目に小さい国となる。人口は1400人足らずで、主に漁業、農業で自給自足し、わずかにココヤシの果実の胚乳を乾燥したコプラ産業とドメイン（.tk）の貸し出しで外貨を得ている。言語はサモア語に近いトケラウ語と英語で、文化圏としてはポリネシア文化圏に属している。

2006年、2007年と続けてニュージーランドとの自由連合国へ移行する是非を問う住民投票が行われたが、得票率が成立に必要な3分の2に届かず否決された。また、トケラウ諸島が政庁を置くサモアは、歴史的にも経済的な結びつきが強かったアメリカ合衆国と同じ日付を用いてきたが、ニュージーランドや中国などとの経済的な結びつきが強くなったため、2011年12月29日（木）24時に日付変更線を移動させ、トケラウ諸島もサモアの変更に追随し、国土の西側に引かれていた日付変更線を東側に移動させた。これに伴い12月30日（金）はスキップされて31日（土）となり、トケラウ諸島も世界で最も早く朝を迎える国のひとつとなった。

なお、海抜の低い3つの環礁からなるため、地球温暖化による海面上昇を食い止めなければ21世紀中に海に水没する可能性が国連により指摘されている。

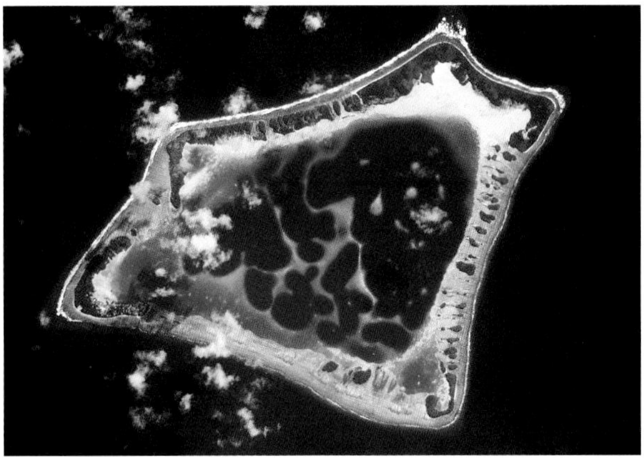

人工衛星から見たトケラウ諸島のアタフ環礁

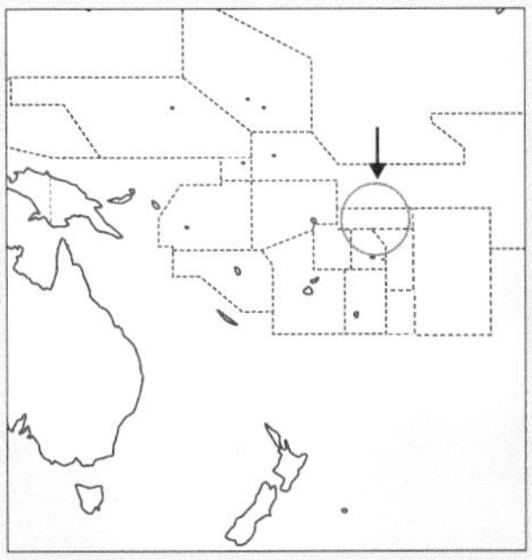

HISTORY

太平洋の中央部、サモア諸島の北方約480kmに位置する。ファカオフォ、ヌクノヌ、アタフの3つの環礁からなるニュージーランド領。ニュージーランド外務省の監督のもとに、サモア独立国の首都アピアにあるトケラウ諸島問題担当出張所が実質的な行政を行い、各環礁から1名ずつ、合計3名の行政官が公選される。民族地理的にはポリネシアであり、住民の祖先は近隣のサモアをへて移住したと考えられている。西洋人との接触はイギリス人ジョン・バイロンが1765年にアタフ環礁を確認したことから始まる。1820年代に入ると欧米の捕鯨船が寄港し始め、41年にはチャールズ・ウィルクス率いるアメリカの探検隊により、科学調査が行われた。63年からペルーからのブラックバーディング（奴隷狩り）により人口が激減した。見かねたイギリスが77年にフィジー高等弁務官の管轄下におき、89年に正式に保護領とし、後にはギルバート・エリス諸島植民地に併合した。1925年からはニュージーランドが行政を担当。48年にニュージーランドの属領となった。主産業の農業は自給レベルで、ニュージーランドの財政支援に頼る。

ニューカレドニア

New Caledonia

面積 約1.9万km²
人口 28万人
政庁所在地 ヌメア
通貨 パシフィック・フラン
宗教 キリスト教

WORLD HERITAGE 世界遺産

グレートバリアリーフに次ぐ長さの珊瑚礁

　コバルトブルーの海に浮かぶグランドテール島（ニューカレドニア本島）とイルデパン島を取り囲むラグーン（環礁）が「ニューカレドニアの珊瑚礁と関連する生態系」としてユネスコ世界自然遺産に登録されたのは2008年のこと。ニューカレドニアのバリアリーフ（珊瑚礁）の長さは約1500kmで、オーストラリアのグレートバリアリーフ（同約2600km）に次ぐ世界第2位の長さを誇る。リーフ面積は2万4000㎢、平均深度25mでラグーンを囲み、珊瑚は固有種もふくめて300種を超える多様さを誇る。リーフは岸から30kmほどのところまでのびているが、北西部はアントルカストーリーフまで200kmにわたってのび、その先にはベレップ諸島が浮かんでいる。また、リーフ海域は絶滅の危機に瀕するジュゴンの生息地であり、アオウミガメの重要な産卵地でもあることから、豊かな生態系の存在が評価されている。

　グランドテール島の南東に位置するイルデパン島は、メラネシアの人々から海の宝石箱とたたえられる島。“イルデパン”とは「松の島」を意味し、イギリスの探検家キャプテン・クックの命名によるもので、沖合から眺めて林立する南洋杉を松と思ったからという説がある。オロ湾には“天然のプール”を意味するピッシンヌ・ナチュレルという浅瀬があり観光スポットになっている。島の周囲には白砂の隆起でできたノカンウィ島や珊瑚に囲まれたブラシ島など小さな無人島も点在し、リゾート地として知られる。

ヌメア市街

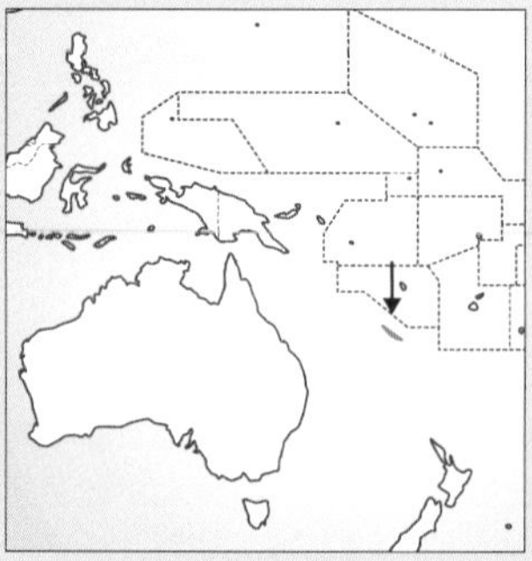

HISTORY

　オーストラリアの東方、メラネシア地域に位置し、グランドテール（ニューカレドニア）島、ロイヤルティ諸島を中心にした島々から構成されるフランスの海外領土。カレドニアとはラテン語でスコットランドの意味。1774年、西洋人として初めて訪れたジェームズ・クックにより、景観がスコットランドに似ていることから名づけられた。19世紀には木材資源、ことに白檀の交易地となり、ヨーロッパ人が来訪した。1853年にはフランスが領有を宣言。64年にはロイヤルティ諸島をも属領とした。とはいえ、島々には紀元前1100年頃からオーストロネシア語＝南方語に属す言語を話す海洋民族が先住していた。そんな先住民である彼らが、自治権獲得を目指した運動を始めたのが1970年代。一時は爆弾テロや過激デモを行うまでになる。98年にフランス政府との間でヌメア協定が結ばれ、15年から20年をかけ、安全保障と財政管理を除く自治権を段階的に委譲していくことで合意がなされた。

ノーフォーク島

Norfolk Island

面積 36 km²
人口 1700 人
政府所在地 キングストン
通貨 オーストラリア・ドル
宗教 キリスト教

NATURE 自然

外来種によって脅かされる固有種の存続

ノーフォーク島は太平洋に位置する火山性の島である。島の北部には山地で最高地点のベイツ山（318m）とピット山（316m）があり、南部は標高が低く緑豊かな丘がほとんどで牧草地が多い。植物や鳥類にはノーフォーク島ならではの固有種を見ることができる。

植物は、亜熱帯林のため熱帯雨林と違い落葉性の樹木も多い。島の旗にも描かれているように、島のシンボルともいえるノーフォークマツ（別名パインツリー）が島のいたるところに生い茂っている。キャップテン・クックがノーフォークマツを使用してエンデバー号の新しいマストを作り、再び航海に出たというエピソードが残るほか、横枝が水平に伸びることから「クリスマスツリーとして最高」という評価もあって、現在も島の重要な資源であり材木として輸出されている。

クロウタドリやホシムクドリ、アカクサインコ、イエスズメなど固有の鳥類は、外来種との競合によって絶滅が危惧されるものが少なくない。ノーフォークカラスモドキとキムネカカはすでに絶滅し、ノーフォークメジロや生息数わずか四十数羽程度といわれるノーフォークインコは絶滅寸前種、ノーフォークセンニョムシクイは絶滅危惧種に指定されている。

ノーフォークマツが茂るキングストンの海岸

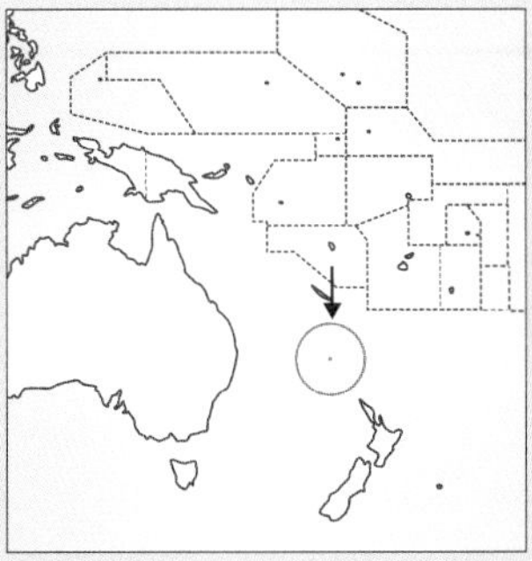

HISTORY

オーストラリアの東方、シドニーから北東に約 1680km の位置にある島。オーストラリア領。考古学が明かすところによれば、12 世紀頃から東ポリネシアの人々が移り住んだが、1774 年にジェームズ・クックが来島した際には無人島であった。クックはノーフォーク公爵にちなんで島名をつけ、島内に船舶用に有望な樹木を発見する。それがノーフォークマツ、この島の固有種である。88 年オーストラリアのサウスウエールズとともに流刑植民地となり、入植が始まった。しかし、この地における流刑者の管理、監督が難しく、慈悲なき規律と懲罰で悪名をとどろかせた刑務所としてのノーフォーク島は 1855 年に幕を閉じ、流刑者たちは全員タスマニア島に移住させられた。代わってこの島にはピトケアン島からの移住者があった。現在の人口の 3 分の 1 はピトケアン島からの移住者の血を引くといわれている。97 年にイギリスの植民地のまま行政権はサウスウエールズに委譲された。1914 年にはイギリス連邦の一領域となる。そして 79 年にオーストラリア領になったが、州の一部になることに住民が拒否した。

ピトケアン諸島

Pitcairn Islands

面積 47 km²
人口 54 人
政庁所在地 アダムズタウン
通貨 ニュージーランド・ドル
宗教 キリスト教（安息日再臨派教会）

LEGEND 伝説

「バウンティ号の叛乱」の子孫だけの島

ピトケアン諸島は絶海の孤島群だ。この島々が永遠に歴史に刻まれるのは、何といっても現在の住民の祖先たちの一件である。

バウンティ号の叛乱――。

同乗の水兵たちが船長に叛乱を起こして軍艦を乗っ取った果ての島への移住である。どうして叛乱が起こったのかといえば、それはひとえにバウンティ号の船長だったウィリアム・ブライの冷酷無慈悲でサディスティックな性格にあった。ブライは過酷な航海中、日程の遅れを取り戻すために乗組員を酷使しまくり、そのうえちょっとした行為にも目くじらを立てて拷問同様の罰を科した。これに次第に乗組員たちが不信と不満を募らせていき、ついには叛乱を起こすわけである。

悪玉船長を引きずり下ろし、なぜ移住の地への旅に出なければならなかったかといえば、それは戒律厳しい軍隊だ。船長に反旗を翻した揚げ句、船を乗っ取ったのだからただではすまない。追っ手から逃れるためには絶海の孤島で無人島が望ましい。それにしてもタヒチで女性を伴うところがすごい。生活を考えると集団がいいし、そこで子をつくり家族ができていけば心強い。そうした現実的な理由は考えていけるのだが、叛乱水兵たちのとった行動には、本国を捨てて、南太平洋の孤島に自分たちの王国をつくるというロマンが重なる。このあたりがピトケアン諸島への移住の顛末を南太平洋探険史のこのうえない奇談として後世に伝え残している理由ではないだろうか。

この一件に、映画界が飛びつかないはずはない。1933年が最初で、2年後に再び『戦艦バウンティ号の叛乱』として制作され、日本でも公開されたこの作品は、第8回アカデミー賞で作品賞を受賞した。その次が1962年『戦艦バウンティ』。このときブライ船長に叛乱を起こす側のリーダーを演じたマーロン・ブランドは、撮影の間、友人のタヒチの結婚式に映画スタッフ全員を行かせたり、自分のパーティーのために高価な食べ物と飲み物を飛行機で運ばせたりの傍若無人ぶりだったという。この時の撮影が縁で、マーロン・ブランドはタヒチ（ソサエティ諸島）のなかの島をひとつまるごと購入してしまったのは有名な話だ。

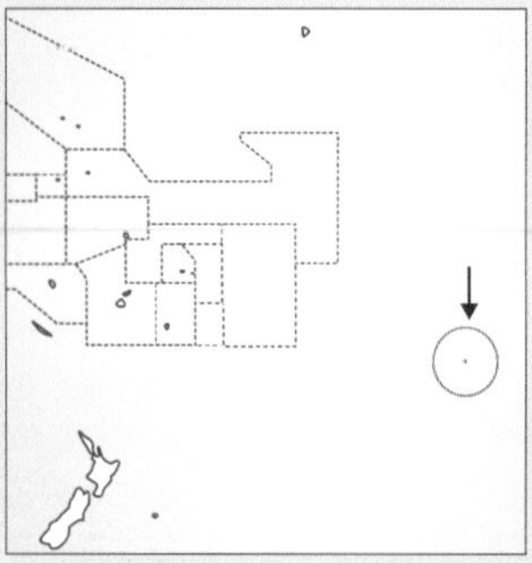

HISTORY

南太平洋、タヒチ島の南東約 2170km に位置するピトケアン島と 4 つの島からなる諸島で、人が住むのはピトケアン島だけ。イギリスの属領で、ニュージーランドの高等弁務官が知事を務め、島評議会と治安判事がおかれている。島々には、かつてイースター島と同じような物質文化を持ったポリネシア系の人々が暮らしていたとされるが、18 世紀にヨーロッパ人が訪れた際には全島が無人島であった。そこに人が暮らし始めたのは、歴史に名高い「バウンティ号」の叛乱がきっかけであった。1787 年、イギリス国王ジョージ 3 世の命を受け、パンノキを西インド諸島に移送する任務にあたった軍艦バウンティ号はタヒチへ出航。そしてトンガへさしかかろうというときに船内で叛乱が起きた。叛乱を起こした水兵たちは船長らをトンガに放り出し、タヒチで現地女性 12 人と現地人男性 6 人を連れピトケアン島に向かったのである。現在の住民はこのときの移住者の子孫。1831 年にタヒチに全島民が移住したことがあったが、まもなく帰島。56 年にはノーフォーク島に移住したが、このときも一部が帰島した。

フランス領ポリネシア

French Polynesia

面積 0.4 km²
人口 29万人
政府所在地 パペーテ（タヒチ島）
通貨 パシフィック・フラン
宗教 キリスト教

EPISODE エピソード

ゴーギャンが名作を描きあげた島、タヒチ

フランス領ポリネシア、タヒチを物語るとき、欠くことのできない人物のひとりに後期印象派の画家、ポール・ゴーギャン（1848～1903年）がいる。パリで株式仲買人をしながら画家を志してカミーユ・ピサロと交流、その後フィンセント・ファン・ゴッホとの共同生活を経て、ヨーロッパ文明と「人工的・因習的な何もかも」からの脱出を目的にタヒチに渡り絵画制作に取り組んだ。最初の滞在は1891～1893年で『ヴァヒネ・ノ・テ・ティアレ（花を持つ女）』や『ファタタ・テ・ミティ（海辺で）』『イア・オラナ・マリア』などを描き、彼の傑作の多くはこの時期以降に生み出されているといっても過言ではない。

いったん島を離れてパリに戻ったものの、1895年に再びタヒチへと向かった。そして、自らも畢生の傑作と認める代表作『われわれはどこから来たのか われわれは何者か われわれはどこへ行くのか』を仕上げた。作品完成後、ゴーギャンは自殺を試みたとも伝えられている。

ゴーギャンは絵画のほかに彫刻や陶器制作も手掛け、良質な粘土を調達するべく1901年にタヒチを離れてマルキーズ諸島に移住した。土地を購入して家を建て、そこが終焉の地となった。

最初のタヒチ滞在の後、ゴーギャンは自伝的随想『ノアノア』を1901年に出版している。そこには、初期のタヒチでのゴーギャンのモデルでもある妻テウラとの愛の日々や現地の漁業、宗教的儀式、神と自然とダイレクトに触れ合う体験などが綴られている。タイトルの「ノアノア」とは、タヒチ語で「かぐわしい香り」を意味する形容詞である。

パペーテの町並み

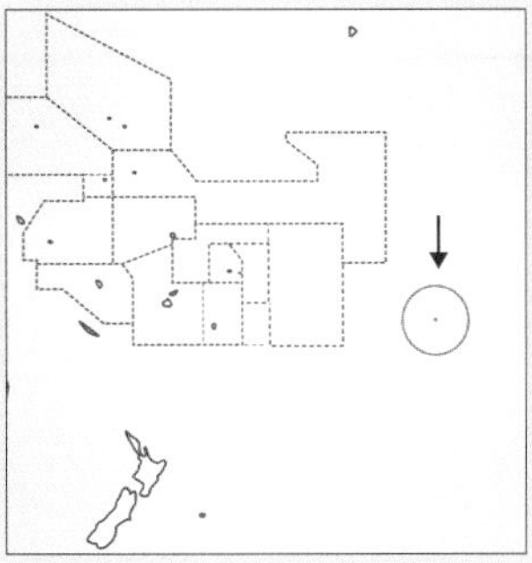

HISTORY

南太平洋東部、ソシエテ諸島（タヒチ）、ツアモツ諸島、オーストラル諸島、ガンビエ諸島、マルケサス諸島からなるフランスの海外自治国。トンガ、サモアなどの西ポリネシアとは異なった東ポリネシア文化を形成。18世紀中葉にヨーロッパ人と接触するまで石器時代を生き抜いてきた。その政治、文化の中心はタヒチである。1791年にライアテア島出身のポマレが、脱走水兵のヨーロッパ人たちを傭兵としてソサエティ諸島を武力統一し、王となった。しかし、1830年代から始まったフランスの砲艦外交に屈し、47年にフランスの保護領となる。1900年にはタヒチ以外の諸島も統合され、フランス領オセアニア植民地が成立した。ポリネシア人による独立運動が起こるのは第二次世界大戦後。そして57年には海外領土となって自治権を獲得した。60年代は核実験の時代だ。これをへて、99年に海外領土から海外国に格上げとなる。さらに2003年に内政自治権が一段と拡大され、現在の海外自治国という政治的位置にいたった。ただ、政府組織内部での対立は激しく、05年にはパペーテ港湾封鎖事件が起きた。

ミッドウェー諸島

Midway Islands

面積 22 km²
人口 施設要員のみ
政府所在地 ワシントン D.C

CRISIS 危機

野鳥の楽園が「プラスチックの楽園」に

ミッドウェー諸島は、その名のとおり太平洋における「中ほど」にあり、地球上で最も遠隔地のひとつだ。ハワイ－天皇海山列に属する火山島に、珊瑚礁が発達して形成されたもので、約2800万年前にハワイのホットスポットで形成された火山島がプレートとともに現在の位置に移動しながら沈降して環礁となった。

冷戦終結後、ミッドウェー環礁国立自然保護区となり軍事基地は1996年に閉鎖された後、エコツーリズムの場として観光客の受け入れが行われていたものの2002年に中止された。合衆国魚類野生生物局の管理下、担当官が数十名駐在して野生生物の保護、汚染の調査などにあたり、2012年まではボランティアの受け入れも行われていたが、2013年以降は予算削減のため無人に近い状態になっている。

島旗に島の代表的な海鳥コアホウドリが描かれるほど、数々の海鳥が生息する諸島である。特にクロアシアホウドリの世界最大のコロニー（繁殖地）であり、セグロアジサシ、ナンヨウマミジロアジサシなどアジサシ類が多数生息している。レイサンガモやレイサンヨシキリなどの固有種も存在するが、外来種の侵入や狩猟によってその多くが絶滅もしくは絶滅危惧種になっている。また鳥類以外では、アオウミガメやスピナーイルカ、絶滅危惧種ハワイモンクアザラシなどの希少種にとっても重要な生息地である。

そして近年、海洋ゴミが生息動物の生命を脅かすものとして特に問題となっている。諸島はペットボトルのキャップや歯ブラシ、ライター、魚網、おもちゃ、バックなどが海流によって東アジアから北米へと運ばれる「太平洋ゴミベルト」（Great Pacific Garbage Patch）の途上にあり、諸島はそれらが滞留する“プラスチックの楽園”と化している。

アホウドリがプラスチック片を餌と勘違いして食べ、ヒナたちもまたそれを与えられる。その結果、消化器系への刺激や損傷を引き起こしたり、胃が満たされて空腹を感じないことから食餌をせずに栄養失調となったりして、死に至るケースが後を絶たない。鳥類だけでなく、アオウミガメやイルカ、アザラシ、そして近海に生息する魚類も同様の危機にさらされている。

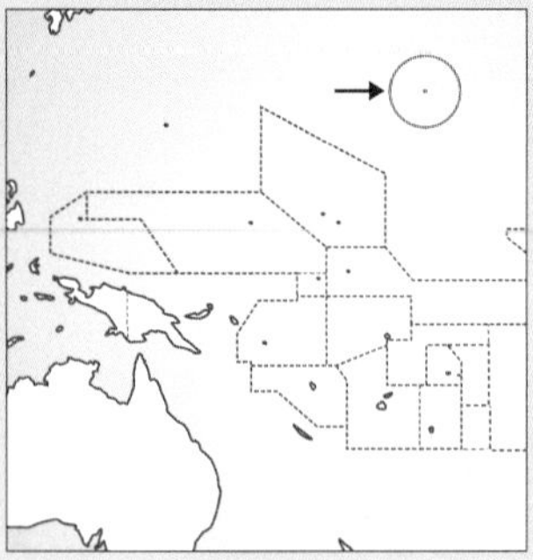

HISTORY

ミッドウェー諸島は、北太平洋のハワイ諸島北西に位置する環礁と島々から構成される。主な島は環礁南部の東側のイースタン島と西側のサンド島。1859年にミドルブルックスにより発見され、ミドルブルック島と名づけられた。1867年にアメリカ軍艦の艦長が上陸してアメリカ領有を宣言し、ミッドウェー島と命名。ハワイに代わる給炭所をここに作る目的で71年に関係者が上陸したが、計画が失敗したためほどなく撤退して無人に戻った。1903年に民間企業が太平洋横断の電信ケーブル敷設のために上陸。その後はアメリカの海兵隊員が駐留。35年にアメリカと中国の航路を開設したパンアメリカン航空の中継地となった。40年代からはハワイ防衛の拠点となり、第二次世界大戦中には日本軍とアメリカ軍との「ミッドウェー海戦」の場となった。いわゆる東西冷戦終結後はミッドウェー環礁国立自然保護区となり、96年に軍事基地は閉鎖された。クロアシアホウドリの世界最大の繁殖地であり、その他海鳥が多数棲息している。野生保護区の管理関係者が数十名駐在するだけで定住者はいない。

ワリス・フツナ諸島

Wallis and Futuna Islands

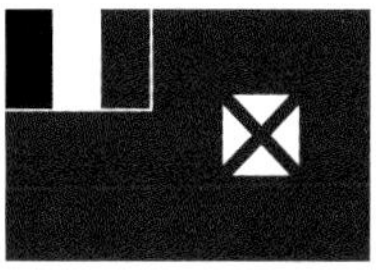

面積 142 km²
人口 1.6 万人
政庁所在地 マタウテュ（ワリス島）
通貨 パシフィック・フラン
宗教 キリスト教

POLITICS 政治

王国として存在し続けるフランス海外領土

考古学的資料から、ワリス・フツナ諸島には紀元前からポリネシア系民族が定住し、1400 年頃にはトンガ王国の侵略を受けてその支配下に入ったと考えられる。ウベア島（ワリス島）のウベア、フツナ島のシガベ、アロフィ島のアロの 3 つの王国（首長国）があり、広く交易を行っていた。

最初にヨーロッパ人がこの地を知ったのは 17 世紀初頭。オランダの探検家 J・ル・メールが 1616 年にフツナ島を発見した。それから 150 年後の 1767 年には、イギリスの探検家サミュエル・ワリスがウベア島を発見、彼にちなんでワリス島と命名された。さらに 60 年後の 1837 年にはフランス人が入植し島民のカトリックへの改宗が進められたのである。

そして入植後しばらくは先住民たちの間で反乱が起こるなどしたが、1887 年 4 月 5 日、ウベア島（ワリス島）の女王が公式にフランス保護領となる条約に調印。翌 1888 年 2 月 16 日にはシガベとアロの王たちも同様の条約に調印し、いずれの島々もニューカレドニア植民地に組み込まれた。

20 世紀、1917 年に 3 つの王国をフランスが併合し、植民地ワリス・フツナとなり、第二次世界大戦後の 1959 年には独立した領土となるための住民投票が行われ、1961 年に正式にフランスの海外領土となってニューカレドニアの管轄から脱し、さらに 2003 年には海外準県に移行した。

ワリス・フツナはフランス領土としてフランス共和国憲法（第五共和国憲法）の下に統治されているが、現在も 3 つの王国とそれぞれの王位は存続している。準県議会は 3 つの王国の王たちと、準県議会の助言で行政長官が任命する 3 人の議員によって構成される。

また、フランス語を公用語としながらも、島民の約 80％以上がオーストロ語系の現地のワリス語（ウベア語）やフツナ語も話すなど、文化面でも伝統が継続されているのが特徴だ。

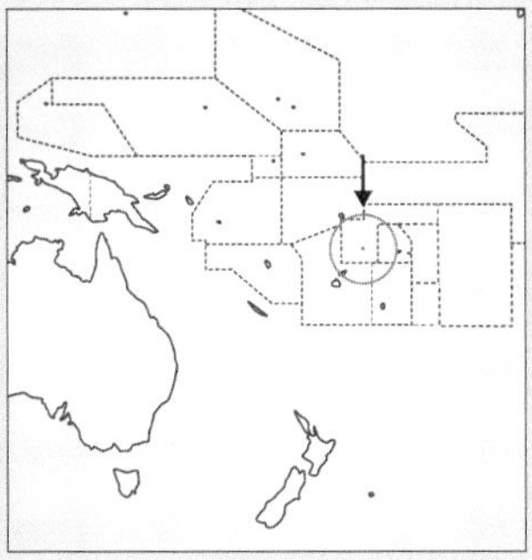

HISTORY

ワリス島はサモアの西約 400km に位置し、同島に人口の大半が在住する。フランスの海外領土（準県）で、住民はフランス国籍を持つ。本国政府が任命する行政長官と議員、伝統的首長らによる評議会が行政をつかさどり、20 名ほどの議会から本国の元老院、国民議会に議員を 1 名送っている。ワリス島民はトンガ、フツナ島民はサモアの影響を受けるなど、文化的な差異が見られる。15 世紀には定住が行われていたと考えられている。17 ～ 18 世紀にヨーロッパ人が到達し、1837 年にはマリア会神父がカトリックの布教を行った。島民の要請もあり、19 世紀後半に両島ともフランスの保護領となり、1913 年には海外植民地に。第二次世界大戦後はニューカレドニアの管轄下に入り、59 年に住民投票によって海外領土の地位が確定。2003 年に現在の準県となった。産業はココヤシ、タバコの栽培と漁業が中心で、近年はニューカレドニアへ移住、労働する傾向がある。

タークス＝カイコス諸島

Turks and Caicos Islands

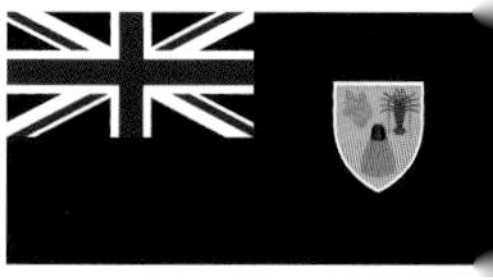

面積 948 km²
人口 6 万人
政庁所在地 コックバーンタウン（グランドターク島）
通貨 アメリカ・ドル
宗教 プロテスタント、カトリック

HISTORY

石灰岩でできた 40 の島々からなるタークス諸島とカイコス諸島は、西インド諸島のバハマ諸島の南 40km に位置するイギリス領の海外領土。諸島のうち人が定住しているのは 8 つの島である。多くの島々はサンゴ礁の平坦な土地で、樹木や表土がほとんどない。先史時代はアラワク族が住んでいたとされるが、1512 年にスペイン人によって発見されたときは無人島であった。その後、スペインからフランス、さらにイギリスの領有をへたが、ほぼ無人状態が続いた。1681 年、イギリス人が塩の採掘者のためにグランドターク島に移住したことを契機に、イギリスの植民地化が進んだ。1780 年代にはアメリカ人が奴隷制による綿栽培を始めたが、1820 年、ハリケーンの被害を受けたため奴隷を残して島から去った。現在の島民は、そのときに残された奴隷の子孫である。1799 年にイギリス領のバハマに属したが、後にジャマイカに編入。1962 年、ジャマイカがイギリスから独立したため切り離されてイギリス直轄領となった。65 年、再びバハマに編入された後、73 年のバハマの独立により切り離され、イギリスの海外領となる。

索引

索引

国名	ページ

サ行

国名	ページ

タ行

索引

■エピソードで読む世界の国編集委員会／高橋哲朗、中野智明

■編集協力／株式会社コミュニケーションカンパニー（巻頭特集編集・執筆）

■装丁・レイアウト／グラフ

■写真・資料提供

中野智明、Shutterstock 他

2021▶2022 エピソードで読む 世界の国243

2021年 5月20日　第1版第1刷印刷
2021年 5月30日　第1版第1刷発行

発 行 者　野澤武史
発 行 所　株式会社山川出版社
〒101-0047　東京都千代田区内神田 1-13-13
電話 03(3293)8131（営業）
電話 03(3293)1802（編集）
振替 00120-9-43993
印 刷 所　半七写真印刷工業株式会社
製 本 所　牧製本印刷株式会社

落丁本、乱丁本などがございましたら、小社営業部宛にお送りください。送料小社負担にてお取り替え致します。

ISBN978-4-634-15164-2

MEMO

MEMO

MEMO